国家文化产业资金支持媒体融合重大项目

21世纪高等教育会计通用教材

会计信息系统

——财务篇

（用友新道U8+V15.0版）

Accounting Information System
for Finance
(Yonyou Seentao U8+V15.0)

宋红尔　张卫东　主编

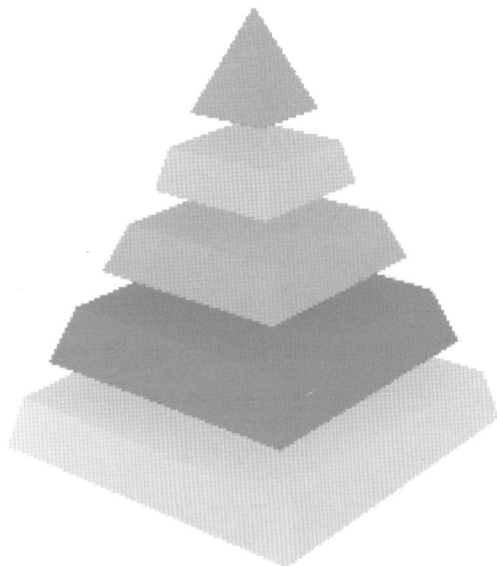

东北财经大学出版社　大连
Dongbei University of Finance & Economics Press

图书在版编目（CIP）数据

会计信息系统：财务篇（用友新道U8+V15.0版）/ 宋红尔，张卫东主编．—大连：东北财经大学出版社，2023.7（2025.8重印）
（21世纪高等教育会计通用教材）
ISBN 978-7-5654-4836-2

Ⅰ．会…　Ⅱ．①宋…②张…　Ⅲ．会计信息–财务管理系统–高等学校–教材　Ⅳ．F232

中国国家版本馆CIP数据核字（2023）第082090号

东北财经大学出版社出版

（大连市黑石礁尖山街217号　邮政编码　116025）

网　　址：http://www.dufep.cn

读者信箱：dufep@dufe.edu.cn

大连金华光彩色印刷有限公司印刷　东北财经大学出版社发行

幅面尺寸：185mm×260mm　字数：522千字　印张：21.5　插页：1

2023年7月第1版　　　　　　　　2025年8月第3次印刷

责任编辑：包利华　　　　　　　　责任校对：何　群

封面设计：原　皓　　　　　　　　版式设计：原　皓

定价：53.00元

教学支持　售后服务　联系电话：（0411）84710309

版权所有　侵权必究　举报电话：（0411）84710523

如有印装质量问题，请联系营销部：（0411）84710711

前　言

2021年12月30日，财政部印发了《会计信息化发展规划（2021—2025年）》（财会〔2021〕36号），该规划明确提出"各单位要加强复合型会计信息化人才培养，高等院校要适当增加会计信息化课程内容的比重，加大会计信息化人才培养力度。"党的二十大报告明确提出"加快建设数字中国"的重大战略部署。企业会计工作也应顺应时代潮流，向信息化、数字化方向转型。在此背景下，我们编写了本教材。

与同类教材比较，本教材具有如下特点：

1. 以一个企业完整案例贯通全书。本书以用友新道U8+V15.0版软件为蓝本，以虚拟的辽宁恒通商贸有限公司2023年1月份的完整经济活动为背景，较为详细地介绍了该公司系统实施、财务会计信息化以及系统期末处理等信息化工作内容。

2. 基于实验任务导向的教学做一体化模式。全书所有知识点均设计了相应的实验资料。通过实验资料在会计信息系统中的操作应用，掌握对应的知识点。绝大部分知识点还给出了"提示"栏目。通过该栏目，使读者在掌握系统应用的基础上，理解其基本原理及前后影响。

3. 多模块应用与多岗位应用相结合。一方面，通过阅读本书，读者基本能够掌握总账、应收款管理、应付款管理、固定资产、薪资管理及UFO报表等6个子模块，实现多模块综合应用；另一方面，本书全部实验资料按照账套主管、财务经理、会计、出纳等4个岗位分工设计，通过阅读本书，读者基本能够实现多岗位综合应用。

4. 重视数据表分析。用友新道U8+V15.0版的运行离不开数据库的支撑。我们在会计信息系统中操作的所有数据全部存于"UFDATA"、"UFMeta"、"UFSystem"和"UTU"四个数据库中。作者从上述数据库的几千个数据表中整理出常见的数据表近100个，供读者进一步学习和研究。在会计实务中，数据表对于系统二次开发、信息系统审计、数据集成与分析、数据挖掘等都有非常重要的作用。

5. 紧跟时代步伐。一方面，根据最新的财税政策及会计准则编写教材实验资料；另一方面，将会计信息系统在实际应用中的最新研究成果纳入教材，以更好地解决会计信息系统滞后于国家财税政策和会计实务的问题。

6. 融入课程思政。本书提供了"课程思政"教学设计表供任课教师授课时参考，任课教师可以手机扫描右方二维码获取，或登录东北财经大学出版社网站（www.dufep.cn）下载使用。

"课程思政"
教学设计表

7. 教学资源丰富。本教材配套资源包括：（1）教案、电子课件；（2）全部实验任务操作过程均配套微视频，读者可通过微信扫描教材中的二维码进行收看学习；（3）教材正文的初始账套、结果账套。

本教材由宋红尔、张卫东任主编，刘桐、吴爽、马照月三位老师任副主编，参与编写的还有左继男、吴育才、王宏阁、刘秀芝四位老师。宋红尔负责拟定全书大纲及实验资料的设计，并对全书进行总纂、修改和定稿。

本教材的出版得到了辽宁省教育厅2021年度科学研究经费项目（面上项目）"区块链技术与辽宁实体经济融合模式构建研究"（项目编号：LJKR0704）、辽宁省教育厅2021年普通本科高等学校校际合作项目（资源共享类第143号）的资助。

本教材在编写过程中参考了国内相关著述、教材和论文，在此对有关作者表示衷心的感谢。本教材是辽宁理工学院"用友新道·智能财务产业学院"的阶段性研究成果。作为校企合作单位，本教材的编写得到了新道科技股份有限公司、辽宁华瑞会计师事务所的大力支持，在此也一并表示感谢。

虽然编者对会计信息系统应用一直在关注、追踪、学习，但因水平有限，对某些问题的认识和理解也不一定准确，书中难免有错误和不当之处，竭诚欢迎广大读者不吝指正。您的批评和建议将是本书再次修订的重要依据。联系方式：

E-mail：songhonger@163.com

教师QQ群：233163238（会计信息化教学与研究）

宋红尔

2023年7月于辽宁锦州

目录

1 第1章 系统管理

1.1 概述

系统管理模块主要是对账套的建立、修改、删除和备份，用户的建立、角色的划分和权限的分配等进行集中管理。系统管理的使用对象为企业的信息管理人员（即系统管理员admin）、安全管理人员（即安全管理员sadmin）、管理员用户或账套主管。

系统管理模块主要包括以下功能：

① 对账套统一管理，包括建立、修改、备份（自动备份和手工输出）和引入。

② 对用户及其功能级权限实行统一管理，包括用户、角色和权限设置。

③ 系统任务管理，包括查看当前运行任务、清除指定任务、清退站点、清除单据锁定等。

本章的重难点内容：建立账套、账套备份和功能级权限设置。

本章总体流程如图1-1所示。

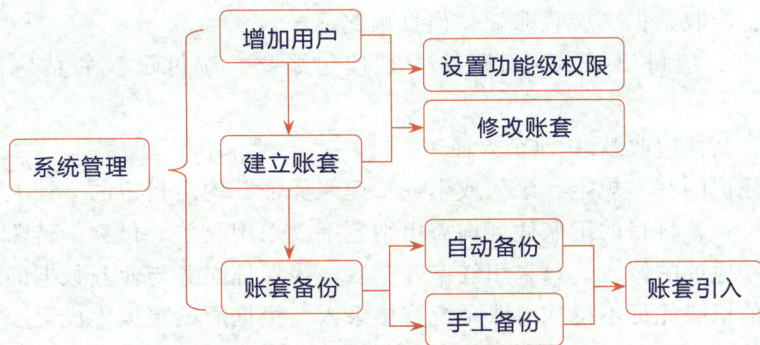

图1-1 本章总体流程

1.2 案例背景资料

1.企业基本情况

（1）公司注册资料：

公司注册名称：辽宁恒通商贸有限公司（简称辽宁恒通）

公司注册地址及电话：辽宁省沈阳市皇姑区人民路369号，电话：024-82681359

公司统一社会信用代码：91210105206917583A

公司邮箱地址：hengtong@163.com

公司注册资本：人民币1 500万元

公司法定代表人：李成喜，兼任公司总经理

公司经营范围：主要从事服装、手表、皮具、饮料等的批发、零售

（2）公司银行资料：

①基本存款账户：

中国工商银行沈阳皇姑支行，账号：2107 0240 1589 0035 666

②一般存款账户：

中国银行沈阳皇姑支行（人民币户），账号：2107 3817 6532 3431 951

中国银行沈阳皇姑支行（美元户），账号：2107 3817 6532 3431 982

（3）公司税务资料：

国家税务总局沈阳市皇姑区税务局；纳税人识别号同公司统一社会信用代码；缴款账户：国家金库沈阳市皇姑区支库，账号：2107 9245 3812 7058 769

2. 会计核算要求

（1）科目设置要求："应付账款"科目下设"暂估应付账款"和"一般应付账款"两个二级科目，其中，"一般应付账款"科目设置为受控于应付系统，"暂估应付账款"科目设置为不受控于应付系统。

（2）辅助核算要求：

日记账：库存现金、银行存款及其日记账。

银行账：银行存款及其明细账。

客户往来：应收票据、应收账款、预收账款。

供应商往来：应付票据、应付账款/一般应付账款、应付账款/暂估应付账款、预付账款。

个人往来：其他应收款/其他个人往来。

（3）会计凭证的基本规定：录入或生成"记账凭证"均由指定的会计人员操作，含有库存现金和银行存款科目的记账凭证均需出纳签字。采用收款、付款、转账三种专用记账凭证。对已记账凭证的修改，只采用红字冲销法。为保证财务与业务数据的一致性，能在业务系统生成的记账凭证不得在总账系统直接录入。根据原始单据生成记账凭证时，除收付款业务外不采用合并制单。

（4）货币资金业务的处理：公司采用的结算方式包括现金结算、支票、托收承付、委托收款、银行汇票、商业汇票、电汇等。收、付款业务由财务部门根据有关凭证进行处理，在系统中没有对应结算方式时，其结算方式为"其他"。

（5）坏账损失的处理：公司除应收账款外，其他预付及应收款项不计提坏账准备。期末按应收账款余额百分比法计提坏账准备，提取比例为0.5%。

（6）固定资产业务的处理：公司固定资产包括房屋及建筑物、机器设备、运输工具和办公设备，均为在用状态；采用平均年限法（一）按月计提折旧；同期增加多个固定资产时，不采用合并制单。该系统生成的凭证均到"批量制单"中完成。

（7）薪酬业务的处理：根据现行的个人所得税法律制度规定，公司预扣预缴个人所得税，其费用扣除标准为5 000元/月。假定公司员工除工资外，当年未取得劳务报酬所得、稿酬所得和特许权使用费所得。假定公司员工享受子女教育、赡养老人两项专项附加扣除共计2 000元/月，无其他专项附加扣除事项。

公司按有关规定计算缴纳社会保险费和住房公积金。社会保险费及住房公积金以固定工资基数3 680（元/人）作为计提基数。"四险一金"计提比例见表1-1。

表 1-1　　　　　　　　　　　　　　　"四险一金"计提比例

项　目	企业承担（%）	个人承担（%）	小计（%）
基本养老保险	16	8	24
基本医疗保险	8	2	10
失业保险	0.7	0.3	1
工伤保险	0.5		0.5
小　计	25.2	10.3	35.5
住房公积金	10	10	20
合　计	35.2	20.3	55.5

各类社会保险及住房公积金当月计提，次月缴纳。根据国家有关规定，公司代扣由个人承担的社会保险费、住房公积金。

公司职工福利费和职工教育经费不预提，按实际发生金额列支。工会经费按应付工资总额的2%计提。

由公司预扣预缴的个人所得税通过"应交税费"账户进行核算。职工个人负担的社保及住房公积金通过"其他应付款"账户进行核算。工资分摊制单合并科目相同、辅助项相同的分录。

（8）税费的处理：公司为增值税一般纳税人，增值税税率为13%，按月缴纳，按当期应交增值税的7%计算城市维护建设税、3%计算教育费附加和2%计算地方教育附加；企业所得税采用资产负债表债务法，假设资产、负债的账面价值与其计税基础一致，未产生暂时性差异，企业所得税的计税依据为应纳税所得额，税率为25%，按月预计，按季预缴，全年汇算清缴。缴纳税费按银行开具的原始凭证编制记账凭证。

（9）利润分配：根据公司章程，公司税后利润按以下顺序及规定分配：①弥补亏损；②按10%提取法定盈余公积；③按30%向投资者分配利润。

（10）损益类账户的结转：每月末将各损益类账户余额转入"本年利润"账户，结转时按收入和支出分别生成记账凭证。

1.3　系统管理

1.3.1　登录系统管理

【实验资料】

以系统管理员身份登录系统管理。

【实验过程】

执行"开始→所有程序→新道U8+→系统服务→系统管理"命令，打开"用友U8［系统管理］"窗口。在该窗口，选择"系统→注册"命令，打开"登录"窗口，如图1-2所示。单击"登录"按钮，进入系统管理窗口，如图1-3所示。

登录系统管理

图1-2 系统管理登录窗口

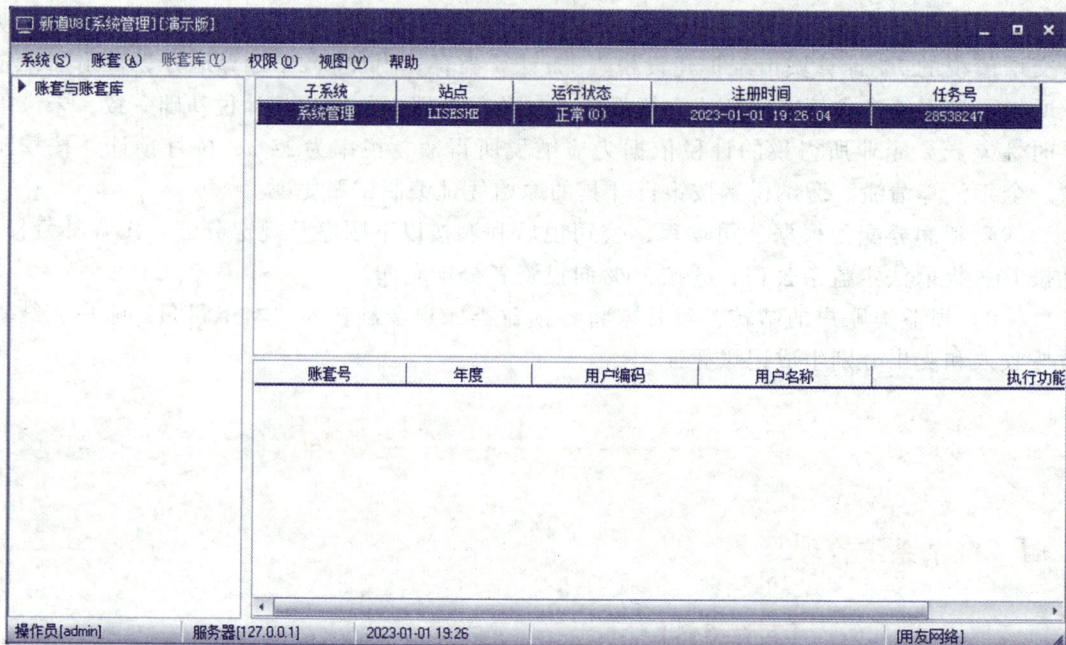

图1-3 系统管理窗口

【提示】

　　如果系统桌面存在"系统管理"图标，双击该图标也可登录系统管理。

　　能够登录系统管理的一般有以下几类操作员：系统管理员（admin）、安全管理员（sadmin）、账套主管和管理员用户。

　　系统管理员负责整个系统的维护工作。以系统管理员身份注册进入，便可进行账套的管理（包括账套的建立、引入和输出），以及角色、用户及其权限的设置。

以安全管理员的身份注册进入系统管理后（直接在"操作员"栏中输入"sadmin"即可），可以设置安全策略、执行数据清除和还原。

账套主管可以完成账套修改、账套库的建立及删除、设置普通用户/角色权限等工作。

管理员用户由系统管理员创建，该类用户协助系统管理员完成系统的维护工作，如账套库备份、升级、用户/角色管理、权限管理、任务管理等。

如何修改当前操作员密码？在"登录"窗口（如图1-2所示）的"请输入密码"栏中输入正确密码，勾选"修改密码"，单击"登录"按钮，系统弹出"设置操作员密码"对话框，如图1-4所示。输入新密码并确认，单击"确定"按钮，修改密码成功并进入系统管理。

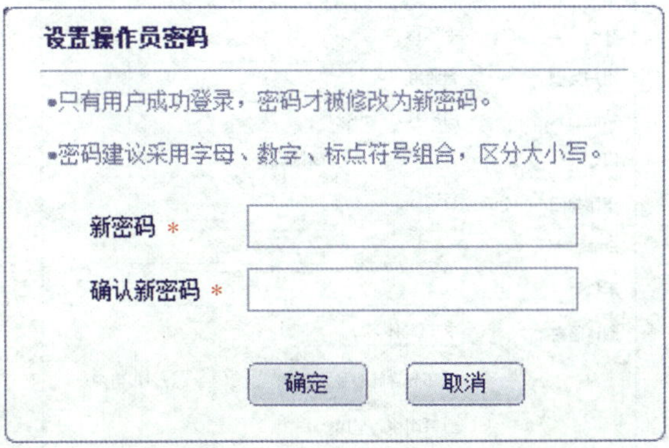

图1-4 "设置操作员密码"对话框

1.3.2 增加用户与角色

1.增加用户

【实验资料】

辽宁恒通的U8系统共有7位用户，见表1-2。

表 1-2 软件用户（UA_User）

编号 （cUser_Id）	姓名 （cUser_Name）	用户类型	认证方式	口令	部门 （cDept）	角色	职务
A01	李成喜	普通用户	用户+口令（传统）		行政部	账套主管	总经理
W01	王钰茹	普通用户	用户+口令（传统）		财务部	普通员工	财务经理
W02	赵凯杰	普通用户	用户+口令（传统）		财务部	普通员工	会计
W03	贺青春	普通用户	用户+口令（传统）		财务部	普通员工	出纳员
X01	刘晓明	普通用户	用户+口令（传统）		销售部	普通员工	销售员
G01	张宏亮	普通用户	用户+口令（传统）		采购部	普通员工	采购员
C01	李泽伟	普通用户	用户+口令（传统）		仓储部	普通员工	库管员

说明：表1-2中"UA_User"为操作员的数据表名，"cUser_Id"为操作员编号在数据表中的字段名称。

（1）以系统管理员身份登录系统管理，在图1-3的系统管理窗口，选择"权限"菜单下的"用户"命令，打开"用户管理"窗口。

（2）单击工具栏的"增加"按钮，打开"操作员详细情况"窗口。根据实验资料输入李成喜的相关信息，结果如图1-5所示。单击"增加"按钮，保存该操作员。按此方法继续增加其他操作员，最后单击"退出"按钮，退出"操作员详细情况"窗口并返回"用户管理"窗口，如图1-6所示。

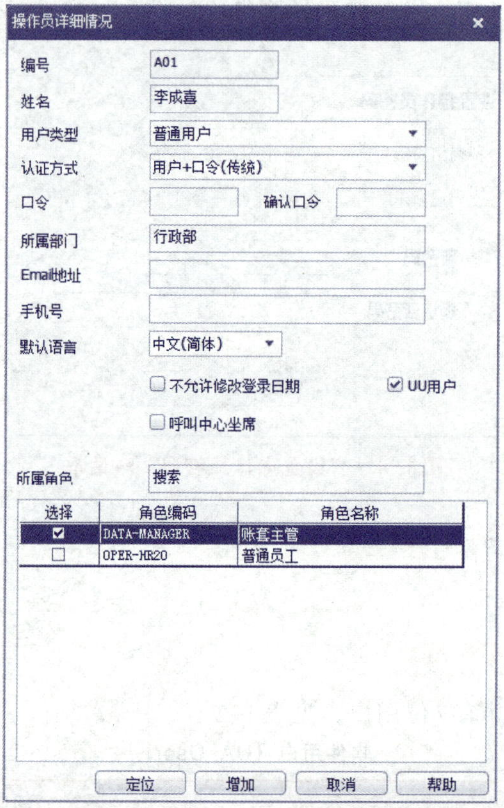

图1-5 增加操作员

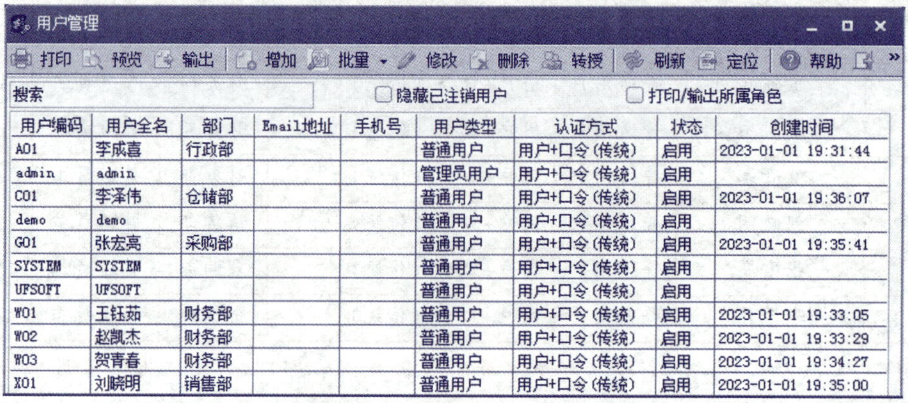

图1-6 "用户管理"窗口

用户编码	用户全名	部门	Email地址	手机号	用户类型	认证方式	状态	创建时间
A01	李成喜	行政部			普通用户	用户+口令(传统)	启用	2023-01-01 19:31:44
admin	admin				管理员用户	用户+口令(传统)	启用	
C01	李泽伟	仓储部			普通用户	用户+口令(传统)	启用	2023-01-01 19:36:07
demo	demo				普通用户	用户+口令(传统)	启用	
G01	张宏亮	采购部			普通用户	用户+口令(传统)	启用	2023-01-01 19:35:41
SYSTEM	SYSTEM				普通用户	用户+口令(传统)	启用	
UFSOFT	UFSOFT				普通用户	用户+口令(传统)	启用	
W01	王钰茹	财务部			普通用户	用户+口令(传统)	启用	2023-01-01 19:33:05
W02	赵凯杰	财务部			普通用户	用户+口令(传统)	启用	2023-01-01 19:33:29
W03	贺青春	财务部			普通用户	用户+口令(传统)	启用	2023-01-01 19:34:27
X01	刘晓明	销售部			普通用户	用户+口令(传统)	启用	2023-01-01 19:35:00

　　这里的"用户"指的是软件的操作员。在图1-5中，"用户类型"有两种：普通用户和管理员用户。普通用户一般指的是登录企业应用平台、进行各种业务处理的用户，系统中大部分用户均属于此类型。管理员用户是进行账套管理、协助系统维护的用户，该类用户只能登录系统管理进行操作，为系统管理员分担一部分管理工作。

　　在图1-6中，选中要修改的用户信息，点击"修改"按钮，可进入修改状态，但已启用用户只能修改口令、所属部门、E-mail地址、手机号、认证方式和所属角色的信息。在修改状态下，按"注销当前用户"按钮，将暂时停止使用该用户。

　　在图1-6中，选中要删除的用户，点击"删除"按钮，可删除该用户。但已启用的用户不能删除，已定义用户角色的用户必须先取消所属角色信息才能删除。

2.增加角色

【实验资料】

　　根据表1-3增加角色并分配用户。

表 1-3
角色（UA_Group）

角色编码（cGroup_Id）	角色名称（cGroup_Name）	分配用户
01	内勤	G01 张宏亮；X01 刘晓明

【实验过程】

　　（1）以系统管理员身份登录系统管理，在系统管理窗口，点击"权限"菜单下的"角色"功能，打开"角色管理"窗口。

　　（2）单击工具栏的"增加"按钮，打开"角色详细情况"窗口。根据实验资料，"角色编码"输入"01"，"角色名称"输入"内勤"。在备选用户列表中勾选"张宏亮""刘晓明"，单击"添加"按钮，如图1-7所示。单击"退出"按钮，退出"角色详细情况"窗口并返回"角色管理"窗口。

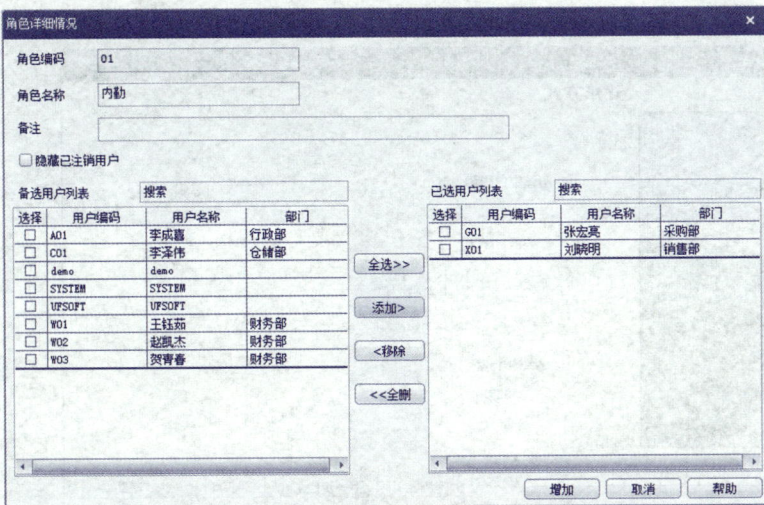

图1-7　"角色详细情况"窗口

【提示】

用户和角色设置不分先后顺序，用户可根据自己的需要设置。如果先设定角色，然后分配权限，最后进行用户的设置，那么在设置用户时，选择其归属哪一个角色，则用户将自动具有该角色的权限。一个角色可以拥有多个用户，一个用户也可以分属于多个不同的角色。若修改了用户的所属角色，则该用户对应的权限也跟着角色的改变而相应改变。用户自动拥有所属角色所拥有的所有权限，同时可以额外增加角色中没有包含的权限。

1.3.3 账套建立与修改

1.建立账套

───────── 【实验资料】 ─────────

根据表1-4建立辽宁恒通商贸有限公司的账套。

表 1-4　　　　　　　　　　　　　　建账向导

建账向导	参数设置
账套信息	账套号：001；账套名称：辽宁恒通商贸有限公司；启用会计期：2023年1月
单位信息	单位名称：辽宁恒通商贸有限公司；单位简称：辽宁恒通；单位地址：辽宁省沈阳市皇姑区人民路369号；法人代表：李成喜；邮政编码：110000；联系电话/传真：024-82681359；电子邮件：hengtong@163.com；税号：91210105206917583A
核算类型	本币代码：RMB；本币名称：人民币；企业类型：商业；行业性质：2007年新会计准则科目；账套主管：李成喜
基础信息	对存货、客户、供应商进行分类
编码方案	科目编码级次：4-2-2-2-2；客户分类编码级次：2-2-2；存货分类编码级次：2-2-2；部门编码级次：2-2-2；收发类别编码级次：2-2
数据精度	均采用系统默认

───────── 【实验过程】 ─────────

（1）以系统管理员身份登录系统管理后，在图1-3的系统管理窗口，选择"账套"菜单下的"建立"命令，打开"创建账套——建账方式"界面，如图1-8所示。

建立账套

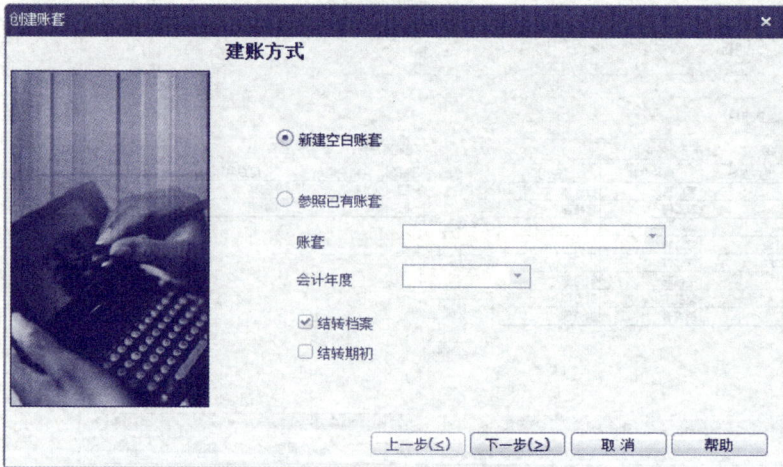

图1-8 创建账套——建账方式

如果在图1-8的"账套"栏存在若干账套，且当前待创建的账套与已存账套包含相同的基础档案和某些期初数据，则可以选择"参照已有账套"方式建账。

只有系统管理员才有权限创建新账套。

只有账套主管才能使用"账套库"菜单。

（2）单击"下一步"按钮，打开"创建账套——账套信息"界面。输入"账套号"为"001"，"账套名称"为"辽宁恒通商贸有限公司"，"启用会计期"输入"2023年1月"，其他项默认，结果如图1-9所示。

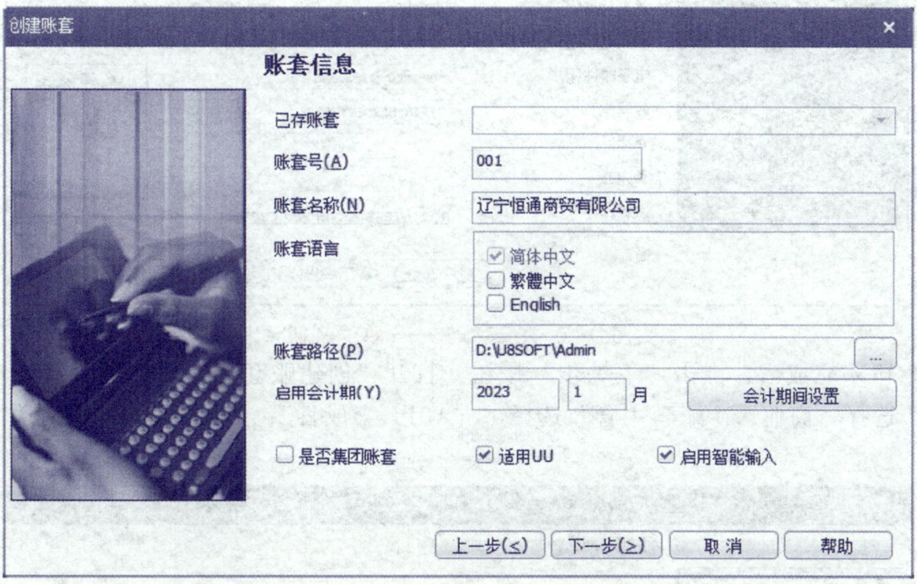

图1-9　创建账套——账套信息

［已存账套］在建立新账套时已经存在的账套。这些账套只能参照，而不能输入或修改。

［账套号］新建账套的编号，必输项，可输入001～999之间的任意3个数字，但不能与"已存账套"的账套号重复。

［账套路径］用来输入账套数据存储的路径，必输项，点击▦图标，可修改账套存放路径，但不能是网络路径中的磁盘。

［启用会计期］新建账套被启用的日期，必输项。

［会计期间设置］用来处理实际核算期间和正常的自然日期不一致的情况。点击"会计期间设置"按钮即可进行会计期间的设置。"启用会计期"以前的日期不可修改，只能进行"启用会计期"以后的会计期间的调整。

［是否集团账套］：勾选该项可以启用集团财务等集团性质的子模块。

［适用UU］只有"适用UU"的账套才能在UU中列出，并可显示该账套下勾选"适用UU"的部门以及勾选"UU用户"且在这些部门下有关联人员的操作员。

［启用智能输入］勾选该项可启用客户端的智能输入功能，在输入部分字符时自动提示相关的档案。

（3）输入完成后，点击"下一步"按钮，打开"创建账套——单位信息"窗口，根据实验资料输入本单位的基本信息，结果如图1-10所示。其中单位名称为必输项。

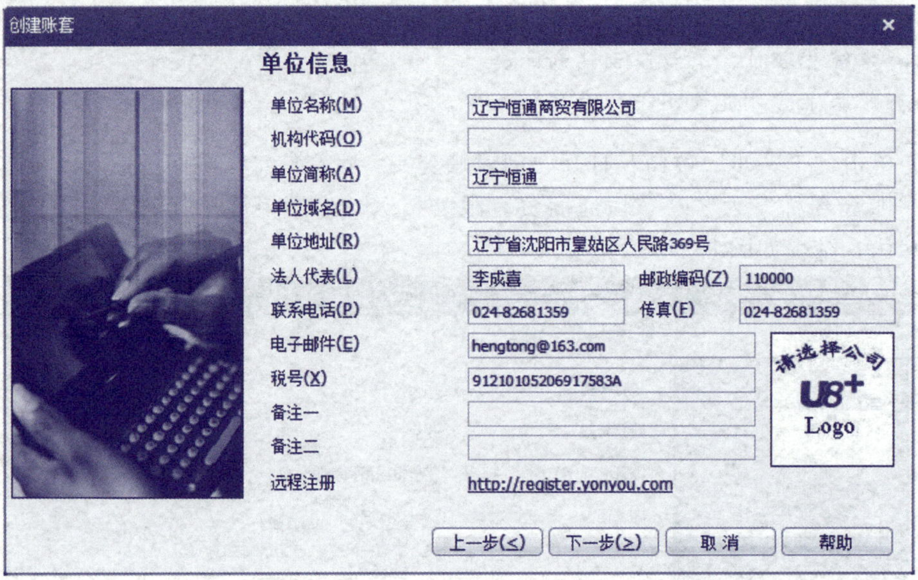

图1-10　创建账套——单位信息

（4）输入完成后，点击"下一步"按钮，打开"创建账套——核算类型"窗口，"企业类型"选择"商业"，"账套主管"选择"［A01］李成喜"，其他项默认，结果如图1-11所示。

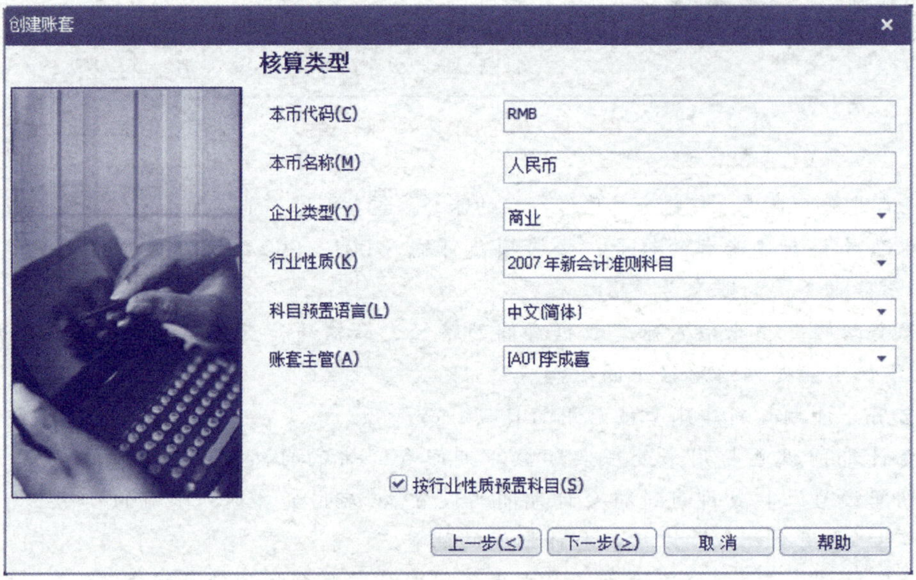

图1-11　创建账套——核算类型

【提示】

　　［账套主管］用户须从下拉框已存的操作员中选择一位作为本账套的账套主管。

　　［按行业性质预置科目］若勾选此项，则系统将预置所属行业的总账科目，后续到"企业应用平台"添加明细科目即可。

（5）选择完成后，点击"下一步"按钮，打开"创建账套——基础信息"窗口，根据实验资料，本窗口均采用系统默认设置，如图1-12所示。

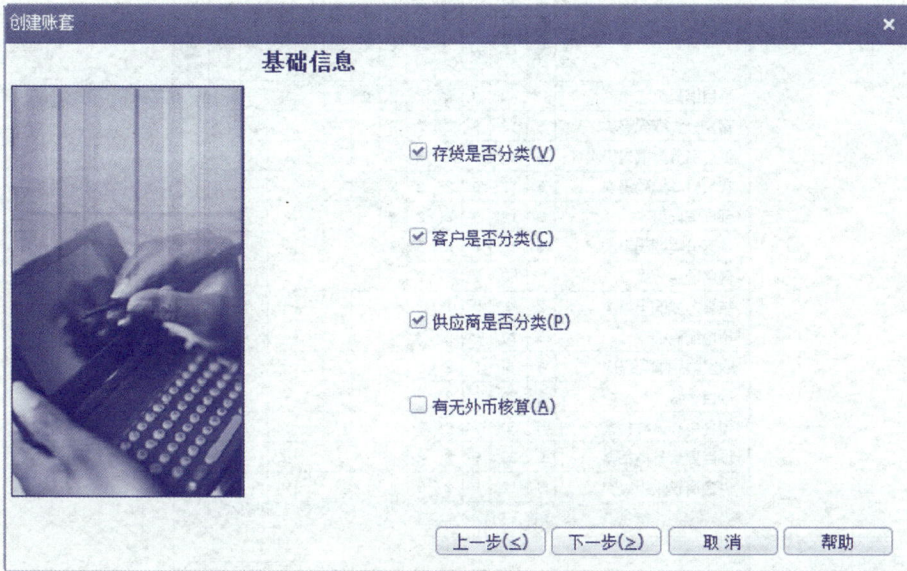

图1-12　创建账套——基础信息

（6）单击"下一步"，打开"创建账套——开始"窗口，如图1-13所示，单击"完成"，系统提示"可以创建账套了么?"，单击"是"，系统开始建账。

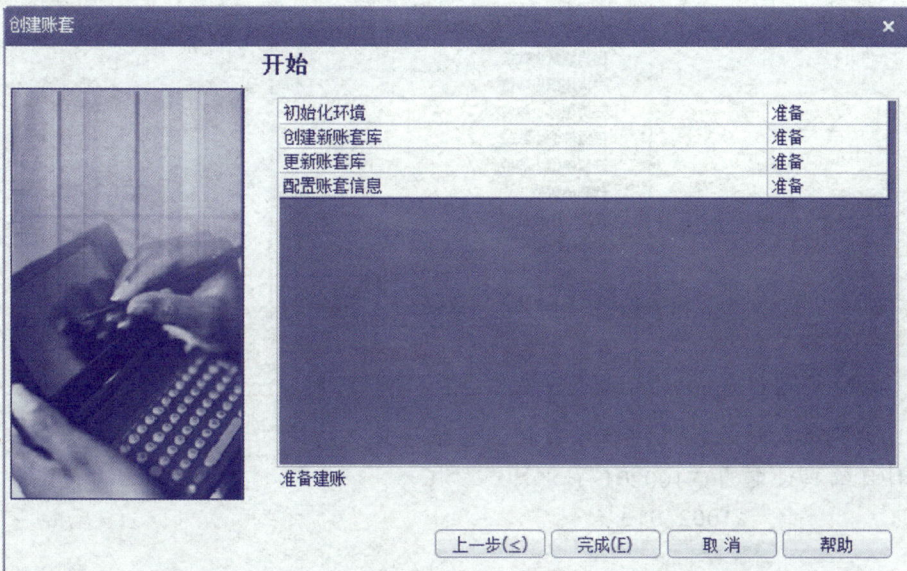

图1-13　开始建账

（7）建账结束，系统弹出"编码方案"对话框，根据资料对相关编码级次进行调整，其他项默认，结果如图1-14所示。单击"确定"，再单击"取消"，系统弹出"数据精度"对话框，如图1-15所示，单击"确定"。

图1-14　编码方案

项目	最大级数	最大长度	单级最大长度	第1级	第2级	第3级	第4级	第5级	第6级	第7级	第8级	第9级
科目编码级次	13	40	9	4	2	2	2	2				
客户分类编码级次	5	12	9	2	2	2						
供应商分类编码级次	5	12	9	2	3	4						
存货分类编码级次	8	12	9	2	2	2						
部门编码级次	9	12	9	2	2	2						
地区分类编码级次	5	12	9	2	3	4						
费用项目分类	13	50	9	1	2							
结算方式编码级次	2	3	3	1	2							
货位编码级次	8	20	9	2	3	4						
收发类别编码级次	3	5	5	2								
项目设备	8	30	9	2	2							
责任中心分类档案	5	30	9	2	2							
项目要素分类档案	6	30	9	2								
供应商权限组级次	5	12	9	2	3	4						

确定(O)　取消(C)　帮助(F)

图1-15　数据精度

【提示】

　　科目编码级次举例：在"银行存款"总账科目下增设"中国工商银行"二级科目，可将其科目编码设定为"100201"，即：

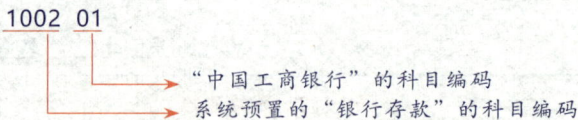

100 2　01

"中国工商银行"的科目编码
系统预置的"银行存款"的科目编码

　　（8）数据精度设置完毕，系统弹出"创建账套"对话框，如图1-16所示，提示建账成功，并询问是否需要在此启用系统，单击"否"，系统弹出"请进入企业应用平台进行业务操作！"对话框，单击"确定"，关闭该对话框并返回"创建账套——开始"窗口，如图1-17所示。单击"退出"按钮，完成全部建账工作。

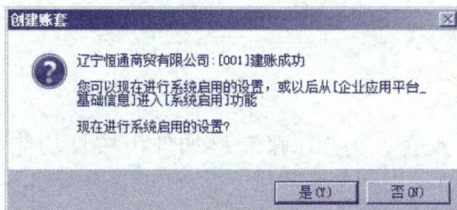

图1-16 系统启用提示框

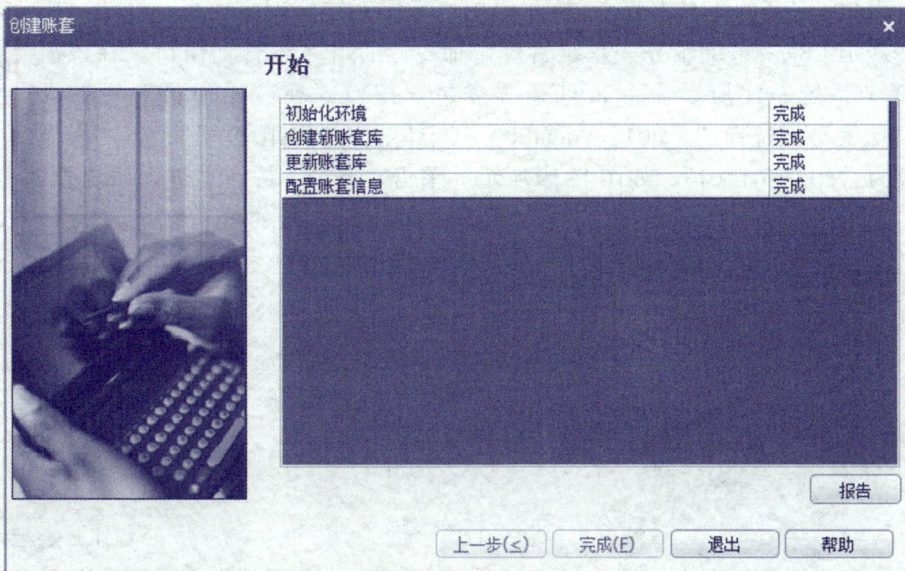

图1-17 完成建账

【提示】

　　用友新道U8+V15.0版中的数据全部存于"UFDATA_001_2023"、"UFMeta_001"、"UFSystem"和"UTU"四个数据库中，如图1-18所示。其中，"UFDATA_001_2023"库存储了大量的业务数据，"UFSystem"库存储了U8账套信息、产品启用、会计期间、单据号、用户、角色、权限和日志等数据。

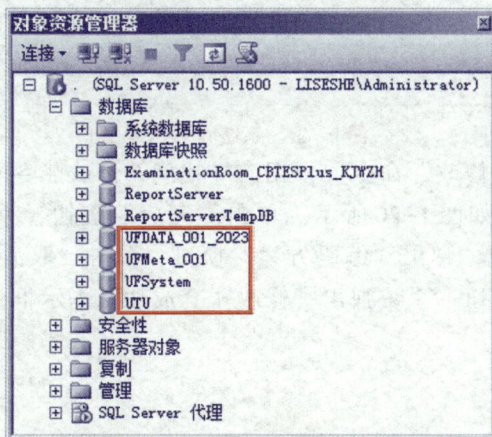

图1-18 U8相关数据库

2.修改账套

【实验资料】

2023年1月1日，修改账套，为001账套增加外币核算功能。

【实验过程】

（1）由001账套的账套主管李成喜（A01）登录系统管理。执行"开始→所有程序→新道U8+→系统服务→系统管理"命令，打开系统管理窗口。在该窗口，选择"系统→注册"命令，打开"登录"窗口。在"操作员"栏输入"A01"，"账套"栏选择"［001］（default）辽宁恒通商贸有限公司"，将"操作日期"改为"2023-01-01"，如图1-19所示。单击"登录"按钮，进入系统管理窗口。

图1-19　系统管理登录窗口

（2）执行"账套→修改"命令，根据向导找到"修改账套——基础信息"窗口，勾选"有无外币核算"栏，如图1-20所示。单击"完成"按钮，系统提示"确认修改账套了么？"，单击"是"按钮，弹出"编码方案"窗口，单击"取消"按钮，弹出"数据精度"窗口，单击"取消"按钮，系统弹出"修改账套成功"提示框，单击"确定"按钮，完成账套修改。

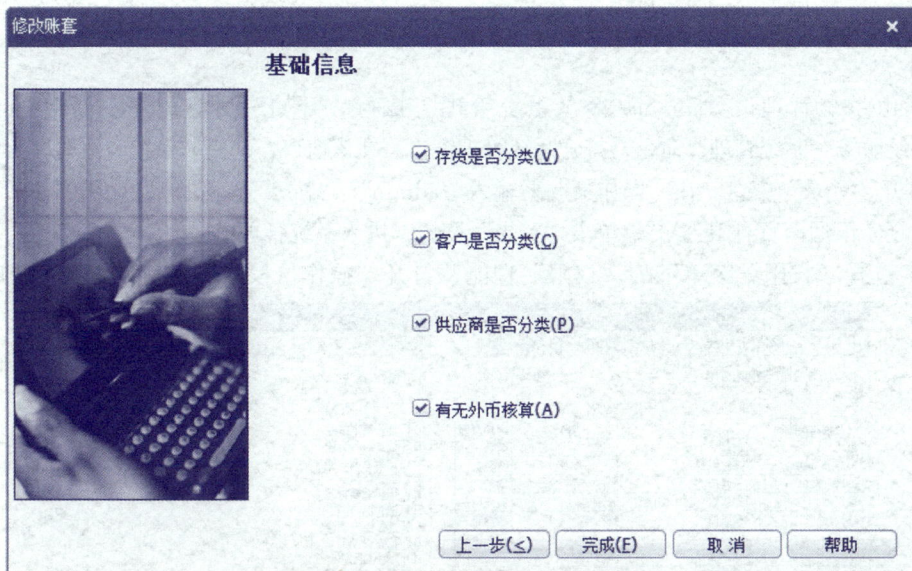

图1-20 修改账套——基础信息

【提示】

建账完成后，在未使用相关信息的情况下，可由账套主管对下列信息进行适当修改：

①"账套信息"中的账套名称。

②"单位信息"中的全部信息。

③"核算类型"中企业类型允许将商业类型修改为医药流通类型，其他不允许修改。

④"基础信息"、"编码方案"及"数据精度"均可修改。

其中，"编码方案"和"数据精度"也可到企业应用平台的"基础设置→基本信息"菜单下修改，"单位信息"也可到"基础设置→机构人员→机构"菜单下修改。

系统管理员（admin）无权修改账套。

1.3.4 设置功能级权限

————————————【实验资料】

根据表1-5设置辽宁恒通的U8系统操作员权限。

表 1-5 操作员权限分工表（UA_HoldAuth）

编码	姓名	部门	职务	权限分工
A01	李成喜	行政部	总经理	账套主管（基础设置、总账系统初始化）
W01	王钰茹	财务部	财务经理	总账的审核凭证、查询凭证、对账、结账；编制UFO报表
W02	赵凯杰	财务部	会计	基本信息；总账（填制凭证、凭证整理、查询凭证、记账、常用凭证、账表、期末）、应收款管理、应付款管理、固定资产、薪资管理
W03	贺青春	财务部	出纳员	财务会计/总账/凭证/出纳签字、财务会计/总账/出纳

（1）由系统管理员（admin）登录系统管理。执行"开始→所有程序→新道 U8+→系统服务→系统管理"命令，打开系统管理窗口。在该窗口，选择"系统→注册"命令，打开"登录"窗口。在"操作员"栏输入"admin"，"账套"栏选择"（[001] default）辽宁恒通商贸有限公司"，单击"登录"按钮，进入系统管理窗口。

（2）选择"权限"菜单下的"权限"功能，打开"操作员权限"窗口，如图1-21所示。

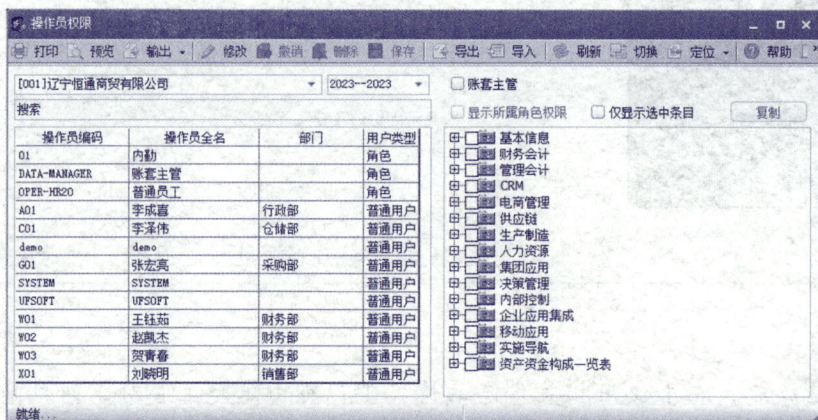

图1-21　"操作员权限"窗口

（3）选择要分配权限的001账套及对应年度区间（即2023年），左边显示本账套内所有角色和用户名。

（4）选择操作员"W01"，点击工具栏的"修改"按钮，点击⊞展开功能目录树，点击☑表示选中某项详细功能，根据实验资料（表1-5）给王钰茹授权，单击工具栏的"保存"按钮，保存授权结果，如图1-22所示。

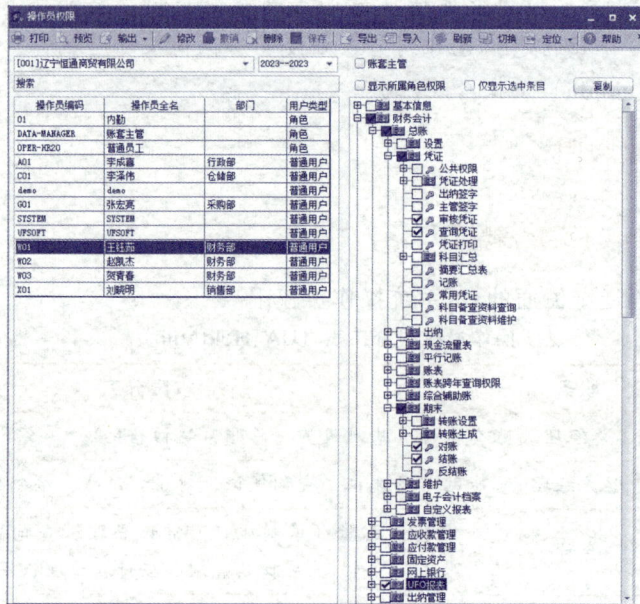

图1-22　"操作员权限"窗口

（5）依上述方法根据实验资料对"W02"和"W03"进行授权。

【提示】

在图1-21中，如果勾选"账套主管"，则该操作员具有所有该账套库的所有子系统的所有权限。一个账套可以有多个账套主管。由于A01李成喜在建账时已被指定为账套主管，无须再次授权。

如果想一次性给一批操作员增加相同权限，可以点击工具栏的"切换"按钮，在界面左侧选择一些权限，然后可以在右侧选择多个操作员。

如果对某角色分配了权限，则在增加新的用户时（该用户属于此角色）该用户自动拥有此角色具有的权限。

为了满足企业不断提高的管理要求，U8系统提供了集中权限管理，实现了三个层次的权限管理：

①功能级权限管理。该权限将提供更为细致的功能级权限管理功能。由系统管理员或有权限的管理员用户在系统管理中完成功能级权限的分配设置。

②数据级权限管理。该权限可以通过记录级和字段级两个方面进行权限控制。

③金额级权限管理。该权限可以通过对具体金额数量划分级别，实现对不同的操作员进行金额级别控制。

对于数据级权限和金额级权限，须在功能级权限分配之后，到企业应用平台的"系统服务→权限"菜单下完成。

1.3.5 账套备份与恢复

1.账套自动备份

【实验资料】

根据表1-6设置001账套的自动备份计划。

表 1-6 　　　　　　　　　　　自动备份计划（UA_BackupPlan）

项目	取值	项目	取值
计划编号	2023-001	开始时间	18:00:00
计划名称	001账套自动备份	有效触发	2
备份类型	账套备份	保留份数	7
发生频率	每周	备份路径	C:\001账套自动备份
发生天数	1	账套	001辽宁恒通商贸有限公司

【实验过程】

（1）在C盘中新建"001账套自动备份"文件夹。

（2）由系统管理员登录系统管理，登录成功后选择"系统"菜单下的"设置备份计划"功能，打开"备份计划设置"窗口，单击工具栏的"增加"按钮，打开"备份计划详细情况"窗口。

账套自动备份

（3）根据实验资料录入备份计划，结果如图1-23所示，单击"增加"后关闭该窗口，返回"备份计划设置"窗口，退出该窗口。

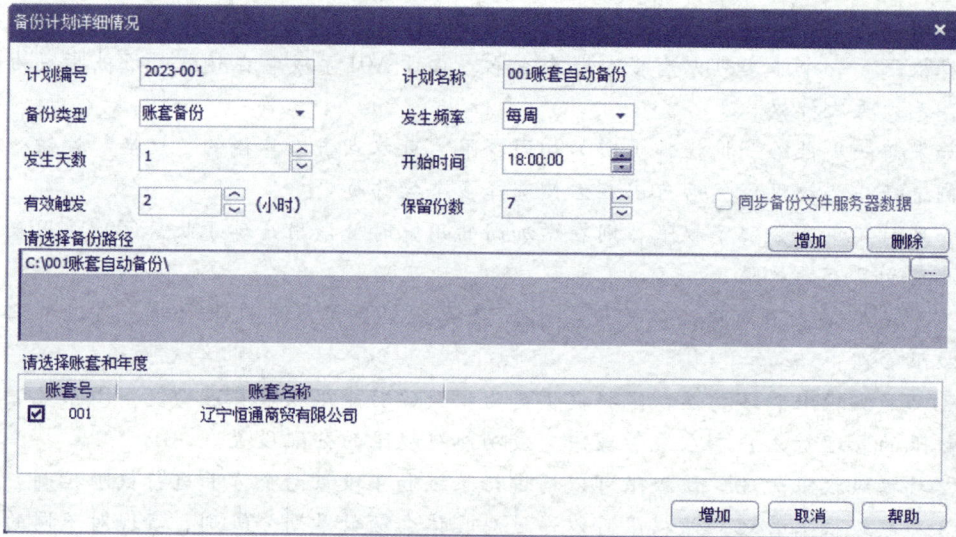

图1-23　"备份计划详细情况"窗口

【提示】

［计划编号］编号长度不得超过12个字符。

［计划名称］名称最多不得超过40个字符。

［备份类型］系统管理员可以进行账套备份、账套库备份和账套库增量备份。账套主管或有权限的管理员用户只能进行后两种备份。

［发生天数］单选项，系统根据发生频率，确认执行备份计划的确切天数。本案例中每周的第一天进行一次备份。

［开始时间］是指在指定发生频率中的发生天数内的什么时间开始进行备份。

［有效触发］是指以备份开始时间为准，在有效触发小时的范围内，系统反复重新备份，直到备份成功。

自动备份可以对多个账套或账套库同时自动输出，而且可以进行定时设置。

2.账套手工备份

【实验资料】

手动将账套数据输出至"D：\001账套手工备份\0101备份\"。

【实验过程】

（1）在D盘中新建"001账套手工备份"文件夹，再在该文件夹下新建"0101备份"文件夹。

（2）由系统管理员登录系统管理，登录成功后选择"账套"菜单下的"输出"功能，打开"账套输出"窗口。

账套手工备份

（3）在"账套号"栏选择需要备份的001账套，在"输出文件位置"处选择"D：\001

账套手工备份\0101备份\"，如图1-24所示。点击"确认"按钮，系统进行账套数据输出。输出完成后系统弹出"输出成功"提示框，单击"确定"按钮返回。关闭"账套输出"窗口。

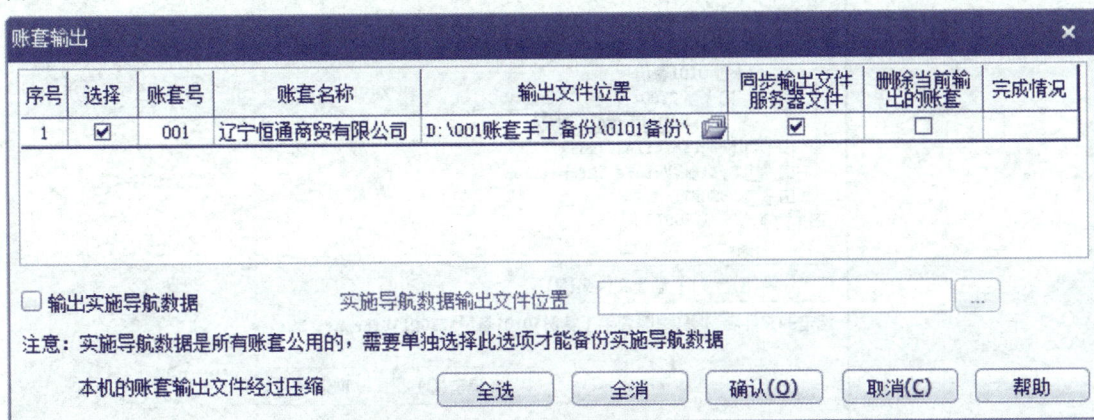

序号	选择	账套号	账套名称	输出文件位置	同步输出文件服务器文件	删除当前输出的账套	完成情况
1	☑	001	辽宁恒通商贸有限公司	D:\001账套手工备份\0101备份\	☑	☐	

☐ 输出实施导航数据　　实施导航数据输出文件位置 [　　　] [...]

注意：实施导航数据是所有账套公用的，需要单独选择此选项才能备份实施导航数据

本机的账套输出文件经过压缩　　[全选]　[全消]　[确认(O)]　[取消(C)]　[帮助]

图1-24　"账套输出"窗口

【提示】

只有系统管理员有权进行账套输出。账套输出成功后在文件输出位置指定的文件夹生成 UFDATA.BAK 文件和 UfErpAct.Lst 文件。

如果将"删除当前输出的账套"同时选中，在输出完成后系统会确认是否将数据源从当前系统中删除。但是，正在使用的账套可以进行账套输出，不允许进行账套删除。

所输出的备份数据应转存至其他介质。当企业由于不可预知的原因（如地震、火灾、计算机病毒、人为操作失误等），需要对数据进行恢复，则备份数据就可将企业损失降至最低。

3.账套引入

【实验资料】

将"D：\001账套手工备份\0101备份\"的账套数据引入到系统默认路径。

【实验过程】

（1）由系统管理员登录系统管理，登录成功后选择"账套"菜单下的"引入"功能，打开"账套引入"窗口。

（2）选择所要引入的账套数据备份文件，如图1-25所示。单击"确定"按钮，系统弹出"系统管理"提示框，如图1-26所示。单击"确定"按钮，系统提示选择账套引入的目标存储路径，本书采用默认存储路径。单击"确定"按钮，系统返回"账套引入"窗口，如图1-27所示。单击"确认"按钮，系统随即进行账套数据引入。运行一段时间后，系统提示"引入成功！"，单击"确定"按钮，完成账套引入工作。关闭"账套引入"窗口。

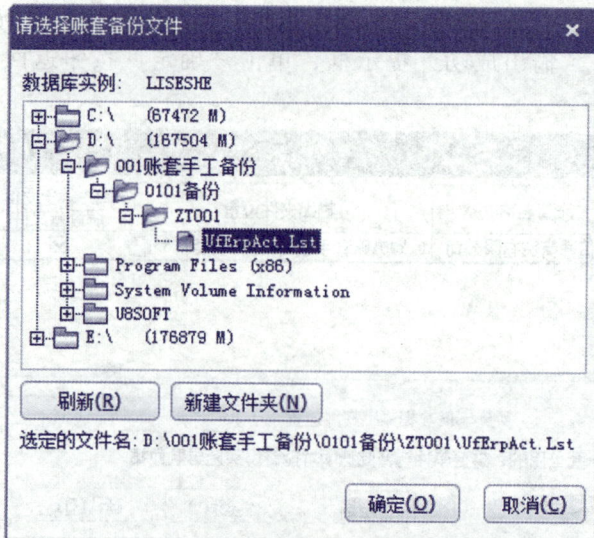

图1-25　选择账套备份文件

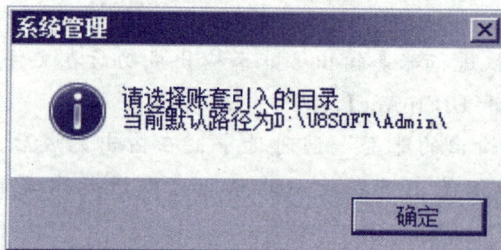

图1-26　"系统管理"提示框

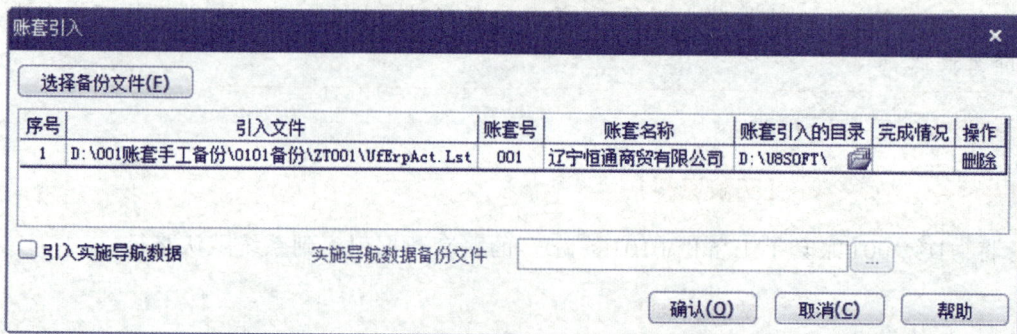

图1-27　"账套引入"窗口

【提示】

只有系统管理员有权进行账套引入。可修改数据库存放的路径和文件夹。以下情况可能需要进行引入账套：①当前账套数据遭到破坏；②母公司定期对子公司账套数据进行分析、汇总。

本章常见数据表见表1-7。

表1-7 　　　　　　　　　　　　　　**本章常见数据表**

序号	系统编码 （SystemID）	系统名称 （SystemName）	表名称 （TableName）	表定义 （TableDefine）	备注
1	AS	公共	UA_User	软件用户	表1-2
2	AS	公共	UA_Group	角色	表1-3
3	AS	公共	UA_Account	本单位信息	
4	AS	公共	UA_HoldAuth	操作员权限分工表	表1-5
5	AS	公共	UA_BackupPlan	自动备份计划	表1-6

【复习思考题】

1. 简述系统管理的主要功能。
2. 请问什么是账套？
3. 简述账套与账套库之间的关系。
4. 简述账套主管与系统管理员的区别与联系。
5. 请问系统管理中的角色与用户之间有何联系？

② 第 2 章 基础设置

2.1 概述

本章主要是进行系统日常使用前的基础性工作，包括各种档案信息的维护等。虽然从操作层面看本章并不复杂，但是有些信息一旦被参照使用，将不能修改，因此读者需准确处理。

除各种档案信息的添加外，本章的重难点内容包括：计量单位的设置、单据格式设置、数据权限相关问题。

本章总体流程如图 2-1 所示。

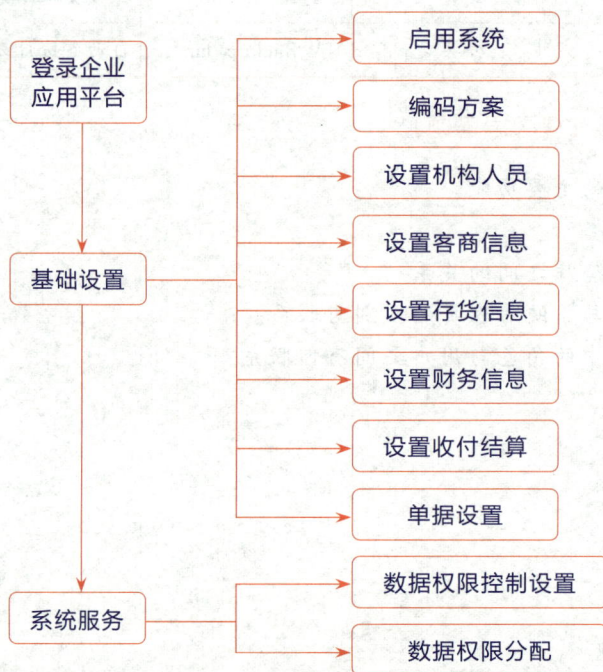

图 2-1　本章总体流程

2.2 设置基本信息

1.系统启用

【实验资料】

辽宁恒通的 U8 系统共使用 5 个子系统，见表 2-1。

表 2-1   辽宁恒通 001 账套启用的子系统

系统编码 （SystemId）	系统名称 （SystemName）	启用会计期间	启用自然日期	启用人
GL	总账	2023-01	2023-01-01	李成喜
AR	应收款管理	2023-01	2023-01-01	李成喜
AP	应付款管理	2023-01	2023-01-01	李成喜
FA	固定资产	2023-01	2023-01-01	李成喜
WA	薪资管理	2023-01	2023-01-01	李成喜

【实验过程】

（1）2023年1月1日，由李成喜（A01）登录企业应用平台。执行"开始→所有程序→新道 U8+→企业应用平台"命令，打开"登录"窗口。在"操作员"栏输入"A01"，"账套"栏选择"［001］（default）辽宁恒通商贸有限公司"，将"操作日期"改为"2023-01-01"，如图 2-2 所示。单击"登录"按钮，进入企业应用平台。

系统启用

图2-2 企业应用平台登录窗口

【提示】

正式使用 U8 系统前，应将操作系统的日期格式调整为短日期格式，即 yyyy-MM-dd。如果系统桌面存在"企业应用平台"图标，双击该图标也可登录平台。

（2）在U8企业应用平台，依次选择“基础设置→基本信息→系统启用”命令，打开“系统启用”窗口。根据实验资料依次勾选总账、应收款管理、应付款管理、固定资产、薪资管理这5个系统左侧的选择框，日期均选择“2023-01-01”，结果如图2-3所示。退出该窗口。

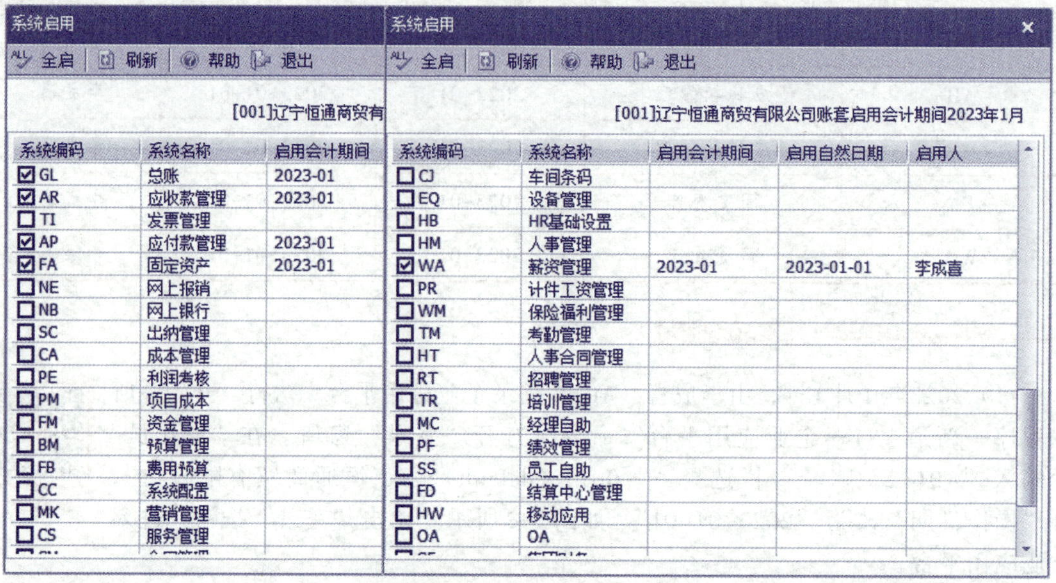

系统编码	系统名称	启用会计期间
☑GL	总账	2023-01
☑AR	应收款管理	2023-01
☐TI	发票管理	
☑AP	应付款管理	2023-01
☑FA	固定资产	2023-01
☐NE	网上报销	
☐NB	网上银行	
☐SC	出纳管理	
☐CA	成本管理	
☐PE	利润考核	
☐PM	项目成本	
☐FM	资金管理	
☐BM	预算管理	
☐FB	费用预算	
☐CC	系统配置	
☐MK	营销管理	
☐CS	服务管理	

系统编码	系统名称	启用会计期间	启用自然日期	启用人
☐CJ	车间条码			
☐EQ	设备管理			
☐HB	HR基础设置			
☐HM	人事管理			
☑WA	薪资管理	2023-01	2023-01-01	李成喜
☐PR	计件工资管理			
☐WM	保险福利管理			
☐TM	考勤管理			
☐HT	人事合同管理			
☐RT	招聘管理			
☐TR	培训管理			
☐MC	经理自助			
☐PF	绩效管理			
☐SS	员工自助			
☐FD	结算中心管理			
☐HW	移动应用			
☐OA	OA			

图2-3　系统启用

【提示】

除上述方法外，在创建账套结束并设置完数据精度后，系统提示是否启用系统，如图1-16所示，若单击“是”，则弹出图2-3所示的“系统启用”窗口，以启用系统。

各系统的启用自然日期必须大于或等于建立账套时设定的“启用会计期”。

当应付系统先于总账系统启用，则在总账系统启用之前的凭证，总账会在审核时将其标上有错标志，并且这些凭证会导致总账和应收应付对账不平。

本教材介绍的五个子系统之间，存在如下逻辑关系：

（1）总账系统与其他系统的关系

①录入总账系统期初余额时，可将应收系统、应付系统受控科目的余额引入总账系统，并且这两个系统也可与总账系统进行期初余额对账。另外，虽然总账系统“坏账准备”科目的期初余额不能从应收系统引入，但应与应收系统坏账准备设置中的“坏账准备期初余额”（图5-5）保持一致。

②总账系统“固定资产”“累计折旧”科目的余额应与固定资产系统原始卡片中的数值保持一致。固定资产系统也可与总账系统进行对账处理。

③应收系统、应付系统通过制单处理生成的记账凭证自动传递到总账系统；固定资产系统通过批量制单生成的记账凭证自动传递到总账系统；薪资管理系统通过工资分摊生成的记账凭证自动传递到总账系统。

④期末结账时，应先对应收、应付、固定资产以及薪资管理等业务系统进行结账，最后再进行总账系统结账。

（2）总账以外其他系统之间的关系

①通过应收系统的票据背书功能，可以冲减应付系统的应付账款，或形成新的预付账款。

②通过应收系统的“应收冲应付”功能、应付系统的“应付冲应收”功能，可以实现往来款项的冲销、结算。

③在财务管理系统与供应链管理系统同时使用的前提下，业务类型为固定资产的采购入库单，结算后可传递到固定资产系统生成固定资产卡片。同时，采购固定资产的专用发票可在应付系统制单处理。

（3）UFO报表与各系统的关系

在UFO报表中，可利用取数函数从上述五个系统提取数据。

2.编码方案

【实验资料】

根据表2-2设置供应商分类编码级次。

表 2-2 编码方案（GradeDef）

项目（GRADECLSNAME）	具体编码方案（CODINGRULE）
供应商分类编码级次	2-2-2

【实验过程】

在U8企业应用平台，依次选择“基础设置→基本信息→编码方案”命令，打开“编码方案”对话框。根据实验资料，将“供应商分类编码级次”修改为“2-2-2”，单击“确定”按钮，结果如图2-4所示。关闭当前窗口。

编码方案

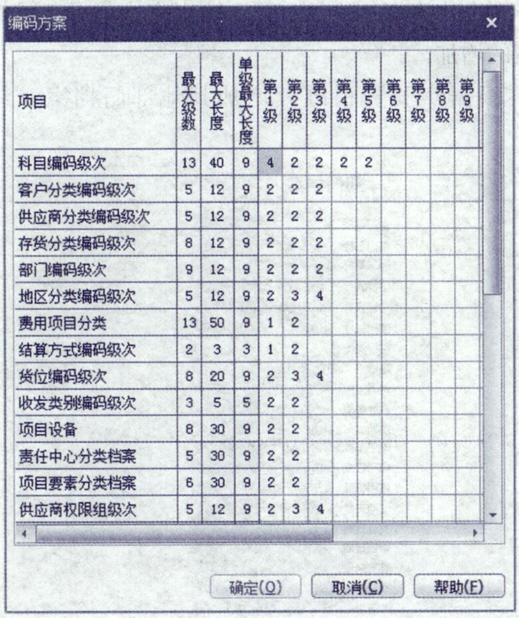

项目	最大级数	最大长度	单级最大长度	第1级	第2级	第3级	第4级	第5级	第6级	第7级	第8级	第9级
科目编码级次	13	40	9	4	2	2	2	2				
客户分类编码级次	5	12	9	2	2	2						
供应商分类编码级次	5	12	9	2	2	2						
存货分类编码级次	8	12	9	2	2	2						
部门编码级次	9	12	9	2	2	2						
地区分类编码级次	5	12	9	2	3	4						
费用项目分类	13	50	9	1	2							
结算方式编码级次	2	3	3	1	2							
货位编码级次	8	20	9	2	3	4						
收发类别编码级次	3	5	5	2	2							
项目设备	8	30	9	2	2							
责任中心分类档案	5	30	9	2	2							
项目要素分类档案	6	30	9	2	2							
供应商权限组级次	5	12	9	2	3	4						

图2-4 编码方案

【提示】

通过账套修改的方法也可完成编码方案调整。

2.3 设置基础档案

2.3.1 设置机构人员

1. 设置部门档案

【实验资料】

根据表2-3增加部门档案。

表2-3 部门档案（Department）

部门编码（cDepCode）	部门名称（cDepName）
01	行政部
02	财务部
03	销售部
04	采购部
05	仓储部

【实验过程】

（1）2023年1月1日，由李成喜（A01）登录企业应用平台。

设置部门档案

（2）在U8企业应用平台，依次选择“基础设置→基础档案→机构人员→机构→部门档案”命令，打开“部门档案”窗口。单击工具栏的“增加”按钮，在“部门编码”栏输入“01”，“部门名称”栏输入“行政部”，输入完毕单击工具栏的“保存”按钮，完成第一个部门档案的增加。

（3）单击“增加”按钮，根据实验资料继续增加其他部门档案，结果如图2-5所示。关闭该窗口。

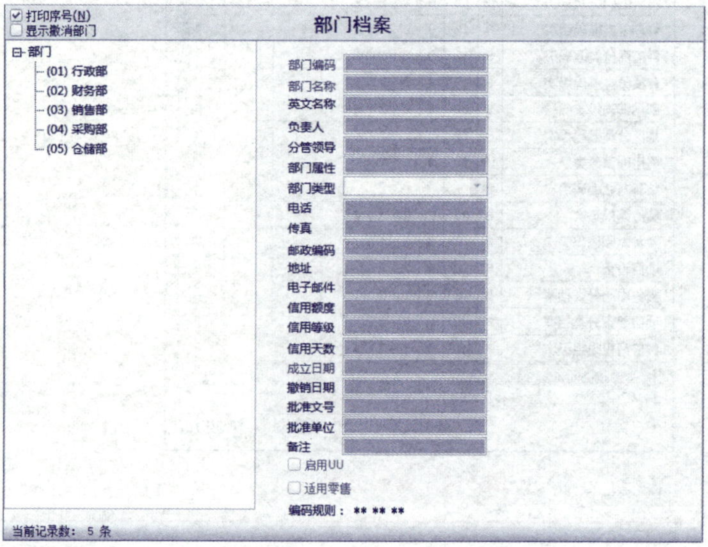

图2-5 “部门档案”窗口

2.设置人员类别

【实验资料】

根据表2-4增加正式工的人员子类别。

表2-4　　　　　　　　　正式工的人员子类别（HR_CT000）

档案编码（ccodeID）	档案名称（vsimpleName）
1011	企业管理人员
1012	销售人员
1013	采购人员

【实验过程】

　　（1）在U8企业应用平台，依次选择"基础设置→基础档案→机构人员→人员→人员类别"命令，打开"人员类别"窗口。根据实验资料，单击左侧的"正式工"，单击工具栏的"增加"按钮，弹出"增加档案项"窗口。

　　（2）在"档案编码"栏输入"1011"，"档案名称"栏输入"企业管理人员"，单击"确定"按钮。继续输入剩余的人员类别档案。全部输入完毕，关闭"增加档案项"窗口，返回"人员类别"窗口，如图2-6所示。退出该窗口。

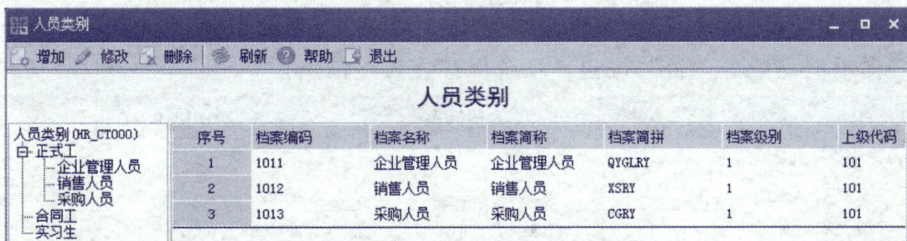

图2-6　"人员类别"窗口

3.设置人员档案

【实验资料】

根据表2-5增加人员档案。

表 2-5　　　　　　　　　　　　　　　人员档案（Person）

人员编码 （cPersonCode）	人员姓名 （cPersonName）	性别	雇佣 状态	人员类别	行政部门 （cDepName）	是否 业务员	是否 操作员
A01	李成喜	男	在职	企业管理人员	行政部	是	是
W01	王钰茹	女	在职	企业管理人员	财务部	是	是
W02	赵凯杰	男	在职	企业管理人员	财务部	是	是
W03	贺青春	女	在职	企业管理人员	财务部	是	是
X01	刘晓明	男	在职	销售人员	销售部	是	是
X02	何丽平	女	在职	销售人员	销售部	是	
G01	张宏亮	男	在职	采购人员	采购部	是	是
G02	徐晓辉	男	在职	采购人员	采购部	是	
C01	李泽伟	女	在职	企业管理人员	仓储部	是	是

【实验过程】

（1）在U8企业应用平台，依次选择"基础设置→基础档案→机构人员→人员→人员档案"命令，打开"人员档案"窗口。

（2）根据实验资料，单击工具栏的"增加"按钮，弹出人员档案录入界面，录入李成喜的档案信息，结果如图2-7所示，单击"保存"按钮，若该人员已在系统管理中设置为操作员，则系统弹出"人员信息已改，是否同步修改操作员的相关信息？"提示框，单击"否"按钮，系统保存该人员信息。

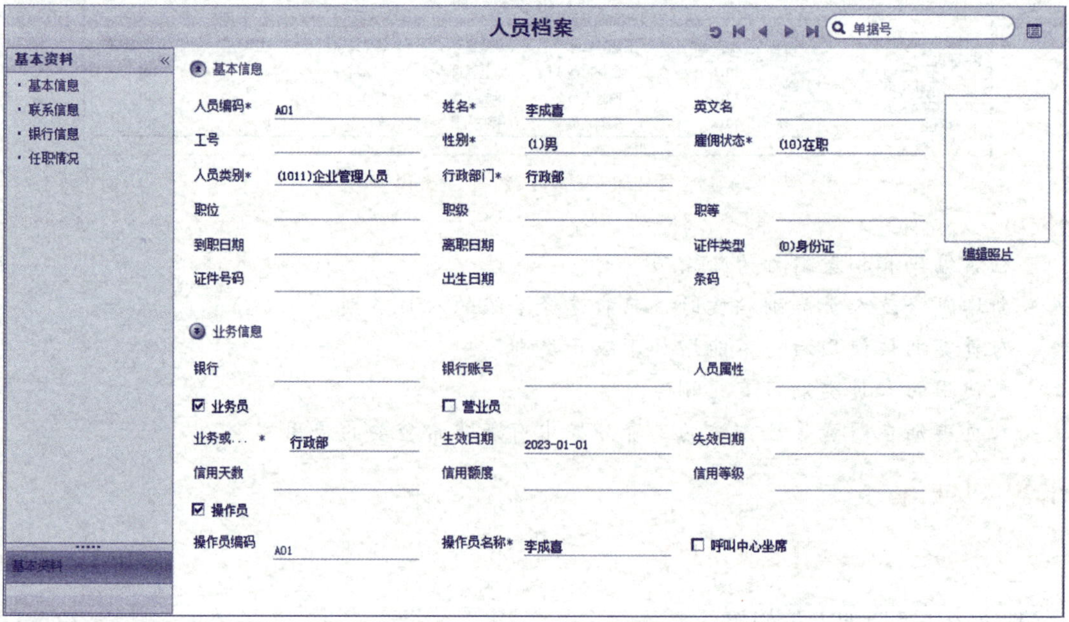

图2-7　人员档案录入界面

（3）继续录入剩余人员的档案信息，录入完毕退出该界面，返回"人员档案"窗口，结果如图2-8所示。

序号	□	人员编码	姓名	行政部门名称	部门	雇佣状态	人员类别	性别	出生日期	业务或费用部门名称
1	□	A01	李成喜	行政部	01	在职	企业管理人员	男		行政部
2	□	C01	李泽伟	仓储部	05	在职	企业管理人员	女		仓储部
3	□	G01	张宏亮	采购部	04	在职	采购人员	男		采购部
4	□	G02	徐晓辉	采购部	04	在职	采购人员	男		采购部
5	□	W01	王钰茹	财务部	02	在职	企业管理人员	女		财务部
6	□	W02	赵凯杰	财务部	02	在职	企业管理人员	男		财务部
7	□	W03	贺青春	财务部	02	在职	企业管理人员	女		财务部
8	□	X01	刘晓明	销售部	03	在职	销售人员	男		销售部
9	□	X02	何丽平	销售部	03	在职	销售人员	女		销售部

图2-8　"人员档案"窗口

【提示】

人员编码、姓名、性别和所属行政部门必须输入，其中人员编码必须唯一，保存后不能修改，人员姓名可以重复，可随时修改。

勾选"业务员"的人员可在其他档案或单据中的"业务员"栏被参照。

勾选"操作员"，若该人员在系统管理的用户列表中不存在，系统将该人员自动追加到系统管理的用户列表中（角色为普通员工），则此处的人员编码即为操作员的密码；若该人员在系统管理的用户列表中已经存在，系统将该人员自动追加到系统管理的用户列表中（角色为普通员工），则操作员的密码不变。

此处的人员档案信息可供薪资管理系统的人员档案功能调用。

2.3.2　设置客商信息

1.设置地区分类

【实验资料】

根据表2-6增加地区分类。

表 2-6　　　　　　　　　　　地区分类（DistrictClass）

分类编码（cDCCode）	分类名称（cDCName）
01	华东地区
02	华南地区
03	华中地区
04	华北地区
05	东北地区
06	西南地区
07	西北地区

（1）2023年1月1日，由李成喜（A01）登录企业应用平台。

（2）在U8企业应用平台，依次选择"基础设置→基础档案→客商信息→地区分类"命令，打开"地区分类"窗口。

（3）根据实验资料，单击工具栏的"增加"按钮，在编辑区输入"分类编码"为"01"，"分类名称"为"华东地区"，单击"保存"按钮，保存该地区分类。单击"增加"按钮，继续添加剩余的地区分类信息，结果如图2-9所示。

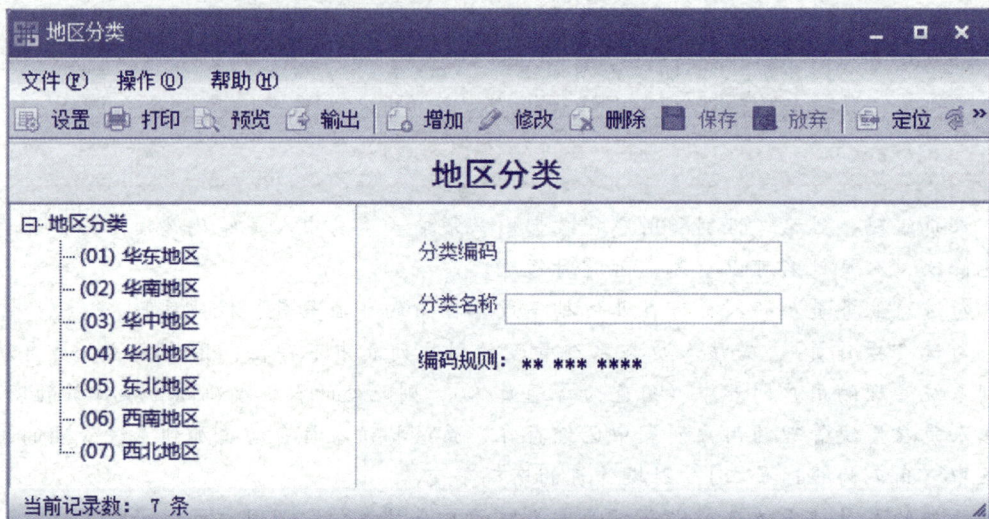

图2-9　"地区分类"窗口

【提示】

分类编码、分类名称为必输项。

地区分类最多可设置五级，企业可以根据实际需要进行分类。

分类必须逐级增加。除了一级分类之外，新增分类的分类编码必须有上级分类编码。

新增分类的分类编码必须与图1-14"编码方案"中设定的规则相符。

只能修改地区分类名称，不能修改地区分类编码。

已经使用的地区分类不能删除，非末级地区分类不能删除。

2.设置客户分类

【实验资料】

根据表2-7增加客户分类。

表 2-7　　　　　　　　客户分类（CustomerClass）

客户/供应商	分类编码（cCCCode）	分类名称（cCCName）
客户	01	一般类
	02	代销类

（1）在U8企业应用平台，依次选择"基础设置→基础档案→客商信息→客户分类"命令，打开"客户分类"窗口。

（2）根据实验资料，单击工具栏的"增加"按钮，在编辑区输入"分类编码"为"01"，"分类名称"为"一般类"，单击"保存"按钮，保存该客户分类。单击"增加"按钮，继续添加剩余的客户分类信息，结果如图2-10所示。

设置客户分类

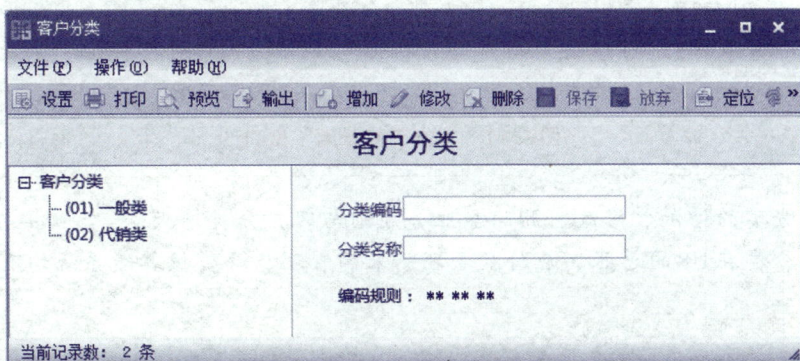

图2-10　"客户分类"窗口

【提示】

分类编码、分类名称为必输项。

供应商分类必须逐级增加。

已经使用的客户分类不能删除，非末级客户分类不能删除。

客户分类在U8的总账、应收款管理、销售管理、存货核算等系统均有重要用途。

3.设置供应商分类

【实验资料】

根据表2-8增加供应商分类。

表2-8　　　　　　　　　　　　　　供应商分类（VendorClass）

客户/供应商	分类编码（cVCCode）	分类名称（cVCName）
供应商	01	服装商
	02	手表商
	03	皮具商
	04	综合类

【实验过程】

（1）在U8企业应用平台，依次选择"基础设置→基础档案→客商信息→供应商分类"命令，打开"供应商分类"窗口。

（2）根据实验资料添加供应商分类，方法与添加客户分类的方法一致，结果如图2-11所示。

设置供应商分类

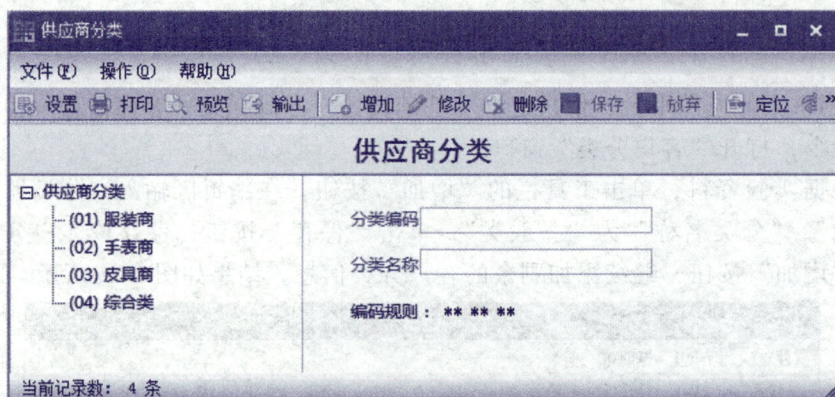

图2-11   "供应商分类"窗口

【提示】

供应商分类的增加、修改、删除等业务规则与客户分类一致。

供应商分类在U8的总账、应付款管理、采购管理、存货核算等系统均有重要用途。

4.设置客户档案

【实验资料】

根据表2-9增加客户档案。

表2-9   客户档案（Customer）

客户名称（cCusName） 客户编码（cCusCode） 客户简称（cCusAbbName）	所属地区	所属分类	地址（cCusAddress） 电话（cCusPhone） 税号（cCusRegCode）	开户银行（cCusBank） 账号（cCusAccount）
北京汇鑫百货有限公司 编码：101 简称：北京汇鑫	04	01	北京市顺义区常庄路992号 010-86218025 9111O113578732690B	中国银行北京顺义常庄支行 2700322598914536398
上海乐淘贸易有限公司 编码：102 简称：上海乐淘	01	01	上海市闵行区北京路1号 021-65431789 91310112203203919E	交通银行闵行区北京路支行 8059209375023168063
广州华丰超市有限公司 编码：103 简称：广州华丰	02	01	广州市北市区向阳路108号 020-52396012 91440100613815327F	中国工商银行广州向阳支行 2692006083025562331
深圳裕丰商贸有限公司 编码：104 简称：深圳裕丰	02	01	深圳市福田区平安路1198号 0755-86185973 91440304192537836C	中国建设银行深圳福田支行 44207978550061020973
沈阳喜来商贸有限公司 编码：201 简称：沈阳喜来	05	02	辽宁省沈阳市沈河区万春路66号 024-65507283 91210103282819034N	中国农业银行沈阳万春支行 5830626920062662115
沈阳金泰商贸有限公司 编码：202 简称：沈阳金泰	05	02	辽宁省沈阳市铁西区百花路2号 024-65308833 91210103291938726K	中国农业银行沈阳百花支行 5830611580626927622

（1）在U8企业应用平台，依次选择"基础设置→基础档案→客商信息→客户档案"命令，打开"客户档案"窗口。

（2）单击工具栏的"增加"按钮，根据实验资料，在"基本"页签的"客户编码"栏输入"101"，"客户名称"栏输入"北京汇鑫百货有限公司"，"税号"栏输"入91110113578732690B"，如图2-12所示。

设置客户档案

客户档案录入界面

客户编码 101   客户名称 北京汇鑫百货有限公司

基本 | 联系 | 信用 | 其它 | 附件 | 照片

客户编码	101	客户名称	北京汇鑫百货有限公司
客户简称	北京汇鑫	助记码	
所属地区	04 - 华北地区	所属分类	01 - 一般类
客户总公司		所属行业	
对应供应商		客户级别	
币种	人民币	法人	
客户管理类型	999 - 普通客户	税号	911101135578732690B
统一社会信用代码		注册资本	
成立日期		员工人数	

☐国外   ☐服务   ☑国内

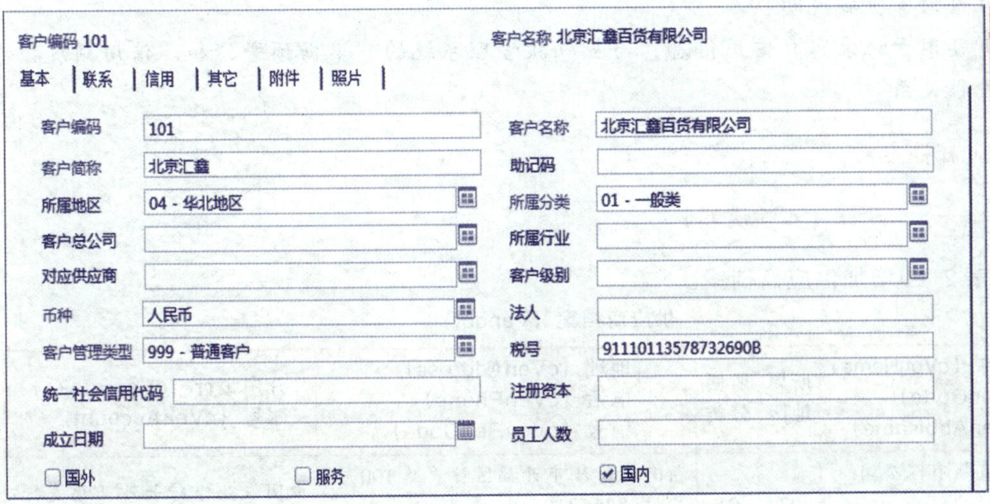

图2-12　客户档案录入界面

单击"联系"页签，在"地址"栏输入"北京市顺义区常庄路992号"，"电话"栏输入"010-86218025"。

单击工具栏的"银行"按钮，弹出"客户银行档案"窗口，单击工具栏的"增加"按钮，"所属银行"栏选择"中国银行"，"开户银行"栏输入"中国银行北京顺义常庄支行"，"银行账号"栏输入"2700322598914536398"，"默认值"选择"是"。单击"保存"按钮，再退出该窗口并返回客户档案录入界面。

（3）单击"增加并新增"按钮，继续添加剩余的客户档案。录入完毕关闭录入界面返回"客户档案"窗口，结果如图2-13所示。

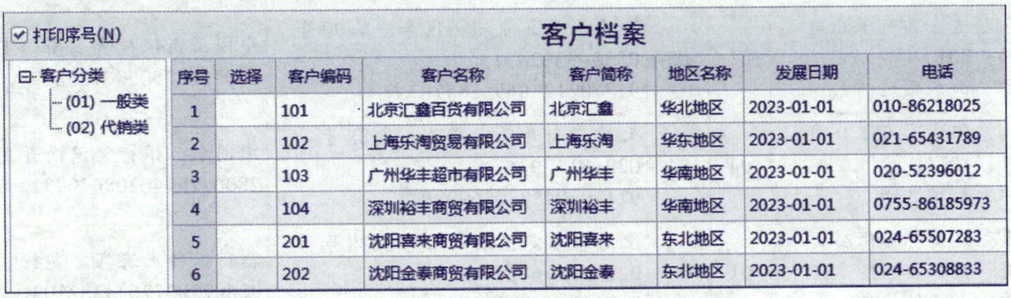

☑ 打印序号(N)   **客户档案**

	序号	选择	客户编码	客户名称	客户简称	地区名称	发票日期	电话
☐ 客户分类	1		101	北京汇鑫百货有限公司	北京汇鑫	华北地区	2023-01-01	010-86218025
├ (01) 一般类	2		102	上海乐淘贸易有限公司	上海乐淘	华东地区	2023-01-01	021-65431789
└ (02) 代销类	3		103	广州华丰超市有限公司	广州华丰	华南地区	2023-01-01	020-52396012
	4		104	深圳裕丰商贸有限公司	深圳裕丰	华南地区	2023-01-01	0755-86185973
	5		201	沈阳喜来商贸有限公司	沈阳喜来	东北地区	2023-01-01	024-65507283
	6		202	沈阳金泰商贸有限公司	沈阳金泰	东北地区	2023-01-01	024-65308833

图2-13　"客户档案"窗口

【提示】

① "基本"页签说明：

该页签包含客户的主要信息，其中蓝字的栏目为必输项。

"对应供应商"不允许重复选择，即不允许有多个客户对应一个供应商的情况出现。

"客户总公司"指当前客户所隶属的最高一级的公司。具有同一个客户总公司的不同客户的发货业务，可以汇总在一张发票中统一开票。

②"联系"页签说明：

如果设置了"分管部门"和"专管业务员"，在填制销售发票时，系统自动根据客户信息带出部门及业务员信息。

③"信用"页签说明：

该页签用于记录客户信用信息，与应收款管理系统的"单据预警"和"信用额度控制"有关联关系。

5.设置供应商档案

【实验资料】

根据表2-10增加供应商档案。

表2-10　　　　　　　　　　供应商档案（Vendor）

供应商名称（cVenName） 编码（cVenCode） 简称（cVenAbbName）	所属 地区	所属 分类	地址（cVenAddress） 电话（cVenPhone） 税号（cVenRegCode）	开户银行（cVenBank） 账号（cVenAccount）
湖南百盛服装有限公司 编码：101 简称：湖南百盛	03	01	湖南省长沙市开福区林夕路100号 0731-8266319 91430105276531895S	中国农业银行长沙开福支行 1012093710651047815
北京嘉伟服装有限公司 编码：102 简称：北京嘉伟	04	01	北京市宣武区长丰路六段360号 010-30453221 91110104759695583D	招商银行北京宣武分行 2590739805061504276
上海恒久表业有限公司 编码：201 简称：上海恒久	01	02	上海市静安区花园路甲7号 021-28386699 91310106896543287X	中国银行上海静安支行 9517205720902010400
大连博伦表业有限公司 编码：202 简称：大连博伦	05	02	大连市西岗区古塔路1029号 0411-87691203 91210203821392076P	交通银行大连西岗支行 3041309299285602525
山东顺达皮具有限公司 编码：301 简称：山东顺达	01	03	山东省青岛市崂山区李沧路90号 0536-85328912 91370212386932857L	中国工商银行青岛崂山支行 6800328250237723819
天津惠阳商贸有限公司 编码：401 简称：天津惠阳	04	04	天津市南开区中华路三段88号 022-81329367 91120104572036908R	中国农业银行天津南开支行 2806725046208670931
上海亿达商贸有限公司 编码：402 简称：上海亿达	01	04	上海市嘉定区庆满西路2038号 021-33516722 91310114160215873X	招商银行上海嘉定支行 9280728372644332503
沈阳通达物流有限公司 编码：409 简称：沈阳通达	05	04	辽宁省沈阳市皇姑区振兴路968号 024-82961537 91210105357948262N	中国银行沈阳皇姑支行 8201141631080910001

（1）在U8企业应用平台，依次选择"基础设置→基础档案→客商信息→供应商档案"命令，打开"供应商档案"窗口。

（2）单击工具栏的"增加"按钮，根据实验资料，在"基本"页签的"供应商编码"栏输入"101"，"供应商名称"栏输入"湖南百盛服装有限公司"，"税号"栏输入"91430105276531895S"，"开户银行"栏输入"中国农业银行长沙开福支行"，"银行账号"栏输入"1012093710651047815"，如图2-14所示。

供应商编码 101		供应商名称 湖南百盛服装有限公司	
基本	联系	信用	其它	附件	

供应商编码	101	供应商名称	湖南百盛服装有限公司
供应商简称	湖南百盛	助记码	
所属地区	03 - 华中地区	所属分类	01 - 服装商
供应商总公司		员工人数	
对应客户		所属行业	
税号	91430105276531895S	币种	人民币
开户银行	中国农业银行长沙开福支行	注册资金	
法人		银行账号	1012093710651047815
税率%		所属银行	04 - 中国农业银行
☑ 采购		☐ 委外	
☐ 服务		☐ 国外	
☐ 适用零售			

图2-14 供应商档案录入界面

单击"联系"页签，在"地址"栏输入"湖南省长沙市开福区林夕路100号"，"电话"栏输入"0731-8266319"。

（3）单击"增加并新增"按钮，继续添加剩余的供应商档案。录入完毕关闭录入界面返回"供应商档案"窗口，结果如图2-15所示。

☑ 打印序号(N)	供应商档案						
供应商分类	序号	选择	供应商编码	供应商名称	供应商简称	地区名称	发展日期	电话
(01) 服装商	1		101	湖南百盛服装有限公司	湖南百盛	华中地区	2023-01-01	0731-8266319
(02) 手表商	2		102	北京嘉伟服装有限公司	北京嘉伟	华北地区	2023-01-01	010-30453221
(03) 皮具商	3		201	上海恒久表业有限公司	上海恒久	华东地区	2023-01-01	021-28386699
(04) 综合类	4		202	大连博伦表业有限公司	大连博伦	东北地区	2023-01-01	0411-87691203
	5		301	山东顺达皮具有限公司	山东顺达	华东地区	2023-01-01	0536-85328912
	6		401	天津惠阳商贸有限公司	天津惠阳	华北地区	2023-01-01	022-81329367
	7		402	上海亿达商贸有限公司	上海亿达	华东地区	2023-01-01	021-33516722
	8		409	沈阳通达物流有限公司	沈阳通达	东北地区	2023-01-01	024-82961537

图2-15 "供应商档案"窗口

① "基本"页签说明：

该页签包含供应商的主要信息，其中蓝字的栏目为必输项。

"对应客户"不允许重复选择，即不允许有多个供应商对应一个客户的情况出现。

供应商总公司指当前供应商所隶属的最高一级的公司。

② "联系"页签说明：

如果设置了"分管部门"和"专管业务员"，在填制采购发票时，系统自动根据供应商信息带出部门及业务员信息。

③ "信用"页签说明：

该页签用于记录供应商信用信息，与应付款管理系统的"单据预警"和"信用额度控制"有关联关系。

2.3.3　设置存货信息

1. 设置存货分类

【实验资料】

根据表2-11增加存货分类。

表 2-11　　　　　　　　　　　存货分类（InventoryClass）

一级分类		二级分类	
编码（cInvCCode）	名称（cInvCName）	编码（cInvCCode）	名称（cInvCName）
01	商品	0101	服装
		0102	手表
		0103	皮具
02	应税劳务		

【实验过程】

（1）2023年1月1日，由李成喜（A01）登录企业应用平台。

（2）在U8企业应用平台，依次选择"基础设置→基础档案→存货→存货分类"命令，打开"存货分类"窗口。

设置存货分类

（3）单击工具栏的"增加"按钮，根据实验资料，在"分类编码"栏输入"01"，"分类名称"栏输入"商品"，单击"保存"按钮，保存该存货分类。单击"增加"按钮继续添加剩余存货分类信息，结果如图2-16所示。

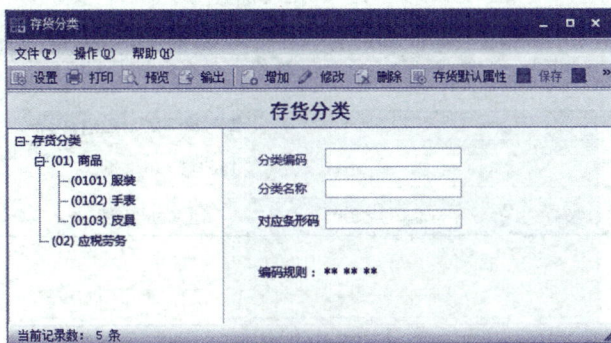

图2-16　"存货分类"窗口

2. 设置计量单位

【实验资料】

根据表2-12增加计量单位组及具体的计量单位。

表2-12　　　　　　　　　　　　　　计量单位组及计量单位

计量单位组（ComputationGroup）			计量单位（ComputationUnit）		
编码 (cGroupCode)	名称 (cGroupName)	类别 (iGroupType)	编码 (cComunitCode)	名称 (cComunitName)	备注
01	基本计量单位	无换算率	0101	件	
			0102	条	
			0103	套	
			0104	只	
			0105	对	
			0106	个	
			0107	千米	
			0108	次	

【实验过程】

（1）在U8企业应用平台，依次选择"基础设置→基础档案→存货→计量单位"命令，打开"计量单位"窗口。

（2）单击工具栏的"分组"按钮，打开"计量单位组"窗口，单击工具栏的"增加"按钮，在"计量单位组编码"栏输入"01"，"计量单位组名称"栏输入"基本计量单位"，"计量单位组类别"栏选择"无换算率"，如图2-17所示，单击"保存"按钮，保存该计量单位组。

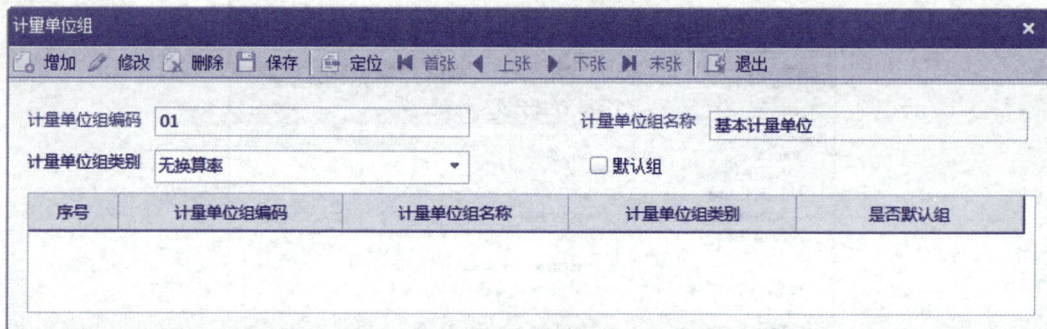

图2-17　计量单位组编辑窗口

【提示】

计量单位组分无换算率、浮动换算率、固定换算率三种类别。换算率是指辅计量单位和主计量单位之间的换算比。

[无换算率] 该组的计量单位不存在换算关系，全部为主计量单位。计量单位组中最多只能有一个无换算率组。

[固定换算率] 该组包含一个主计量单位和多个辅计量单位，主、辅计量单位之间存在固定的换算关系。一般将最小计量单位作为主计量单位。例如，1标准箱香烟=250条香烟=2 500盒香烟。这里可将"盒"作为主计量单位，"盒"与"条"的换算率设为10，"盒"与"标准箱"的换算率设为2 500。

[浮动换算率] 该组只能包括两个计量单位：一个主计量单位、一个辅计量单位。

（3）退出"计量单位组"窗口，返回"计量单位"窗口，单击工具栏的"单位"按钮，打开"计量单位"窗口，根据实验资料，单击工具栏的"增加"按钮，"计量单位编码"栏输入"0101"，"计量单位名称"栏输入"件"，单击"保存"按钮，结果如图2-18所示。

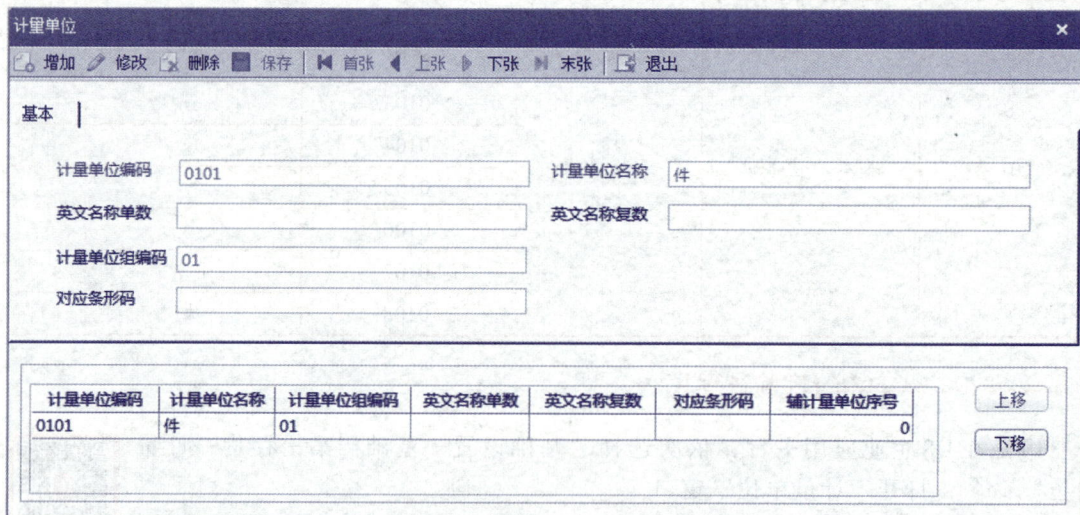

图2-18　计量单位编辑窗口

（4）继续添加剩余计量单位，结果如图2-19所示。添加完毕退出"计量单位"窗口。

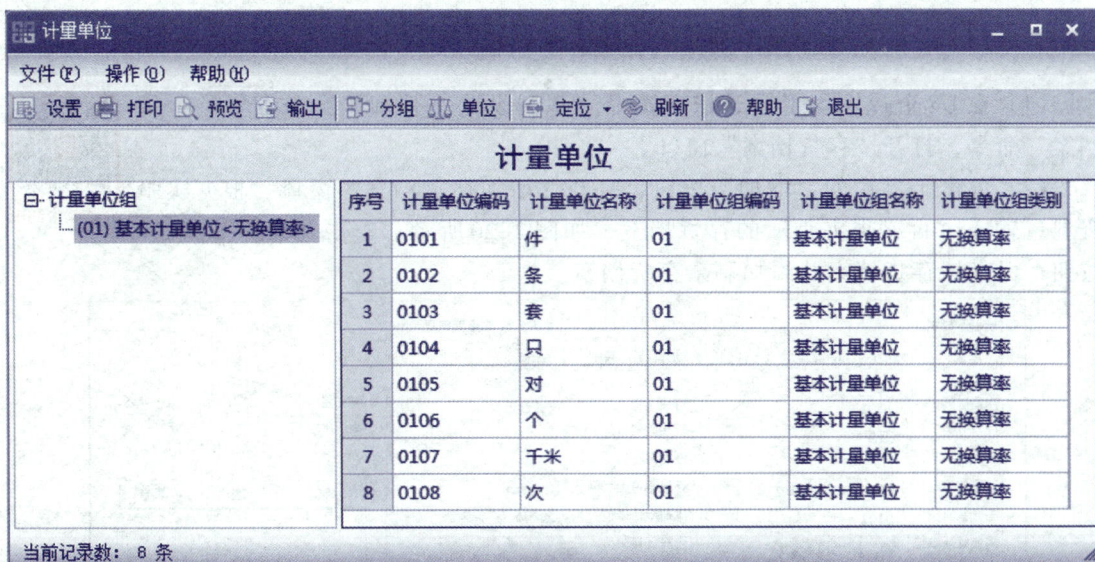

图2-19　计量单位

【提示】

在设置计量单位时，必须先设置计量单位组，再在组下增加具体的计量单位。

3.设置存货档案

【实验资料】

根据表2-13增加存货档案。

表 2-13　存货档案（Inventory）

存货编码 （cInvCode）	存货名称 （cInvName）	存货分类	计量 单位组	计量 单位	存货属性	税率 （%）
1101	百盛男夹克	服装	01	件	内销、外销、采购	13
1102	百盛休闲裤	服装	01	条	内销、外销、采购	13
1103	百盛男套装	服装	01	套	内销、外销、采购	13
1151	嘉伟女风衣	服装	01	件	内销、外销、采购	13
1152	嘉伟男风衣	服装	01	件	内销、外销、采购	13
1201	博伦女表	手表	01	只	内销、外销、采购	13
1202	博伦男表	手表	01	只	内销、外销、采购	13
1251	恒久情侣表	手表	01	对	内销、外销、采购	13
1301	顺达女士箱包	皮具	01	个	内销、外销、采购	13
1302	顺达男士箱包	皮具	01	个	内销、外销、采购	13
1303	顺达情侣箱包	皮具	01	对	内销、外销、采购	13
2001	运输费	应税劳务	01	千米	内销、外销、采购、应税劳务	9

（1）在U8企业应用平台，依次选择"基础设置→基础档案→存货→存货档案"命令，打开"存货档案"窗口。

（2）单击工具栏的"增加"按钮，打开"增加存货档案"窗口。根据实验资料，输入"百盛男夹克"的存货档案，如图2-20所示，单击"保存并新增"按钮，保存该存货档案并添加剩余存货档案。

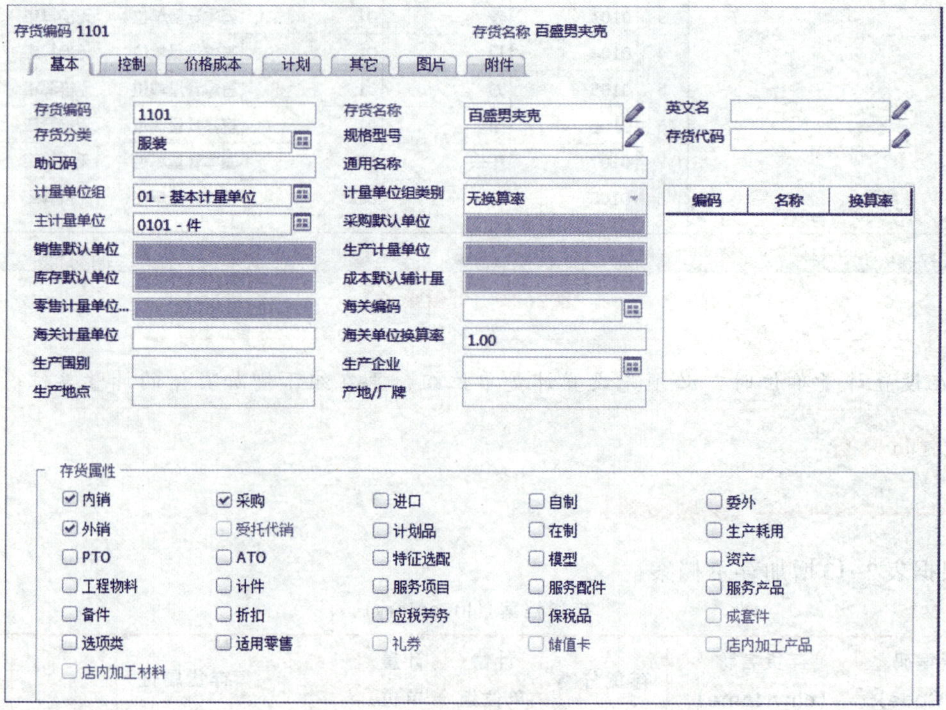

图2-20　存货档案录入界面

（3）所有存货档案添加完毕，关闭"增加存货档案"窗口，返回"存货档案"窗口，结果如图2-21所示。

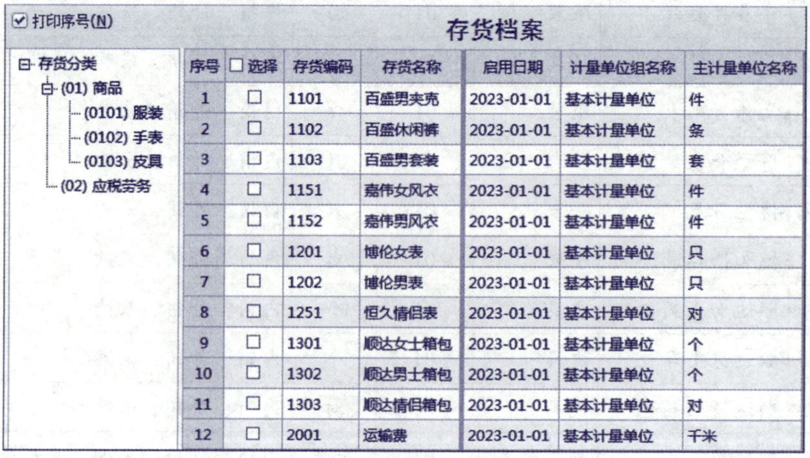

序号	选择	存货编码	存货名称	启用日期	计量单位组名称	主计量单位名称
1	☐	1101	百盛男夹克	2023-01-01	基本计量单位	件
2	☐	1102	百盛休闲裤	2023-01-01	基本计量单位	条
3	☐	1103	百盛男套装	2023-01-01	基本计量单位	套
4	☐	1151	嘉伟女风衣	2023-01-01	基本计量单位	件
5	☐	1152	嘉伟男风衣	2023-01-01	基本计量单位	件
6	☐	1201	博伦女表	2023-01-01	基本计量单位	只
7	☐	1202	博伦男表	2023-01-01	基本计量单位	只
8	☐	1251	恒久情侣表	2023-01-01	基本计量单位	对
9	☐	1301	顺达女士箱包	2023-01-01	基本计量单位	个
10	☐	1302	顺达男士箱包	2023-01-01	基本计量单位	个
11	☐	1303	顺达情侣箱包	2023-01-01	基本计量单位	对
12	☐	2001	运输费	2023-01-01	基本计量单位	千米

图2-21　存货档案

[存货编码] 最多可输入60位数字或字符。

[存货名称] 最多可输入255位汉字或字符。

存货属性：设置存货属性是为了控制在各种业务操作中是否可用此存货。同一存货可以设置多个属性，部分存货属性存在互斥或控制关系。

[内销] / [外销] 具有该属性的存货可用于销售。发货单、销售发票、销售出库单等与销售有关的单据参照存货时，要求存货具有该属性。若需在销售发票等单据上填写应税劳务，则该应税劳务也应设置为"内销"/"外销"属性，否则无法参照。

[采购] 具有该属性的存货可用于采购。到货单、采购发票、采购入库单等与采购有关的单据参照存货时，要求存货具有该属性。若需在采购发票等单据上填写采购费用，则该采购费用也应设置为"采购"属性，否则无法参照。

[应税劳务] 指开具在采购发票等单据上的运输费用、保险费用、代销手续费等采购费用或开具在销售发票等单据上的应税劳务。该属性应与"自制""在制""生产耗用"属性互斥。

[资产] 该属性与"受托代销"属性互斥。资产存货，默认仓库只能录入和参照存货档案中的资产仓。非资产存货，默认仓库只能录入和参照仓库档案中的非资产仓。

"价格成本"页签的计价方式：当用户在存货核算系统的选项中设置"核算方式"为"按存货核算"时，该属性必须设置且严格起控制作用，系统将按照这里设置的计价方式进行成本确认。

2.3.4 设置财务信息

1.维护会计科目

会计科目，简称科目，是对会计要素的具体内容进行分类核算的项目，是进行会计核算和提供会计信息的基础。会计科目设置的完整性影响着会计过程的顺利实施，会计科目设置的层次深度直接影响着会计核算的详细、准确程度。

（1）指定会计科目。

【实验资料】

指定"1001 库存现金"为现金科目、"1002 银行存款"为银行科目。

【实验过程】

① 2023年1月1日，由李成喜（A01）登录企业应用平台。

② 在U8企业应用平台，依次选择"基础设置→基础档案→财务→会计科目"命令，打开"会计科目"窗口。

③ 单击"指定科目"按钮，打开"指定科目"对话框。根据实验资料，单击" > "将"1001 库存现金"添加到已选科目区，如图2-22所示。

单击该对话框左侧的"银行科目"，再单击" > "将"1002 银行存款"添加到已选科目区。单击"确定"按钮完成指定科目并返回"会计科目"窗口。

指定会计科目

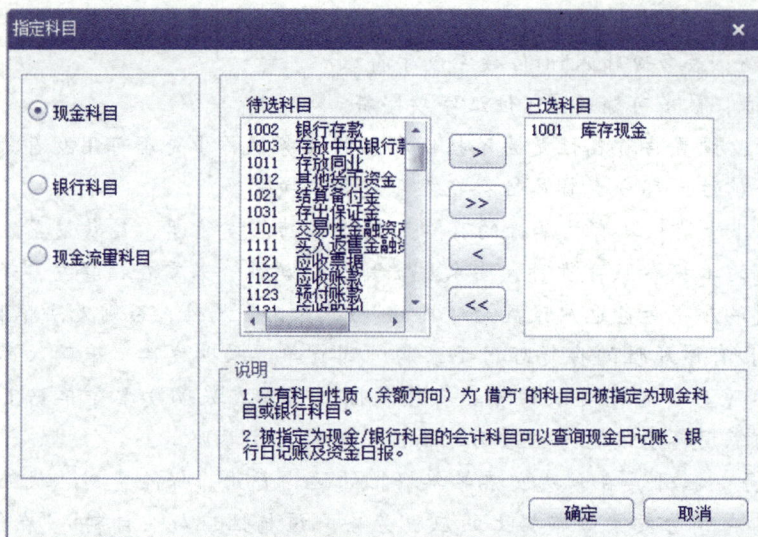

图2-22　指定科目

【提示】

只有指定现金科目、银行科目，才能在总账系统的出纳菜单下查询现金日记账（或库存现金日记账）、银行存款日记账。

只有指定现金科目、银行科目，才能进行出纳签字的操作。

（2）增加会计科目。

────── 【实验资料】

根据表2-14增加会计科目。

表2-14　　　　　　　　会计科目表（code）

科目编码（ccode）	科目名称（ccode_name）	辅助账类型
100201	中国工商银行	日记账 银行账
10020101	沈阳皇姑支行	日记账 银行账
100202	中国银行	日记账 银行账
10020201	沈阳皇姑支行	日记账 银行账
1002020101	人民币	日记账 银行账
1002020102	美元	日记账 银行账
101201	存出投资款	
101202	银行汇票	
110101	成本	数量核算（股（份））、项目核算
110102	公允价值变动	项目核算
122101	职工个人往来	个人往来
170101	专利权	

科目编码（ccode）	科目名称（ccode_name）	辅助账类型
170102	商标权	
170103	土地使用权	
190101	待处理流动资产损溢	
190102	待处理固定资产损溢	
220201	一般应付账款	供应商往来，应付系统受控
220202	暂估应付账款	供应商往来，不受控于应付系统
221101	工资	
221102	社会保险费	
22110201	基本医疗保险费	
22110202	工伤保险费	
221103	设定提存计划	
22110301	基本养老保险费	
22110302	失业保险费	
221104	住房公积金	
221105	工会经费	
221106	职工教育经费	
221107	职工福利费	
221108	非货币性福利	
222101	应交增值税	
22210101	进项税额（注：借方）	
22210105	转出未交增值税（注：借方）	
22210106	销项税额	
22210108	进项税额转出	
22210109	转出多交增值税	
222102	未交增值税	
222103	应交企业所得税	
222104	应交个人所得税	
222105	应交城市维护建设税	
222106	应交教育费附加	
222107	应交地方教育附加	
222108	应交房产税	
222109	应交城镇土地使用税	
222110	应交车船税	

科目编码（ccode）	科目名称（ccode_name）	辅助账类型
224101	代扣医疗保险	
224102	代扣养老保险	
224103	代扣失业保险	
224104	代扣住房公积金	
400201	资本溢价	
400202	其他资本公积	
410401	提取法定盈余公积	
410402	提取任意盈余公积	
410403	应付现金股利或利润	
410409	未分配利润	
630101	罚款收入	
630103	捐赠利得	
630104	盘盈利得	
660201	折旧费	部门核算
660202	职工薪酬	部门核算
660203	水电费	部门核算
660204	差旅费	部门核算
660205	办公费	部门核算
660206	业务招待费	部门核算
660207	品牌管理费	
660208	修理费	
660209	无形资产摊销	
660210	存货盘点	
660301	利息支出	
660302	汇兑损益	
660303	手续费及工本费	
660304	现金折扣	
660305	票据贴现	
6702	信用减值损失（注：支出）	
671101	罚款支出	
671103	捐赠支出	
671104	盘亏损失	

在"会计科目"窗口，单击"增加"按钮即可进入添加会计科目界面，即"新增会计科目"窗口。根据实验资料，在"科目编码"栏输入"100201"，"科目名称"栏输入"中国工商银行"，如图2-23所示，单击"确定"按钮，该科目添加成功。单击"增加"按钮，继续添加剩余会计科目，全部添加完毕退出"新增会计科目"窗口。

增加会计科目

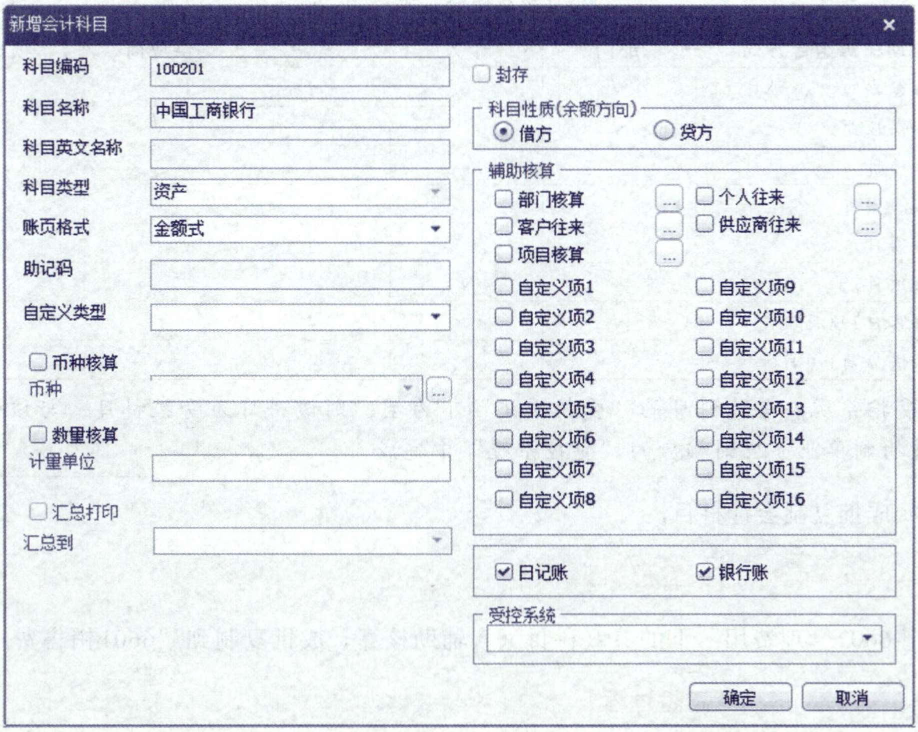

图2-23　新增会计科目

【提示】

科目编码必须唯一，科目编码必须按其级次的先后次序建立。级次由系统根据科目编码方案（图1-14）定义。

科目中文名称最多可输入20个汉字，科目英文名称最多可输入100个英文字母。

科目中文名称和科目英文名称不能同时为空。

［币种核算］一个科目只能核算一种外币。

［数量核算］如果只启用总账系统，则原材料等存货科目应勾选此项并输入计量单位，以进行数量核算。

［科目性质（余额方向）］一般情况下，资产类科目的科目性质默认为借方，负债类科目的科目性质默认为贷方。

只能在一级科目设置科目性质，下级科目的科目性质与其一级科目相同。已有数据的科目不能再修改科目性质。

［辅助核算］也称辅助账类，用于说明本科目除完成一般的总账、明细账核算外，

是否有其他核算要求。系统提供以下几种专项核算功能：部门核算、个人往来、客户往来、供应商往来、项目核算。辅助核算可以组合设置，一个科目可同时设置三种辅助核算，具体可参照表2-15。但是，部门和个人不能组合设置，客户与供应商核算不能一同设置。

如果会计科目已有数据，而又对该科目的辅助核算进行修改，那么很可能造成总账与辅助账对账不平。

表2-15 　　　　　　　　　　　　　　辅助核算组合方式

辅助核算组合方式	部门	个人	客户	供应商	项目
部门+客户	√		√		
部门+供应商	√			√	
客户+项目			√		√
供应商+项目				√	√
部门+项目	√				√
个人+项目		√			√
部门+客户+项目	√		√		√
部门+供应商+项目	√			√	√

［受控系统］若某科目的"受控系统"不为空，则该科目为受控科目，与该受控科目相关的制单业务应到相应的"受控系统"中完成。

（3）成批复制会计科目。

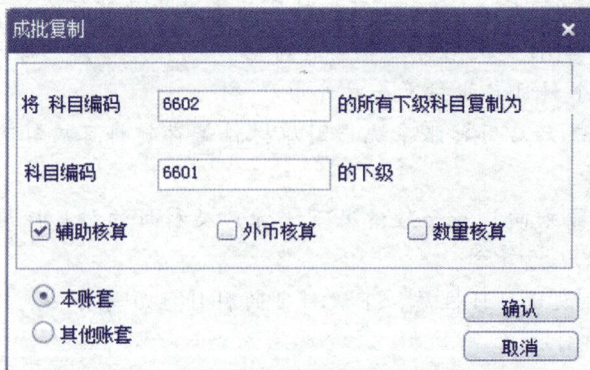

──────【实验资料】

将"6602管理费用"下的二级科目（含辅助核算）成批复制到"6601销售费用"下。

──────【实验过程】

在"会计科目"窗口，单击"复制"菜单下的"成批复制"功能，打开"成批复制"对话框。根据实验资料，窗口上方的"科目编码"输入"6602"，窗口下方的"科目编码"输入"6601"，勾选"辅助核算"，如图2-24所示，单击"确认"按钮完成会计科目的成批复制。

成批复制会计科目

图2-24　成批复制会计科目

（4）修改会计科目。

————————【实验资料】

修改会计科目"应收票据"、"应收账款"和"预收账款"的辅助核算为"客户往来"，受控于"应收系统"；

修改会计科目"应付票据"和"预付账款"的辅助核算为"供应商往来"，受控于"应付系统"；

将"6403 营业税金及附加"的科目名称改为"税金及附加"；

将"660107 品牌管理费"的科目名称改为"广告宣传费"；

将"660108 修理费"的科目名称改为"运输费"；

将"660109 无形资产摊销"的科目名称改为"保险费"；

将"660110 存货盘点"的科目名称改为"委托代销手续费"。

————————【实验过程】

在"会计科目"窗口，单击需要修改的"应收票据"科目，单击工具栏的"修改"按钮，打开"会计科目_修改"窗口（直接双击待修改科目也可打开该窗口）。单击窗口右下方的"修改"按钮，勾选"客户往来"辅助核算，如图 2-25 所示，单击"确定"按钮。根据实验资料继续修改其他会计科目。

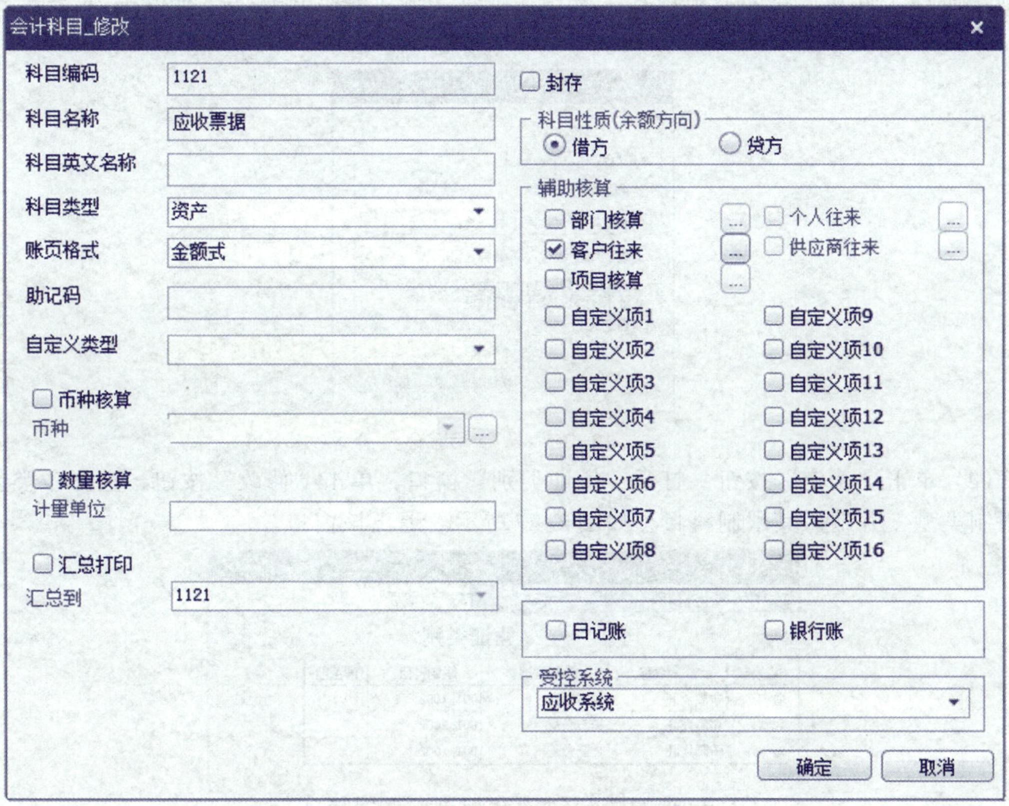

图 2-25　修改会计科目

如果本科目已被制过单或已录入期初余额，则不能删除、修改。如果要修改该科目必须先删除有该科目的凭证，并将该科目及其下级科目余额清零，再行修改，修改完毕后要将余额及凭证补上。

非末级科目及已使用的末级科目不能再修改科目编码。

2.设置凭证类别

【实验资料】

根据表2-16选择凭证分类并设置凭证类别。

表 2-16　　　　　　　　　　凭证类别（dsign）

类别字（csign）	类别名称（ctext）	限制类型（itype）	限制科目（ccode）
收	收款凭证	借方必有	1001，1002
付	付款凭证	贷方必有	1001，1002
转	转账凭证	凭证必无	1001，1002

【实验过程】

（1）在U8企业应用平台，依次选择"基础设置→基础档案→财务→凭证类别"命令，打开"凭证类别预置"窗口，根据实验资料，选择第二种分类方式，如图2-26所示。

设置凭证类别

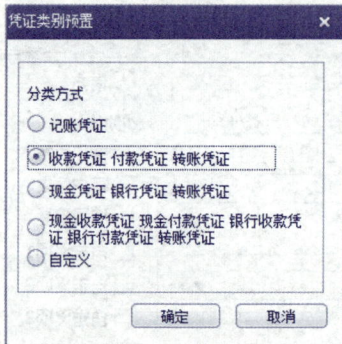

图2-26　选择凭证分类

（2）单击"确定"按钮，打开"凭证类别"窗口，单击"修改"按钮，选择各类凭证的限制类型，并输入其限制科目，如图2-27所示。退出该窗口。

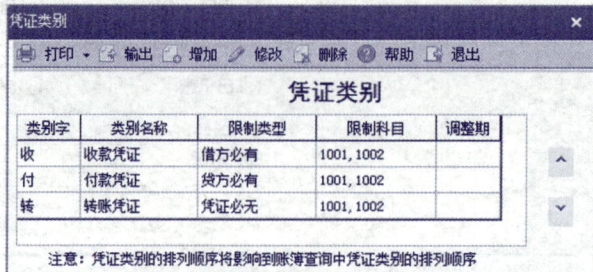

图2-27　"凭证类别"窗口

3.设置外币核算

【实验资料】

（1）定义外币。浮动汇率；币符：USD；币名：美元；汇率小数位：4；假定2023年1月1日的记账汇率为6.8340；其他默认。

（2）修改会计科目。为会计科目"1002020102 银行存款/中国银行/沈阳皇姑支行/美元"设置美元外币核算。

【实验过程】

（1）在U8企业应用平台，依次选择"基础设置→基础档案→财务→外币设置"命令，打开"外币设置"窗口。根据实验资料，选择"浮动汇率"，在"币符"栏输入"USD"，"币名"栏输入"美元"，"汇率小数位"栏输入"4"，单击"确认"按钮，在1月1日的"记账汇率"栏输入"6.8340"，如图2-28所示。退出该窗口。

设置外币核算

图2-28　"外币设置"窗口

（2）在U8企业应用平台，依次选择"基础设置→基础档案→财务→会计科目"命令，打开"会计科目"窗口。双击"1002020102 银行存款/中国银行/沈阳皇姑支行/美元"科目，单击窗口右下方的"修改"按钮，勾选"币种核算"，币种选择"美元"，如图2-29所示。

图2-29　修改会计科目

4.设置项目目录

【实验资料】

根据表2-17逐步设置项目目录。

表2-17　　　　　　　　　　　　　　　　项目目录

实验步骤	实验内容	
1.项目大类（fitem）	金融资产（注：普通项目）	
2.核算科目	110101 成本	
	110102 公允价值变动	
3.项目分类（fitemss00class）	1 股票	2 债券
4.项目目录（fitemss00）	11 东旭光电	21 苏州城建
	12 北极股份	22 南洋债券

（1）增加项目大类。在U8企业应用平台，依次单击"基础设置→基础档案→财务→项目大类"菜单，打开"项目大类"窗口。单击"增加"按钮，打开"项目大类定义_增加"窗口，在"新项目大类名称"栏输入"金融资产"，如图2-30所示，单击"下一步"，到"定义项目级次"界面，再单击"下一步"，到"定义项目栏目"界面，单击"完成"按钮，项目大类添加完毕。

设置项目目录

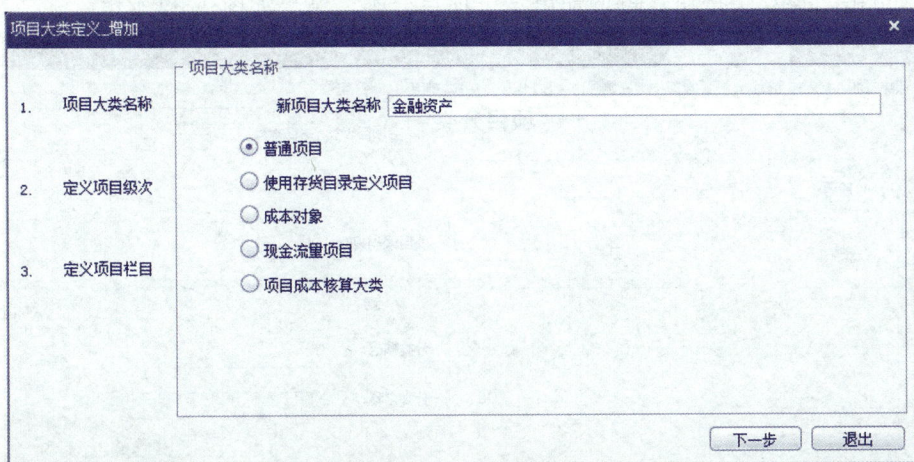

图2-30 增加项目大类

【提示】

> 如果启用了存货核算系统，则可选择"使用存货目录定义项目"，系统自动将存货分类设置为项目分类，并将存货目录设置为项目目录。

（2）指定核算科目。在"项目大类"窗口，在"项目大类"下拉框中选择"金融资产"大类，点击"➤"按钮将"待选科目"区的"110101成本"和"110102公允价值变动"移动到"已选科目"区，如图2-31所示。

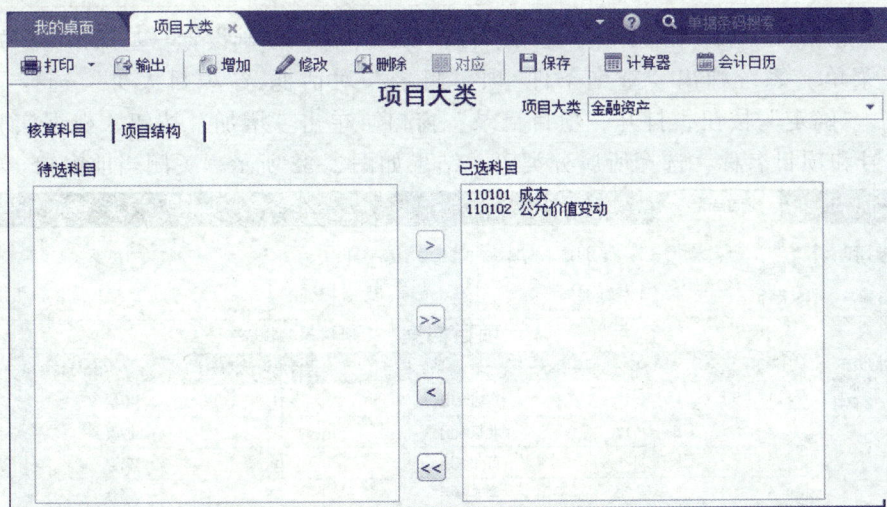

图2-31 指定核算科目

【提示】

　　只有设置"项目核算"辅助核算的会计科目才能显示在"待选科目"区。

　　一个项目大类可以指定多个科目，一个科目只能属于一个项目大类。

　　（3）增加项目分类。在U8企业应用平台，依次单击"基础设置→基础档案→财务→项目分类"菜单，打开"项目分类"窗口。在"项目大类"下拉框中选择"金融资产"大类。单击"增加"按钮，根据实验资料，"分类编码"栏输入"1"，"分类名称"栏输入"股票"，单击"保存"按钮。再增加第二个项目分类，结果如图2-32所示。

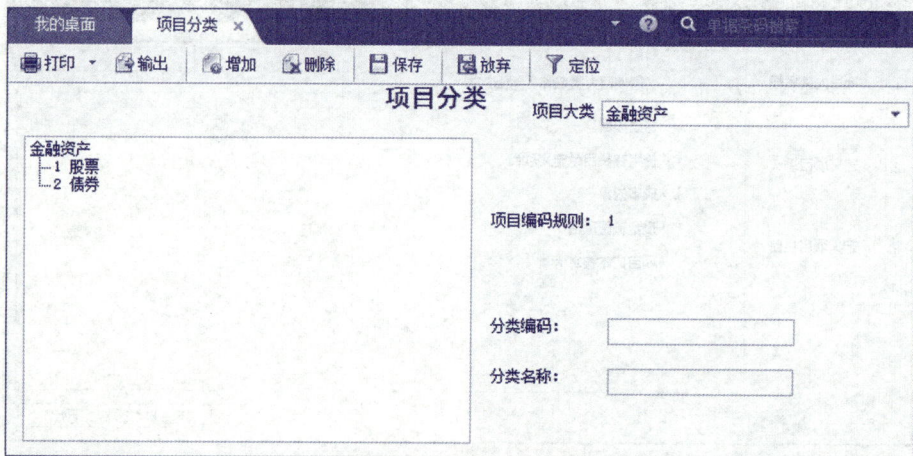

图2-32　增加项目分类

【提示】

　　已使用的项目分类不能删除。

　　未使用的分类编码和分类名称、已使用的分类名称可以修改。

　　非末级分类编码和已使用的分类编码不能修改。

　　非末级分类编码不能删除。若某项目分类已定义项目目录，则该项目分类不能删除，也不能定义下级分类，必须先删除项目目录，再删除该项目分类或定义下级分类。

　　（4）增加项目目录。在U8企业应用平台，依次单击"基础设置→基础档案→财务→项目目录"菜单，系统弹出"查询条件-项目目录"对话框，"项目大类"选择"金融资产"，单击"确定"按钮，打开"项目目录"窗口。单击"增加"按钮，根据实验资料输入项目编号和项目名称，选择所属分类码，结果如图2-33所示。关闭当前窗口。

图2-33　增加项目目录

5.设置常用摘要

【实验资料】

根据表2-18增加常用摘要。

表 2-18　　　　　　　　　　常用摘要（GL_bdigest）

摘要编码（cid）	摘要内容（ctext）	相关科目（ccode）
01	报销办公费	
02	发放上月工资	221101 应付职工薪酬/工资
03	借入流动资金贷款	

【实验过程】

在U8企业应用平台，依次选择"基础设置→基础档案→其他→常用摘要"命令，打开"常用摘要"窗口。单击"增加"按钮，根据实验资料添加常用摘要，如图2-34所示。退出该窗口。

设置常用摘要

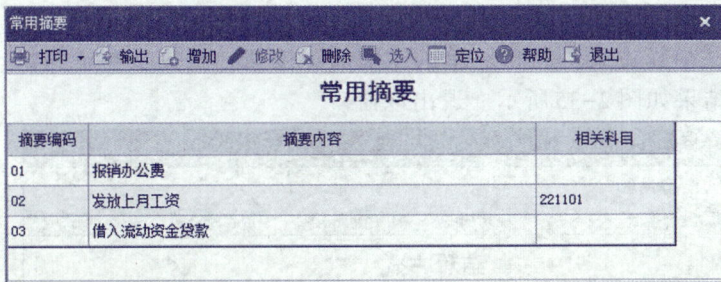

图2-34　"常用摘要"窗口

2.3.5　收付结算设置

1.设置结算方式

【实验资料】

根据表2-19增加常用结算方式。

表 2-19 常用结算方式（SettleStyle）

结算方式编码（cSScode）	结算方式名称（cSSName）
1	现金
2	支票
201	现金支票
202	转账支票
3	汇票
301	银行汇票
302	商业承兑汇票
303	银行承兑汇票
4	汇兑
401	电汇
402	信汇
5	委托收款
6	托收承付
9	其他

【实验过程】

（1）2023年1月1日，由李成喜（A01）登录企业应用平台。

（2）在U8企业应用平台，依次选择"基础设置→基础档案→收付结算→结算方式"命令，打开"结算方式"窗口。单击"增加"按钮，根据实验资料添加结算方式并保存。结果如图2-35所示。退出该窗口。

设置结算方式

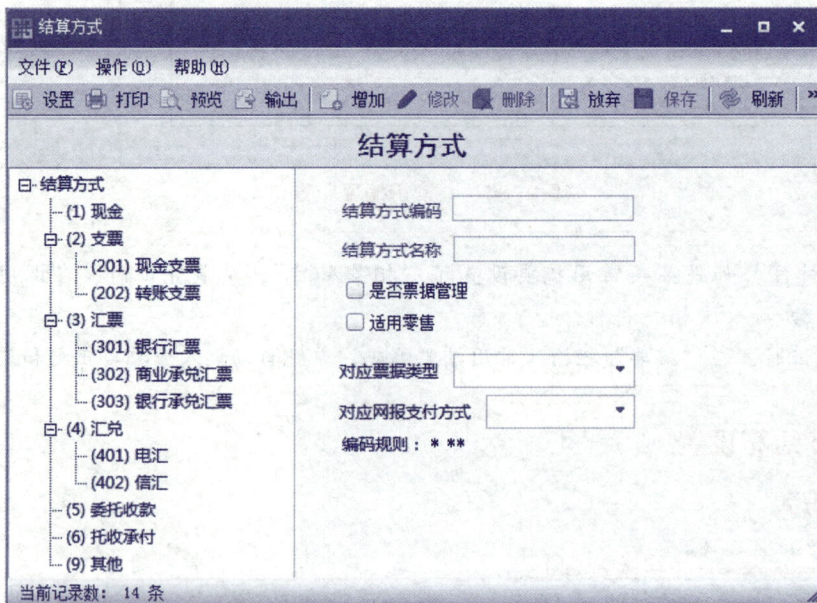

图2-35 "结算方式"窗口

〔是否票据管理〕勾选该项的结算方式将进行支票登记簿管理。比如，在应收应付系统中，勾选票据管理的结算方式的收付款单可登记到总账系统的支票登记簿中。

2. 设置付款条件

【实验资料】

根据表2-20增加付款条件。

表 2-20 付款条件（PayCondition）

编码 （cPayCode）	付款条件名称 （cPayName）	信用天数	优惠天数1	优惠率1	优惠天数2	优惠率2
01	4/10，2/20，n/30	30	10	4	20	2
02	3/10，1.5/20，n/30	30	10	3	20	1.5

【实验过程】

在U8企业应用平台，依次选择"基础设置→基础档案→收付结算→付款条件"命令，打开"付款条件"窗口。单击"增加"按钮，根据实验资料输入付款条件编码、信用天数、优惠天数以及优惠率并保存。结果如图2-36所示。退出该窗口。

设置付款条件

图2-36 "付款条件"窗口

【提示】

〔付款条件编码〕应唯一、最多3个字符。

〔付款条件名称〕自动形成，不可修改。

〔信用天数〕指最大的信用天数，如超过此天数，则不仅要按全额支付货款，还可能要支付逾期付款利息或违约金。

付款条件在订单、发票、客户档案、供应商档案等表单中被引用。付款条件一旦被引用，便不能进行修改和删除的操作。

3. 设置银行档案

【实验资料】

（1）增加银行档案。

根据表2-21增加银行档案，并设置企业账户、个人账户均为定长，录入时自动带出的账号长度为15位。

表2-21　　　　　　　　　　　　　　　　　　银行档案（AA_Bank）

银行编码 （cBankCode）	银行名称 （cBankName）	企业账号长度 （iComAccNoLen）	个人账号长度 （iIndAccNoLen）
05	锦州银行	19	19

（2）修改银行档案。将"01 中国工商银行"的企业账户、个人账户定长均设为19。

─────── 【实验过程】

（1）在U8企业应用平台，依次选择"基础设置→基础档案→收付结算→银行档案"命令，打开"银行档案"窗口。单击"增加"按钮，根据实验资料输入锦州银行的档案信息，如图2-37所示。保存后退出添加界面返回"银行档案"窗口。

设置银行档案

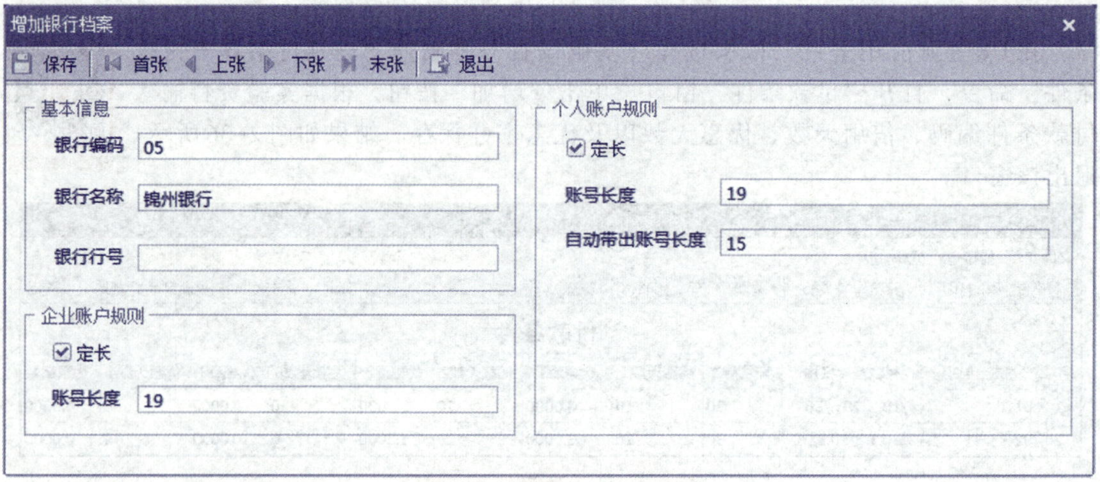

图2-37　增加银行档案

（2）在"银行档案"窗口，单击银行编码为"01"的中国工商银行，单击"修改"按钮，将"企业账户规则""个人账户规则"中的账号长度均改为定长"19"，保存并退出该窗口。

【提示】

该功能用来建立和管理用户在经营活动中所涉及的银行总行档案。

［银行名称］不允许为空，长度不得超过20个字符。

［银行编码］不允许为空，长度不得超过5个字符。

［定长］勾选此项，则要求所有企业账户或个人账户的长度必须相同。

4.设置本单位开户银行

─────── 【实验资料】

根据表2-22设置"辽宁恒通商贸有限公司"的开户银行信息。

表 2-22 本单位开户银行（Bank）

编码 （cBCode）	银行账号 （cBAccount）	开户银行 （cBName）	币种 （cCurrencyName）	所属银行 （cBCode）
01	2107 0240 1589 0035 666	中国工商银行沈阳皇姑支行	人民币	01
02	2107 3817 6532 3431 951	中国银行沈阳皇姑支行 机构号：10423 联行号：8002	人民币	00002
03	2107 3817 6532 3431 982	中国银行沈阳皇姑支行 机构号：10423 联行号：8002	美元	00002

【实验过程】

在 U8 企业应用平台，依次选择"基础设置→基础档案→收付结算→本单位开户银行"命令，打开"本单位开户银行"窗口。单击"增加"按钮，根据实验资料输入工行沈阳皇姑支行的档案信息，如图 2-38 所示。保存后继续添加剩余两个开户银行信息，全部添加完毕后退出添加界面，返回"本单位开户银行"窗口，结果如图 2-39 所示。

设置本单位
开户银行

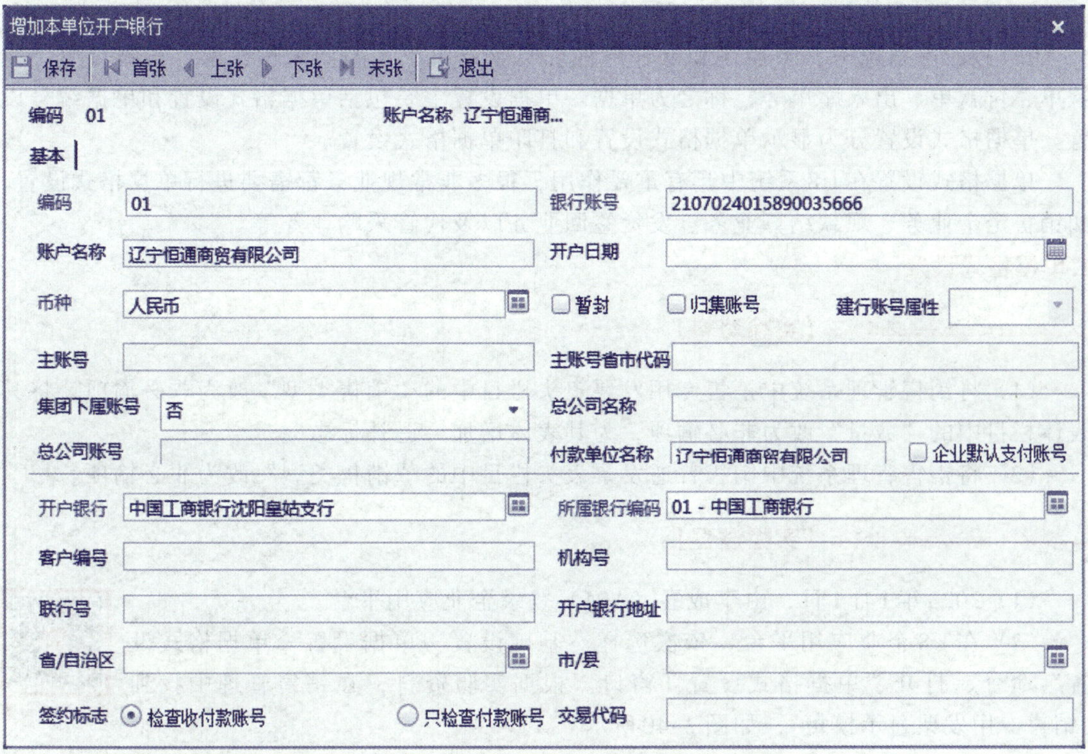

图2-38　增加本单位开户银行

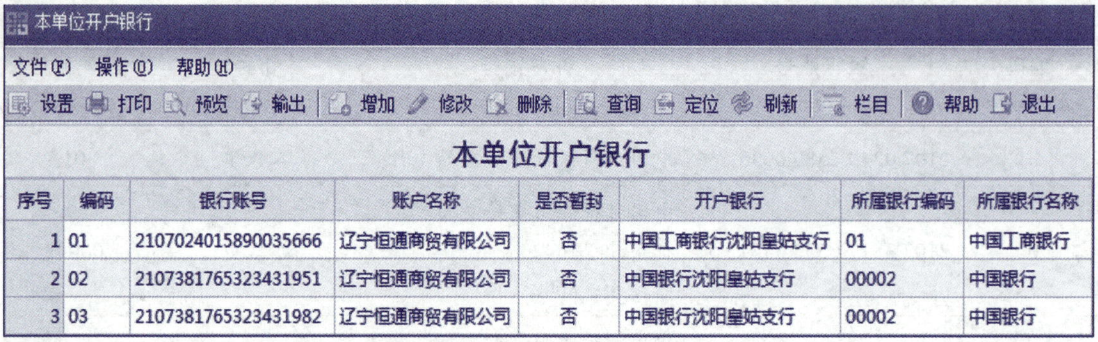

图2-39 "本单位开户银行"窗口

【提示】

编码、银行账号、币种、开户银行、所属银行编码为必输项。

[编码] 最多可输入3个字符。

[银行账号] 必须唯一，最多可输入20个字符。

[开户银行] 可以重复，最多可输入30个字符或15个汉字。

"本单位开户银行"档案一旦被引用，将不能进行修改和删除的操作。

2.4 单据设置

在用友U8系统中，为描述和处理各种现实业务而设置的如采购发票、销售订单、收款单、付款单、出入库单等，称之为单据。单据设置主要包括单据格式设置和单据编号设置。单据格式设置分为显示单据格式设置和打印单据格式设置。

单据格式设置在U8系统中具有重要作用，很多非常规业务都需要进行单据格式设置，如销售定金业务、现款结算业务、发货签回业务以及代管采购业务等。

1. 单据格式设置

【实验资料】

（1）将销售管理系统中销售专用发票表头栏目中的"销售类型"改为非必输项，将其表体栏目中的"数量"改为非必输项，为其表体增加"退补标志"。

（2）将销售管理系统中销售普通发票表头栏目中的"销售类型"改为非必输项。

【实验过程】

（1）2023年1月1日，由李成喜（A01）登录企业应用平台。

（2）在U8企业应用平台，依次选择"基础设置→单据设置→单据格式设置"命令，打开"单据格式设置"窗口。根据实验资料，在销售管理中找到"销售专用发票显示模板"，如图2-40所示。

单据格式设置

（3）单击选中销售专用发票"销售类型"项，单击工具栏的"表头栏目"，打开"表头"窗口，取消勾选"必输"项，如图2-41所示，单击"确定"按钮。

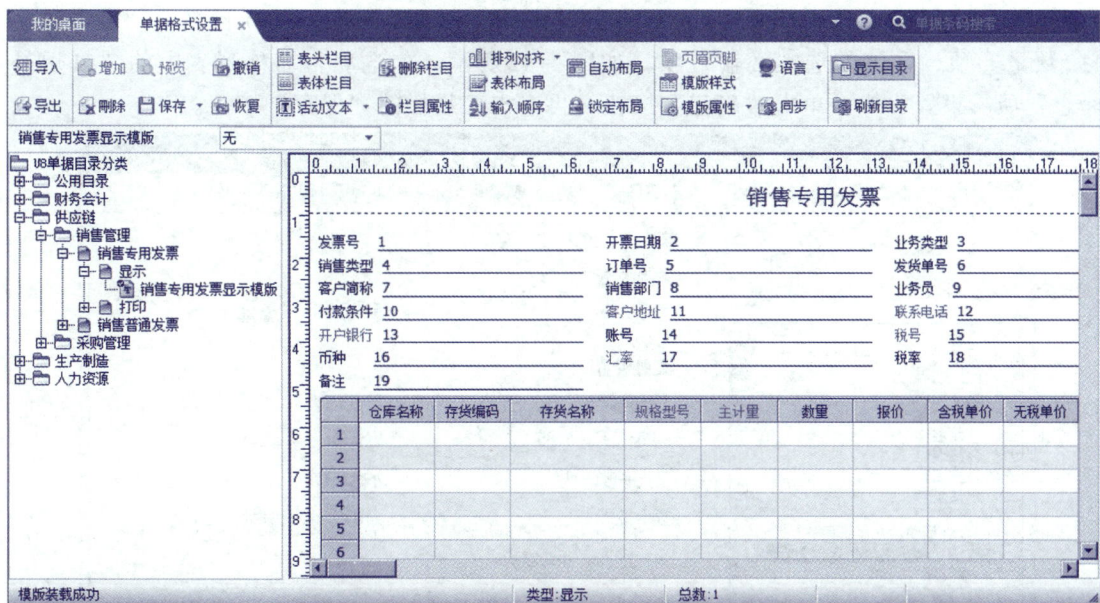

图2-40　销售专用发票显示模板

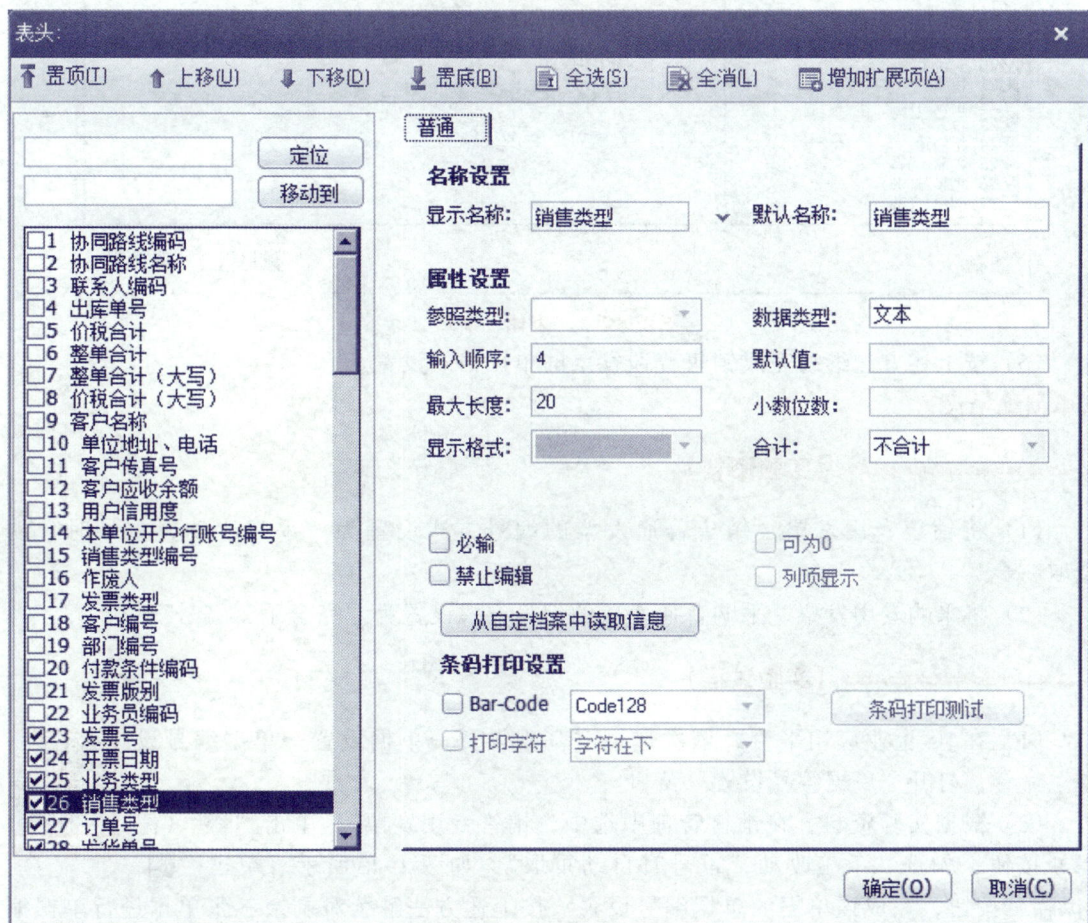

图2-41　"表头"窗口

（4）单击工具栏的"表体栏目"，打开"表体"窗口。在左侧的项目名称列表中单击"12数量"项，取消勾选"必输"项，如图2-42所示。勾选项目名称列表中的"41退补标志"项。设置完毕，单击"确定"按钮，再单击工具栏的"保存"按钮。

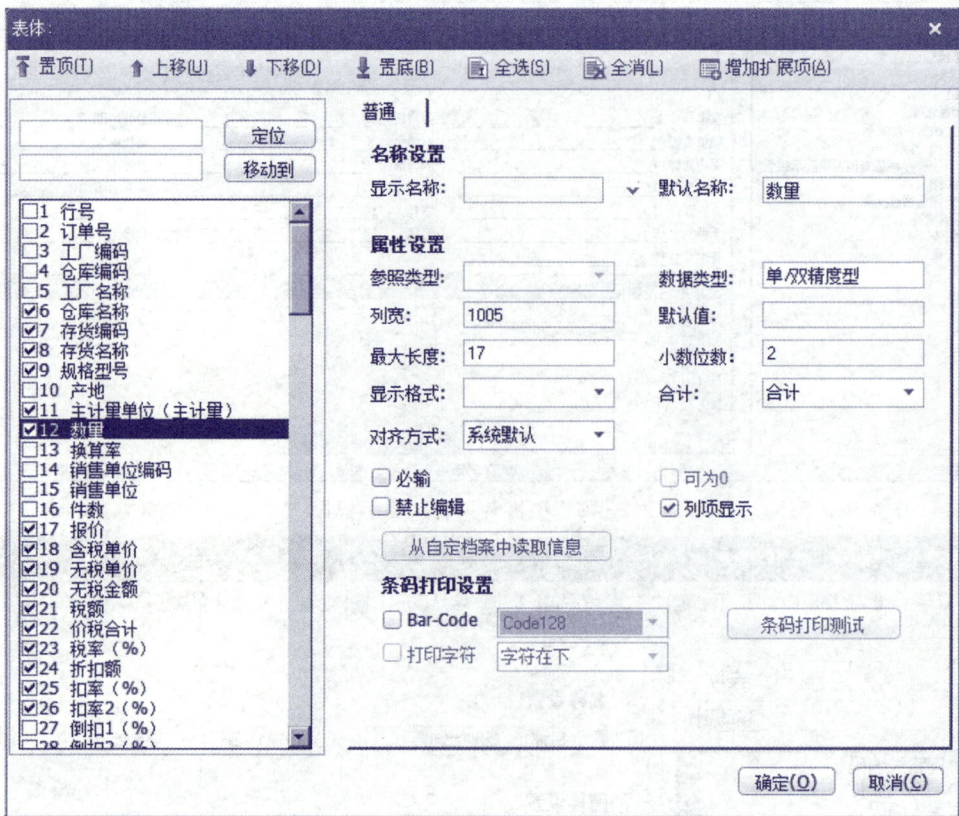

图2-42　"表体"窗口

（5）按上述方法继续完成销售普通发票的单据格式设置。

2.单据编号设置

【实验资料】

（1）将销售专用发票、销售普通发票的编号方式设置为"手工改动，重号时自动重取"；

（2）将采购专用发票、采购普通发票的编号方式设置为"完全手工编号"。

【实验过程】

（1）在U8企业应用平台，依次选择"基础设置→单据设置→单据编号设置"命令，打开"单据编号设置"窗口。

（2）根据实验资料，在销售管理中选中"销售专用发票"，单击"✎"（编辑）按钮，勾选"手工改动，重号时自动重取"，如图2-43所示。单击"💾"（保存）按钮，完成该单据的单据编号设置。按上述方法继续对剩余三张单据进行单据编号设置。

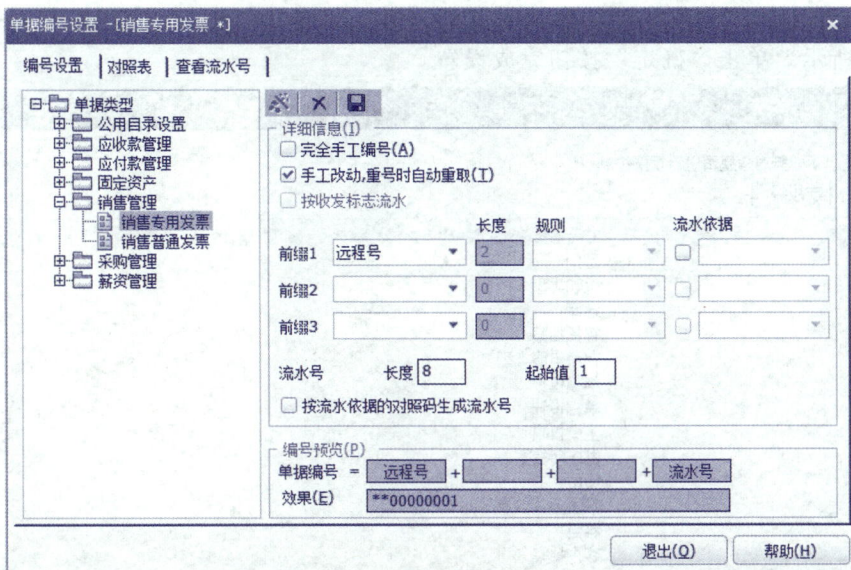

图2-43　单据编号设置

【提示】

[完全手工编号] 新增单据时，单据号为空，直接输入单据号即可。

[手工修改，重号时自动重取] 如果批量生单或自动生单不能显示生成的单据并填入单据号，则无法保存单据，那么该种单据应采用此种编号方式。

[按收发标志流水] 一般入库单、出库单采用这种方式编号。

在"查看流水号"页签，可查看某种单据的流水号，包括收发标志、流水依据、级次、编码等信息。这里的流水号是指该种单据已经使用的最大编号（含已删除单据的编号）。假如某种单据的流水号为3号，可是由于种种原因，第2、3号单据已被删除，为充分利用空号，可在这里将流水号改为1号，则表示最大流水号是1号，以后按流水依据自动编号时，从2开始编号。

2.5　数据级权限设置

1.数据权限控制设置

【实验资料】

取消对"仓库"、"工资权限"和"科目"这三个业务对象的"记录级"权限控制，仅保留"用户"的"记录级"权限控制。取消所有"字段级"权限控制。

【实验过程】

（1）2023年1月1日，由李成喜（A01）登录企业应用平台。

（2）在U8企业应用平台，依次选择"系统服务→权限→数据权限控制设置"命令，打开"数据权限控制设置"窗口。

数据权限控制设置

（3）取消勾选"仓库"、"工资权限"和"科目"这三个业务对象的"是否控制"项，如图2-44所示。单击"确定"按钮完成设置。

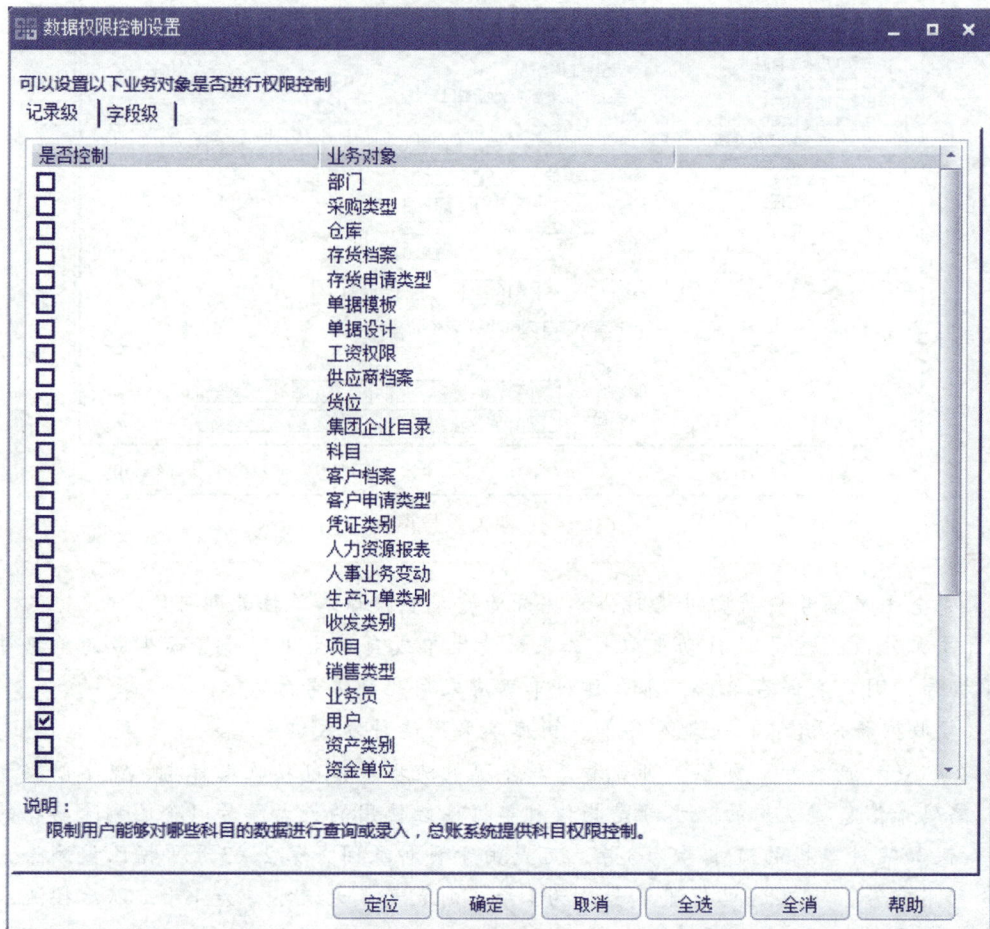

图2-44 数据权限控制设置

（4）在"字段级"页签，单击窗口右下角的"全消"按钮，再单击"确定"按钮完成设置。

【提示】

　　数据权限的控制分为记录级和字段级两个层次，对应"记录级"和"字段级"两个页签。"是否控制"项被勾选的业务对象将在"数据权限设置"的"业务对象"中显示。

　　对业务对象启用记录级权限控制后，默认所有操作员对此业务对象没有任何权限。

　　对业务对象启用字段级权限控制后，默认所有操作员对此业务对象有读写权限，可以按业务对象设置默认"有权"还是"无权"。

　　图2-44中的"用户"指的是系统的操作员（图1-6）。

2.数据权限分配

【实验资料】

　　设置操作员王钰茹有权对赵凯杰所填制的单据进行查询、删除、审核、弃审以及撤销。

　　设置操作员赵凯杰有权对自己所填制的单据进行查询、删除、审核、弃审以及撤销。

（1）在 U8 企业应用平台，依次选择"系统服务→权限→数据权限分配"命令，打开"权限浏览"窗口。

（2）在用户中单击选中"王钰茹"，单击工具栏的"授权"按钮，打开"记录权限设置"窗口。单击"⊡"按钮，将赵凯杰由"禁用"区移动到"可用"区，如图 2-45 所示，单击"保存"按钮，系统弹出"保存成功"信息提示框。关闭该窗口。

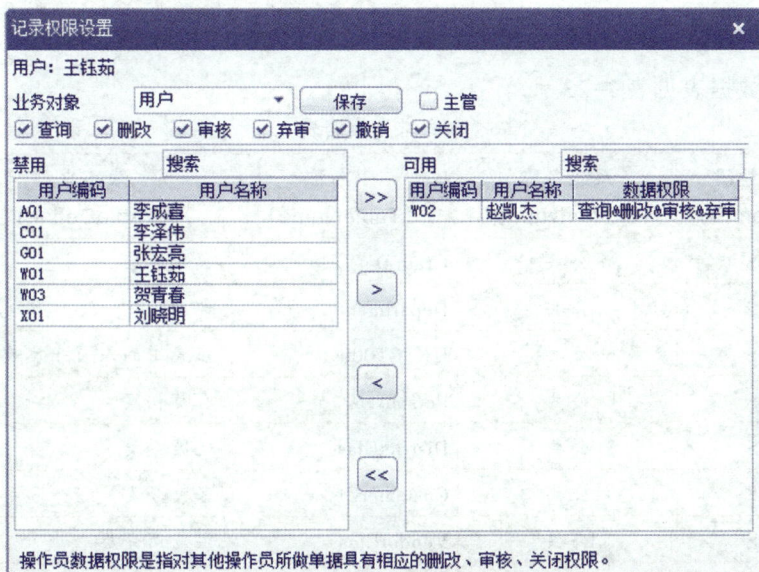

图2-45 为王钰茹授权

（3）参照上述方法为赵凯杰授权，结果如图 2-46 所示。

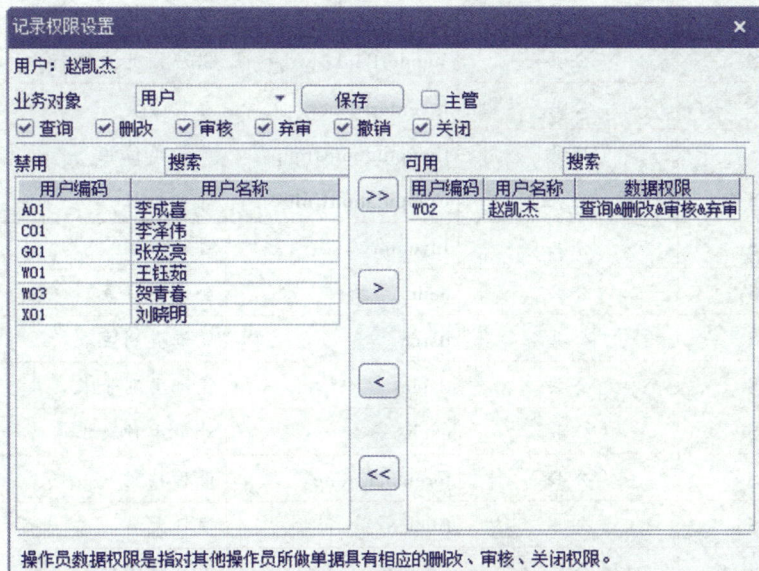

图2-46 为赵凯杰本人授权

【提示】
如果用户或角色为账套主管，则其拥有所有记录权限，不参加数据权限分配。

只有在"数据权限控制设置"中至少选择控制一个记录级业务对象，才能进行数据权限分配。

只有在系统管理中定义角色或用户并分配完功能能级权限后，才能进行数据权限分配。

2.6　本章常见数据表

本章常见数据表见表2-23。

表 2-23

本章常见数据表

序号	系统编码 （SystemID）	系统名称 （SystemName）	表名称 （TableName）	表定义 （TableDefine）	备注
1	AS	公共	GradeDef	编码方案	表2-2
2	AS	公共	Department	部门档案	表2-3
3	AS	公共	HR_CT000	正式工的人员子类别	表2-4
4	AS	公共	Person	人员档案	表2-5
5	AS	公共	DistrictClass	地区分类	表2-6
6	AS	公共	CustomerClass	客户分类	表2-7
7	AS	公共	VendorClass	供应商分类	表2-8
8	AS	公共	Customer	客户档案	表2-9
9	AS	公共	CustomerBank	客户开户银行	
10	AS	公共	Vendor	供应商档案	表2-10
11	AS	公共	VendorBank	供应商开户银行	
12	AS	公共	InventoryClass	存货分类	表2-11
13	AS	公共	ComputationGroup	计量单位组	表2-12
14	AS	公共	ComputationUnit	计量单位	表2-12
15	AS	公共	Inventory	存货档案	表2-13
16	AS	公共	code	会计科目表	表2-14
17	AS	公共	dsign	凭证类别主表	表2-16
18	AS	公共	dsigns	凭证类别子表	
19	AS	公共	exch	外币币种及汇率	
20	AS	公共	foreigncurrency	币种档案	
21	AS	公共	fitem	项目大类	表2-17
22	AS	公共	fitemstrumode	项目结构模板	

序号	系统编码（SystemID）	系统名称（SystemName）	表名称（TableName）	表定义（TableDefine）	备注
23	AS	公共	fitemss00class	（金融资产）项目分类	表2-17
24	AS	公共	fitemss00	（金融资产）项目目录	表2-17
25	AS	公共	GL_bdigest	常用摘要	表2-18
26	AS	公共	SettleStyle	常用结算方式	表2-19
27	AS	公共	PayCondition	付款条件	表2-20
28	AS	公共	AA_Bank	银行档案	表2-21
29	AS	公共	Bank	本单位开户银行	表2-22

【复习思考题】

1. 简述U8子系统的启用方法。
2. 简述功能级权限、数据级权限和金额级权限之间的关系。
3. 举例说明浮动换算率计量单位的使用方法。
4. 简述指定科目的重要作用。
5. 简述设置项目目录的基本流程。

3 第3章
总账系统（一）

3.1 概述

总账系统是U8产品中最重要的系统，既可独立运行又可同其他产品协同运转，与其他系统传递相关的数据和凭证。总账系统的核心功能之一是凭证处理，即取得凭证→审核凭证→记账。总账系统与本教材其他系统的关系如下：

① 总账与应收款管理。应收款管理系统中的所有记账凭证都传递到总账系统，总账可从应收款管理系统中引入期初余额，应收款管理系统可与总账系统进行期初对账。

② 总账与应付款管理。应付款管理系统中的所有记账凭证都传递到总账系统，总账可从应付款管理系统中引入期初余额，应付款管理系统可与总账系统进行期初对账。

③ 总账与固定资产。总账系统接收从固定资产传递的凭证，固定资产可与总账进行对账。

④ 总账系统与薪资管理系统。薪资管理系统将工资分摊结果自动生成记账凭证，传递到总账系统。

⑤ 总账与UFO报表。总账系统为UFO报表系统提供财务数据生成财务报表及其他报表。

本章的重点内容：填制凭证。读者应多加练习，以掌握其中的各种应用技巧。

本章的难点内容：凭证处理的逆向操作。

本章总体流程如图3-1所示。

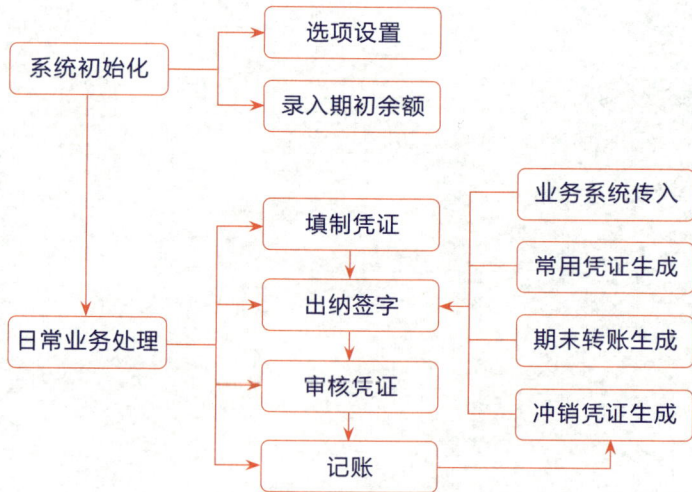

图3-1　本章总体流程

3.2 系统初始化

3.2.1 选项设置

【实验资料】

根据表3-1设置总账系统参数。

表 3-1　　　　　　　　　　　　　系统参数（AccInformation）

系统名称（cSysID）	页签	选项设置
总账	凭证	取消"制单序时控制"
	权限	凭证审核控制到操作员 不允许修改、作废他人填制的凭证
	其他	汇率方式：浮动汇率 设置项目排序方式：按编码排序

【实验过程】

（1）2023年1月1日，由李成喜（A01）登录企业应用平台。

（2）在U8企业应用平台，依次选择"业务工作→财务会计→总账→设置→选项"命令，打开"选项"窗口。

（3）单击"编辑"按钮，在"凭证"页签中取消勾选"制单序时控制"复选框，如图3-2所示。

总账系统选项设置

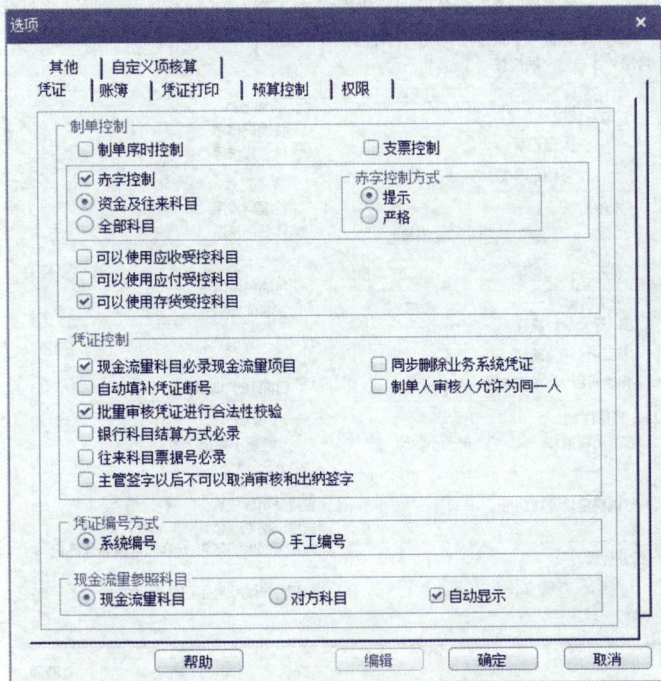

图3-2 "凭证"页签

（4）在"权限"页签中勾选"凭证审核控制到操作员"，取消勾选"允许修改、作废他人填制的凭证"，如图3-3所示。

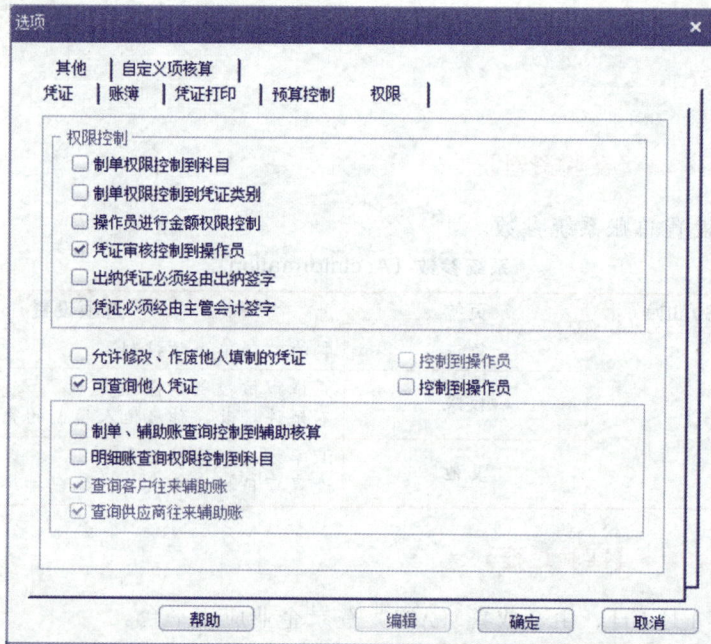

图3-3 "权限"页签

（5）在"其他"页签中，汇率方式选择"浮动汇率"，项目排序方式选中"按编码排序"，如图3-4所示。设置完成，单击"确定"按钮，保存并返回。

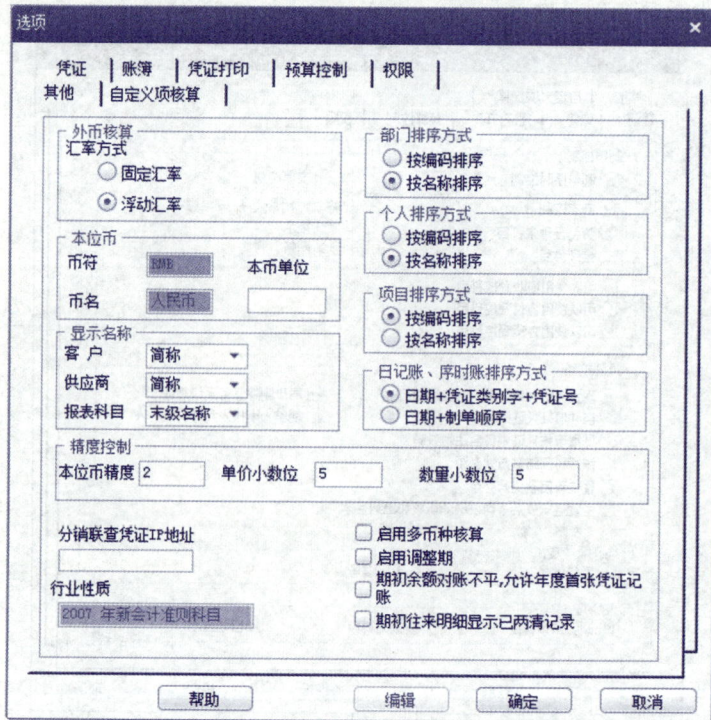

图3-4 "其他"页签

系统参数是一个系统的灵魂。设置系统参数操作简单，但对后续操作影响重大。

[制单序时控制] 勾选此项和"系统编号"，制单时凭证编号必须按日期顺序排列。如有特殊需要可将其改为不按序时制单。

[同步删除业务系统凭证] 若勾选此项，业务系统（如应收款管理系统、固定资产系统等）删除凭证时相应地将原该系统已传递至总账的记账凭证同步删除。否则，该凭证在总账中显示"作废"字样，不予删除。

[允许修改、作废他人填制的凭证] 若勾选此项，在制单时可修改或作废别人填制的凭证，否则不能修改。如选择"控制到操作员"，则要在"数据权限设置"中设置用户权限，再选择此项，权限设置有效。选择此项，则在填制凭证时，操作员只能对相应人员的凭证进行修改或作废。

[外币核算]"固定汇率"方式在制单时，一个月只按一个固定的汇率将外币金额折算为本位币金额。"浮动汇率"方式在制单时，按当日汇率将外币金额折算为本位币金额。

3.2.2　录入期初余额

【实验资料】

根据以下资料录入总账系统期初余额：

（1）总账系统期初余额（见表3-2）。

表 3-2　　　　　　　　　　　　　　总账系统期初余额

科目	方向	辅助核算	对账系统	金额
库存现金	借			8 532.00
银行存款/中国工商银行/沈阳皇姑支行	借			86 080 345.00
银行存款/中国银行/沈阳皇姑支行/人民币	借			1 613 501.00
银行存款/中国银行/沈阳皇姑支行/美元	借	外币核算		5 808 900.00 USD 850 000.00
其他货币资金/存出投资款	借			300 000.00
应收票据	借	客户往来	应收系统	97 000.00
应收账款	借	客户往来	应收系统	678 000.00
预付账款	借	供应商往来	应付系统	20 000.00
其他应收款/职工个人往来	借	个人往来		1 000.00
坏账准备	贷		应收系统	3 240.00
库存商品	借			2 091 500.00

科目	方向	辅助核算	对账系统	金额
固定资产	借		固定资产	21 890 300.00
累计折旧	贷		固定资产	1 785 153.68
短期借款	贷			200 000.00
应付票据	贷	供应商往来	应付系统	25 740.00
应付账款/一般应付账款	贷	供应商往来	应付系统	584 775.00
预收账款	贷	客户往来	应收系统	30 000.00
应付职工薪酬/工资	贷			38 952.69
应付职工薪酬/社会保险费/基本医疗保险费	贷			1 641.60
应付职工薪酬/社会保险费/工伤保险费	贷			102.60
应付职工薪酬/设定提存计划/基本养老保险费	贷			2 462.40
应付职工薪酬/设定提存计划/失业保险费	贷			410.40
应付职工薪酬/住房公积金	贷			2 052.00
应付职工薪酬/工会经费	贷			867.99
应交税费/未交增值税	贷			461 502.40
应交税费/应交企业所得税	贷			363 128.50
应交税费/应交个人所得税	贷			137.56
应交税费/应交城市维护建设税	贷			32 305.17
应交税费/应交教育费附加	贷			13 845.07
应交税费/应交地方教育附加	贷			9 230.05
其他应付款/代扣医疗保险	贷			410.40
其他应付款/代扣养老保险	贷			1 641.60
其他应付款/代扣失业保险	贷			205.20
其他应付款/代扣住房公积金	贷			2 052.00
长期借款	贷			50 000 000.00
实收资本	贷			15 000 000.00
盈余公积	贷			2 129 405.00
利润分配/未分配利润	贷			47 899 816.69

（2）带辅助核算的会计科目期初余额明细。

①应收票据期初余额见表3-3。

表3-3　　　　　　　　　　应收票据（1121）期初余额

日期	客户	业务员	摘要	方向	金额	票号	票据日期
2022-12-25	北京汇鑫	刘晓明	期初余额	借	97 000.00	35978808	2022-12-25

②应收账款期初余额见表3-4。

表3-4　　　　　　　　　　应收账款（1122）期初余额

日期	客户	业务员	摘要	方向	金额	票号	票据日期
2022-12-17	沈阳金泰	刘晓明	期初余额	借	678 000.00	21323501	2022-12-17

③预付账款期初余额见表3-5。

表3-5　　　　　　　　　　预付账款（1123）期初余额

日期	供应商	业务员	摘要	方向	金额	票号	票据日期
2022-12-29	天津惠阳	张宏亮	期初余额	借	20 000.00	10561997	2022-12-29

④"其他应收款/职工个人往来"期初余额见表3-6。

表3-6　　　　　　　　其他应收款/职工个人往来（122101）期初余额

日期	部门	个人	摘要	方向	金额
2022-12-16	采购部	张宏亮	期初余额	借	1 000.00

⑤应付票据期初余额见表3-7。

表3-7　　　　　　　　　　应付票据（2201）期初余额

日期	供应商	业务员	摘要	方向	金额	票号	票据日期
2022-10-30	北京嘉伟	张宏亮	期初余额	贷	25 740.00	63295321	2022-10-30

⑥"应付账款/一般应付账款"期初余额见表3-8。

表3-8　　　　　　应付账款/一般应付账款（220201）期初余额

日期	供应商	业务员	摘要	方向	金额	票号	票据日期
2022-12-15	大连博伦	张宏亮	期初余额	贷	584 775.00	14035890	2022-12-15

⑦预收账款期初余额见表3-9。

表3-9　　　　　　　　　　预收账款（2203）期初余额

日期	客户	业务员	摘要	方向	金额	票号	票据日期
2022-11-26	上海乐淘	何丽平	期初余额	贷	30 000.00	98503712	2022-11-26

【实验过程】

（1）2023年1月1日，由李成喜（A01）登录企业应用平台。

（2）在U8企业应用平台，依次选择"业务工作→财务会计→总账→期初→期初余额"命令，打开"期初余额录入"窗口，如图3-5所示。

录入总账系统
期初余额

图3-5 "期初余额录入"窗口

（3）"期初余额"那一列单元格有三种颜色。

① 灰色单元格对应的科目设有明细科目，待末级科目输入完成后其期初余额自动汇总生成，无须手工输入。

② 白色单元格对应的科目为末级科目，直接输入数据即可。如库存现金8 532、银行存款/中国工商银行/沈阳皇姑支行86 080 345等。

③ 黄色单元格对应的科目设有辅助核算。以"应收票据"为例，双击该科目，打开"辅助期初余额"窗口，单击工具栏的"往来明细"按钮，进入"期初往来明细"窗口。

单击"增行"按钮，根据实验资料，"日期"选择"2022-12-25"，"客户"选择"北京汇鑫"，"业务员"选择"刘晓明"，"摘要"输入"期初余额"，"金额"输入"97000"，"票号"输入"35978808"，"票据日期"选择"2022-12-25"，如图3-6所示。

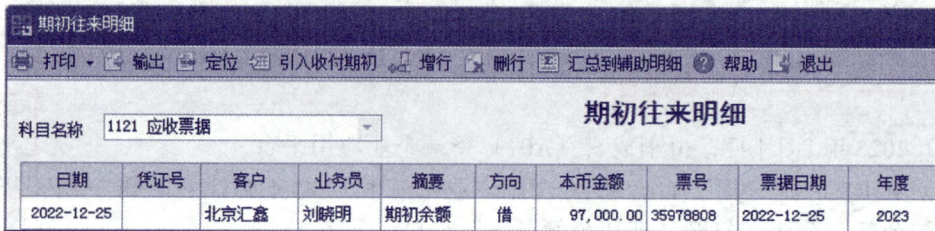

日期	凭证号	客户	业务员	摘要	方向	本币金额	票号	票据日期	年度
2022-12-25		北京汇鑫	刘晓明	期初余额	借	97,000.00	35978808	2022-12-25	2023

图3-6 "期初往来明细"窗口

输入完毕，单击"汇总到辅助明细"按钮，系统弹出"完成了往来明细到辅助期初表的汇总！"提示框，单击"确定"按钮。顺序退出"期初往来明细""辅助期初余额"窗口。

【提示】

录入期初往来明细时，在当前行最后一栏回车后系统将自动新增一空行记录。如果输入过程中发现某项输入错误，可按［Esc］键取消当前项输入，将光标移到需要修改的编辑项上，直接修改即可。如果想放弃整行增加数据，在取消当前输入后，再按［Esc］键即可。

在"辅助期初余额"窗口，点击"科目名称"下拉框可选择相同辅助核算的其他科目录入期初余额。若为项目核算科目则可选择相同项目大类的其他科目录入期初余额。

在新建账套或年度账未记账且启用了应收、应付系统（其期初余额已经录入）的前提下，通过图3-6中的"引入收付期初"功能，可将应收、应付系统的期初余额引入总账对应科目期初往来明细中。

（4）按照上述方法继续录入剩余科目的期初余额。

（5）录入完毕，单击工具栏"试算"按钮，系统进行试算平衡，结果如图3-7所示。单击"确定"按钮后退出"期初余额录入"窗口。

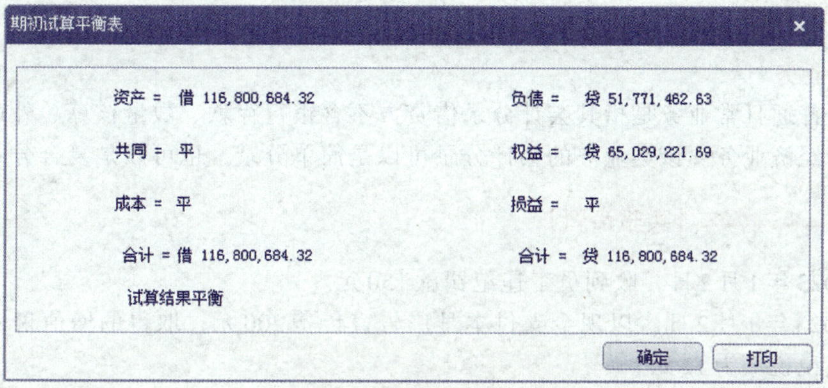

图3-7　期初试算平衡表

【提示】

如果是年中启用系统，还可以录入年初至建账月份的借贷方累计发生额，年初余额由系统自动计算生成。

在"期初余额录入"窗口，单击"对账"按钮，可检查总账、明细账、辅助账的期初余额是否相符。

如果期初余额试算不平衡，系统将不能记账，但可以填制凭证。

若系统已经记账，则不能录入、修改期初余额。

如果所录明细科目的余额方向与总账科目相反，则明细科目的余额用负数表示。

应收票据期初往来明细中的"日期"及"票据日期"均指的是"收到日期"。

应付票据期初往来明细中的"日期"及"票据日期"均指的是"出票日期"。

可使用下面的SQL语句在"UFDATA_001_2023"库查询1月份全部科目的期初余额：

```
select *from GL_accsum where iperiod like '1'
```
可使用下面的SQL语句在"UFDATA_001_2023"库查询1月份带辅助核算会计科目的期初余额：
```
select * from GL_accass where iperiod like '1'
```

3.3 日常业务处理

填制记账凭证是总账系统日常业务处理的起点。记账凭证是所有数据查询最主要的来源，其取得方式主要有以下几种：

① 直接在总账系统手工填制凭证；

② 通过总账系统的"冲销凭证"功能生成；

③ 通过总账系统的"常用凭证"功能生成；

④ 通过总账系统的"转账生成"功能生成；

⑤ 由各业务系统（如固定资产、薪资管理、应收款管理、应付款管理等）生成并传递至总账系统。

3.3.1 填制凭证

1.普通日常业务

这里的普通日常业务是指其会计分录借贷方不含银行存款、数量核算、外币核算以及辅助核算的经济业务。该类业务的会计分录可以是简单分录，也可以是复合分录。

———————— 【实验资料】

（1）2023年1月2日，收到员工违纪罚款150元。

（2）2023年1月2日，以现金支付本月广告宣传费200元，取得的增值税专用发票上注明的增值税税额为12元。

（3）2023年1月2日，按税法规定计提本月房产税150 000元、城镇土地使用税46 000元、车船税32 000元。

———————— 【实验过程】

（1）2023年1月2日，由赵凯杰（W02）登录U8企业应用平台。

（2）在U8企业应用平台，依次双击"业务工作→财务会计→总账→凭证→填制凭证"菜单，打开"填制凭证"窗口，如图3-8所示。

（3）单击工具栏的" （增加）按钮（或按［F5］键），增加一张新凭证。

（4）选择凭证类别。单击"…"按钮（或按［F2］键）参照选择"收款凭证"类别（或直接输入凭证类别字"收"），确定后按回车键，系统自动生成凭证编号。否则，请手工编号。

（5）输入制单日期。首次填制凭证，系统取登录U8企业应用平台时输入的操作日期作为记账凭证的填制日期，可修改或单击"…"（或按［F2］键）按钮参照输入。

普通日常业务

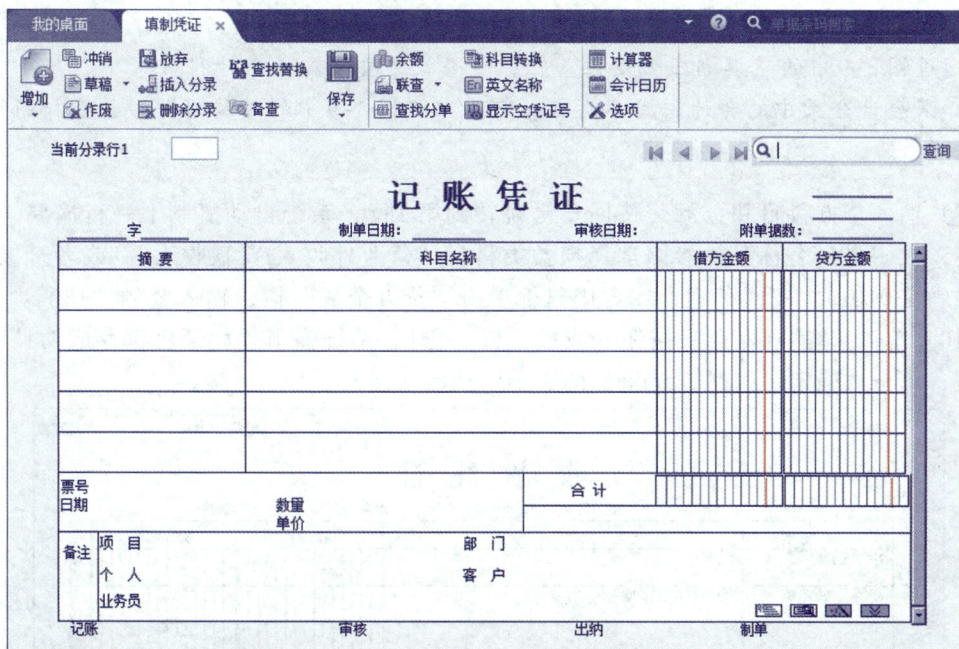

图3-8　"填制凭证"窗口

（6）附单据数为非必输项。"附单据数"上方两行为凭证自定义项，单击后直接进行输入即可，系统对这些信息只保存不校验。

（7）输入摘要。每笔分录均由摘要、科目、发生额构成，缺一不可。在"摘要"栏直接输入"收到员工违纪罚款"（如果存在恰当的常用摘要（图2-34），可单击"⊡"按钮（或按〔F2〕键）参照选择常用摘要），按回车键。

（8）输入借方科目和金额。在"科目名称"栏，单击"⊡"按钮（或按〔F2〕键），打开"科目参照"窗口，如图3-9所示，选择资产类科目"库存现金"（或者直接输入科目编码1001），单击"确定"按钮，按回车键，或者用鼠标单击"借方金额"栏，录入金额"150"。

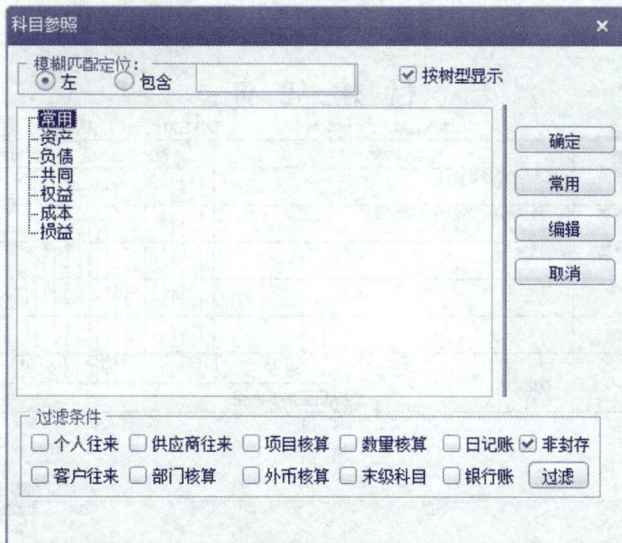

图3-9　"科目参照"窗口

通过图3-9中的"模糊匹配定位"栏，可查找需要输入的会计科目。

如果会计分录中的会计科目不存在，可以单击图3-9中的"编辑"按钮直接新增会计科目。

（9）输入贷方科目和金额。按回车键跳转到第2行，系统自动复制上一行摘要。再按回车键，在"科目名称"栏参照选择损益类科目"营业外收入/罚款收入"（或者直接输入科目编码630101）。按回车键，或者用鼠标单击"贷方金额"栏，输入金额"150"。

（10）单击"💾"（保存）按钮（或按［F6］键），系统弹出"凭证已保存成功！"信息提示框，单击"确定"按钮，结果如图3-10所示。

| 当前分录行 | | | | | | ◄◄ ◄ ► ►► 🔍 凭证号 | 查询 |

收 款 凭 证

收 字 0001　　　　制单日期：2023.01.02　　　审核日期：　　　附单据数：

摘　要	科目名称	借方金额	贷方金额
收到员工违纪罚款	库存现金	15000	
收到员工违纪罚款	营业外收入/罚款收入		15000
票号 日期		合　计	15000	15000
数量 单价	壹佰伍拾元整		
备注　项　目　　　部　门 个　人　　　客　户 业务员			
记账　　　　　审核　　　　　出纳　　　　　制单　赵凯杰			

图3-10　第（1）笔业务记账凭证

（11）参照步骤（1）～（10），填制第（2）、（3）笔业务的记账凭证，结果如图3-11、图3-12所示。

| 当前分录行1 | | | | | | ◄◄ ◄ ► ►► 🔍 凭证号 | 查询 |

付 款 凭 证

付 字 0001　　　　制单日期：2023.01.02　　　审核日期：　　　附单据数：

摘　要	科目名称	借方金额	贷方金额
支付本月广告宣传费	销售费用/广告宣传费	20000	
支付本月广告宣传费	应交税费/应交增值税/进项税额	1200	
支付本月广告宣传费	库存现金		21200
票号 日期		合　计	21200	21200
数量 单价	贰佰壹拾贰元整		
备注　项　目　　　部　门 个　人　　　客　户 业务员			
记账　　　　　审核　　　　　出纳　　　　　制单　赵凯杰			

图3-11　第（2）笔业务记账凭证

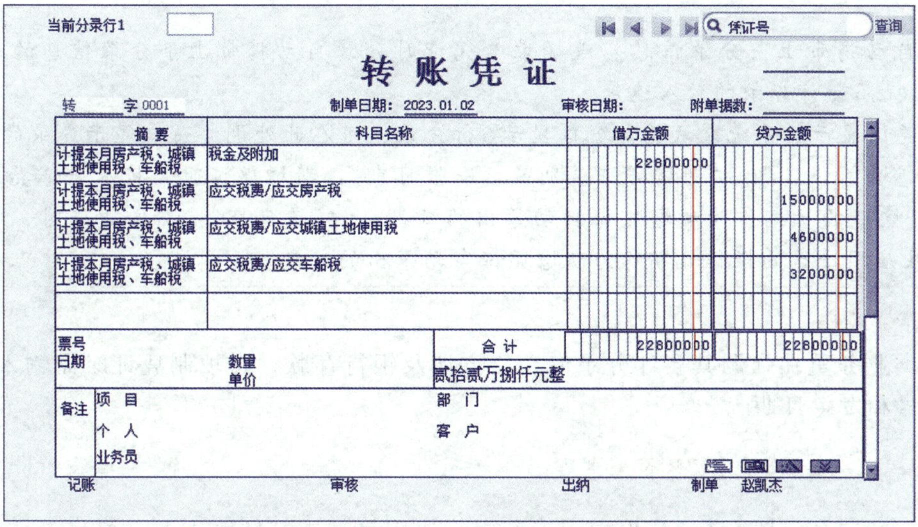

图3-12 第（3）笔业务记账凭证

【提示】

如果会计分录的金额方向错误，可按空格键调整金额方向。

如果会计分录的金额为负数，录入金额之前或之后按"－"减号键，当金额为红字时即表示负数。

在图3-8"填制凭证"窗口，单击工具栏的"选项"按钮，调出"凭证选项设置"窗口，如图3-13所示。

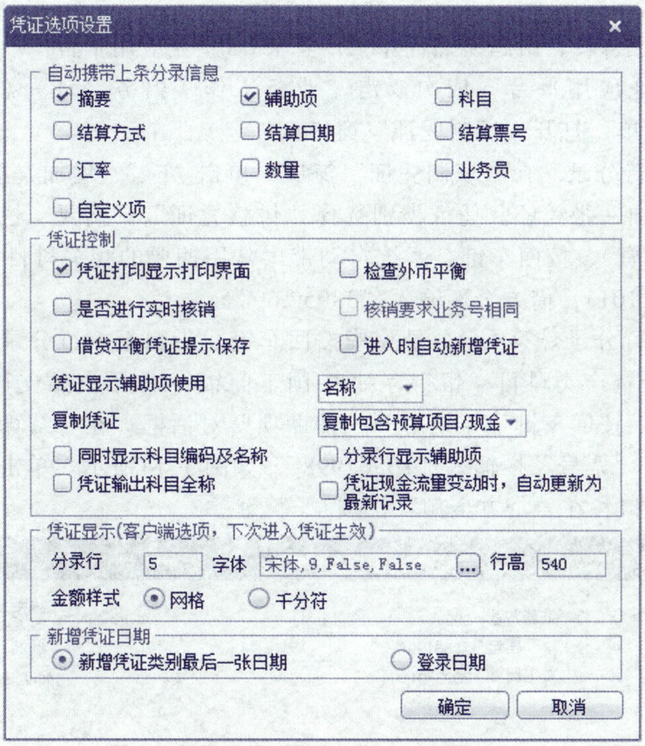

图3-13 凭证选项设置

> ［自动携带上条分录信息］选择录入凭证时分录自动携带上条分录信息的内容选项，可提高会计分录的录入速度。
>
> ［凭证显示］系统默认凭证窗口显示5行分录，可在此处调整窗口显示分录的行数。
>
> ［新增凭证日期］"新增凭证类别最后一张日期"：新增凭证时，将本凭证类别中最后一张凭证的日期作为新增凭证自动带出的日期。"登录日期"：新增凭证时，将登录U8企业应用平台的操作日期作为新增凭证自动带出的日期。

2.银行存款业务

这类业务重在强调其会计分录借、贷方涉及银行存款，在填制凭证时需输入结算方式、票号和发生日期。

【实验资料】

（1）2023年1月4日，开出中国工商银行沈阳皇姑支行转账支票（票号：10561998）发放上月工资38 952.69元。

（2）2023年1月4日，开出中国工商银行沈阳皇姑支行转账支票（票号：10561999）缴纳上月税费880 148.75元。其中，增值税461 502.40元，企业所得税363 128.50元，个人所得税137.56元，城市维护建设税32 305.17元，教育费附加13 845.07元，地方教育附加9 230.05元。

【实验过程】

（1）2023年1月4日，由赵凯杰（W02）登录U8企业应用平台。

（2）在U8企业应用平台，依次双击"业务工作→财务会计→总账→凭证→填制凭证"菜单，打开"填制凭证"窗口。

银行存款业务

（3）输入第1行分录。在"填制凭证"窗口，单击" 🔧 "（增加）按钮（或按［F5］键），增加一张凭证。凭证类别选择"付款凭证"，"摘要"栏选择"02"号常用摘要（发放上月工资），按回车键，系统自动带出常用摘要的相关科目"应付职工薪酬/工资"（科目编码221101），借方金额输入"38952.69"。

（4）输入第2行分录。第1行分录完毕按回车键，带出上一行分录的摘要。在"科目名称"栏参照选择资产类科目"银行存款/中国工商银行/沈阳皇姑支行"（或直接输入科目编码10020101）。按回车键，系统打开"辅助项"对话框。在"结算方式"栏选择"转账支票"（即202），"票号"栏输入"10561998"，如图3-14所示。单击"确定"按钮，返回"填制凭证"窗口，在"贷方金额"栏按"="键。

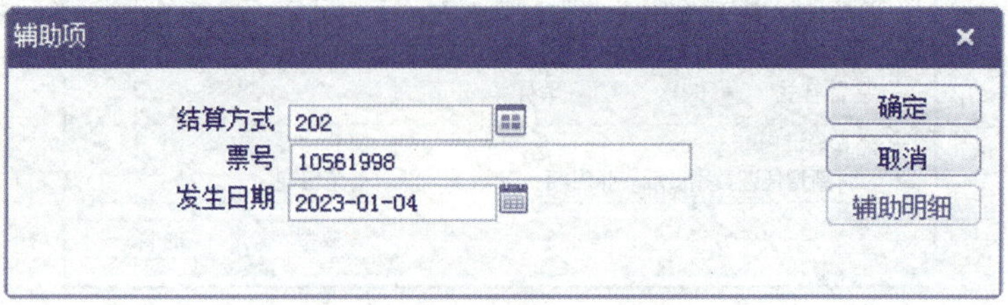

图3-14　"辅助项"对话框

（5）单击"💾"（保存）按钮，系统弹出"凭证已保存成功！"信息提示框，单击"确定"按钮，结果如图3-15所示。

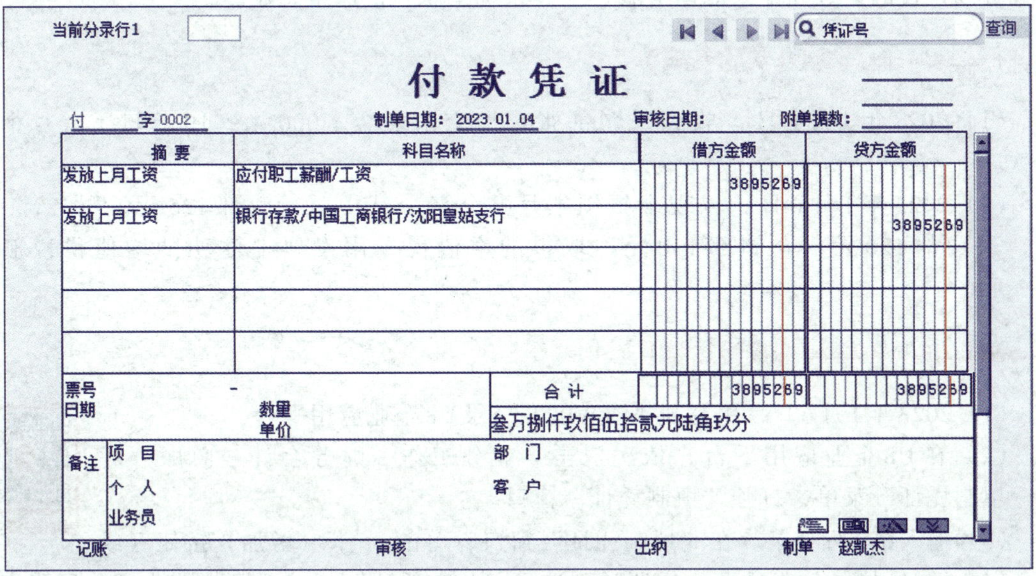

当前分录行1							🔍凭证号		查询

付 款 凭 证

付　字 0002　　制单日期：2023.01.04　　审核日期：　　附单据数：

摘　要	科目名称	借方金额	贷方金额
发放上月工资	应付职工薪酬/工资	3895269	
发放上月工资	银行存款/中国工商银行/沈阳皇姑支行		3895269

票号　　　-
日期　　　　　数量
　　　　　　　单价

合　计　　　3895269　　3895269

叁万捌仟玖佰伍拾贰元陆角玖分

备注　项　目　　　部　门
　　　个　人　　　客　户
　　　业务员

记账　　　审核　　　出纳　　　制单 赵凯杰

图3-15　第（1）笔业务记账凭证

（6）参照步骤（1）～（5），填制第（2）笔业务的记账凭证，结果如图3-16所示。填制凭证时，录入会计科目后按"Ctrl+Y"组合键可查询当前科目的最新余额。

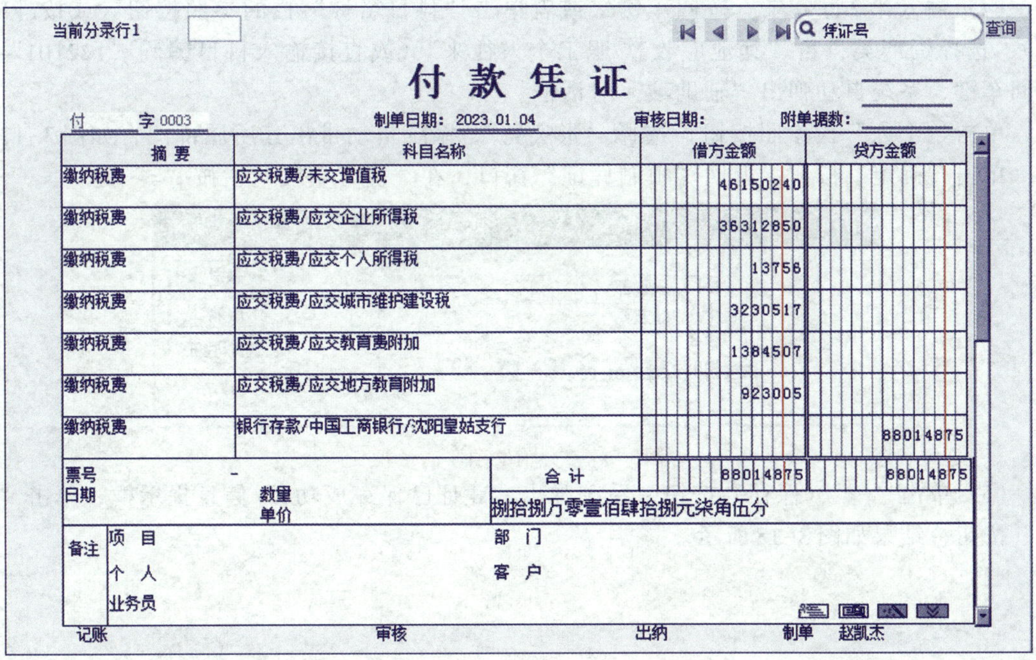

当前分录行1							🔍凭证号		查询

付 款 凭 证

付　字 0003　　制单日期：2023.01.04　　审核日期：　　附单据数：

摘　要	科目名称	借方金额	贷方金额
缴纳税费	应交税费/未交增值税	46150240	
缴纳税费	应交税费/应交企业所得税	36312850	
缴纳税费	应交税费/应交个人所得税	13756	
缴纳税费	应交税费/应交城市维护建设税	3230517	
缴纳税费	应交税费/应交教育费附加	1384507	
缴纳税费	应交税费/应交地方教育附加	923005	
缴纳税费	银行存款/中国工商银行/沈阳皇姑支行		88014875

票号　　　-
日期　　　　　数量
　　　　　　　单价

合　计　　　88014875　　88014875

捌拾捌万零壹佰肆拾捌元柒角伍分

备注　项　目　　　部　门
　　　个　人　　　客　户
　　　业务员

记账　　　审核　　　出纳　　　制单 赵凯杰

图3-16　第（2）笔业务记账凭证

3.辅助核算业务

这类业务的典型特征是其会计分录借方或贷方涉及辅助核算，即部门核算、个人往来、项目核算、客户往来以及供应商往来等。当然这类业务也可能涉及货币资金的收付。若输入的会计科目已设置辅助核算，系统根据科目属性要求在"辅助项"窗口输入相应的辅助信息。但是，如果设置客户往来、供应商往来的会计科目同时也关联了受控系统，那么包含该科目的记账凭证只能由应收、应付系统生成并传递至总账。

──────────────── 【实验资料】

（1）2023年1月6日，收到采购部张宏亮交来现金1 000元，用于归还上月个人借款。

（2）2023年1月6日，以现金报销本月办公费，其中，行政部125元，财务部135元，采购部120元，仓储部130元，取得的增值税专用发票上注明的增值税税额为66.3元。

──────────────── 【实验过程】

（1）2023年1月6日，由赵凯杰（W02）登录U8企业应用平台。

（2）在U8企业应用平台，依次双击"业务工作→财务会计→总账→凭证→填制凭证"菜单，打开"填制凭证"窗口。

（3）输入第1行分录。在"填制凭证"窗口，单击"＋"（增加）按钮（或按〔F5〕键），增加一张凭证。凭证类别选择"收款凭证"，"摘要"栏输入"收回张宏亮个人借款"后按回车键，借方科目选择"库存现金"（或者直接输入科目编码"1001"），借方金额输入"1000"。

（4）输入第2行分录。按回车键，或者单击"科目名称"栏的参照按钮（或按〔F2〕键），选择资产类科目"其他应收款/职工个人往来"（或直接输入科目编码"122101"），按回车键，系统自动弹出"辅助项"对话框。

单击"个人"栏参照按钮，选择"张宏亮"，系统自动带出其所属部门，如图3-17所示。单击"确定"按钮，返回"填制凭证"窗口，在"贷方金额"栏按"＝"键。

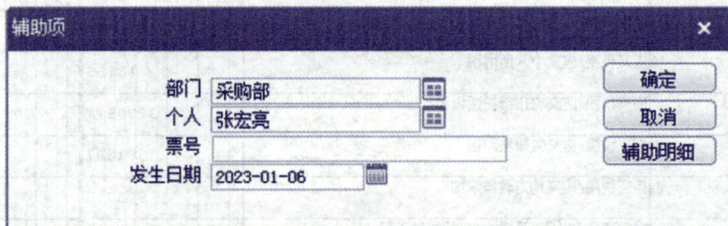

图3-17 "辅助项"对话框

（5）单击"💾"（保存）按钮，系统弹出"凭证已保存成功！"信息提示框，单击"确定"按钮，结果如图3-18所示。

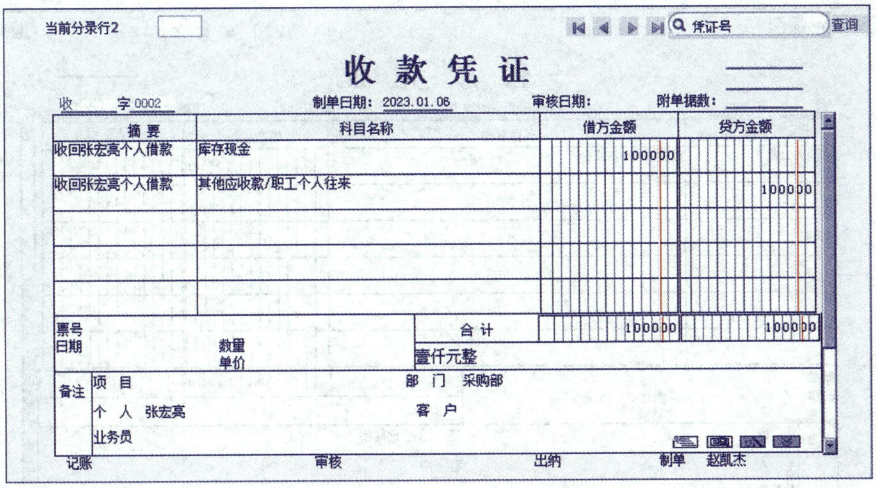

图3-18 第（1）笔业务记账凭证

【提示】

    在"辅助项"窗口录入的辅助信息将在凭证下方的"备注"栏显示。

    （6）继续填制第（2）笔业务的记账凭证。在"填制凭证"窗口，单击"🖼"（增加）按钮（或按［F5］键），增加一张新凭证。凭证类别选择"付款凭证"，"摘要"栏输入"报销办公费"（或选择"01"号常用摘要），借方科目选择损益类科目"管理费用/办公费"科目（或直接输入科目编码660205），按回车键，弹出"辅助项"对话框，如图3-19所示。单击"辅助明细"按钮，打开"分录合并录入"窗口。

图3-19 "辅助项"对话框

    （7）在"分录合并录入"窗口，单击"增加"按钮，根据实验资料录入各部门办公费，结果如图3-20所示。

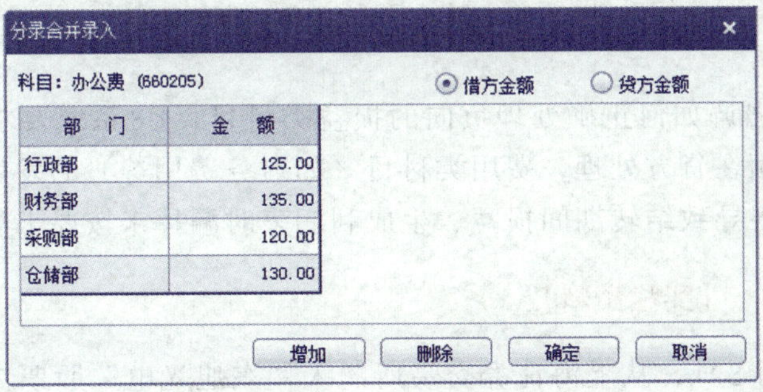

图3-20 "分录合并录入"窗口

    （8）单击"确定"按钮，如图3-21所示。连续按两次回车键，录入第5行和贷方的科目及金额。录入完毕单击"保存"按钮，系统弹出"凭证已保存成功！"信息提示框，单击"确定"按钮，结果如图3-22所示。

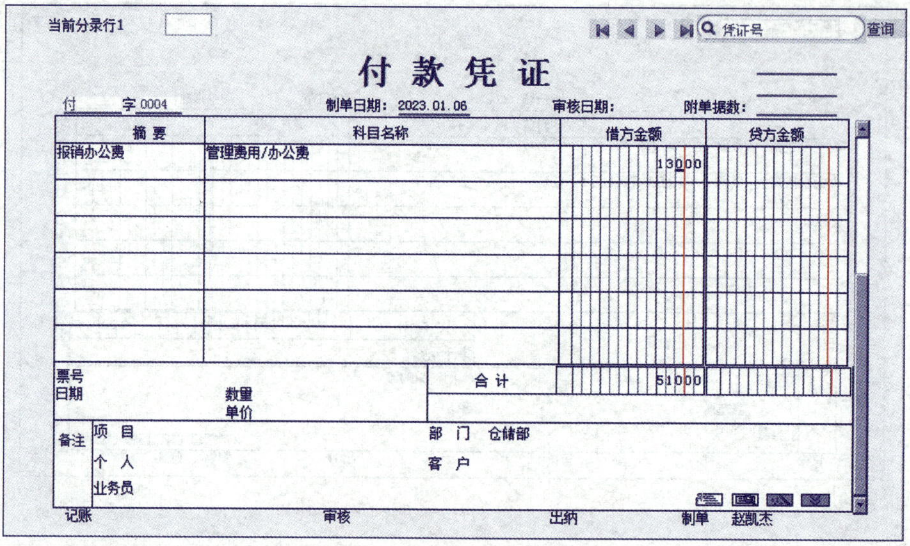

图3-21 借方辅助项录入完毕

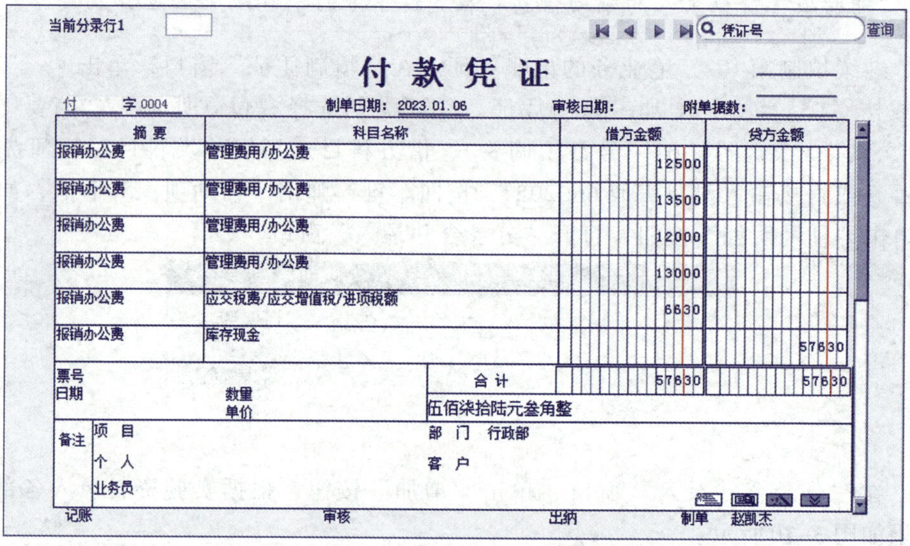

图3-22 第（2）笔业务记账凭证

4.负向损益业务

本类业务重在强调如何正确处理负向的损益类科目。U8系统要求收入类科目（如投资收益等）的发生额在贷方处理，费用类科目（如财务费用等）的发生额在借方处理。如果不按要求处理，将导致结转期间损益、生成利润表时漏掉未按要求处理科目的发生额。

———————— 【实验资料】

（1）2023年1月8日，从上海证券交易所购入"东旭光电"股票70 000股，每股售价1.83元。另支付相关交易费用2 500元，取得的增值税专用发票上注明的增值税税额为150元。公司将其划分为交易性金融资产进行管理和核算。

（2）2023年1月8日，本月中国工商银行沈阳皇姑支行的活期存款利息165元，已自动存入该账户。

（1）2023年1月8日，由赵凯杰（W02）登录U8企业应用平台。

（2）在U8企业应用平台，依次双击"业务工作→财务会计→总账→凭证→填制凭证"菜单，打开"填制凭证"窗口。

（3）在"填制凭证"窗口，单击"📋"（增加）按钮（或按［F5］键），增加一张新凭证。凭证类别选择"转账凭证"。在"摘要"栏输入"购买股票"，科目名称参照选择资产类科目"交易性金融资产/成本"（或直接输入科目编码"110101"），按回车键，弹出"辅助项"对话框。

在"辅助项"对话框的"数量"栏输入"70000"，"单价"栏输入"1.83"，"项目名称"栏参照选择"东旭光电"，如图3-23所示，单击"确定"按钮。

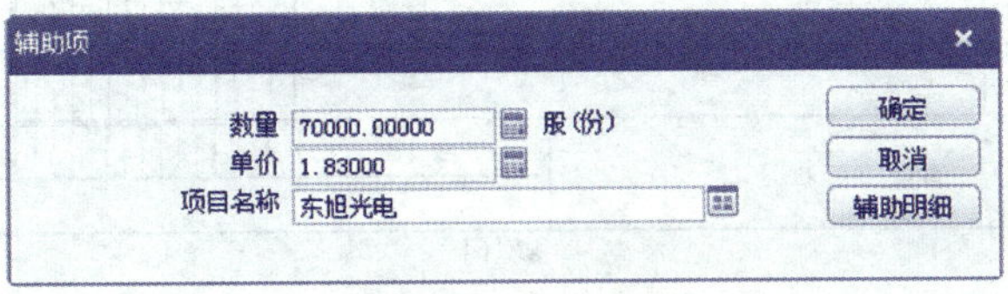

图3-23　"辅助项"对话框

（4）按回车键，第2行科目名称参照选择损益类科目"投资收益"，在"贷方金额"栏输入"2500"，并按"-"键。继续完成第3、4行会计分录的输入。

分录输入完毕，单击"💾"（保存）按钮，系统弹出"凭证已保存成功！"信息提示框，单击"确定"按钮，结果如图3-24所示。

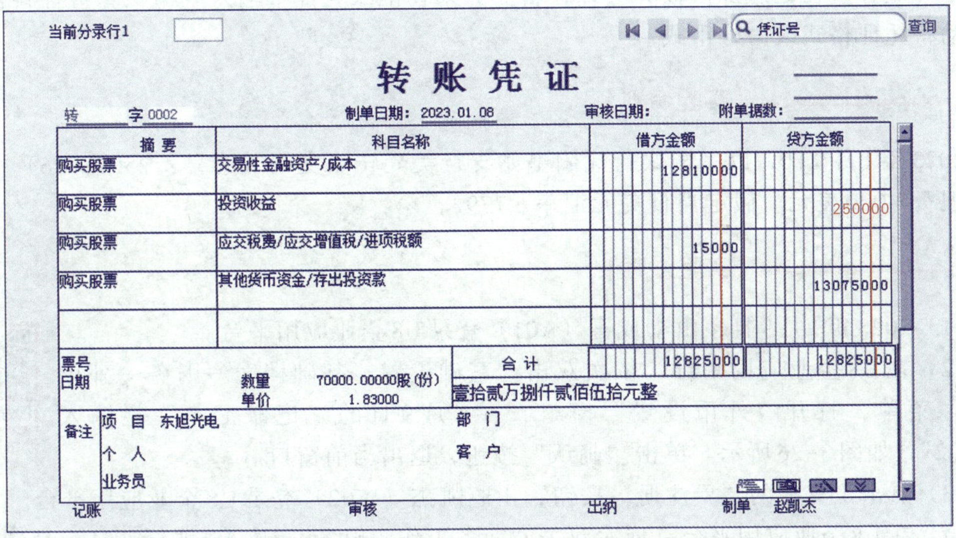

图3-24　第（1）笔业务记账凭证

（5）继续填制第（2）笔业务的记账凭证。在"填制凭证"窗口，单击"📋"（增加）按钮（或按［F5］键），增加一张新凭证。凭证类别选择"收款凭证"，"摘要"栏输入"活期存款利息"，"科目名称"参照选择资产类科目"银行存款/中国工商银行/沈阳皇姑支行"（或直接输入科目编码"10020101"），按回车键，弹出"辅助项"对话框。在"结算方式"栏选择"其他"，单击"确定"按钮，返回"填制凭证"窗口，在"借方金额"

栏输入"165"。

（6）按回车键，第2行"科目名称"参照选择损益类科目"财务费用/利息支出"，在"借方金额"栏输入"165"，并按"-"键。单击"保存"按钮，系统弹出"凭证已保存成功！"信息提示框，单击"确定"按钮，结果如图3-25所示。

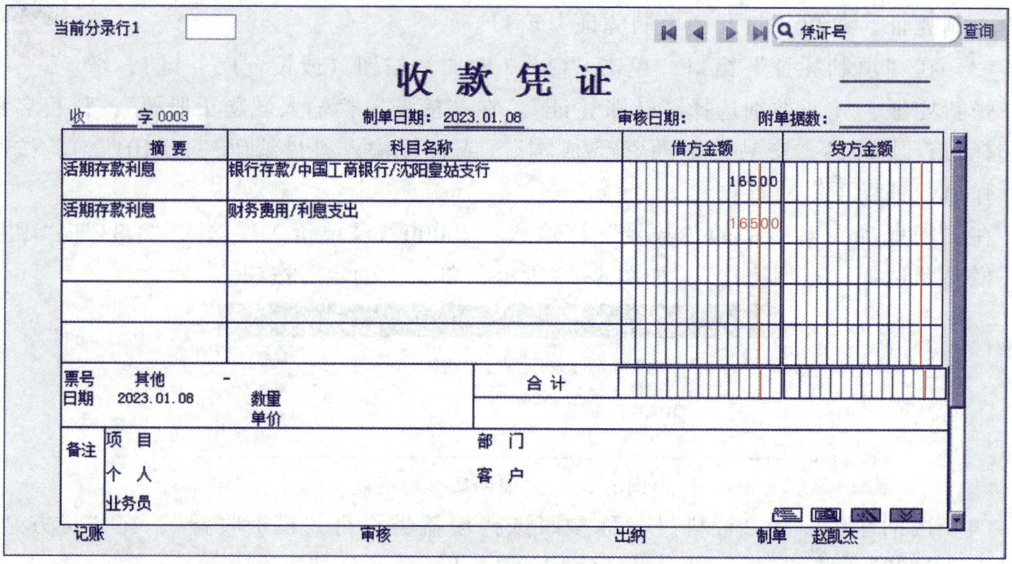

当前分录行1

收 款 凭 证

收 字 0003　　　　　制单日期：2023.01.08　　　审核日期：　　　附单据数：

摘 要	科目名称	借方金额	贷方金额
活期存款利息	银行存款/中国工商银行/沈阳皇姑支行		16500
活期存款利息	财务费用/利息支出	16500	

票号　其他　-
日期　2023.01.08　　数量
　　　　　　　　　　单价

合 计

备注　项　目　　　　　　　部　门
　　　个　人　　　　　　　客　户
　　　业务员

记账　　　　审核　　　　　出纳　　　　制单　赵凯杰

图3-25　第（2）笔业务记账凭证

5.外币核算业务

本类业务重在处理外币核算会计科目。如果在记账凭证中输入外币核算会计科目，系统自动将凭证格式改为外币式。

─────【实验资料】─────

2023年1月9日，以中国银行沈阳皇姑支行美元转账支票（票号：25078936）支付品牌管理费3 000美元。假定当日美元汇率6.7792。

─────【实验过程】─────

（1）2023年1月9日，由李成喜（A01）登录U8企业应用平台。

（2）在U8企业应用平台，依次双击"基础设置→基础档案→财务→外币设置"菜单，打开"外币设置"窗口，在1月9日的"记账汇率"栏输入"6.7792"，如图3-26所示。单击"确认"按钮，退出当前窗口。

外币核算业务

（3）点击工具栏的"重注册"按钮，由赵凯杰（W02）登录U8企业应用平台。

（4）在U8企业应用平台，依次双击"业务工作→财务会计→总账→凭证→填制凭证"菜单，打开"填制凭证"窗口。

（5）输入第1行分录。在"填制凭证"窗口，单击"[图标]"（增加）按钮（或按［F5］键），增加一张凭证。凭证类别选择"付款凭证"，"摘要"栏输入"支付品牌管理费"后按回车键，"科目名称"参照选择"管理费用/品牌管理费"（或者直接输入科目编码"660207"），借方金额输入"20337.6"。

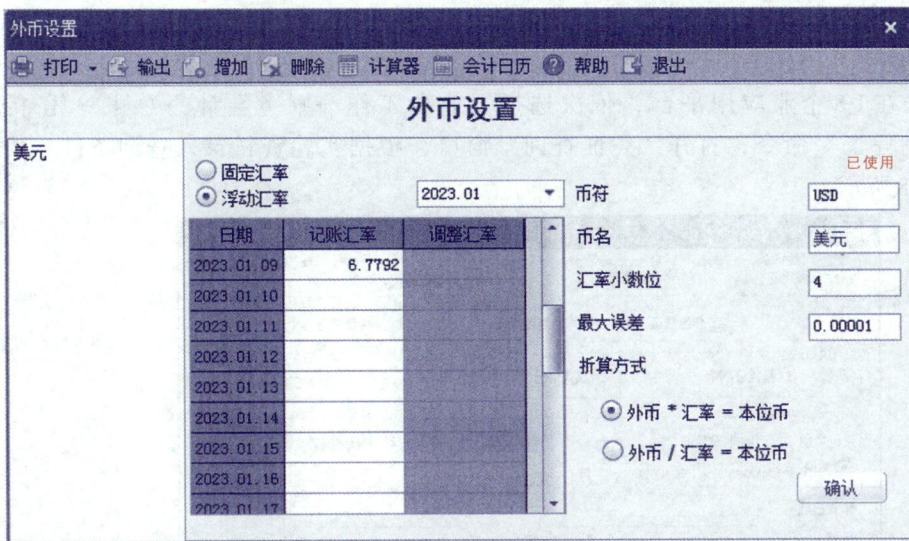

图3-26 外币设置

（6）输入第2行分录。按回车键，或者单击"科目名称"栏的参照按钮（或按［F2］键）选择资产类科目"银行存款/中国银行/沈阳皇姑支行/美元"（或直接输入科目编码"1002020102"），按回车键，弹出"辅助项"对话框。在"结算方式"栏选择"转账支票"，"票号"栏输入"25078936"，单击"确定"按钮，返回"填制凭证"窗口。在"原币"栏输入"3000"，按回车键，点击借方金额栏，再按空格键。

（7）单击"💾"（保存）按钮，系统弹出"凭证已保存成功！"信息提示框，单击"确定"按钮，结果如图3-27所示。

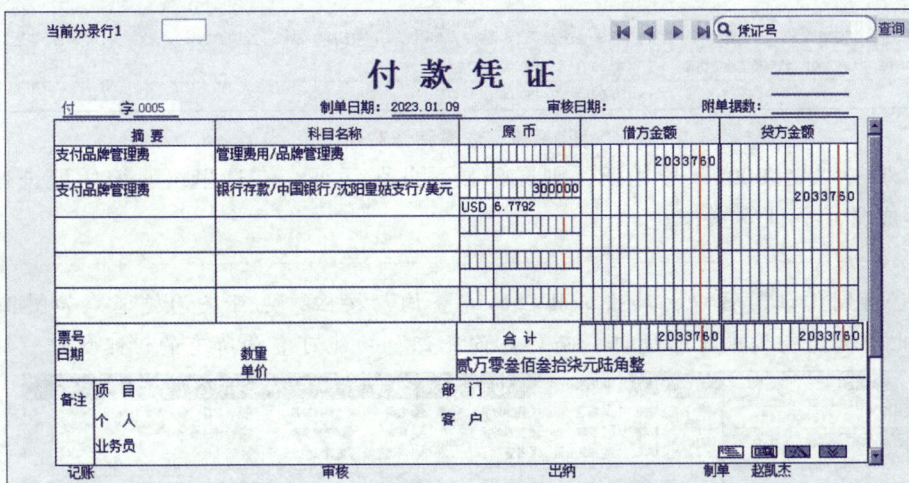

图3-27 记账凭证

3.3.2 查询凭证

【实验资料】

2023年1月9日，查询2023年1月份第1号收款凭证。

【实验过程】

（1）在U8企业应用平台，依次选择“业务工作→财务会计→总账→凭证→查询凭证”命令，打开“凭证查询”窗口，根据实验资料录入查询条件，如图3-28所示。

查询凭证

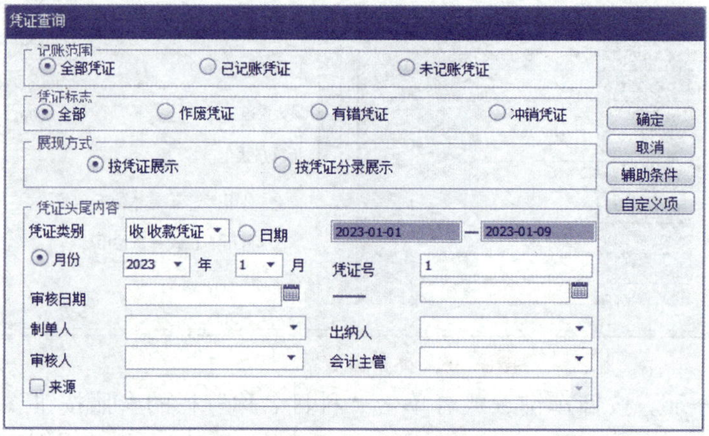

图3-28 “凭证查询”对话框

（2）单击“确定”按钮，屏幕显示查询凭证列表，如图3-29所示。

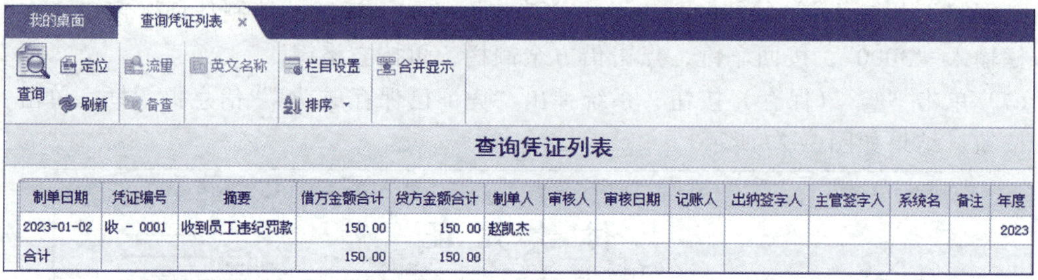

图3-29 查询凭证列表

（3）双击“收-0001”号凭证，则屏幕显示此张凭证。在这里可对该凭证进行修改、冲销、生成常用凭证等操作。

【提示】

在“填制凭证”窗口，单击工具栏的“查询”按钮，也可查询凭证，如图3-30所示。但此处只能查询未记账凭证，而“查询凭证”功能可查询所有的记账凭证。

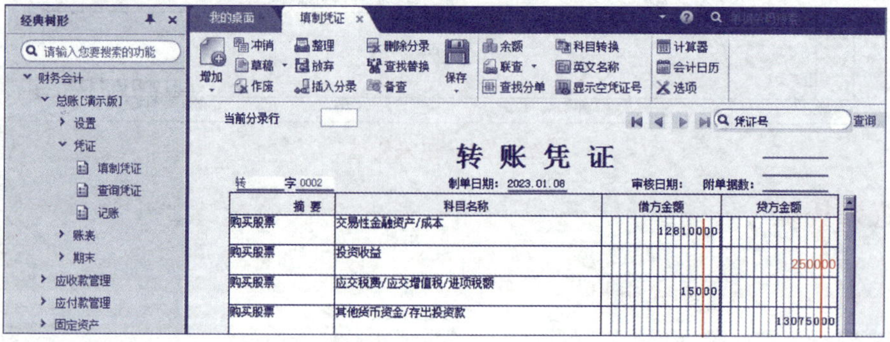

图3-30 第二种查询方式

所有记账凭证均存于 SQL 数据库的 GL_accvouch 表中，该表共有 100 个字段，主要字段见表 3-10。

表 3-10　　　　　　　　凭证及明细账（GL_accvouch）主要字段

字段名称	字段含义	字段名称	字段含义
i_id	自动编号	nd_s	数量借方
iperiod	会计期间	nc_s	数量贷方
csign	凭证类别字	csettle	结算方式编码
ino_id	凭证编号	cn_id	票据号
dbill_date	制单日期	dt_date	票号发生日期
idoc	附单据数	cdept_id	部门编码
cbill	制单人	cperson_id	职员编码
ccheck	审核人	ccus_id	客户编码
cbook	记账人	csup_id	供应商编码
ccashier	出纳签字人	citem_id	项目编码
cdigest	摘要	citem_class	项目大类编码
ccode	科目编码	cname	业务员
cexch_name	币种名称	ccode_equal	对方科目编码
md	借方金额	coutsysname	外部凭证系统名称
mc	贷方金额	coutsign	外部凭证业务类型
md_f	外币借方金额	doutdate	外部凭证单据日期
mc_f	外币贷方金额	coutbillsign	外部凭证单据类型
nfrat	汇率	coutid	外部凭证单据号

3.3.3　修改凭证

【实验资料】

2023 年 1 月 9 日，假定 1 月份第 1 号付款凭证填写有误，要求对其进行修改。广告宣传费应为 2 000 元，增值税进项税额应为 120，贷方发生额应为 2 120 元，结算方式为中国工商银行沈阳皇姑支行电汇，票号 28635901。

【实验过程】

（1）在 U8 企业应用平台，依次选择"业务工作→财务会计→总账→凭证→填制凭证"命令，打开"填制凭证"窗口，单击工具栏的"查询"按钮，打开"凭证查询"对话框，根据实验资料录入查询条件，如图 3-31 所示。单击

修改凭证

"确定"按钮，返回该凭证的填制窗口。

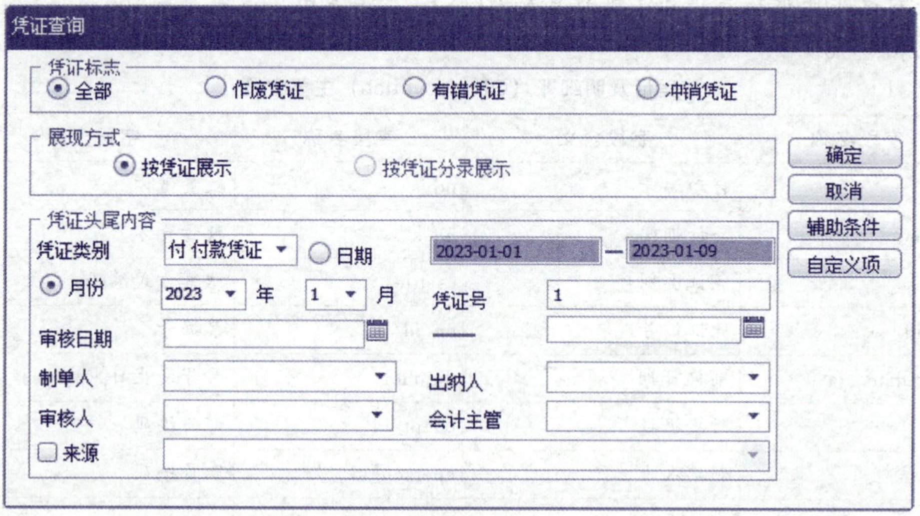

图3-31　"查询凭证"对话框

（2）单击"销售费用/广告宣传费"的借方金额栏，将金额修改为"2000"，单击"应交税费/应交增值税/进项税额"的借方金额栏，将金额修改为"120"。

（3）单击第3行的"科目名称"栏，将会计科目修改为"银行存款/中国工商银行/沈阳皇姑支行"。将光标移动到凭证左下方"票号"的右侧，此时光标呈笔头状，双击鼠标调出"辅助项"对话框，结算方式选择"电汇"，票号输入"28635901"。单击"确定"，将贷方金额修改为"2120"。单击"保存"，完成记账凭证修改，结果如图3-32所示。

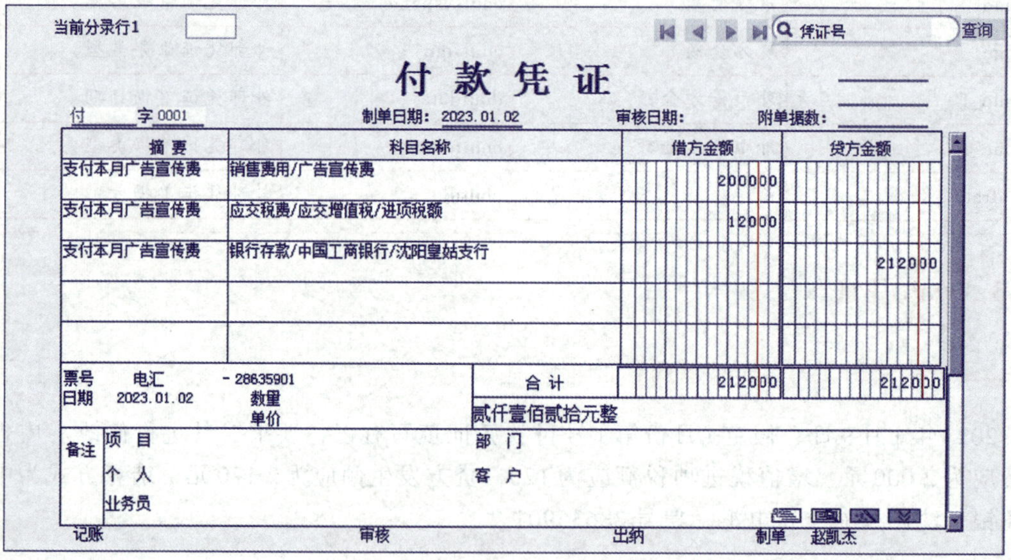

图3-32　修改后的第1号付款凭证

【提示】
　　除上述调出"辅助项"对话框的方法外，还可通过按"Ctrl+S"键或双击凭证右下方的▨▨按钮调出该对话框。

3.3.4　出纳签字

━━━━━━━━━━━ 【实验资料】

2023年1月10日，根据权限分工，由贺青春（W03）对1月份所有收款凭证、付款凭证进行出纳签字。

━━━━━━━━━━━ 【实验过程】

（1）2023年1月10日，由贺青春（W03）登录企业应用平台。

（2）在U8企业应用平台，依次选择"业务工作→财务会计→总账→凭证→出纳签字"命令，打开"出纳签字"对话框，单击"确定"按钮，打开"出纳签字列表"窗口，如图3-33所示。

出纳签字列表

	制单日期	凭证编号	摘要	借方金额合计	贷方金额合计	制单人	审核人	审核日期	记账人	出纳签字人	主管签字人	系统名	备注	年度
☐	2023-01-02	收 - 0001	收到员工违纪罚款	150.00	150.00	赵凯杰								2023
☐	2023-01-06	收 - 0002	收回张宏亮个人借款	1,000.00	1,000.00	赵凯杰								2023
☐	2023-01-08	收 - 0003	活期存款利息	0.00	0.00	赵凯杰								2023
☐	2023-01-02	付 - 0001	支付本月广告宣传费	2,120.00	2,120.00	赵凯杰								2023
☐	2023-01-04	付 - 0002	发放上月工资	38,952.69	38,952.69	赵凯杰								2023
☐	2023-01-04	付 - 0003	缴纳税费	880,148.75	880,148.75	赵凯杰								2023
☐	2023-01-06	付 - 0004	报销办公费	576.30	576.30	赵凯杰								2023
☐	2023-01-09	付 - 0005	支付品牌管理费	20,337.60	20,337.60	赵凯杰								2023
合计				943,285.34	943,285.34									

图3-33　出纳签字列表

【提示】

如果提示"不存在符合条件的凭证"，表明未指定现金科目、银行科目。

如果出纳签字的操作日期（即登录日期）小于记账凭证的制单日期，则该记账凭证将不显示在"出纳签字列表"中，也不能被签字。

（3）双击第1张待签字凭证，即可打开该凭证。单击工具栏的"签字"按钮，凭证下方"出纳"右侧将显示出纳员贺青春的名字，如图3-34所示，完成本张凭证的出纳签字。

（4）选择工具栏的"签字→成批出纳签字"命令，如图3-35所示。系统提示有7张凭证成功进行了批量签字。单击"确定"，系统提示"是否重新刷新凭证列表数据"，单击"是"，完成出纳签字。

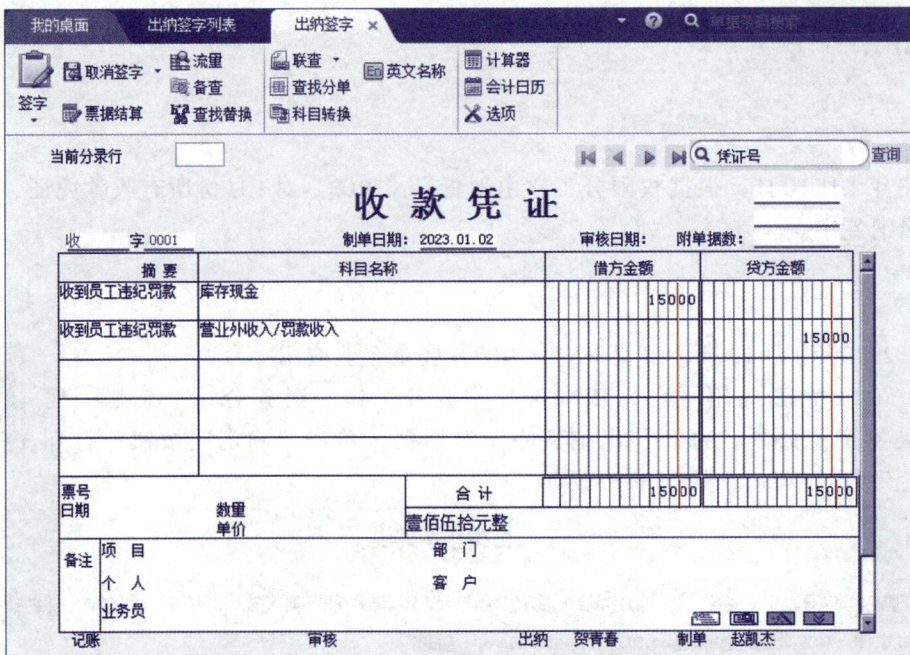

图3-34　单张出纳签字

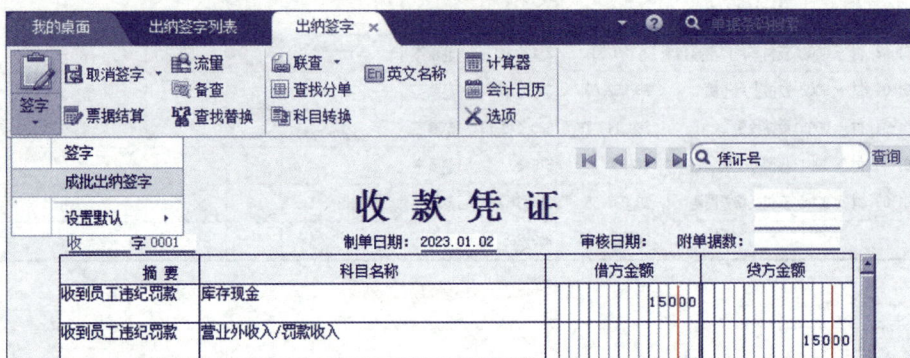

图3-35　成批出纳签字

【提示】

系统自动将登录U8系统的操作员作为记账凭证的出纳签字人。

记账凭证一经签字，就不能被修改、删除，只有取消签字后才可以进行修改或删除。单击"签字"按钮右侧的"取消"按钮可取消签字。取消签字只能由出纳员自己进行。

填制记账凭证后，如果该凭证是出纳凭证，且在总账系统选项的"权限"页签（图3-3）中选择"出纳凭证必须经由出纳签字"，则出纳凭证由出纳员签字后才能记账；如果不勾选此项，出纳凭证不签字也可进行审核、记账。

3.3.5　审核凭证

【实验资料】

2023年1月10日，根据权限分工，由王钰茹（W01）对本月记账凭证进行审核。

（1）2023年1月10日，由王钰茹（W01）登录企业应用平台。

（2）在U8企业应用平台，依次选择"业务工作→财务会计→总账→凭证→审核凭证"命令，打开"凭证审核"对话框，单击"确定"按钮，打开"凭证审核列表"窗口，如图3-36所示。

凭证审核列表

	制单日期	凭证编号	摘要	借方金额合计	贷方金额合计	制单人	审核人	审核日期	记账人	出纳签字人	主管签字人	系统名	备注	年度
☐	2023-01-02	收-0001	收到员工违纪罚款	150.00	150.00	赵凯杰								2023
☐	2023-01-06	收-0002	收回张宏亮个人借款	1,000.00	1,000.00	赵凯杰								2023
☐	2023-01-08	收-0003	活期存款利息	0.00	0.00	赵凯杰								2023
☐	2023-01-02	付-0001	支付本月广告宣传费	2,120.00	2,120.00	赵凯杰								2023
☐	2023-01-04	付-0002	发放上月工资	38,952.69	38,952.69	赵凯杰								2023
☐	2023-01-04	付-0003	缴纳税费	880,148.75	880,148.75	赵凯杰								2023
☐	2023-01-06	付-0004	报销办公费	576.30	576.30	赵凯杰								2023
☐	2023-01-09	付-0005	支付品牌管理费	20,337.60	20,337.60	赵凯杰								2023
☐	2023-01-02	转-0001	计提本月房产税、城镇…	228,000.00	228,000.00	赵凯杰								2023
☐	2023-01-08	转-0002	购买股票	128,250.00	128,250.00	赵凯杰								2023
合计				1,299,535.34	1,299,535.34									

图3-36 凭证审核列表

【提示】

如果审核凭证的操作日期（即登录日期）小于记账凭证的制单日期，则该记账凭证将不显示在"凭证审核列表"中，也不能被审核。

（3）双击第1张待审核凭证，即可打开该凭证，如图3-37所示。单击工具栏的"审核"按钮，凭证下方"审核"右侧将显示审核人王钰茹（W01）的名字，同时系统自动跳转到下一张待审核凭证。

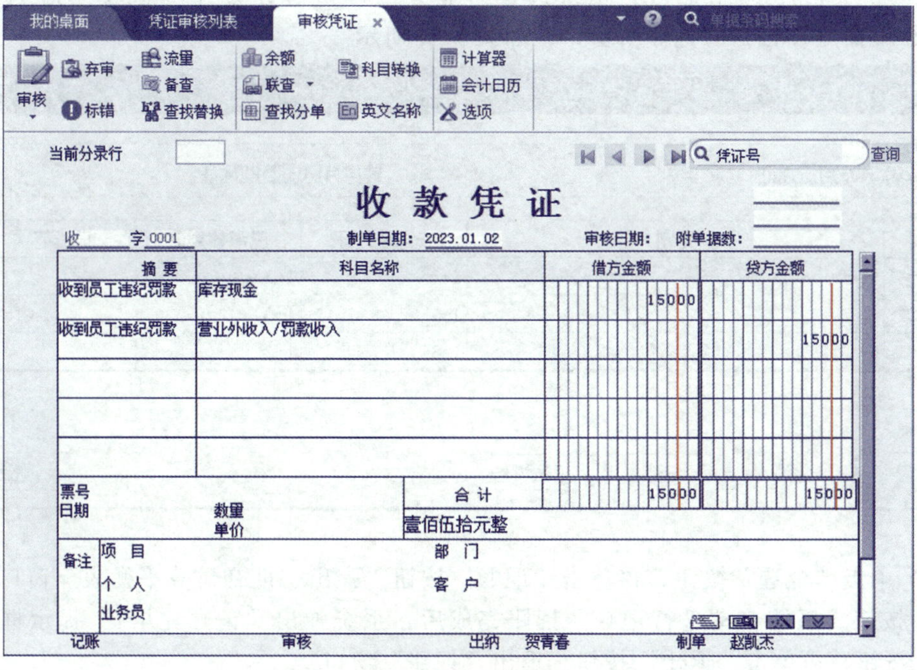

图3-37 待审核凭证

（4）选择工具栏的"审核→成批审核凭证"命令，系统提示有9张凭证成功进行了批量审核。单击"确定"，系统提示"是否重新刷新凭证列表数据"，单击"是"，完成审核。

【提示】

系统自动将登录U8系统的操作员作为记账凭证的审核人，将登录日期作为审核日期。

凭证一经审核，就不能被修改、删除，只有被取消审核签字后才可以进行修改或删除。单击"审核"按钮右侧的"弃审"按钮可取消签字。取消审核签字只能由审核人自己进行。

审核人必须具有系统管理中的"审核凭证"（GL0204）功能权限（参考知识点"1.3.4 设置功能级权限"），还须具有对待审核凭证制单人所制凭证的"审核"数据权限（参考知识点"2.5 数据级权限设置"）。

制单人与审核人不能是同一人。出纳签字与审核凭证在操作上没有先后顺序。作废凭证不能被审核，也不能被标错。已标错的凭证不能被审核。

3.3.6 记账

【实验资料】

2023年1月10日，根据权限分工，由赵凯杰（W02）对本月记账凭证进行记账。

【实验过程】

（1）2023年1月10日，由赵凯杰（W02）登录企业应用平台。

（2）在U8企业应用平台，依次选择"业务工作→财务会计→总账→凭证→记账"命令，打开"记账"窗口，如图3-38所示。

期间	类别	未记账凭证	已审核凭证	记账范围
2023.01	收	1-3	1-3	
2023.01	付	1-5	1-5	
2023.01	转	1-2	1-2	

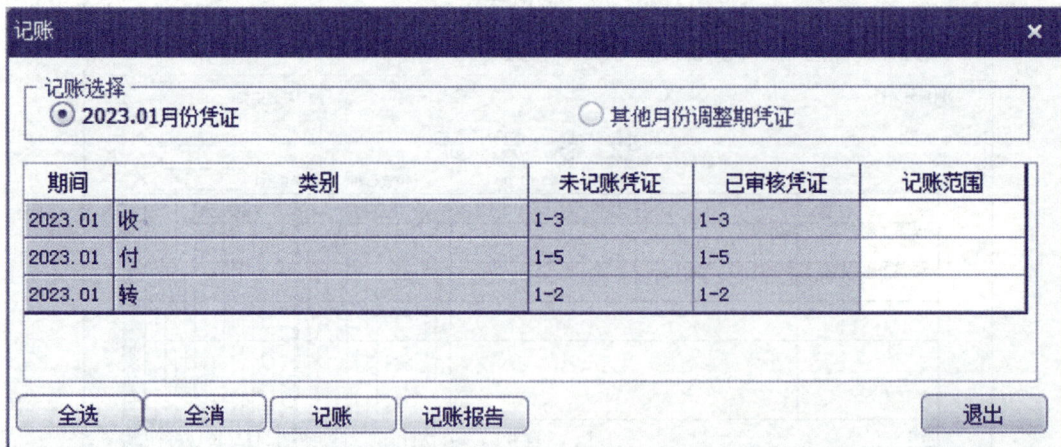

图3-38 "记账"窗口

（3）单击"全选"按钮，再单击"记账"按钮，弹出"期初试算平衡表"窗口，单击"确定"按钮，系统自动进行记账。记账完成后，系统弹出"记账完毕！"提示框，单击"确定"按钮，再单击"退出"按钮，退出"记账"窗口。

如果不选择记账范围，系统将对所有凭证进行记账。

期初余额试算平衡和凭证已经审核是记账的两个最基本条件。连续使用系统的情况下，上月已结转本月才可以记账。

记账过程一旦因断电或其他原因造成中断后，系统将自动调用"恢复记账前状态"功能恢复数据，如图3-39所示，恢复完成后再重新记账。

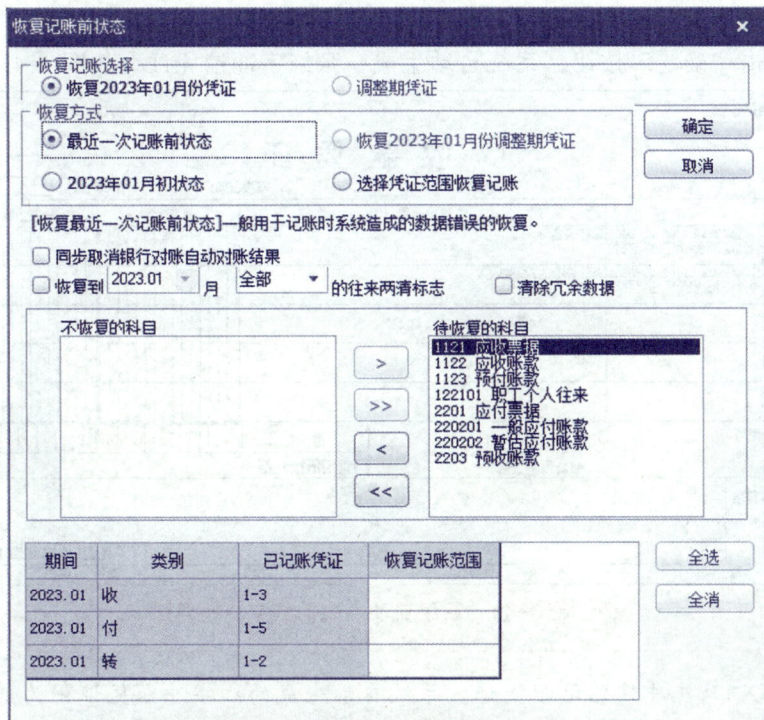

图3-39　恢复记账前状态

只有账套主管才能恢复到月初的记账前状态。已结账的月份，不能恢复至记账前状态。

3.3.7　冲销凭证

【实验资料】

2023年1月10日，冲销本月第1号收款凭证。

【实验过程】

（1）2023年1月10日，由赵凯杰（W02）登录企业应用平台。

（2）在U8企业应用平台，依次选择"业务工作→财务会计→总账→凭证→填制凭证"命令，打开"填制凭证"窗口。单击工具栏的"冲销"按钮，打开"冲销凭证"对话框。根据实验资料，"凭证类别"选择"收款凭证"，"凭证号"录入"1"，如图3-40所示。

冲销凭证

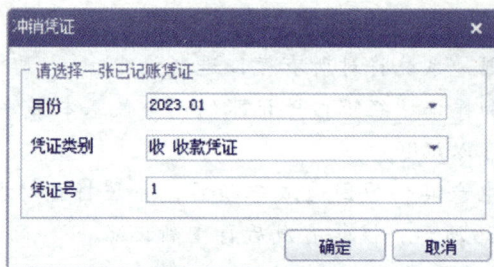

图3-40 冲销凭证

（3）单击"确定"按钮，系统自动生成一张红字冲销凭证，如图3-41所示。

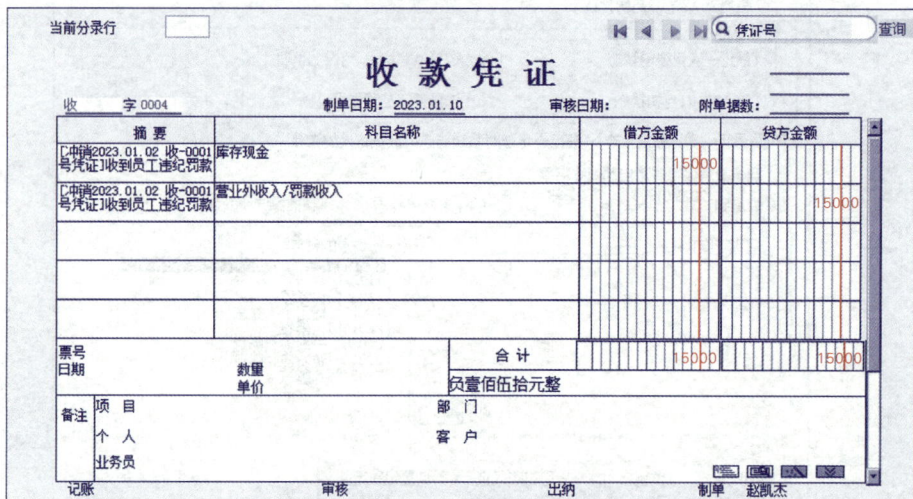

图3-41 系统自动生成的红字冲销凭证

【提示】

冲销凭证只能冲销已记账凭证。系统自动生成的红字冲销凭证视为普通凭证，可进行修改、删除等操作，仍需进行后续的审核、出纳签字、记账。

3.3.8　常用凭证处理

1.第一种处理方式

【实验资料】

（1）设置常用凭证。

根据表3-11设置常用凭证。

表 3-11　　　　　　　　　　　常用凭证（GL_bfreq）

编码 （c_id）	说明 （ctext）	凭证类别 （csign）	详细信息
01	从银行提取现金	付款凭证	借：库存现金 　贷：银行存款/中国工商银行/沈阳皇姑支行 结算方式：现金支票

（2）调用常用凭证。

2023年1月10日，出纳员贺青春以现金支票（票号26653091）从中国工商银行沈阳皇姑支行提取现金600元。

借：库存现金　　　　　　　　　　　　　　　　　　　　　　　　　　　600
　　贷：银行存款/中国工商银行/沈阳皇姑支行　　　　　　　　　　　　　600

【实验过程】

（1）设置常用凭证：

①2023年1月10日，由赵凯杰（W02）登录企业应用平台。

②在U8企业应用平台，依次选择"业务工作→财务会计→总账→设置→常用凭证"命令，打开"常用凭证"窗口。单击"增加"按钮，根据实验资料，"编码"录入"01"，"说明"录入"从银行提取现金"，"凭证类别"选择"付款凭证"，如图3-42所示。

第一种处理方式

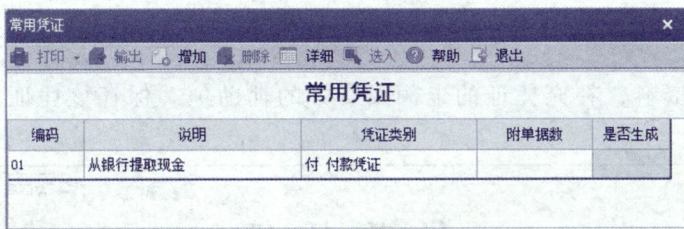

图3-42　"常用凭证"窗口

③单击"详细"按钮，打开"常用凭证-付款凭证"窗口，单击"增行"按钮，"科目名称"栏输入科目编码"1001"。再单击"增行"按钮，在第2行"科目名称"栏输入科目编码"10020101"，按回车键，弹出"辅助信息"对话框，"结算方式"选择"201 现金支票"，如图3-43所示，单击"确定"按钮。退出该窗口。

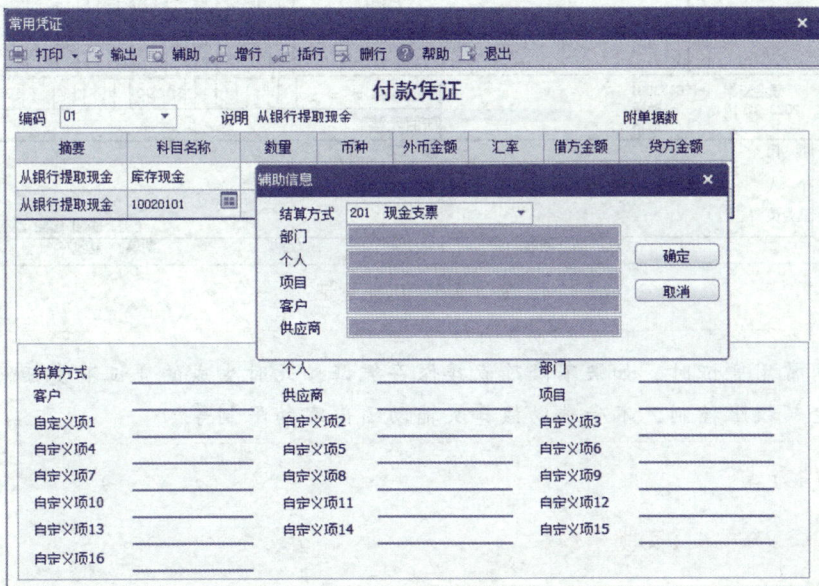

图3-43　设置常用凭证

图 3-43 中摘要和科目名称为必输项，会计科目可以录入非末级科目。借贷方金额或辅助核算信息可暂不输入，在调用常用凭证后保存前再行输入。

（2）调用常用凭证：

①在 U8 企业应用平台，依次选择"业务工作→财务会计→总账→凭证→填制凭证"命令，打开"填制凭证"窗口。选择工具栏的"常用凭证→调用常用凭证"命令，打开"调用常用凭证"对话框，输入常用凭证代号"01"，如图 3-44 所示，单击"确定"按钮，系统将该常用凭证"复制"到"填制凭证"窗口。

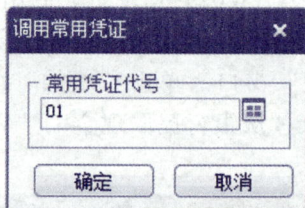

图 3-44　调用常用凭证

②根据实验资料，补充凭证的金额及贷方的辅助项。保存该凭证，结果如图 3-45 所示。

付　款　凭　证

付　字 0006　　制单日期：2023.01.10　　审核日期：　　附单据数：

摘　要	科目名称	借方金额	贷方金额
从银行提取现金	库存现金	60000	
从银行提取现金	银行存款/中国工商银行/沈阳皇姑支行		60000

票号　现金支票 － 26653091　数量
日期　2023.01.10　单价
备注　项　目　　部　门
　　　个　人　　客　户
　　　业务员

合计　60000　60000
陆佰元整

记账　　　　审核　　　　出纳　　　制单　赵凯杰

图 3-45　记账凭证

在调用常用凭证时，如果不修改直接保存凭证，此时生成的凭证不受任何权限的控制，包括金额权限控制，不受辅助核算及辅助项内容的限制等。

2.第二种处理方式

【实验资料】

2023 年 1 月 10 日，出纳员贺青春将 5 000 元现金交存中国工商银行沈阳皇姑支行。

借：银行存款/中国工商银行/沈阳皇姑支行   5 000

   贷：库存现金   5 000

将该凭证设置为常用凭证。代号：02；说明：现金存银行。

【实验过程】

①2023年1月10日，由赵凯杰（W02）登录企业应用平台。

②在U8企业应用平台，依次选择"业务工作→财务会计→总账→凭证→填制凭证"命令，打开"填制凭证"窗口。根据实验资料填制一张付款凭证并保存，结果如图3-46所示。

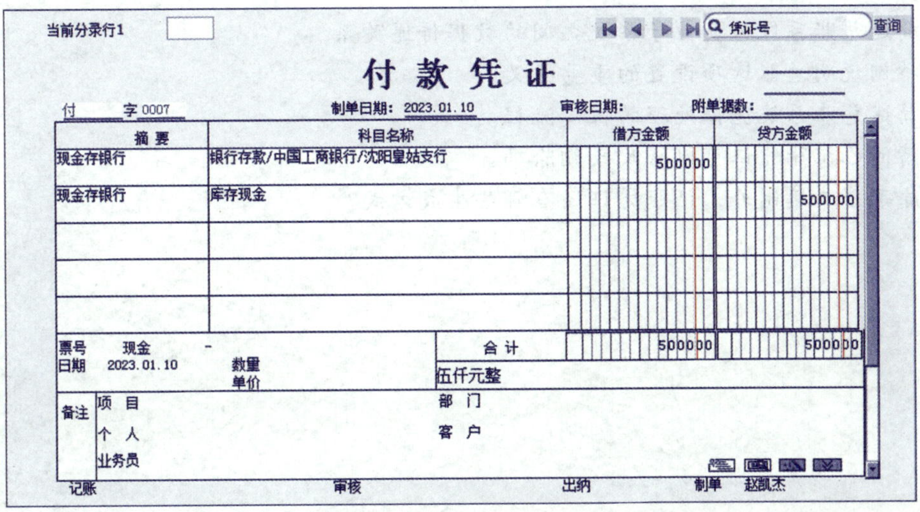

图3-46 记账凭证

③选择工具栏的"保存→生成常用凭证"命令，打开"常用凭证生成"窗口，"代号"输入"02"，"说明"输入"现金存银行"，结果如图3-47所示。单击"确认"，成功生成常用凭证。

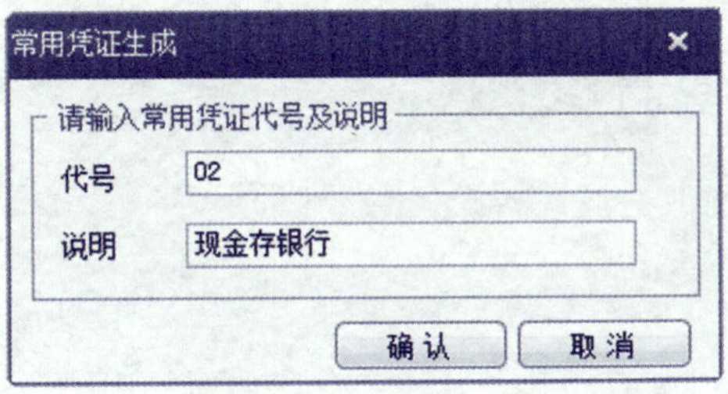

图3-47 生成常用凭证

【提示】

生成常用凭证后，以后再发生同类业务可调用这张常用凭证，以提高工作效率。

3.4 本章常见数据表

本章常见数据表见表3-12。

表 3-12　　　　　　　　　　　　　　**本章常见数据表**

序号	系统编码 （SystemID）	系统名称 （SystemName）	表名称 （TableName）	表定义 （TableDefine）	备注
1	AS	公共	AccInformation	系统参数	表 3-1
2	GL	总账	GL_accvouch	凭证及明细账	表 3-10
3	GL	总账	GL_bfreq	常用凭证	表 3-11

【复习思考题】

1. 简述总账系统与其他子系统之间的数据传递关系。
2. 举例说明总账选项设置的重要意义。
3. 简述总账系统凭证处理的核心流程。
4. 请问已记账凭证可以修改或删除吗？
5. 除了手工填制外，记账凭证还有哪些生成方式？

4 第4章 应付款管理系统

4.1 概述

应付款管理系统，简称应付系统，用于对企业在采购过程中发生的业务进行处理。该系统提供了选项设置、初始设置、日常处理、单据查询、账表管理、其他处理等功能。根据对供应商往来款项核算和管理的程度不同，系统提供了应付款详细核算和简单核算两种应用方案。应付系统与本教材其他系统的关系如下：

① 应付系统生成的所有记账凭证都传递到总账系统中。

② 应付系统与供应链系统、总账系统集成使用时，应付系统可接收在采购系统中所填制的采购发票，审核并生成记账凭证后传递至总账系统。销售管理系统的销售费用支出单审核后可以自动生成其他应付单，并传递至应付系统。

③ 应收款、应付款之间可以相互对冲。应收系统的商业汇票背书可以冲减应付系统的应付账款。通过应付系统的“应付冲应收”功能，可以冲减应收系统的应收账款。

④ 应付系统为UFO报表系统提供往来数据。

本章的重点内容：应付单据、付款单据的日常处理。

本章的难点内容：已完成业务的逆向操作。

本章总体流程如图4-1所示。

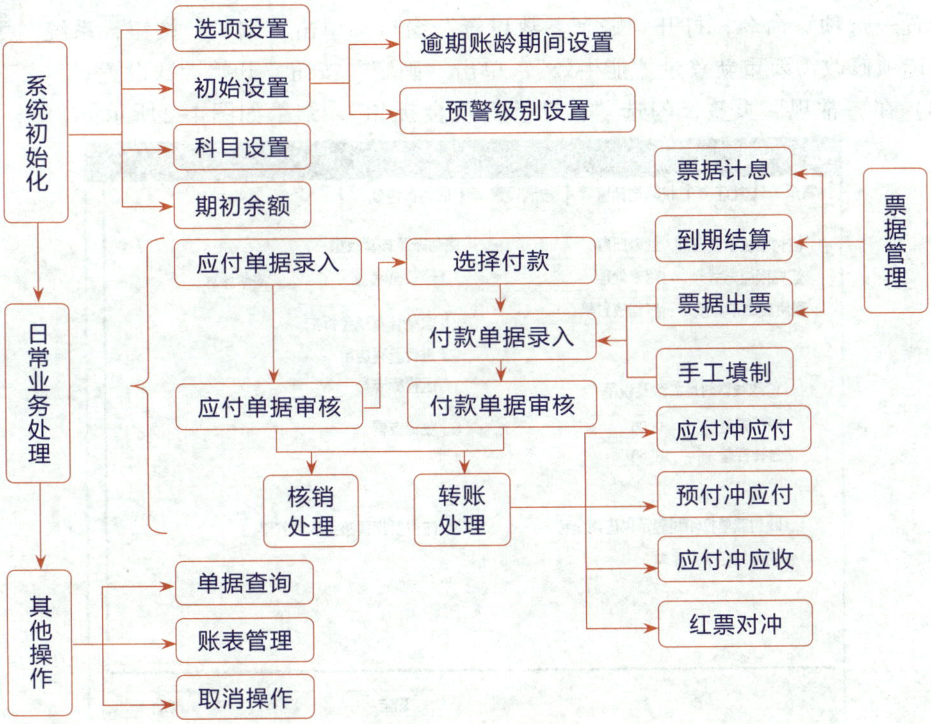

图4-1　本章总体流程

4.2.1　选项设置

【实验资料】

根据表4-1设置应付系统参数。

表4-1　　　　　　　　　　　系统参数（AccInformation）

系统名称（cSysID）	页签	选项设置
应付款管理	常规	自动计算现金折扣
	凭证	受控科目制单方式：明细到单据 凭证合并规则：票据号
	权限与预警	取消"控制操作员权限" 按信用方式根据单据提前7天自动预警

【实验过程】

（1）2023年1月1日，由赵凯杰（W02）登录企业应用平台。

（2）在U8企业应用平台，依次选择"业务工作→财务会计→应付款管理→设置→选项"命令，打开"账套参数设置"窗口。单击"编辑"按钮，系统提示"选项修改需要重新登录才能生效"，单击"确定"按钮，开始参数设置。

（3）在"常规"页签，勾选"自动计算现金折扣"，结果如图4-2所示。

应付系统选项设置

图4-2　"常规"页签

"常规"页签部分参数说明如下：

［应付单据审核日期］系统提供两种确认单据审核日期的依据：单据日期和业务日期。由于单据审核后记账，该参数决定单据登记业务账表的入账日期及查询期间取值。

如果选择"业务日期"，则单据审核时，自动将当前业务日期（即登录日期）作为单据的审核日期（即入账日期）。

如果选择"单据日期"，则单据审核时，自动将该单据的单据日期作为单据的审核日期（即入账日期）。该参数要求月末结账时单据必须全部审核。业务日期无此要求。

［应付账款核算模型］系统提供两种应付账款核算模型：简单核算、详细核算。必须选择其中之一，系统缺省选择详细核算方式。系统一旦处理任何业务（包括期初数据录入），该参数将不能修改。

［自动计算现金折扣］若勾选此项，系统会在核销界面自动计算可享受折扣。

［登记支票］若勾选此项，则系统自动将具有票据管理结算方式的付款单登记支票登记簿；否则用户应通过付款单上的"登记"按钮，手工登记支票登记簿。

该选项要求在总账系统的选项中选择"支票控制"。

［应付票据直接生成付款单］该选项默认选择为是，表示应付票据保存时，系统能够自动生成未审核、未核销的付款单；反之则不能，需在票据界面单击"生成"按钮才可生成付款单。

（4）单击"凭证"页签，"受控科目制单方式"勾选"明细到单据"，"凭证合并规则"勾选"票据号"，结果如图4-3所示。

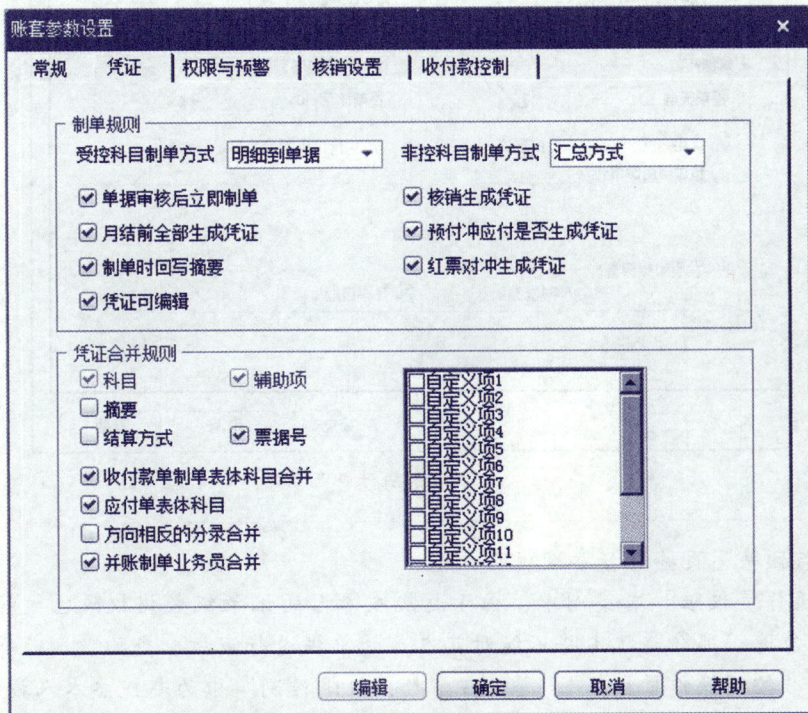

图4-3 "凭证"页签

"凭证"页签部分参数说明如下：

[受控科目制单方式] 系统提供两种受控科目制单方式：明细到供应商和明细到单据。

明细到供应商：将一个供应商的多笔业务合并生成一张凭证时，如果这些业务的控制科目相同，则系统将自动将其合并成一条分录。

明细到单据：将一个供应商的多笔业务合并生成一张凭证时，系统将每一笔业务形成一条分录。

[非控科目制单方式] 系统提供三种非控科目制单方式：明细到供应商、明细到单据和汇总方式。其中汇总方式是指将多个供应商的多笔业务合并生成一张凭证时，如果这些业务的非控制科目相同，且其所带辅助核算项目也相同，则系统将自动将其合并成一条分录。

[核销生成凭证] 若勾选此项，当核销双方的单据原入账科目不相同时，则核销后需要生成一张调增凭证。

（5）单击"权限与预警"页签，取消勾选"控制操作员权限"，"提前天数"栏输入"7"，结果如图4-4所示。

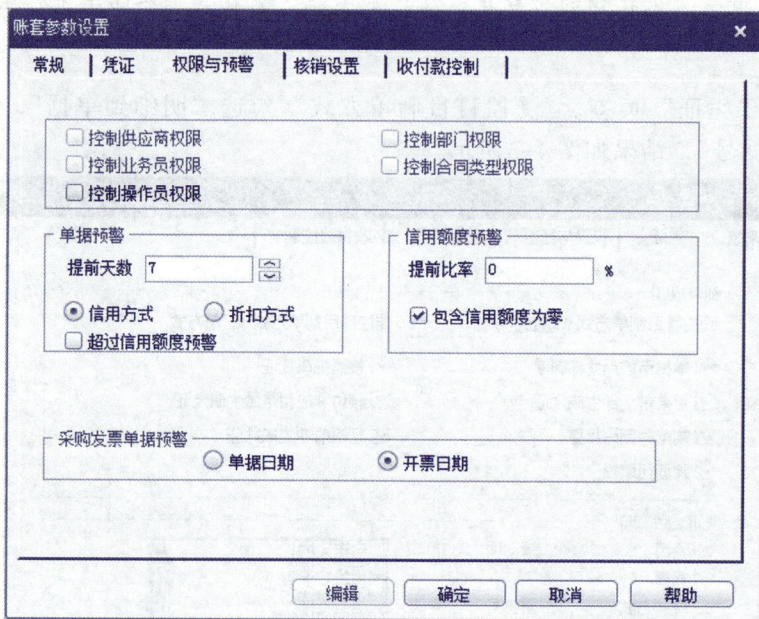

图4-4 "权限与预警"页签

"权限与预警"页签部分参数说明如下：

[控制操作员权限] 本案例中，由于赵凯杰本人的记录级数据权限已被控制，如果此处不取消勾选，那么赵凯杰将不能对其本人的单据进行审核、查询、删改等操作。如果这里勾选"控制操作员权限"，那么在"数据权限控制"中为赵凯杰本人授权也可以。

[控制供应商权限] 只有在"企业应用平台→系统服务→权限→数据权限控制设

置"中对"供应商档案"进行记录级数据权限控制时该选项才可设置，否则该选项为屏蔽状态。

［单据预警］若选择按信用方式，在使用预警平台时系统会依据该项设置将"单据到期日−提前天数≤当前注册日期"的已经审核的单据显示出来，提醒及时付款。

"核销设置"页签部分参数说明如下：

［应付款核销方式］核销，即已付款冲销应付款，系统提供两种冲销应付款的方式：按单据和按产品。按单据核销：系统将满足条件的未结算单据全部列出，根据所选择的单据进行核销。按产品核销：系统将满足条件的未结算单据全部列出，根据所选择的存货进行核销。

4.2.2　初始设置

1. 逾期账龄区间设置

【实验资料】

根据表4-2设置逾期账龄区间。

表 4-2　　　　　　　　　　逾期账龄区间（Ap_BillAge）

序号（cNum）	起止天数（cDays）	总天数（iCount）
01	1—30	30
02	31—60	60
03	61—90	90
04	91—120	120
05	121以上	

【实验过程】

（1）2023年1月1日，由赵凯杰（W02）登录企业应用平台。

（2）在U8企业应用平台，依次选择"业务工作→财务会计→应付款管理→设置→初始设置"命令，打开"初始设置"窗口。选择"逾期账龄区间设置"，根据实验资料在第1行的"总天数"栏输入30，按回车键，继续完成后续天数的录入，结果如图4-5所示。

逾期账龄区间
设置

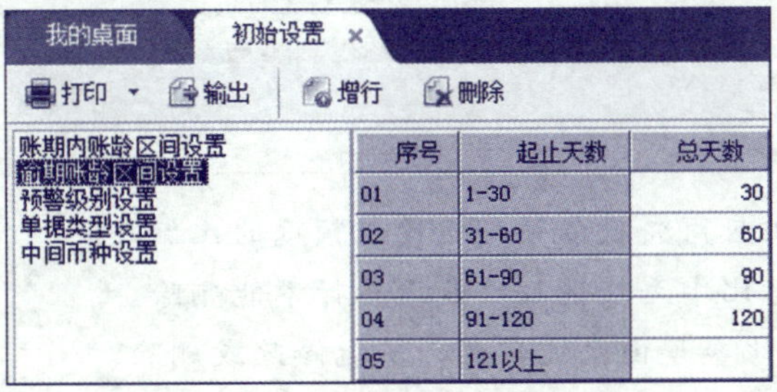

图4-5　逾期账龄区间设置

【提示】

该功能用于定义逾期应付账款或付款时间间隔，后续可进行逾期应付账款或付款的账龄查询和账龄分析。

最后一个区间不能修改或删除。

［序号］由系统生成，不能修改或删除。

［总天数］直接输入该区间的截止天数。

［起止天数］系统自动生成，无需手工输入。

2.预警级别设置

【实验资料】

根据表4-3设置预警级别。

表 4-3　预警级别（Ap_AlarmSet）

序号（cNum）	起止比率（iRate2）	总比率（iRate1）	级别名称（cClassName）
01	0—10%	10	A
02	10%—20%	20	B
03	20%—30%	30	C
04	30%—40%	40	D
05	40%—50%	50	E
06	50%以上		F

【实验过程】

（1）2023年1月1日，由赵凯杰（W02）登录企业应用平台。

（2）在U8企业应用平台，依次选择“业务工作→财务会计→应付款管理→设置→初始设置”命令，打开“初始设置”窗口。选择“预警级别设置”，根据实验资料输入第1行的“总比率”和“级别名称”，输入完毕按回车键，继续完成后续预警级别的录入，结果如图4-6所示。

预警级别设置

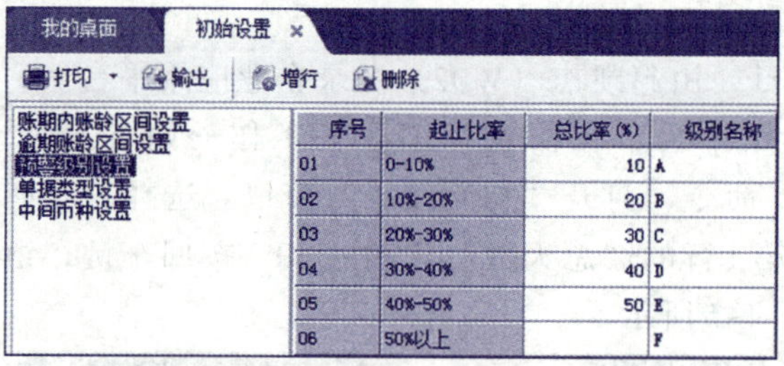

图4-6　预警级别设置

【提示】

这里的比率是指供应商欠款余额与其授信额度的比例。

最后一个级别的总比率无须输入。最后一行不能删除。

［序号］和［起止比率］由系统生成，不能修改或删除。

［级别名称］可以采用字母、编号或者能够上下对应的其他形式。

4.2.3 科目设置

──────── 【实验资料】

根据表4-4设置应付基本科目。

表4-4　　　　　　　　　　　　应付基本科目（Ap_InputCode）

基础科目种类 （cNote_f）	科目编码 （cApCode）	科目名称	币种 （cApCodeName）
应付科目	220201	应付账款/一般应付账款	人民币
预付科目	1123	预付账款	人民币
采购科目	1405	库存商品	人民币
税金科目	22210101	应交税费/应交增值税/进项税额	人民币
商业承兑科目	2201	应付票据	人民币
银行承兑科目	2201	应付票据	人民币
票据利息科目	660301	财务费用/利息支出	人民币
收支费用科目	660205	管理费用/办公费	人民币
现金折扣科目	660304	财务费用/现金折扣	人民币

根据表4-5设置结算方式科目，其中本单位账号选择"2107024015890035666"。

表4-5　　　　　　　　　　　　结算方式科目（Ap_SstyleCode）

结算方式 （cSettleStyle）	币种 （cexch_name）	科目编码 （cCode）	科目名称
现金	人民币	1001	库存现金
现金支票	人民币	10020101	银行存款/中国工商银行/沈阳皇姑支行
转账支票	人民币	10020101	银行存款/中国工商银行/沈阳皇姑支行
银行汇票	人民币	101202	其他货币资金/银行汇票
电汇	人民币	10020101	银行存款/中国工商银行/沈阳皇姑支行
信汇	人民币	10020101	银行存款/中国工商银行/沈阳皇姑支行
委托收款	人民币	10020101	银行存款/中国工商银行/沈阳皇姑支行
托收承付	人民币	10020101	银行存款/中国工商银行/沈阳皇姑支行
其他	人民币	10020101	银行存款/中国工商银行/沈阳皇姑支行

──────── 【实验过程】

（1）2023年1月1日，由赵凯杰（W02）登录企业应用平台。

（2）在U8企业应用平台，依次选择"业务工作→财务会计→应付款管理→设置→科目设置→基本科目"命令，打开"应付基本科目"窗口。单击"增行"按钮，根据实验资料设置应付基本科目，结果如图4-7所示。关闭当前窗口。

科目设置

基本科目

基本科目种类	科目	币种
应付科目	220201	人民币
预付科目	1123	人民币
采购科目	1405	人民币
税金科目	22210101	人民币
商业承兑科目	2201	人民币
银行承兑科目	2201	人民币
票据利息科目	660301	人民币
收支费用科目	660205	人民币
现金折扣科目	660304	人民币

图4-7 应付基本科目

（3）在U8企业应用平台，依次选择"业务工作→财务会计→应付款管理→设置→科目设置→结算科目"命令，打开"应付结算科目"窗口。单击"增行"按钮，根据实验资料设置应付结算科目，结果如图4-8所示。关闭当前窗口。

结算方式科目

结算方式	币种	本单位账号	科目
1 现金	人民币	2107024015890035666	1001
201 现金支票	人民币	2107024015890035666	10020101
202 转账支票	人民币	2107024015890035666	10020101
301 银行汇票	人民币	2107024015890035666	101201
401 电汇	人民币	2107024015890035666	10020101
402 信汇	人民币	2107024015890035666	10020101
5 委托收款	人民币	2107024015890035666	10020101
6 托收承付	人民币	2107024015890035666	10020101
9 其他	人民币	2107024015890035666	10020101

图4-8 应付结算科目

【提示】

"商业承兑汇票"和"银行承兑汇票"这两种结算方式的入账科目在"应付基本科目"的"商业承兑科目"和"银行承兑科目"中设置，不在"应付结算科目"中设置。

［控制科目］该功能用于进行更加详细的应付科目、预付科目等的设置。

［对方科目］该功能用于进行更加详细的采购科目、税金科目等的设置。

制单时，基本科目、控制科目、对方科目、结算方式科目的选取规则如下：单据上科目→控制科目、对方科目或结算方式科目→基本科目→手工输入科目。以采购发票制单为例，系统先判断控制科目是否设置，若设置则取该科目。同时判断对方科目是否设置，若设置则取该科目。若没有设置控制科目或对方科目，则取"基本科目设置"中设置的应付科目、采购科目和税金科目。若没有设置基本科目，则弹出记账凭证的"科目名称"栏为空，须手工输入科目。若单据上有科目，则优先使用该科目。

4.2.4 录入期初余额

━━━ **【实验资料】**

（1）根据表4-6录入应付账款期初余额，业务员张宏亮。

表4-6   应付账款期初余额

单据类型	发票号	开票日期	供应商	科目	存货编码	数量	单价	金额
采购专用发票	14035890	2022-12-15	大连博伦	220201	1202	150	3 450.00	584 775.00

（2）根据表4-7录入应付票据期初余额，承兑银行为中国工商银行，业务员张宏亮。

表4-7   应付票据期初余额

单据名称	单据类型	票据编号	收票单位	科目	票据面值	签发日期	到期日
应付票据	银行承兑汇票	63295321	北京嘉伟	2201	25 740.00	2022-10-30	2023-01-30

（3）根据表4-8录入预付账款期初余额，业务员张宏亮。

表4-8   预付账款期初余额

单据名称	单据类型	日期	供应商	结算方式	金额	票据号	科目
预付款	付款单	2022-12-29	天津惠阳	转账支票	20 000.00	10561997	1123

（4）应付系统与总账系统进行对账。

━━━ **【实验过程】**

（1）2023年1月1日，由赵凯杰（W02）登录企业应用平台。

（2）在U8企业应用平台，依次选择"业务工作→财务会计→应付款管理→期初余额→期初余额"命令，打开"期初余额-查询"对话框。单击"确定"按钮，打开"期初余额"窗口。

（3）单击工具栏的"增加"按钮，弹出"单据类别"对话框，如图4-9所示。单击"确定"按钮，打开"采购发票"窗口。

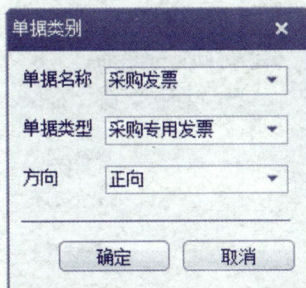

单据类别	
单据名称	采购发票 ▼
单据类型	采购专用发票 ▼
方向	正向 ▼

确定   取消

图4-9 选择单据类别

（4）单击工具栏的"增加"按钮，根据实验资料，录入表头的"发票号"、"开票日期"、"供应商"、"业务员"和"税率"等信息，其他表头信息自动带入。

录入表体的"存货编码"、"数量"和"原币单价"等信息，其他表体信息自动带入。录入完毕单击"保存"按钮，结果如图4-10所示。关闭"采购发票"窗口。

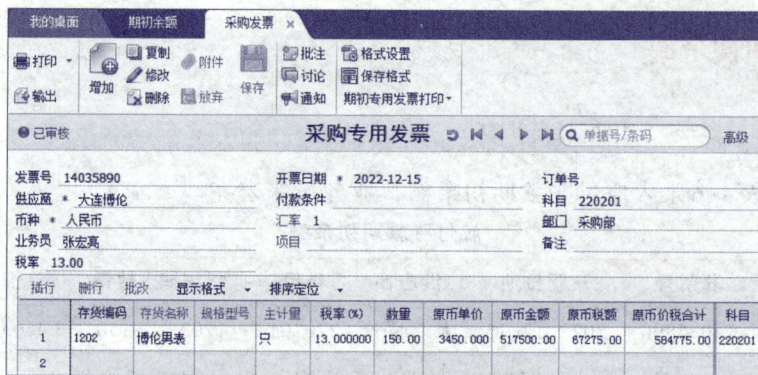

图4-10 期初采购专用发票

【提示】

期初发票是指还未核销的应付账款，已核销部分金额不显示。

期初发票中表头、表体中均可以输入科目、项目。表头、表体科目必须全为应付系统受控科目。

（5）在"期初余额"窗口，单击工具栏的"增加"按钮，在"单据类别"对话框的"单据名称"栏选择"应付票据"，如图4-11所示。单击"确定"按钮，打开"期初单据录入"窗口。单击"增加"按钮，根据资料录入期初应付票据，结果如图4-12所示，单击"保存"按钮。关闭"期初单据录入"窗口，返回"期初余额"窗口。

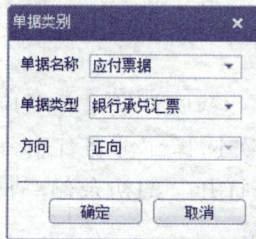

图4-11 选择单据类别

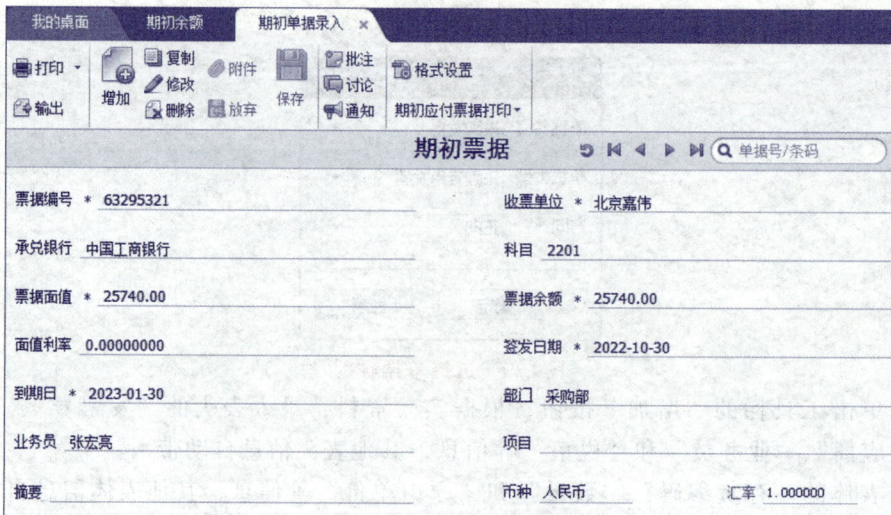

图4-12 期初应付票据

（6）在"期初余额"窗口，单击工具栏的"增加"按钮，在"单据类别"对话框的"单据名称"栏选择"预付款"。单击"确定"按钮，打开"期初单据录入"窗口。

单击"增加"按钮，根据资料录入期初预付款单，录入完毕单击工具栏的"保存"按钮，结果如图4-13所示。关闭"期初单据录入"窗口，返回"期初余额"窗口。

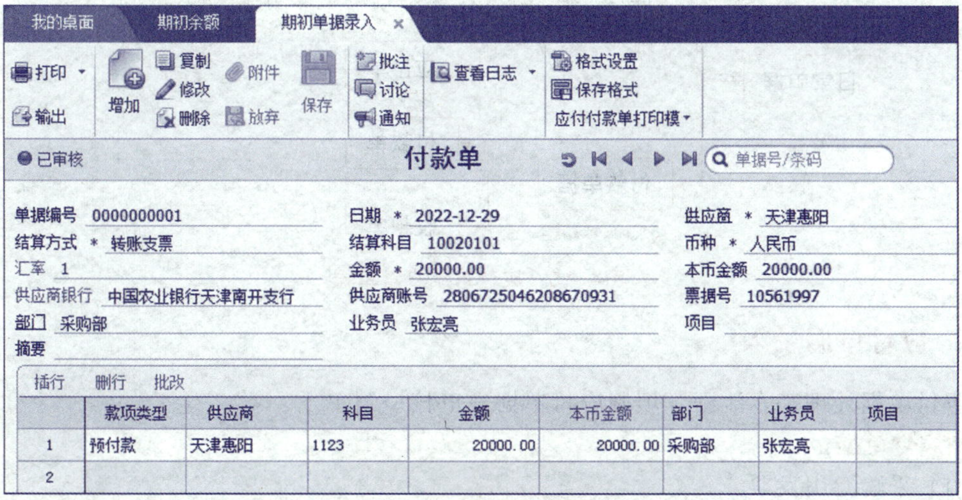

图4-13　期初预付款单

【提示】

单据日期必须小于该账套启用期间（第一年使用）或者该年度会计期初（以后年度使用）。

单据中的科目，用于输入该笔业务的入账科目，可以为空。但是，为了与总账对账相符和查询正确的科目明细账、总账，建议在录入期初单据时录入科目信息。

已进行后续处理如转账、核销等的期初单据不允许删除、修改。

第一个月结账后，期初单据不允许增、删、改、引。

（7）在"期初余额"窗口，单击工具栏的"刷新"按钮，再单击"对账"按钮，打开"期初对账"对话框，结果如图4-14所示。

科目		币种	应付期初		总账期初		差额	
编号	名称		原币	本币	原币	本币	原币	本币
1123	预付账款	人民币	-20,000.00	-20,000.00	-20,000.00	-20,000.00	0.00	0.00
2201	应付票据	人民币	25,740.00	25,740.00	25,740.00	25,740.00	0.00	0.00
220201	一般应付账款	人民币	584,775.00	584,775.00	584,775.00	584,775.00	0.00	0.00
	合计			590,515.00		590,515.00		0.00

图4-14　期初对账

4.3　日常单据处理

应付系统日常单据处理主要是对如图4-15所示的几种单据进行操作。

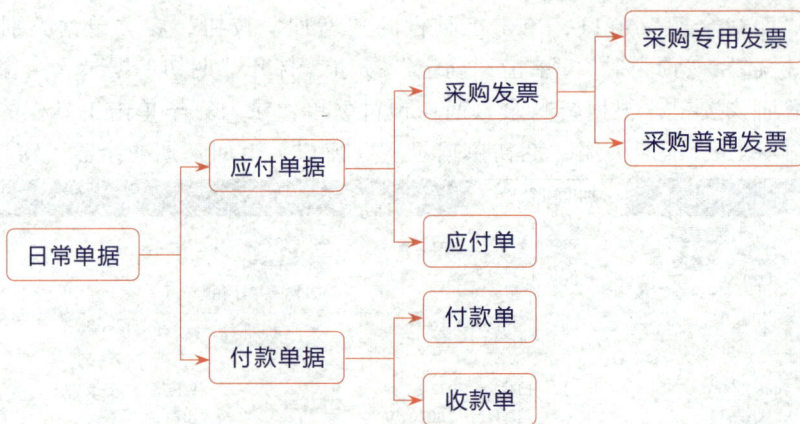

图4-15　应付系统日常单据

4.3.1　应付单据录入

应付单据处理基本流程：填制应付单据→审核→制单。

1.填制应付单据

（1）采购专用发票。

━━━━━━━━━━　【实验资料】

2023年1月2日，采购部张宏亮从北京嘉伟采购嘉伟女风衣200件，原币单价为498元，增值税税率为13%，取得增值税专用发票（发票号：50169283）。

2023年1月2日，采购部张宏亮从湖南百盛采购百盛男套装100套，原币单价为328元，增值税税率为13%，取得增值税专用发票（发票号：38120675）。合同约定的付款条件为：4/10，2/20，n/30。

2023年1月3日，采购部徐晓辉从山东顺达采购顺达女士箱包500个，原币单价为278元，增值税税率13%，取得增值税专用发票（发票号：25703689）。合同约定买方承担运费。

2023年1月3日，采购部徐晓辉向湖南百盛采购百盛男夹克300件，原币单价为318元，增值税税率为13%，取得增值税专用发票（发票号：38120679）。

━━━━━━━━━━　【实验过程】

①2023年1月2日，由赵凯杰（W02）登录企业应用平台。

②在U8企业应用平台，依次选择"业务工作→财务会计→应付款管理→应付处理→采购发票→采购专用发票录入"命令，打开"采购发票"窗口。

③单击工具栏的"增加"按钮，根据实验资料，表头录入"发票号"、"供应商"、"税率"和"业务员"等信息，表体录入"存货编码"、"数量"和"原币单价"等信息。录入完毕单击"保存"按钮，结果如图4-16所示。

④按照上述方法继续录入剩余的三张发票。其中第二张发票表头的"付款条件"栏应选择"4/10，2/20，n/30"，如图4-17所示，后两张发票建议以2023年1月3日登录企业应用平台填制。

图4-16 采购专用发票

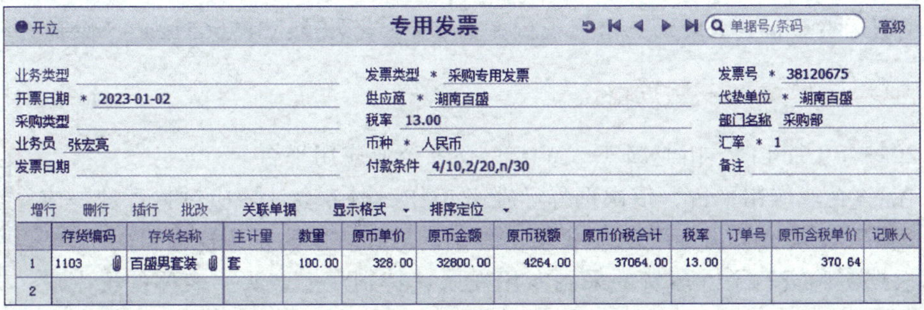

图4-17 采购专用发票

【提示】

我国现行增值税征收主要实行的是凭增值税专用发票等合法凭证注明的税款进行扣税的办法，并制定了严格的增值税专用发票管理制度。增值税专用发票由基本联次或者基本联次附加其他联次构成，分为三联版和六联版两种。三联版增值税专用发票票样如图4-18所示。

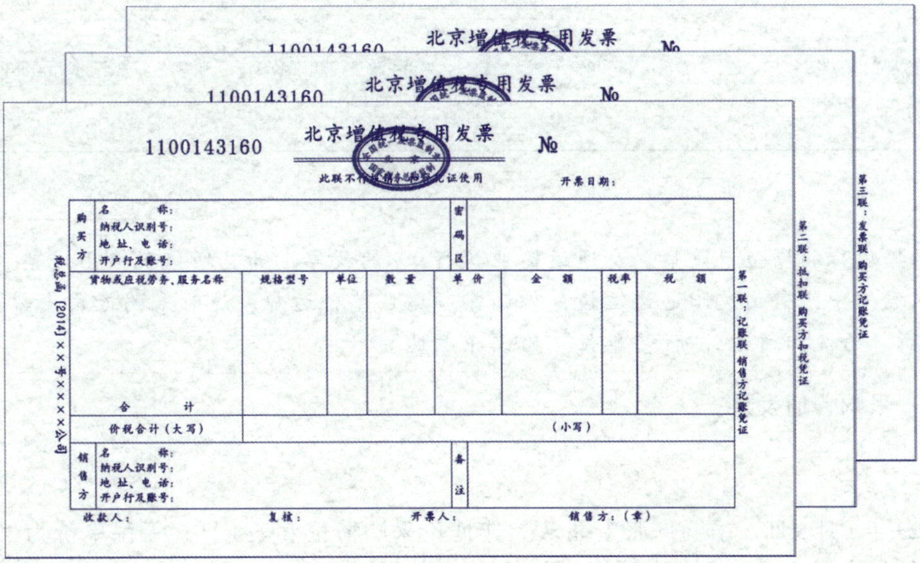

图4-18 增值税专用发票

若启用采购管理系统，则采购发票不在应付系统录入，而应在采购管理系统录入，并传递给应付系统，但须在应付系统进行审核。

　　若未启用采购管理系统，则在应付系统录入各类采购发票。

　　录入应付单据时，选择供应商后，系统自动将与供应商相关的信息全部带出。

　　若表体科目的项目大类与表头相同，则自动将表头项目带入该条表体记录的项目中。

（2）运费专用发票。

──────── 【实验资料】

　　2023年1月4日，沈阳通达提供从山东顺达采购箱包的运输劳务，取得的增值税专用发票上注明运费金额为800元，增值税税率为9%（发票号：38706512）。（徐晓辉）

──────── 【实验过程】

① 2023年1月4日，由赵凯杰（W02）登录企业应用平台。

② 在U8企业应用平台，依次选择"业务工作→财务会计→应付款管理→应付处理→采购发票→采购专用发票录入"命令，打开"采购发票"窗口。

③ 根据实验资料录入运费的采购专用发票，特别注意表头、表体的税率应均为9%。结果如图4-19所示。

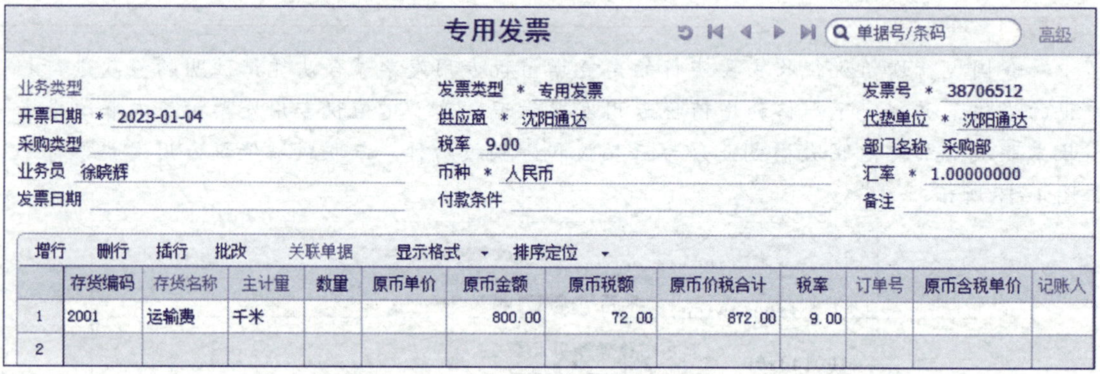

专用发票

业务类型		发票类型 * 专用发票		发票号 * 38706512
开票日期 * 2023-01-04		供应商 * 沈阳通达		代垫单位 * 沈阳通达
采购类型		税率 9.00		部门名称 采购部
业务员 徐晓辉		币种 人民币		汇率 * 1.00000000
发票日期		付款条件		备注

增行　删行　插行　批改　　关联单据　　显示格式　▼　排序定位　▼

	存货编码	存货名称	主计量	数量	原币单价	原币金额	原币税额	原币价税合计	税率	订单号	原币含税单价	记账人
1	2001	运输费	千米			800.00	72.00	872.00	9.00			
2												

图4-19　采购专用发票（运费）

【提示】────────

　　根据现行的增值税政策，交通运输业执行9%的税率，开具增值税专用发票。

　　本案例中，若由沈阳通达运输，但山东顺达已垫付运费，这时采购专用发票表头的"供应商"为沈阳通达，"代垫单位"为山东顺达。

（3）采购普通发票。

──────── 【实验资料】

　　2023年1月5日，采购部张宏亮从大连博伦采购博伦女表1只，无税单价为3 450元，增值税税率为13%，取得增值税普通发票（发票号：68159207）。

【实验过程】

① 2023年1月5日，由赵凯杰（W02）登录企业应用平台。

② 在U8企业应用平台，依次选择“业务工作→财务会计→应付款管理→应付处理→采购发票→采购普通发票录入”命令，打开“采购发票”窗口。

采购普通发票

③ 单击“增加”，根据实验资料，表头项目录入方法同专用发票。录入表体项目时，先选择存货编码，再将该行存货的“税率”改为“0”，数量正常输入，“原币金额”栏输入价税合计金额。保存后结果如图4-20所示。

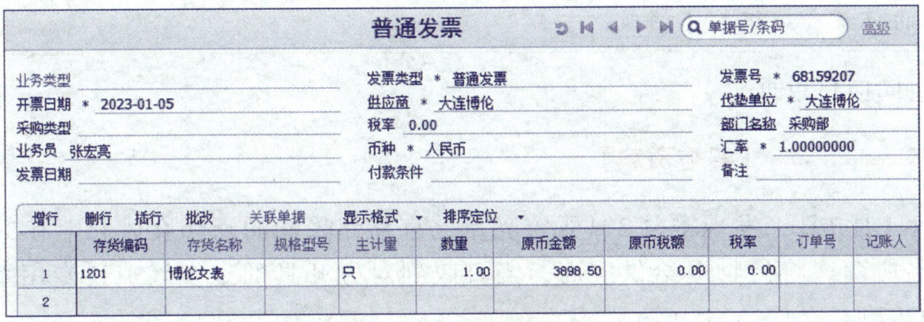
普通发票

业务类型　　发票类型 * 普通发票　　发票号 * 68159207
开票日期 * 2023-01-05　　供应商 * 大连博伦　　代垫单位 * 大连博伦
采购类型　　税率 0.00　　部门名称 采购部
业务员 张宏亮　　币种 * 人民币　　汇率 * 1.00000000
发票日期　　付款条件　　备注

	存货编码	存货名称	规格型号	主计量	数量	原币金额	原币税额	税率	订单号	记账人
1	1201	博伦文表		只	1.00	3898.50	0.00	0.00		
2										

图4-20　采购普通发票

【提示】

购货取得增值税普通发票，其增值税进项税额不得抵扣，应计入存货成本。

（4）应付单。

【实验资料】

2023年1月6日，采购部张宏亮与沈阳通达结算当月货车租赁费1 000元，款项下月支付。

【实验过程】

① 2023年1月6日，由赵凯杰（W02）登录企业应用平台。

② 在U8企业应用平台，依次选择“业务工作→财务会计→应付款管理→应付处理→应付单→应付单录入”命令，打开“应付单录入”窗口。

应付单

③ 单击“增加”，根据实验资料，表头的“供应商”选择“沈阳通达”，“金额”输入“1000”，“业务员”选择“张宏亮”。表体的“科目”栏参照选择“660205”（管理费用/办公费）。保存后结果如图4-21所示。

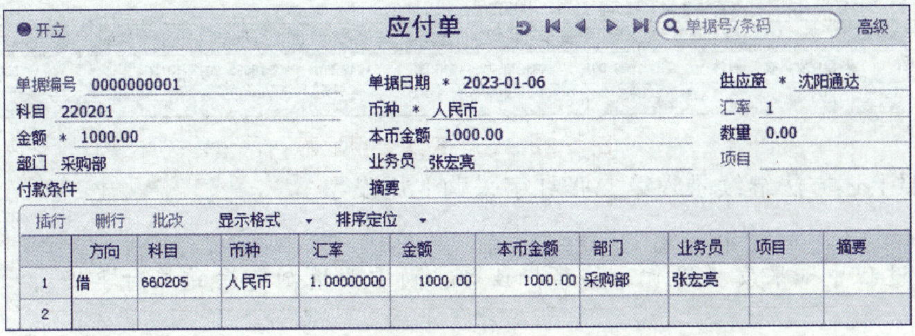
应付单

单据编号 0000000001　　单据日期 * 2023-01-06　　供应商 * 沈阳通达
科目 220201　　币种 * 人民币　　汇率 1
金额 * 1000.00　　本币金额 1000.00　　数量 0.00
部门 采购部　　业务员 张宏亮　　项目
付款条件　　摘要

	方向	科目	币种	汇率	金额	本币金额	部门	业务员	项目	摘要
1	借	660205	人民币	1.00000000	1000.00	1000.00	采购部	张宏亮		
2										

图4-21　应付单

【提示】

无论是否启用采购管理系统，非采购业务形成的应付账款均通过应付单处理。若启用销售管理系统，则销售费用支出单的“单据流向”可以是其他应付单。

应付单实质上是一张记账凭证，表头反映贷方信息，表体反映借方信息，如下所示：

借：××××（表体项目中的“科目”）

　　贷：应付系统受控科目（表头项目中的“科目”，必须是受控科目）

应付单表体信息可以不输入，若不输入保存单据时系统会自动形成一条方向相反、金额相等的记录，该记录可修改。

（5）负向应付单据。

【实验资料】

2023年1月7日，发现本月2日张宏亮从北京嘉伟采购的嘉伟女风衣中有30件发生质量问题，经协商，将货物退给供应商，当日收到对方开具的红字增值税专用发票（发票号：50169287）。

2023年1月7日，发现上月28日徐晓辉从上海亿达采购的百盛休闲裤中有60件发生质量问题，单价268元。经协商，将货物退给供应商，当日收到对方开具的红字增值税专用发票（发票号：15602109）。

【实验过程】

①2023年1月7日，由赵凯杰（W02）登录企业应用平台。

负向应付单据

②在U8企业应用平台，依次选择“业务工作→财务会计→应付款管理→应付处理→采购发票→红字采购专用发票录入”命令，打开“采购发票”窗口。

③单击“增加”，根据实验资料填制红字采购专用发票。除表体数量须填列负数外，其他信息的录入与正向的专用发票相同。保存后结果如图4-22所示。

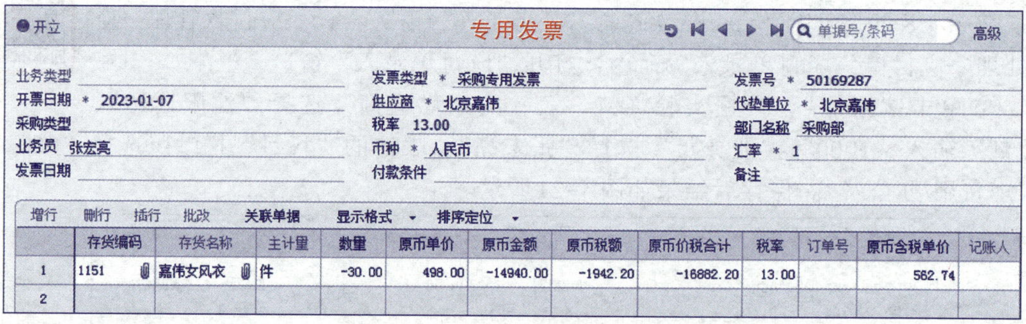

图4-22　红字采购专用发票

④按照上述方法继续录入第二张红字采购专用发票。

【提示】

采购过程中如果发生退货、销售折让等，则需要填制负向的应付单据。

2.修改应付单据

【实验资料】

2023年1月8日，假定本月2日填制的从湖南百盛采购百盛男套装的"38120675"号采购专用发票中原币单价有误，应为320元，对其进行修改。

【实验过程】

① 2023年1月8日，由赵凯杰（W02）登录企业应用平台。

② 在U8企业应用平台，依次选择"业务工作→财务会计→应付款管理→应付处理→采购发票→采购专用发票录入"命令，打开"采购发票"窗口。

③ 单击窗口右上角的"高级"按钮，打开"单据定位条件"对话框，在"单据编号"栏输入"38120675"，如图4-23所示。单击"确定"找到该发票。单击"修改"按钮，将表体中"单价"改为"320"后保存该发票。

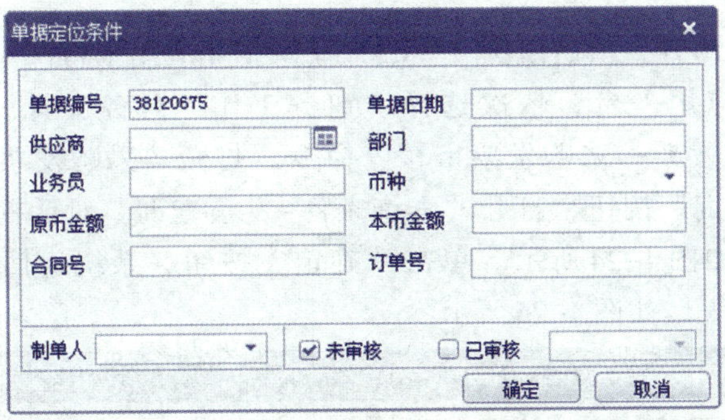

修改应付单据

图4-23 单据定位条件

【提示】

通过点击"◀"（上张）、"▶"（下张）、"◀◀"（首张）和"▶▶"（末张）四个按钮也可查找单据。

在未启用采购管理系统的情况下，若发现采购发票错误，则在应付系统进行修改。单据名称、单据类型不可修改。

3.删除应付单据

【实验资料】

2023年1月9日，假定本月3日填制的从湖南百盛采购百盛男夹克的"38120679"号采购专用发票填制错误，要求将其删除。

【实验过程】

① 2023年1月9日，由赵凯杰（W02）登录企业应用平台。

② 在U8企业应用平台，依次选择"业务工作→财务会计→应付款管理→应付处理→采购发票→采购专用发票录入"命令，打开"采购发票"窗口。

③ 单击窗口右上角的"高级"按钮，打开"单据定位条件"对话框，在

删除应付单据

"单据编号"栏输入"38120679"，单击"确定"找到该发票。单击"删除"按钮，弹出"单据删除后不能恢复，是否继续?"提示框，单击"是"，将该发票删除。

【提示】

如果采购发票已做过后续处理，如审核、制单、核销、转账等，则该发票不能修改或删除。但是，系统对所有的处理都提供了逆向操作功能，通过逆向操作把后续处理全部取消，此时发票即可修改或删除。

4.3.2 应付单据审核

【实验资料】

2023年1月10日，将本月的采购发票和应付单全部审核。

【实验过程】

（1）2023年1月10日，由赵凯杰（W02）登录企业应用平台。

（2）在U8企业应用平台，依次选择"业务工作→财务会计→应付款管理→应付处理→采购发票→采购发票审核"命令，打开"采购发票审核"窗口。单击窗口上方工具栏的"查询"按钮，打开"查询条件-发票查询"对话框，将"结算状态"修改为"未结算完"，如图4-24所示。单击"确定"按钮，系统返回"采购发票审核"窗口，显示采购发票列表，如图4-25所示。

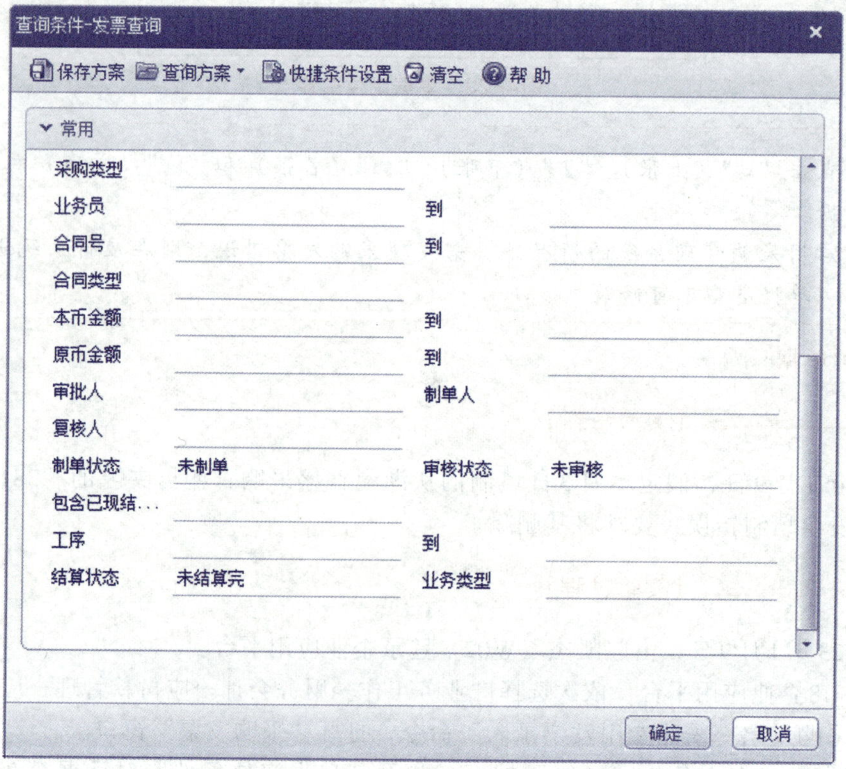

图4-24 "查询条件-发票查询"对话框

采购发票列表

序号	□	审核人	单据日期	单据类型	单据号	供应商名称	部门	业务员	制单人	币种	原币金额	本币金额	备注
1	□		2023-01-02	采购专用发票	38120675	湖南百盛服装有限公司	采购部	张宏亮	赵凯杰	人民币	36,160.00	36,160.00	
2	□		2023-01-02	采购专用发票	50169283	北京嘉伟服装有限公司	采购部	张宏亮	赵凯杰	人民币	112,548.00	112,548.00	
3	□		2023-01-03	采购专用发票	25703689	山东顺达皮具有限公司	采购部	徐晓辉	赵凯杰	人民币	157,070.00	157,070.00	
4	□		2023-01-04	采购专用发票	38706512	沈阳通达物流有限公司	采购部	徐晓辉	赵凯杰	人民币	872.00	872.00	
5	□		2023-01-05	采购普通发票	68159207	大连博伦表业有限公司	采购部	张宏亮	赵凯杰	人民币	3,898.50	3,898.50	
6	□		2023-01-07	采购专用发票	15602109	上海亿达商贸有限公司	采购部	徐晓辉	赵凯杰	人民币	-18,170.40	-18,170.40	
7	□		2023-01-07	采购专用发票	50169287	北京嘉伟服装有限公司	采购部	张宏亮	赵凯杰	人民币	-16,882.20	-16,882.20	
8	小计										275,495.90	275,495.90	
9	合计										275,495.90	275,495.90	

图4-25　采购发票列表

（3）单击"序号"右侧的"□"，选中全部待审核发票，单击工具栏的"审核"按钮，弹出如图4-26所示的提示框，单击"确定"按钮，此时每张单据左侧的"审核人"栏均显示"赵凯杰"，完成审核工作。

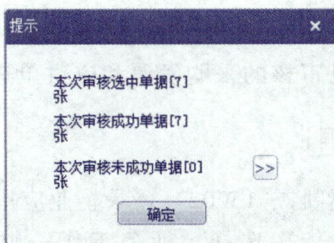

图4-26　审核结果

（4）在U8企业应用平台，依次选择"业务工作→财务会计→应付款管理→应付处理→应付单→应付单审核"命令，打开"应付单审核"窗口。单击窗口左下角的"查询"按钮，显示应付单列表，如图4-27所示。单击"序号"右侧的"□"，选中全部待审核应付单，单击工具栏的"审核"按钮，系统提示成功审核1张应付单。关闭当前窗口。

应付单列表

序号	□	审核人	单据日期	单据类型	单据号	供应商名称	部门	业务员	制单人	币种	原币金额	本币金额	备注
1	□		2023-01-06	其他应付单	0000000001	沈阳通达物流有限公司	采购部	张宏亮	赵凯杰	人民币	1,000.00	1,000.00	
2	小计										1,000.00	1,000.00	
3	合计										1,000.00	1,000.00	

图4-27　应付单列表

【提示】

［审核日期］主要决定应付单据的入账日期，依据系统参数而定，详见知识点"4.2.1　选项设置"。

［审核人］单据审核后，系统自动将当前操作员填列审核人。

系统提供两种审核方式：批量审核、单张审核。

［批量审核］本案例所演示的即为批量审核方式。

［单张审核］在图4-25的采购发票列表界面，或者在图4-27的应付单列表界面，选中需要审核的记录，点击工具栏的"单据"按钮（或直接双击那一行单据记录），显示该单据，点击"审核"按钮将该单据审核。

审核有三个含义：①对单据输入的正确与否进行审查；②确认应付账款；③对应付单据进行记账。

在本系统中，采购发票和应付单的处理都基于该发票或应付单已经审核的基础上。

在采购管理系统录入的发票也在应付系统审核入账。

取消审核将清空审核人和审核日期，回到未记账状态，此时，可对该应付单据进行修改或删除。

已经做过后续处理（如核销、转账、汇兑损益等）的单据不能进行弃审处理。

已审核的应付单据不允许修改或删除。

不能在已结账月份中进行审核处理或弃审处理。

4.3.3　生成凭证

【实验资料】

2023年1月11日，将本月已审核的采购发票和应付单进行制单处理。

【实验过程】

（1）2023年1月11日，由赵凯杰（W02）登录企业应用平台。

（2）在U8企业应用平台，依次选择"业务工作→财务会计→应付款管理→凭证处理→生成凭证"命令，打开"制单查询"对话框，系统默认已勾选"发票"，再勾选"应付单"，如图4-28所示。单击"确定"按钮，打开"生成凭证"窗口，显示应付列表，如图4-29所示。

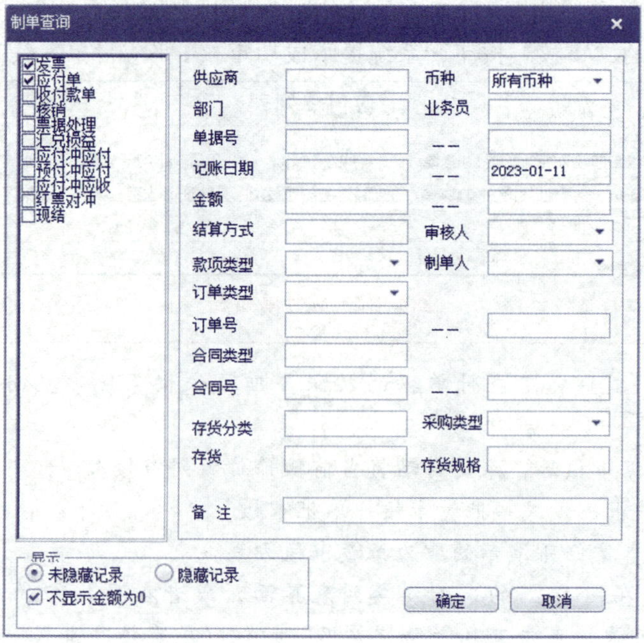

生成凭证

图4-28　制单查询

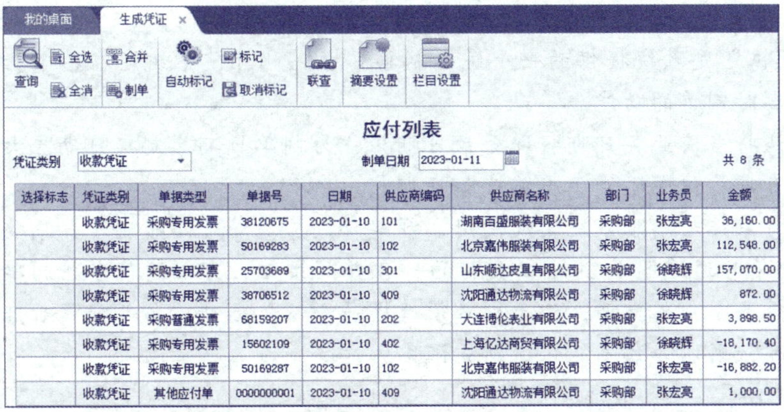

我的桌面 生成凭证 ×

查询 全选 全消 合并 制单 自动标记 标记 取消标记 联查 摘要设置 栏目设置

应付列表

凭证类别 收款凭证 制单日期 2023-01-11 共 8 条

选择标志	凭证类别	单据类型	单据号	日期	供应商编码	供应商名称	部门	业务员	金额
	收款凭证	采购专用发票	38120675	2023-01-10	101	湖南百盛服装有限公司	采购部	张宏亮	36,160.00
	收款凭证	采购专用发票	50169283	2023-01-10	102	北京嘉伟服装有限公司	采购部	张宏亮	112,548.00
	收款凭证	采购专用发票	25703689	2023-01-10	301	山东顺达皮具有限公司	采购部	徐晓辉	157,070.00
	收款凭证	采购专用发票	38706512	2023-01-10	409	沈阳通达物流有限公司	采购部	徐晓辉	872.00
	收款凭证	采购普通发票	68159207	2023-01-10	202	大连博伦表业有限公司	采购部	张宏亮	3,898.50
	收款凭证	采购专用发票	15602109	2023-01-10	402	上海亿达商贸有限公司	采购部	徐晓辉	-18,170.40
	收款凭证	采购专用发票	50169287	2023-01-10	102	北京嘉伟服装有限公司	采购部	张宏亮	-16,882.20
	收款凭证	其他应付单	0000000001	2023-01-10	409	沈阳通达物流有限公司	采购部	张宏亮	1,000.00

图4-29 应付列表

（3）在“凭证类别”下拉框中选择“转账凭证”。(也可在凭证中修改该类别）

（4）单击工具栏的“全选”按钮，选择要进行制单的单据，此时“选择标志”栏自动生成数字序号，如图4-30所示。

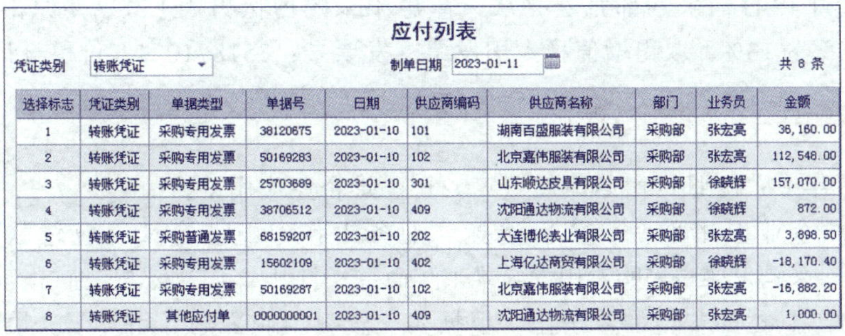

应付列表

凭证类别 转账凭证 制单日期 2023-01-11 共 8 条

选择标志	凭证类别	单据类型	单据号	日期	供应商编码	供应商名称	部门	业务员	金额
1	转账凭证	采购专用发票	38120675	2023-01-10	101	湖南百盛服装有限公司	采购部	张宏亮	36,160.00
2	转账凭证	采购专用发票	50169283	2023-01-10	102	北京嘉伟服装有限公司	采购部	张宏亮	112,548.00
3	转账凭证	采购专用发票	25703689	2023-01-10	301	山东顺达皮具有限公司	采购部	徐晓辉	157,070.00
4	转账凭证	采购专用发票	38706512	2023-01-10	409	沈阳通达物流有限公司	采购部	徐晓辉	872.00
5	转账凭证	采购普通发票	68159207	2023-01-10	202	大连博伦表业有限公司	采购部	张宏亮	3,898.50
6	转账凭证	采购专用发票	15602109	2023-01-10	402	上海亿达商贸有限公司	采购部	徐晓辉	-18,170.40
7	转账凭证	采购专用发票	50169287	2023-01-10	102	北京嘉伟服装有限公司	采购部	张宏亮	-16,882.20
8	转账凭证	其他应付单	0000000001	2023-01-10	409	沈阳通达物流有限公司	采购部	张宏亮	1,000.00

图4-30 应付列表

（5）点击工具栏的“制单”按钮，进入“填制凭证”界面，单击“保存”按钮，保存当前记账凭证并将其传递到总账系统，如图4-31所示。单击“▶”（下张）后再单击“保存”将后续7张凭证逐一保存。或者直接单击“批量保存凭证”按钮，一次性将全部凭证保存。

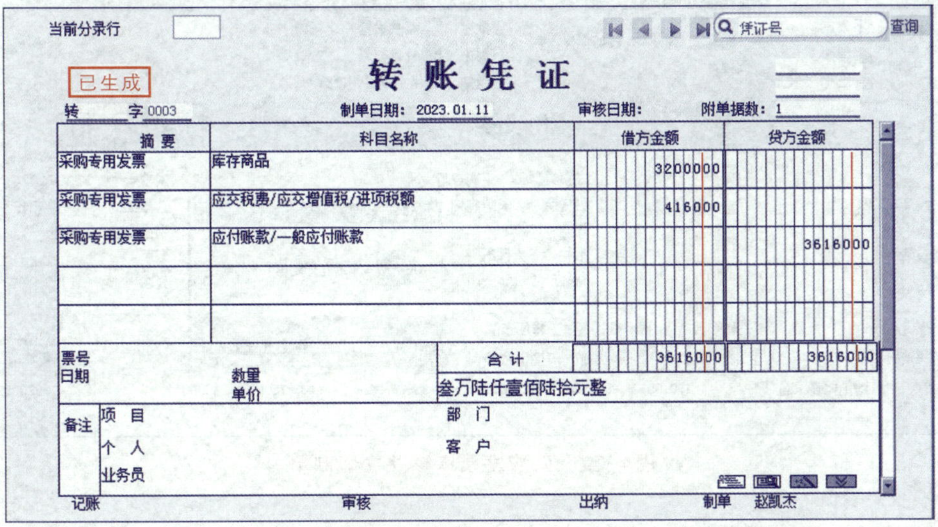

图4-31 记账凭证

"生成凭证"是系统提供的一个统一制单平台。此外，系统还在各个业务处理的过程中提供了实时制单的功能。

系统默认将当前业务日期（即登录日期）作为制单日期。制单日期应大于等于所选单据的最大日期，但小于等于当前业务日期。

如果应付系统与总账系统集成使用，制单日期应该满足总账制单日期要求。

［合并制单］通过图4-29中工具栏的"合并"按钮，可以进行合并制单。合并制单一次可以选择多个制单类型，但至少必须选择一个制单类型。合并分录后若出现本币金额为零的情况，则该分录不能传递到凭证中去。

4.3.4　应付单据一体化处理

【实验资料】

2023年1月12日，采购部张宏亮从天津惠阳采购博伦男表150只，原币单价为2 850元，增值税税率为13%，取得增值税专用发票（发票号：35187102），价税合计483 075元。

【实验过程】

（1）2023年1月12日，由赵凯杰（W02）登录企业应用平台。

（2）在U8企业应用平台，依次选择"业务工作→财务会计→应付款管理→应付处理→采购发票→采购专用发票录入"命令，打开"采购发票"窗口。

（3）单击工具栏的"增加"按钮，根据实验资料填制采购专用发票。填制完毕单击"保存"按钮保存该发票。单击工具栏的"审核"按钮，系统提示"是否立即制单？"，如图4-32所示。单击"是"，进入"填制凭证"界面，单击"保存"按钮保存该记账凭证，如图4-33所示。

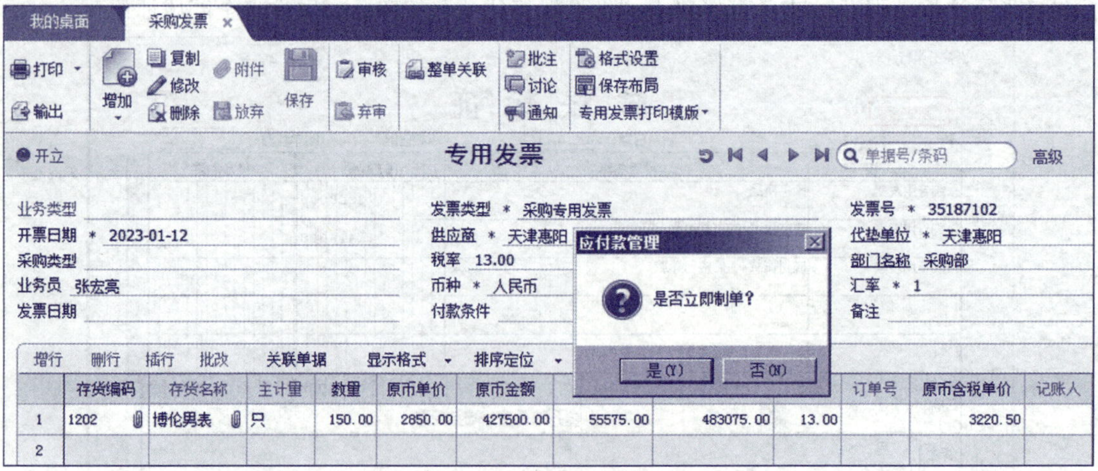

图4-32　采购发票审核并立即制单

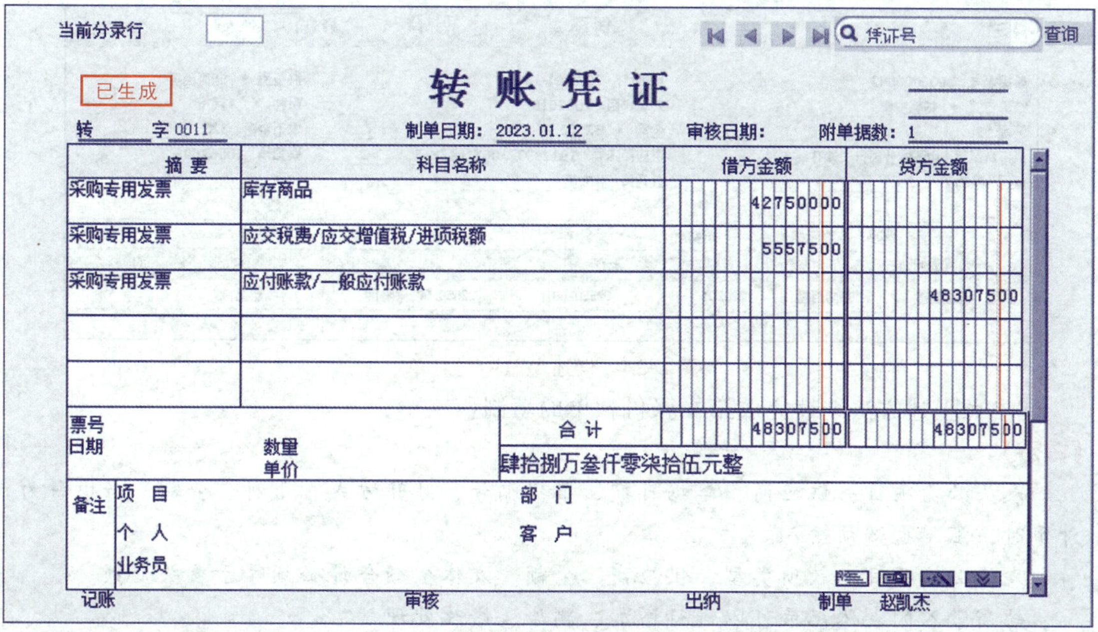

图4-33　记账凭证

4.3.5　付款单据录入

付款单据处理基本流程：填制付款单据→审核→核销→制单。

1.填制付款单

（1）偿还前欠货款的付款单。

━━━━━━━━━━【实验资料】━━━━━━━━━━

2023年1月13日，经采购部张宏亮申请，以转账支票（票据号：10562001）向湖南百盛支付本月2日货款32 550元。

2023年1月13日，经采购部张宏亮申请，以转账支票（票据号：10562002）向大连博伦支付本月5日货款3 898.5元。

━━━━━━━━━━【实验过程】━━━━━━━━━━

①2023年1月13日，由赵凯杰（W02）登录企业应用平台。

②在U8企业应用平台，依次选择"业务工作→财务会计→应付款管理→付款处理→付款单据录入"命令，打开"付款单据录入"窗口。

③单击工具栏的"增加"按钮，根据实验资料，表头录入"日期"、"供应商"、"结算方式"、"金额"、"票据号"和"业务员"等信息。录入完毕单击"保存"按钮，结果如图4-34所示。

偿还前欠货款
的付款单

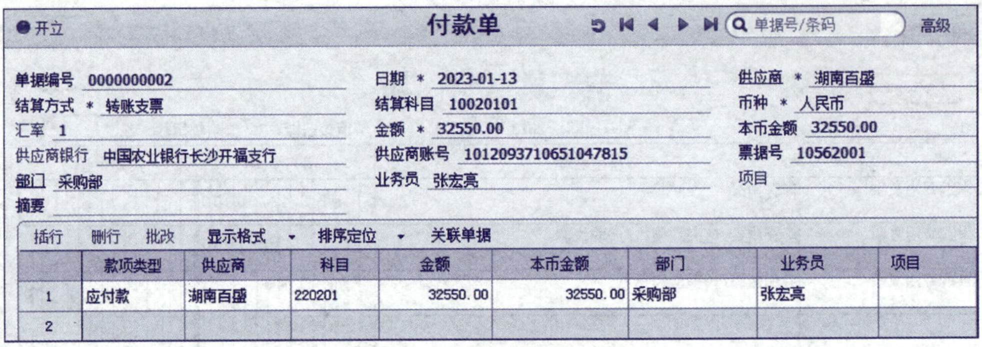

图4-34　偿还欠款的付款单

④参照上述方法继续完成第二张付款单的填制。

【提示】

表头必输项目：供应商、单据日期、单据编号、结算方式、币种、金额，当币种为外币时，汇率也必须输入。

表体必输项目：款项类型、供应商、金额。表体金额合计必须等于表头金额。

缺省带入的表体记录可以进行增加、删除、修改处理。

如果启用了付款申请业务，则点击工具栏的"生单"按钮可参照生成付款单。

[款项类型]系统提供三种款项类型来区分不同的款项用途：应付款、预付款、其他费用。不同的款项类型后续业务处理不尽相同。若一张付款单具有不同的用途款项，应在表体分行处理。

a.应付款。该类型的付款单用于冲销应付账款，表体对应的科目为受控科目。

b.预付款。该类型的付款单用于形成预付账款，表体对应的科目为受控科目。

c.其他费用。该类型的付款单表体对应的科目为非受控科目。

只有应付款和预付款性质的付款单才能与采购发票、应付单进行核销勾对。

[代付款]若付款单表头供应商与表体供应商不同，则表体记录所在的款项为代付款。在核销时，代付款的供应商的记录只能与其本身的应付款核销。

（2）预付货款的付款单。

【实验资料】

2023年1月14日，经采购部张宏亮申请，以转账支票（票据号：10562003）预付上海恒久货款70 000元。

【实验过程】

① 2023年1月14日，由赵凯杰（W02）登录企业应用平台。

② 在U8企业应用平台，依次选择"业务工作→财务会计→应付款管理→付款处理→付款单据录入"命令，打开"付款单据录入"窗口。

③ 单击工具栏的"增加"按钮，根据实验资料，表头录入"供应商"、"结算方式"、"金额"、"票据号"和"业务员"等信息。表头录入完毕将表体第1行的"款项类型"单元格选择为"预付款"，单击"保存"按钮，结果如图4-35所示。

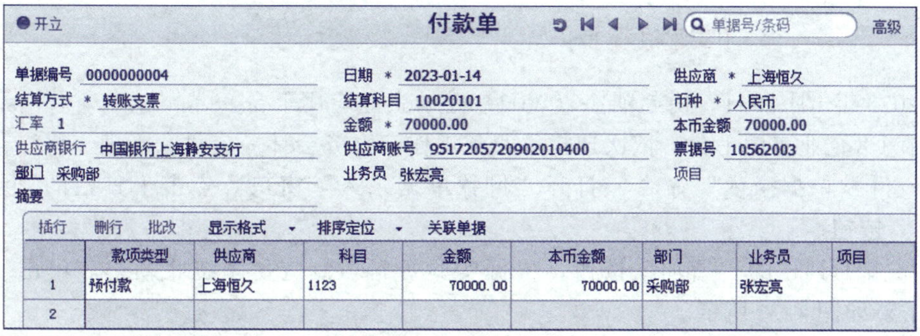

图4-35　预付货款的付款单

（3）虚拟付款单。

━━━━　【实验资料】

2023年1月15日，经采购部张宏亮与大连博伦协商，对方同意减免上月15日所欠货款775元。

━━━━　【实验过程】

① 2023年1月15日，由赵凯杰（W02）登录企业应用平台。

② 在U8企业应用平台，依次选择"业务工作→财务会计→应付款管理→付款处理→付款单据录入"命令，打开"付款单据录入"窗口。

③ 单击工具栏的"增加"按钮，根据实验资料，表头"供应商"选择"大连博伦"，"结算方式"选择"其他"，"结算科目"修改为"6111"（投资收益），"金额"输入"775"，"业务员"选择"张宏亮"。单击"保存"按钮，结果如图4-36所示。

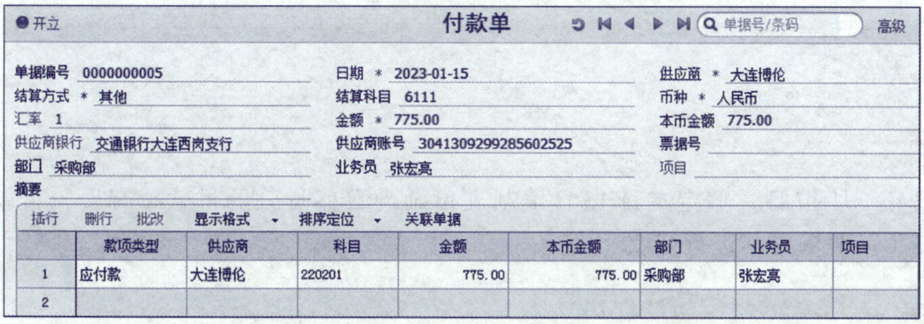

图4-36　虚拟付款单

【提示】

所谓虚拟付款单，是指表头"结算方式"栏为"其他"、"结算科目"栏为非银行科目的付款单。

（4）收款单。

━━━━　【实验资料】

2023年1月16日，收到上海亿达的退货款18 170.4元，电汇（票据号：65280617）。（徐晓辉）

① 2023年1月16日，由赵凯杰（W02）登录企业应用平台。

② 在U8企业应用平台，依次选择"业务工作→财务会计→应付款管理→付款处理→付款单据录入"命令，打开"付款单据录入"窗口。点击工具栏的"收款单"按钮。

③ 单击工具栏的"增加"按钮，根据实验资料填制应付系统收款单。单击"保存"按钮，结果如图4-37所示。

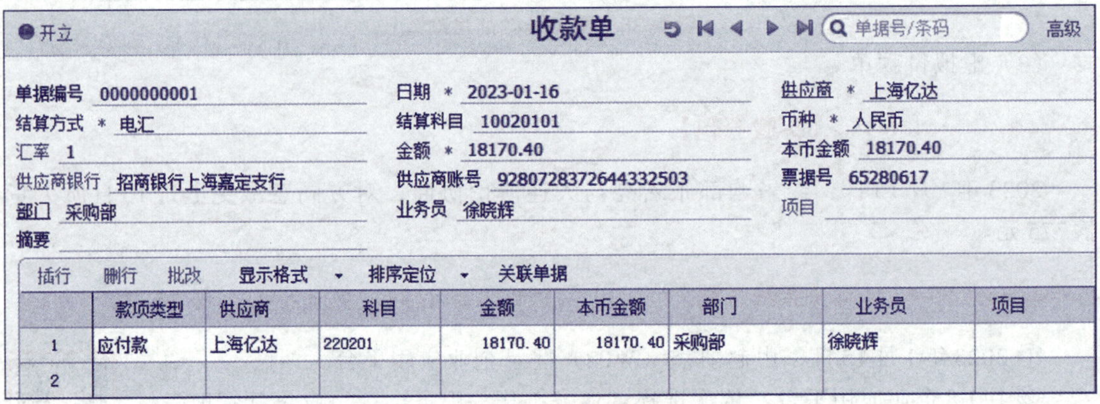

● 开立			收款单	↺ ⏮ ◀ ▶ ⏭	Q 单据号/条码		高级

单据编号 0000000001		日期 * 2023-01-16	供应商 * 上海亿达
结算方式 * 电汇		结算科目 10020101	币种 人民币
汇率 1		金额 * 18170.40	本币金额 18170.40
供应商银行 招商银行上海嘉定支行		供应商账号 9280728372644332503	票据号 65280617
部门 采购部		业务员 徐晓辉	项目
摘要			

插行	删行	批改	显示格式 ▼	排序定位 ▼	关联单据			
	款项类型	供应商	科目	金额	本币金额	部门	业务员	项目
1	应付款	上海亿达	220201	18170.40	18170.40	采购部	徐晓辉	
2								

图4-37　应付系统收款单

【提示】

应付、预付用途的收款单可与应付、预付用途的付款单进行"红票对冲"操作。

应付、预付用途的收款单可与应付、预付用途的付款单或红字应付单据进行核销操作。

2.修改付款单

【实验资料】

2023年1月17日，假定本月13日填制支付湖南百盛货款的付款单有误，付款金额应为35 520元，要求对其进行修改。

【实验过程】

① 2023年1月17日，由赵凯杰（W02）登录企业应用平台。

② 在U8企业应用平台，依次选择"业务工作→财务会计→应付款管理→付款处理→付款单据录入"命令，打开"付款单据录入"窗口。

③ 单击窗口右上角的"高级"按钮，打开"收付款单定位条件"对话框，在"供应商"栏参照选择"湖南百盛"（即101），如图4-38所示，单击"确定"找到该付款单。单击"修改"按钮，将表头、表体中的"金额"栏均改为"35520"。保存该付款单，结果如图4-39所示。

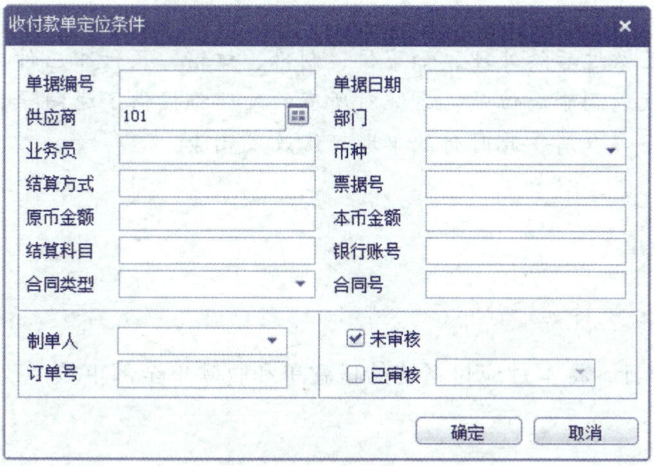

图4-38　收付款单定位条件

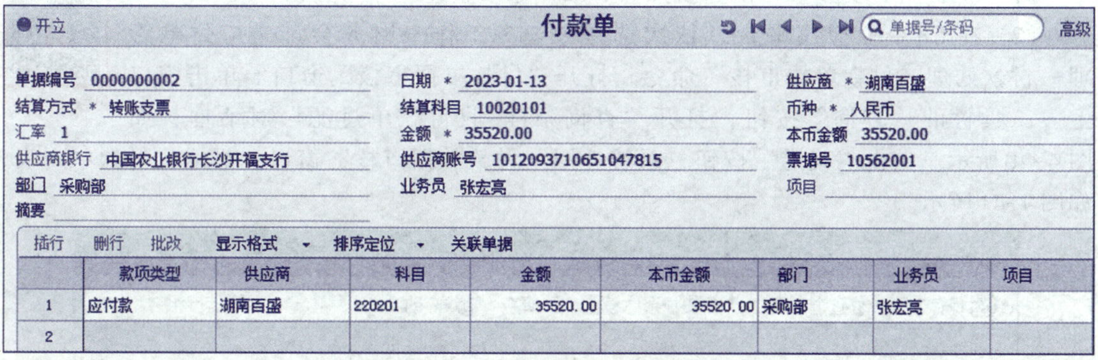

图4-39　修改后的付款单

【提示】

通过点击"◀"（上张）、"▶"（下张）、"◀◀"（首张）和"▶▶"（末张）四个按钮也可查找单据。

3.删除付款单

━━━━━ 【实验资料】

2023年1月18日，假定本月13日填制支付大连博伦货款3 898.5元的付款单有误，要求删除该付款单。

━━━━━ 【实验过程】

① 2023年1月18日，由赵凯杰（W02）登录企业应用平台。

② 在U8企业应用平台，依次选择"业务工作→财务会计→应付款管理→付款处理→付款单据录入"命令，打开"付款单据录入"窗口。

③ 单击窗口右上角的"高级"按钮，打开"收付款单定位条件"对话框，在"供应商"栏参照选择"大连博伦"，单击"确定"找到该付款单。单击"删除"按钮，弹出"单据删除后不能恢复，是否继续？"提示框，单击"是"，将该付款单删除。

删除付款单

如果付款单已做过后续处理，如审核、制单、核销、预付冲应付、红票对冲等，则该付款单不能修改或删除。但是，系统对所有的处理都提供了逆向操作功能，通过逆向操作把后续处理全部取消，此时付款单即可修改或删除。

4.3.6 付款单据审核

【实验资料】

2023年1月19日，将本月应付系统的付款单和收款单全部审核。

【实验过程】

（1）2023年1月19日，由赵凯杰（W02）登录企业应用平台。

（2）在U8企业应用平台，依次选择"业务工作→财务会计→应付款管理→付款处理→付款单据审核"命令，打开"付款单据审核"窗口。单击窗口上方工具栏的"查询"按钮，打开"查询条件-收付款单过滤"对话框，如图4-40所示。单击"确定"按钮，系统返回"付款单据审核"窗口，显示收付款单列表，如图4-41所示。

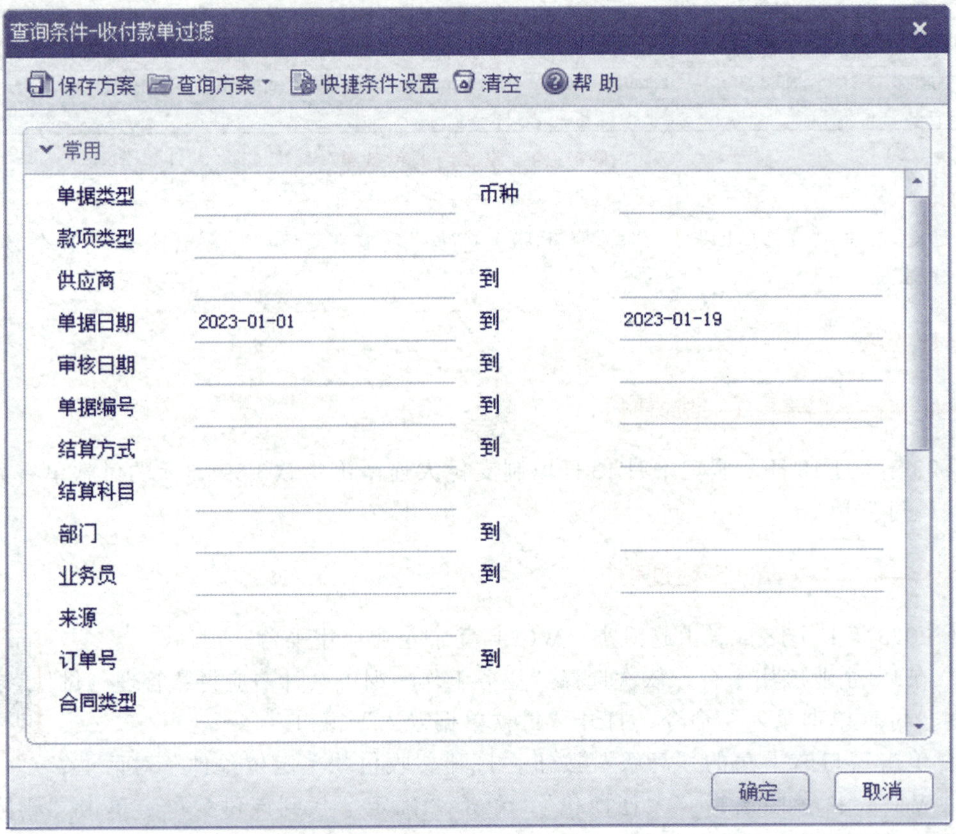

付款单据审核

图4-40 "查询条件-收付款单过滤"对话框

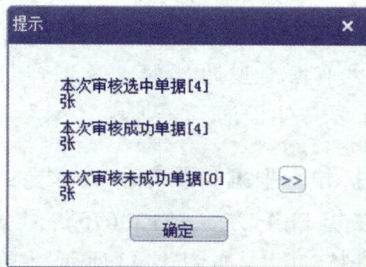

收付款单列表

序号	□	审核人	单据日期	单据类型	单据编号	供应商	部门	业务员	结算方式	票据号	币种	原币金额	本币金额	备注
1	□		2023-01-13	付款单	0000000002	湖南百盛服装有限公司	采购部	张宏亮	转账支票	10562001	人民币	35,520.00	35,520.00	
2	□		2023-01-14	付款单	0000000004	上海恒久表业有限公司	采购部	张宏亮	转账支票	10562003	人民币	70,000.00	70,000.00	
3	□		2023-01-15	付款单	0000000005	大连博伦表业有限公司	采购部	张宏亮	其他		人民币	775.00	775.00	
4	□		2023-01-16	收款单	0000000001	上海亿达商贸有限公司	采购部	徐晓辉	电汇	65280617	人民币	-18,170.40	-18,170.40	
5	小计												88,124.60	88,124.60	
6	合计												88,124.60	88,124.60	

图4-41　收付款单列表

（3）单击"序号"右侧的"□"，选中全部待审核单据，单击工具栏的"审核"按钮，弹出如图4-42所示的提示框，单击"确定"按钮，完成审核工作。关闭当前窗口。

图4-42　审核结果

【提示】

付款单的审核即对付款单据进行记账，并在单据上填上审核日期、审核人的过程。系统将单据日期作为审核日期，将当前操作员作为审核人。系统提供两种审核方式：批量审核、单张审核。具体操作方法参考应付单据的两种审核方式，详见知识点"4.3.2　应付单据审核"。不能在已结账月份中进行审核或弃审处理。

4.3.7　核销处理

【实验资料】

2023年1月20日，对湖南百盛、大连博伦、上海亿达本月发生的采购业务进行核销处理。

【实验过程】

（1）2023年1月20日，由赵凯杰（W02）登录企业应用平台。

（2）在U8企业应用平台，依次选择"业务工作→财务会计→应付款管理→核销处理→手工核销"命令，打开"核销条件"对话框，在"供应商"栏参照选择"湖南百盛"，如图4-43所示。单击"确定"按钮，打开"手工核销"窗口。

核销处理

图4-43 核销条件

【提示】

　　若"收付款单"页签的"单据类型"选择"付款单",被核销单据列表中可以显示:蓝字发票、蓝字其他应付单、收款单。

　　若"收付款单"页签的"单据类型"选择"收款单",被核销单据列表中可以显示:红字发票、红字其他应付单、付款单。

　　(3)该笔采购业务有现金折扣,根据付款条件应享受2%的折扣,则实际付款35 520元(36 160-100×320×2%)。在窗口下方"38120675"号发票的"本次折扣"栏录入"640","本次结算"栏录入"35520",如图4-44所示。单击"确认"按钮,完成手工核销。

单据日期	单据类型	单据编号	供应商	款项类型	结算方式	原币金额	原币余额	本次结算	订单号
2023-01-13	付款单	0000000002	湖南百盛	应付款	转账支票	35,520.00	35,520.00	35,520.00	
合计						35,520.00	35,520.00	35,520.00	

单据日期	单据类型	单据编号	到期日	供应商	原币金额	原币余额	可享受折扣	本次折扣	本次结算	订单号	凭证号
2023-01-02	采购专用发票	38120675	2023-02-01	湖南百盛	36,160.00	36,160.00	723.20	640.00	35,520.00		转-0003
合计					36,160.00	36,160.00	723.20	640.00	35,520.00		

图4-44 湖南百盛核销界面

　　(4)参照上述方法继续完成对大连博伦的核销处理,界面如图4-45所示。

单据日期	单据类型	单据编号	供应商	款项类型	结算方式	原币金额	原币余额	本次结算	订单号
2023-01-15	付款单	0000000005	大连博伦	应付款	其他	775.00	775.00	775.00	
合计						775.00	775.00	775.00	

单据日期	单据类型	单据编号	到期日	供应商	原币金额	原币余额	可享受折扣	本次折扣	本次结算	订单号	凭证号
2023-01-05	采购普通发票	68159207	2023-01-05	大连博伦	3,898.50	3,898.50	0.00				转-0007
2022-12-15	采购专用发票	14035890	2022-12-15	大连博伦	584,775.00	584,775.00	0.00	0.00	775.00		
合计					588,673.50	588,673.50	0.00		775.00		

图4-45 大连博伦核销界面

（5）参照前述方法继续完成对上海亿达的核销处理。在"核销条件"对话框的"收付款单"页签，单据类型选择"收款单"，如图4-46所示。单击"确定"按钮，打开"手工核销"窗口。在窗口下方"15602109"号发票的"本次结算"栏录入"18170.4"，如图4-47所示。单击"确认"按钮，完成手工核销。

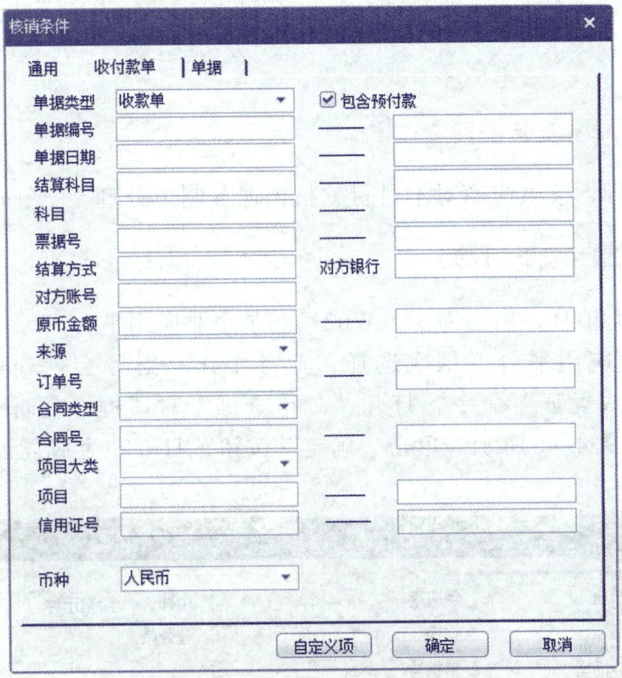

图4-46　"收付款单"页签

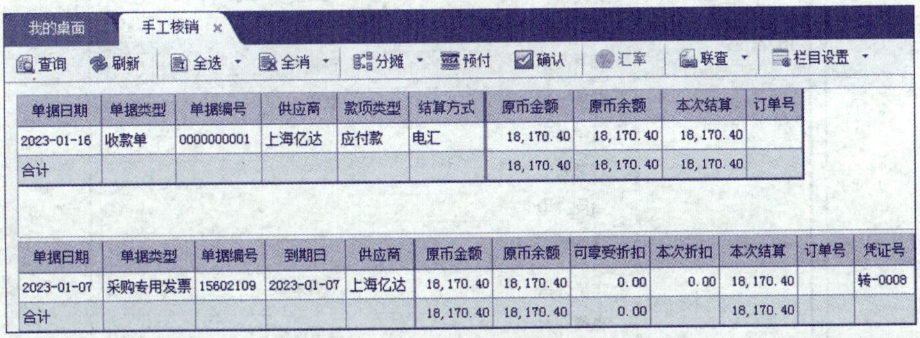

图4-47　上海亿达核销界面

【提示】

通过核销功能可将付款单与发票或应付单相关联，冲减本期应付，减少企业债务。

未审核过的或者原币余额为零的单据记录均不显示在收付款单、被核销单据列表中。

红字单据整条记录金额、余额均正数显示，单据类型为收款单。

收付款单原币余额=原币金额-本次结算。

发票、应付单在自动计算现金折扣的情况下，原币余额=原币金额-本次结算-本次折扣；无现金折扣的情况下，原币余额=原币金额-本次结算。

款项类型为应付款或预付款的付款单均可进行核销。

若付款单数额等于原有单据数额，付款单与原有单据完全核销。

若付款单数额大于原有单据数额，部分核销原有单据，部分形成预付款。

若付款单数额小于原有单据数额，原有单据仅得到部分核销。

4.3.8 生成凭证

【实验资料】

2023年1月20日，按供应商对本月付款核销业务制单处理。

【实验过程】

（1）2023年1月20日，由赵凯杰（W02）登录企业应用平台。

（2）在U8企业应用平台，依次选择"业务工作→财务会计→应付款管理→凭证处理→生成凭证"命令，打开"制单查询"对话框，勾选"收付款单"和"核销"，如图4-48所示。单击"确定"按钮，打开"生成凭证"窗口，显示应付列表。

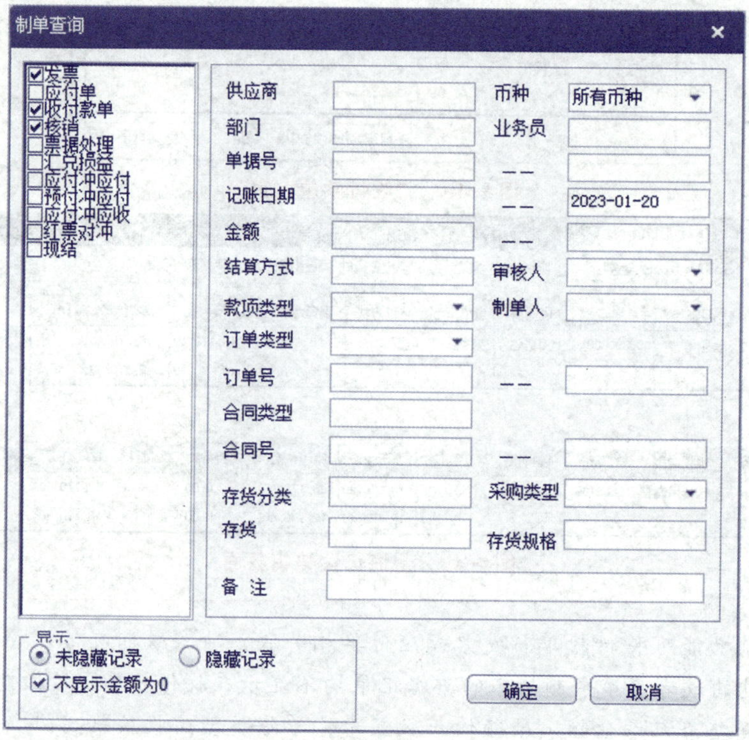

生成凭证

图4-48　制单查询

（3）点击列表表头"供应商名称"项，此时单据按供应商名称排序，在各单据左侧的"选择标志"栏输入制单序号，供应商名称相同的序号相同。在"凭证类别"栏，用下拉框选择"付款凭证"，如图4-49所示。

应付列表

凭证类别 付款凭证　　制单日期 2023-01-20　　共 7 条

选择标志	凭证类别	单据类型	单据号	日期	供应商编码	供应商名称	部门	业务员	金额
1	付款凭证	付款单	0000000005	2023-01-15	202	大连博伦表业有限公司	采购部	张宏亮	775.00
1	付款凭证	核销	0000000005	2023-01-20	202	大连博伦表业有限公司	采购部	张宏亮	775.00
2	付款凭证	付款单	0000000002	2023-01-13	101	湖南百盛服装有限公司	采购部	张宏亮	35,520.00
2	付款凭证	核销	ZKAP0000000000002	2023-01-20	101	湖南百盛服装有限公司	采购部	张宏亮	36,160.00
3	付款凭证	付款单	0000000004	2023-01-14	201	上海恒久表业有限公司	采购部	张宏亮	70,000.00
4	付款凭证	收款单	0000000001	2023-01-16	402	上海亿达商贸有限公司	采购部	徐晓辉	-18,170.40
4	付款凭证	核销	0000000001	2023-01-20	402	上海亿达商贸有限公司	采购部	徐晓辉	-18,170.40

图4-49　应付列表

（4）单击工具栏的“制单”按钮，保存当前记账凭证并将其传递到总账系统，如图4-50所示。

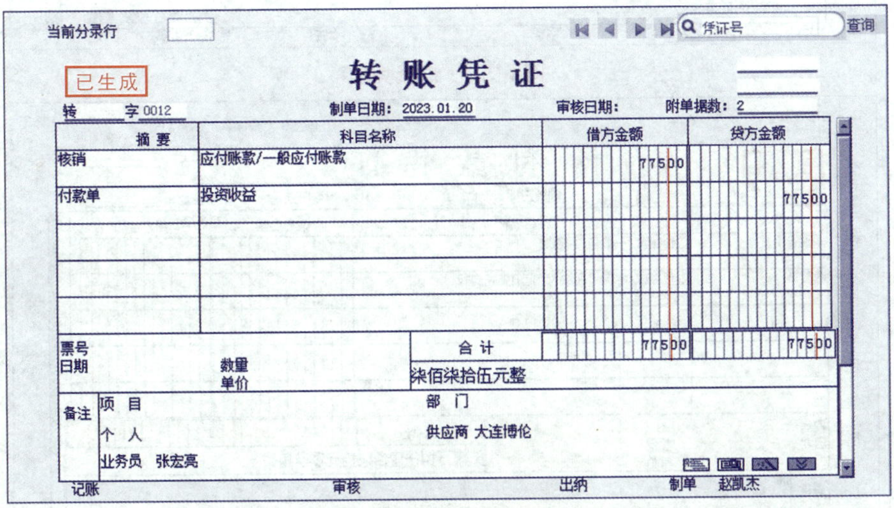

图4-50　记账凭证

（5）单击“▶”（下张），再单击“保存”，将后续三张记账凭证逐一保存，结果如图4-51（其中“财务费用/现金折扣”的金额应手动改为借方红字）、图4-52、图4-53所示。

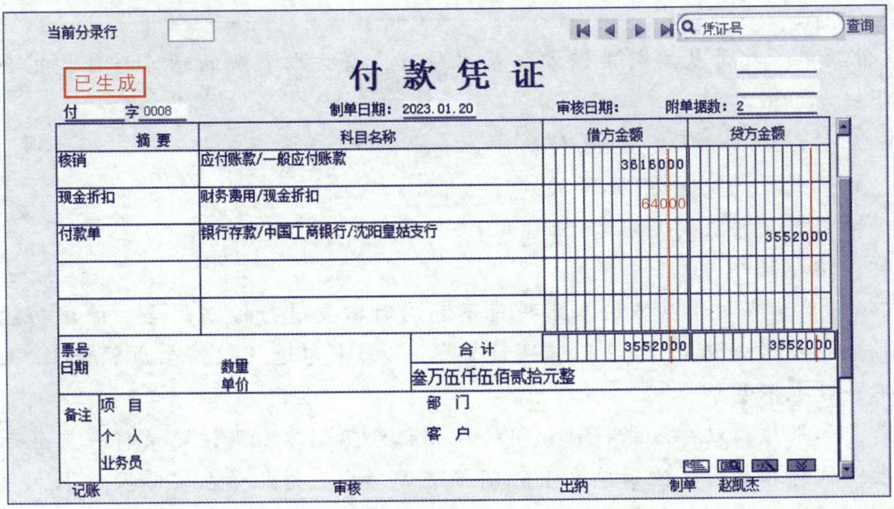

图4-51　记账凭证

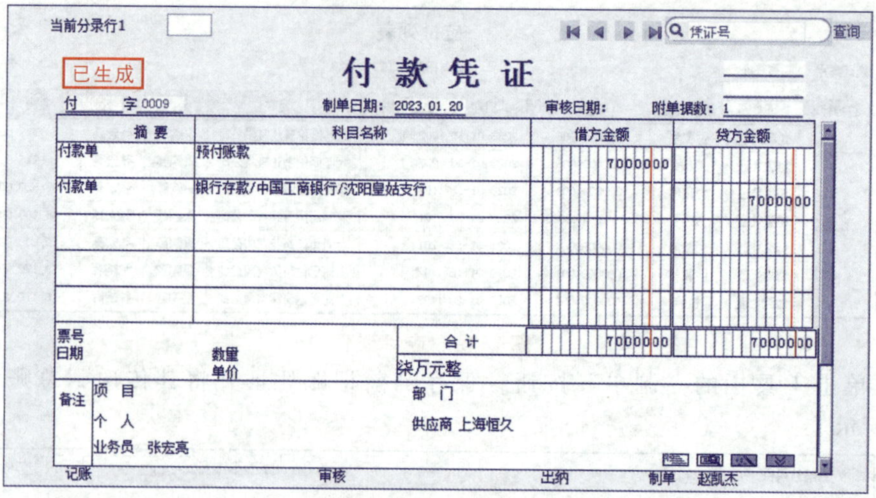

图4-52　记账凭证

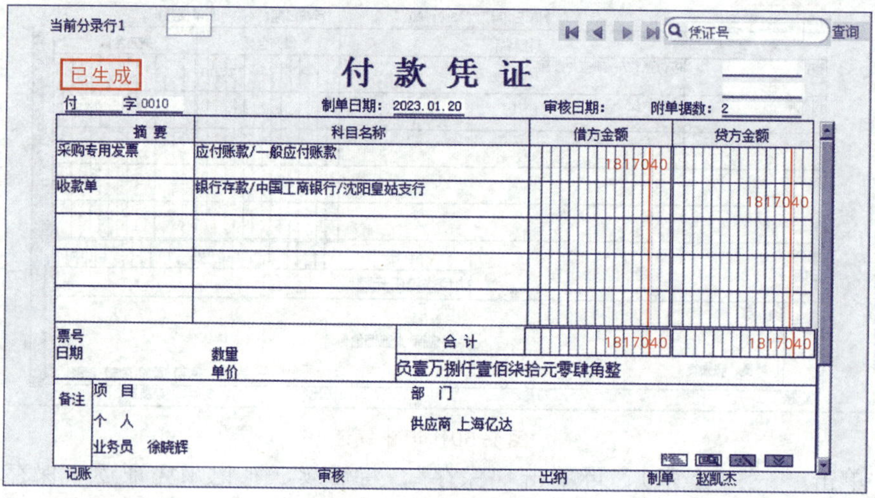

图4-53　记账凭证

【提示】

　　[收付款单] 收付款单制单借方取表体科目，贷方取表头的结算科目，用会计分录表示如下：

　　借：应付科目（款项类型=应付款）

　　　　预付科目（款项类型=预付款）

　　　　费用科目（款项类型=其他费用）

　　　贷：结算科目（表头金额）

　　[核销制单] 当核销双方的入账科目不相同时需要进行核销制单，但该功能受系统参数的控制（参考知识点"4.2.1 选项设置"），若未勾选"核销生成凭证"，则即使入账科目不一致也不制单。

　　但是，如果核销双方入账科目相同的核销记录不制单，则该记录将一直显示在应付制单列表，这样容易对其他制单类型的制单造成影响。为此，在实际操作中，习惯于将"收付款单"与"核销"进行合并制单处理。

4.3.9 付款单据一体化处理

【实验资料】

2023年1月22日，经采购部张宏亮申请，向天津惠阳签发金额为463 075元的转账支票一张（票据号：10562005），用于偿还本月12日货款。

【实验过程】

（1）2023年1月22日，由赵凯杰（W02）登录企业应用平台。

（2）在U8企业应用平台，依次选择"业务工作→财务会计→应付款管理→付款处理→付款单据录入"命令，打开"付款单据录入"窗口。

付款单据一体化处理

（3）单击工具栏的"增加"按钮，根据实验资料填制付款单。填制完毕单击"保存"按钮保存该付款单，如图4-54所示。单击工具栏的"审核"按钮，系统提示"是否立即制单？"，单击"否"，再单击工具栏的"核销"按钮，弹出"核销条件"对话框，单击"确定"按钮，进入核销界面。

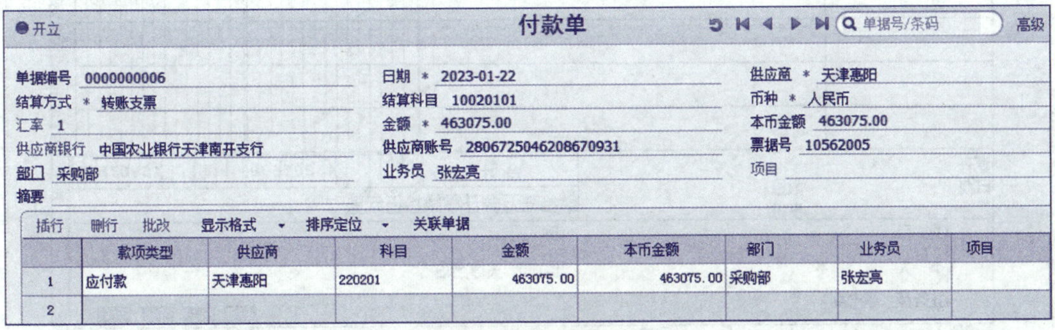

	款项类型	供应商	科目	金额	本币金额	部门	业务员	项目
1	应付款	天津惠阳	220201	463075.00	463075.00	采购部	张宏亮	
2								

图4-54 付款单

（4）在"35187102"号发票的"本次结算"栏输入"463075"，如图4-55所示，单击"确认"按钮。关闭当前窗口。

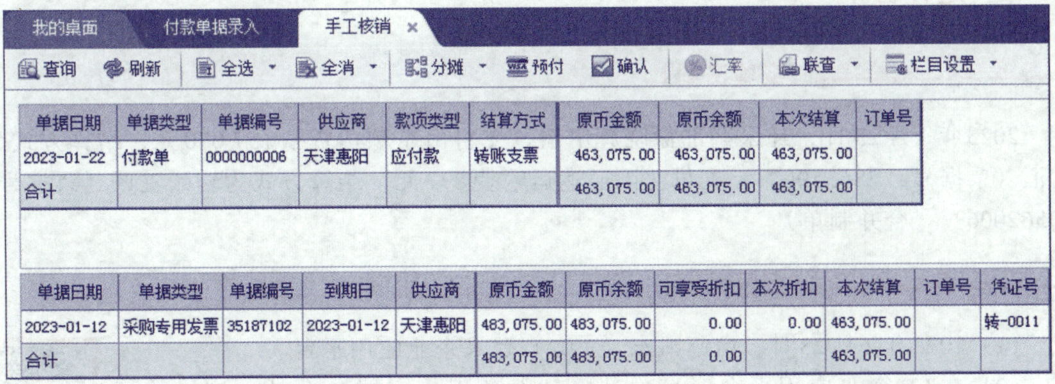

单据日期	单据类型	单据编号	供应商	款项类型	结算方式	原币金额	原币余额	本次结算	订单号
2023-01-22	付款单	0000000006	天津惠阳	应付款	转账支票	463,075.00	463,075.00	463,075.00	
合计						463,075.00	463,075.00	463,075.00	

单据日期	单据类型	单据编号	到期日	供应商	原币金额	原币余额	可享受折扣	本次折扣	本次结算	订单号	凭证号
2023-01-12	采购专用发票	35187102	2023-01-12	天津惠阳	463,075.00	463,075.00	0.00	0.00	463,075.00		转-0011
合计					463,075.00	463,075.00	0.00		463,075.00		

图4-55 天津惠阳核销界面

（5）在U8企业应用平台，依次选择"业务工作→财务会计→应付款管理→凭证处理→生成凭证"命令，打开"制单查询"对话框，勾选"收付款单"和"核销"，单击"确定"按钮，打开"生成凭证"窗口，显示应付列表，如图4-56所示。

应付列表

	凭证类别	收款凭证 ▼			制单日期	2023-01-22			共 2 条
选择标志	凭证类别	单据类型	单据号	日期	供应商编码	供应商名称	部门	业务员	金额
	收款凭证	付款单	0000000006	2023-01-22	401	天津惠阳商贸有限公司	采购部	张宏亮	463,075.00
	收款凭证	核销	0000000006	2023-01-22	401	天津惠阳商贸有限公司	采购部	张宏亮	463,075.00

图4-56 应付列表

（6）在应付列表，"凭证类别"栏选择"付款凭证"，依次单击工具栏的"全选"、"合并"和"制单"按钮，进入"填制凭证"界面，单击"保存"按钮，保存当前记账凭证并将其传递到总账系统，如图4-57所示。

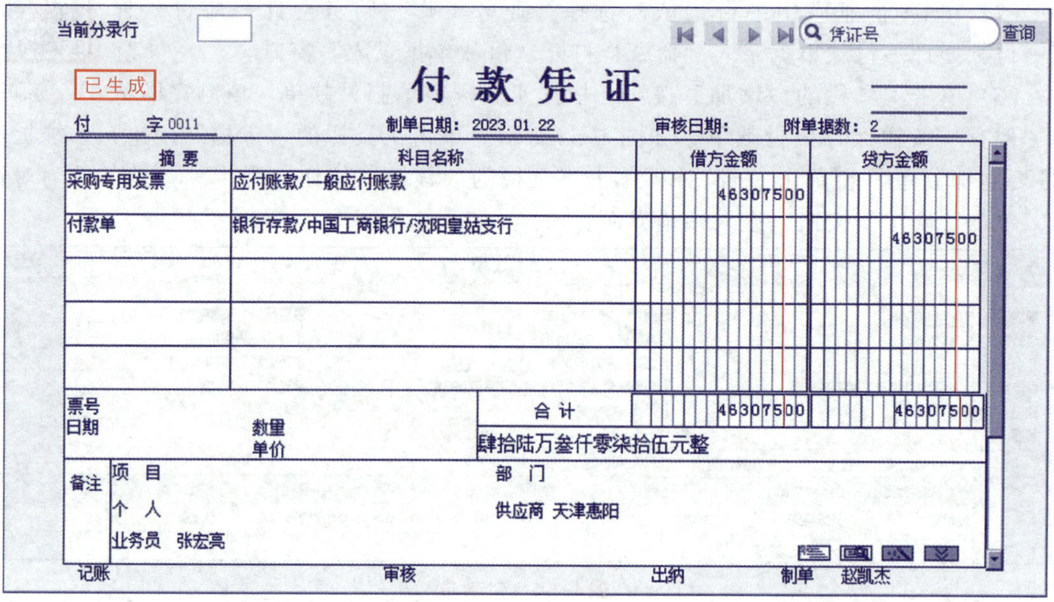

图4-57 记账凭证

4.3.10 选择付款

【实验资料】

2023年1月23日，经采购部徐晓辉申请，支付山东顺达货款157 070元，结算方式为电汇（票据号：28635902），支付沈阳通达运输费872元，结算方式为转账支票（票据号：10562006）。（合并制单）

【实验过程】

（1）2023年1月23日，由赵凯杰（W02）登录企业应用平台。

（2）在U8企业应用平台，依次选择"业务工作→财务会计→应付款管理→付款处理→选择付款"命令，打开"选择付款-条件"对话框。在该对话框的"供应商"栏选择"山东顺达""沈阳通达"，如图4-58所示。单击"确定"按钮，打开"选择付款-单据"窗口。

选择付款

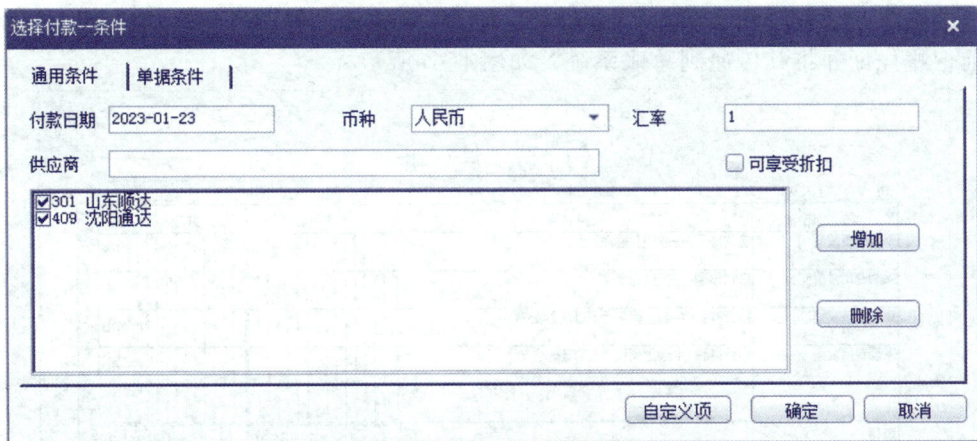

图4-58 选择付款过滤窗口

（3）在"25703689"号发票的"付款金额"栏输入"157070"，在"38706512"号发票的"付款金额"栏输入"872"，如图4-59所示。

选择付款列表

付款总计 157942.00

选择	供应商	单据类型	单据编号	单据日期	到期日	原币金额	原币余额	可享受折扣	本次折扣	付款金额	业务员	部门
√	山东顺达	采购专用发票	25703689	2023-01-03	2023-01-03	157,070.00	157,070.00	0.00	0.00	157,070.00	徐晓辉	采购部
√	沈阳通达	采购专用发票	38706512	2023-01-04	2023-01-04	872.00	872.00	0.00	0.00	872.00	徐晓辉	采购部
	沈阳通达	其他应付单	0000000001	2023-01-06	2023-01-06	1,000.00	1,000.00	0.00			张宏亮	采购部
合计						158,942.00	158,942.00	0.00		157,942.00		

图4-59 "选择付款-单据"窗口

（4）单击工具栏的"确认"按钮，打开"选择付款-付款单"对话框。"山东顺达"的"结算方式"栏选择"电汇"，"票据号"栏输入"28635902"，"沈阳通达"的"结算方式"栏选择"转账支票"，"票据号"栏输入"10562006"，如图4-60所示。单击"确定"按钮，完成选择付款。

供应商	付款金额	结算方式	票据号	科目	部门	业务员	摘要
山东顺达	157070	401 电汇	28635902	10020101	采购部	徐晓辉	采购专用发票
沈阳通达	872	202 转账支票	10562006	10020101	采购部	徐晓辉	采购专用发票

图4-60 "选择付款-付款单"窗口

【提示】

选择付款后系统自动生成已审核、已核销的付款单。

（5）在U8企业应用平台，依次选择"业务工作→财务会计→应付款管理→凭证处理→生成凭证"命令，打开"制单查询"对话框，勾选"收付款单"和"核销"，单击"确定"按钮，打开"生成凭证"窗口。"凭证类别"栏选择"付款凭证"，依次单击工具栏的"全选"、"合并"和"制单"按钮，进入"填制凭证"界面，单击"保存"按钮，保存当前记账凭证并将其传递到总账系统，如图4-61所示。

当前分录行						凭证号	查询

付 款 凭 证

已生成

付 字 0012　　　　制单日期：2023.01.23　　　　审核日期：　　　附单据数：4

摘要	科目名称	借方金额	贷方金额
采购专用发票	应付账款/一般应付账款	87200	
采购专用发票	应付账款/一般应付账款	15707000	
采购专用发票	银行存款/中国工商银行/沈阳皇姑支行		87200
采购专用发票	银行存款/中国工商银行/沈阳皇姑支行		15707000
票号 日期	数量 单价	合计	15794200	15794200
		壹拾伍万柒仟玖佰肆拾贰元整		
备注	项 目	部 门		
	个 人			
	业务员 徐晓辉	供应商 沈阳通达		

记账	审核	出纳	制单 赵凯杰

图4-61　记账凭证

【提示】

选择付款功能可以实现一次对单个或多个供应商的单笔或多笔款项的付款核销处理。

选择付款功能也可以处理有现金折扣的付款核销业务。

4.4　票据管理

4.4.1　商业汇票出票

【实验资料】

2023年1月24日，经采购部张宏亮申请，向大连博伦签发并承兑带息商业承兑汇票一张（票据编号：82765031），面值为500 000元，票面利率为5%，到期日为2023年4月24日。用于偿还上月15日货款。

2023年1月25日，经采购部张宏亮申请，向北京嘉伟签发并承兑银行承兑汇票一张（票据编号：63295322），面值为95 665.8元，到期日为2023年7月25日。用于偿还本月2日货款。付款人银行为中国工商银行沈阳皇姑支行。

【实验过程】

（1）填制商业汇票。

①2023年1月24日，由赵凯杰（W02）登录企业应用平台。在U8企业应用平台，依次选择"业务工作→财务会计→应付款管理→票据管理→票据录入"命令，打开"应付票据录入"窗口。

商业汇票出票

②单击工具栏的"增加"按钮，根据实验资料填制商业承兑汇票。填制完毕单击"保存"按钮保存该单据，结果如图4-62所示。

商业汇票

票据编号	＊ 82765031	票据类型	＊ 商业承兑汇票	方向	＊ 付款
收到日期	＊ 2023-01-24	出票人	＊ 辽宁恒通商贸有限公司	出票人账号	2107024015890035666
出票日期	＊ 2023-01-24	到期日	＊ 2023-04-24	结算方式	＊ 商业承兑汇票
付款人银行	＊ 中国工商银行沈阳皇姑支行	收款人	＊ 大连博伦表业有限公司	收款人账号	3041309299285602525
收款人开户银行	交通银行大连西岗支行	币种	＊ 人民币	汇率	＊ 1.000000
金额	＊ 500000.00	交易合同号码		票面利率	5.00000000
付款行行号		付款行地址		背书人	
背书金额		备注		业务员	张宏亮
部门	采购部	制单人	赵凯杰	票据摘要	
银行名称					

	处理方式	处理日期	贴现银行	被背书人	贴现率	利息	费用	处理金额	汇率	经手人	托收单位
1											

图4-62　商业承兑汇票

③重新登录企业应用平台，操作日期为2023年1月25日。按照上述方法继续填制银行承兑汇票。

【提示】

如果系统参数选择"应付票据直接生成付款单"（系统缺省值为勾选此项，如图4-2所示），则商业汇票保存完毕，系统自动生成一张未审核、未核销付款单，可对该付款单进行后续处理。该付款单的后续处理与在付款单据录入中填制的付款单相同。

如果启用付款申请业务，在票据录入界面，点击"生单"按钮，可参照已经审核的付款申请单生成票据。

如果商业汇票出票作为预付款，则保存票据后到"付款单据录入"中，找到该汇票自动生成的付款单，将表体的"款项类型"改为"预付款"即可。

（2）审核付款单据。

在U8企业应用平台，依次选择"业务工作→财务会计→应付款管理→付款处理→付款单据审核"命令，对上述汇票自动生成的两张付款单进行审核。

（3）手工核销处理。

①在U8企业应用平台，依次选择"业务工作→财务会计→应付款管理→核销处理→手工核销"命令，对大连博伦的往来款进行核销处理，核销界面如图4-63所示。

单据日期	单据类型	单据编号	供应商	款项类型	结算方式	原币金额	原币余额	本次结算	订单号
2023-01-24	付款单	0000000009	大连博伦	应付款	商业承兑汇票	500,000.00	500,000.00	500,000.00	
合计						500,000.00	500,000.00	500,000.00	

单据日期	单据类型	单据编号	到期日	供应商	原币金额	原币余额	可享受折扣	本次折扣	本次结算	订单号	凭证号
2023-01-05	采购普通发票	68159207	2023-01-05	大连博伦	3,898.50	3,898.50	0.00				转-0007
2022-12-15	采购专用发票	14035890	2022-12-15	大连博伦	584,775.00	584,000.00	0.00	0.00	500,000.00		
合计					588,673.50	587,898.50	0.00		500,000.00		

图4-63　大连博伦核销界面

②对北京嘉伟的往来款进行核销处理，界面如图4-64所示。

单据日期	单据类型	单据编号	供应商	款项类型	结算方式	原币金额	原币余额	本次结算	订单号
2023-01-25	付款单	0000000010	北京嘉伟	应付款	银行承兑汇票	95,665.80	95,665.80	95,665.80	
合计							95,665.80	95,665.80	95,665.80	

单据日期	单据类型	单据编号	到期日	供应商	原币金额	原币余额	可享受折扣	本次折扣	本次结算	订单号	凭证号
2023-01-02	采购专用发票	50169283	2023-01-02	北京嘉伟	112,548.00	112,548.00	0.00	0.00	95,665.80		转-0004
合计					112,548.00	112,548.00	0.00		95,665.80		

图4-64　北京嘉伟核销界面

（4）制单处理。

①在U8企业应用平台，依次选择"业务工作→财务会计→应付款管理→凭证处理→生成凭证"命令，打开"制单查询"对话框，勾选"收付款单"和"核销"。单击"确定"按钮，打开"生成凭证"窗口，显示应付列表。

单击列表表头"供应商名称"项，此时单据按供应商名称排序，在各单据左侧的"选择标志"栏输入制单序号，供应商名称相同的序号相同。在"凭证类别"栏，用下拉框选择"转账凭证"，如图4-65所示。

应付列表

| 凭证类别 | 转账凭证 | | | 制单日期 | 2023-01-25 | | | 共 4 条 |

选择标志	凭证类别	单据类型	单据号	日期	供应商编码	供应商名称	部门	业务员	金额
1	转账凭证	付款单	0000000009	2023-01-24	202	大连博伦表业有限公司	采购部	张宏亮	500,000.00
1	转账凭证	核销	0000000009	2023-01-25	202	大连博伦表业有限公司	采购部	张宏亮	500,000.00
2	转账凭证	付款单	0000000010	2023-01-25	102	北京嘉伟服装有限公司	采购部	张宏亮	95,665.80
2	转账凭证	核销	0000000010	2023-01-25	102	北京嘉伟服装有限公司	采购部	张宏亮	95,665.80

图4-65　应付列表

②单击"制单"按钮，进入"填制凭证"界面，选择工具栏的"保存→成批保存凭证"命令，保存两张转账凭证，结果如图4-66、图4-67所示。

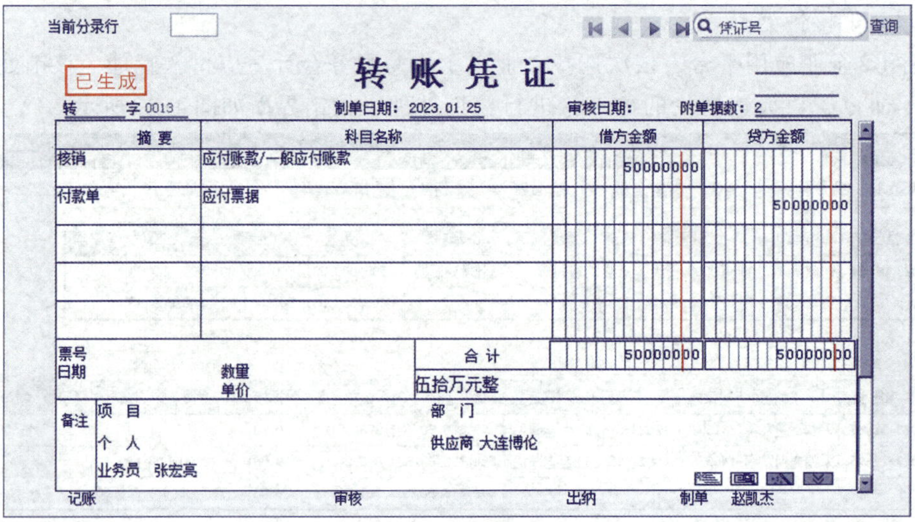

图4-66　记账凭证

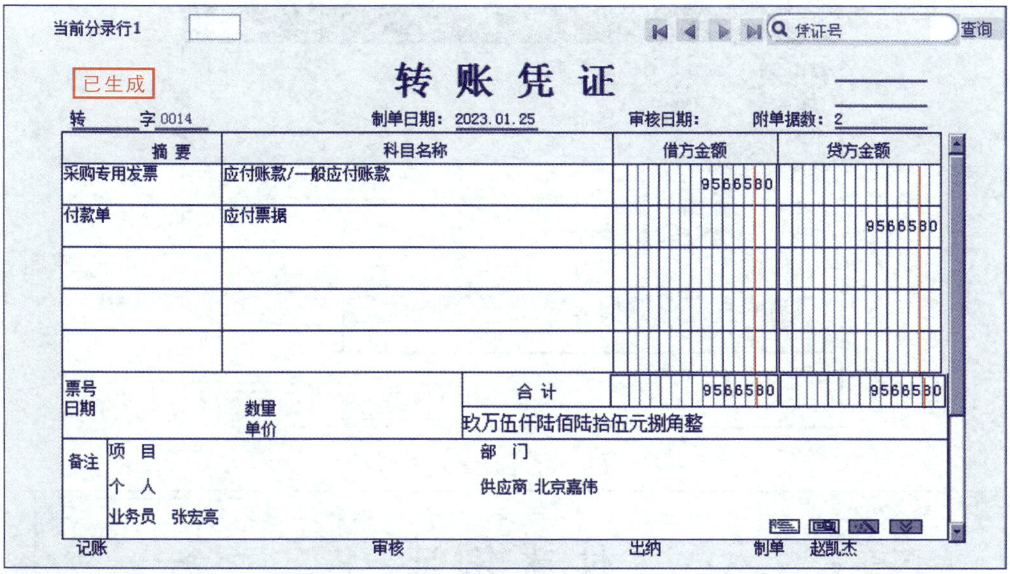
当前分录行1

已生成

转账凭证

转 字 0014　　制单日期：2023.01.25　　审核日期：　　附单据数：2

摘要	科目名称	借方金额	贷方金额
采购专用发票	应付账款/一般应付账款	9566580	
付款单	应付票据		9566580
票号 日期	数量 单价	合计 9566580	9566580

玖万伍仟陆佰陆拾伍元捌角整

备注　项目　　部门

个人　　供应商 北京嘉伟

业务员 张宏亮

记账　　审核　　出纳　　制单 赵凯杰

图4-67　记账凭证

【提示】

在票据列表界面或票据填制界面，单击“删除”或“修改”按钮，可对商业汇票进行修改或删除。但以下几种情况不能修改或删除：

①票据自动生成的付款单已经进行核销、转账等后续处理的不能被修改或删除；

②出票日期所在月份已经结账的票据不能被修改或删除；

③已经进行计息、结算、转出等处理的票据不能被修改或删除。

4.4.2　票据到期结算

【实验资料】

2023年1月30日，收到中国工商银行沈阳皇姑支行通知，63295321号银行承兑汇票到期，已于当日支付票款。

【实验过程】

（1）2023年1月30日，由赵凯杰（W02）登录企业应用平台。

（2）在U8企业应用平台，依次选择“业务工作→财务会计→应付款管理→票据管理→票据列表”命令，打开“应付票据列表”窗口。

票据到期结算

（3）双击“63295321”号银行承兑汇票，打开该票据。单击工具栏的“结算”按钮，弹出“票据结算”对话框，“结算科目”栏参照选择“10020101”（银行存款/中国工商银行/沈阳皇姑支行），如图4-68所示。单击“确定”按钮，系统提示“是否立即制单?”，单击“是”，进入“填制凭证”界面，将凭证类别字改为“付”，单击“保存”按钮，结果如图4-69所示。

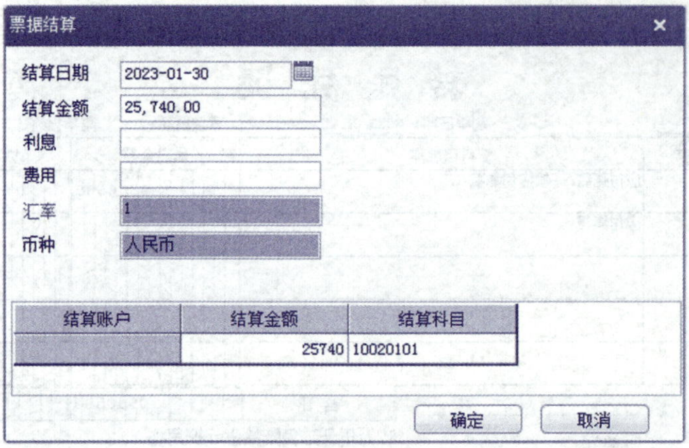

图4-68 票据结算

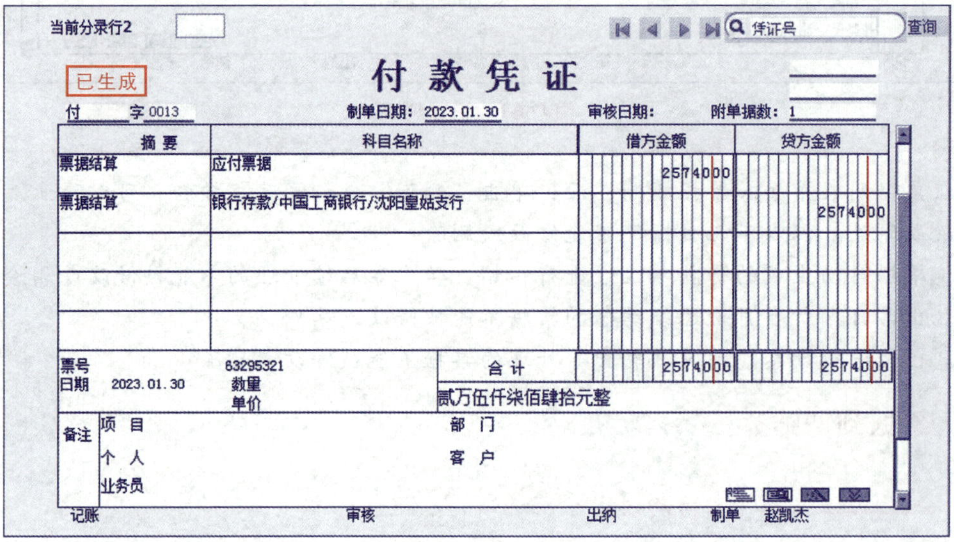

图4-69 记账凭证

4.4.3　带息票据计息

━━━━━━━━━【实验资料】

2023年1月31日，对82765031号带息商业承兑汇票计息。

━━━━━━━━━【实验过程】

（1）2023年1月31日，由赵凯杰（W02）登录企业应用平台。

（2）在U8企业应用平台，依次选择"业务工作→财务会计→应付款管理→票据管理→票据列表"命令，打开"应付票据列表"窗口。

带息票据计息

（3）双击"82765031"号银行承兑汇票，打开该票据。单击工具栏的"计息"按钮，弹出"票据计息"对话框，如图4-70所示。单击"确定"按钮，系统提示"是否立即制单？"，单击"是"，进入"填制凭证"界面，将凭证类别字改为"转"，单击

"保存"按钮，结果如图4-71所示。

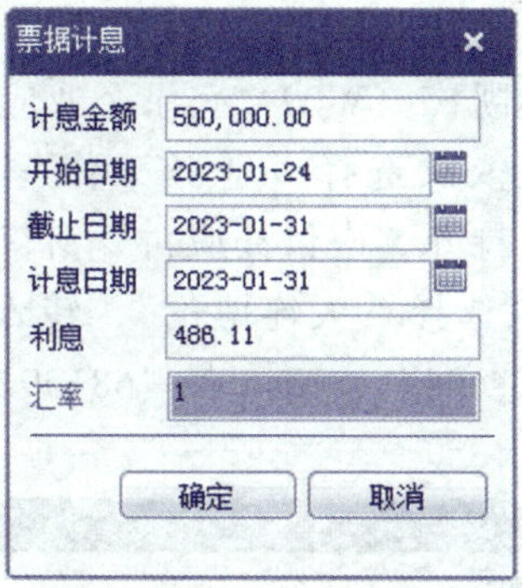

图4-70　票据计息

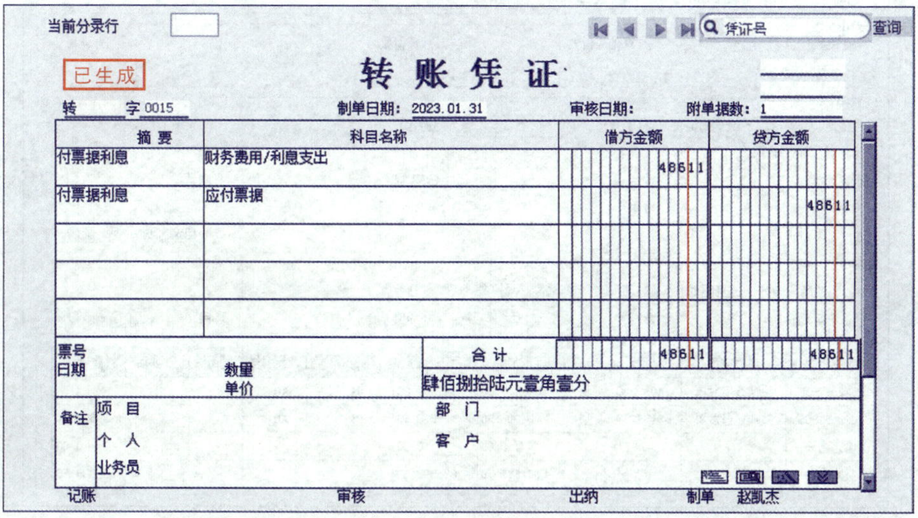

图4-71　记账凭证

【提示】

计息日期应大于已经结账月，小于等于当前业务月日期。

本例商业承兑汇票利息金额的计算过程如下：

$500\ 000 \times 0.05 \div 360 \times 7 \approx 486.11$（元）

利息金额系统自动计算，可修改。

4.5　转账处理

4.5.1　应付冲应付

【实验资料】

2023年1月31日，经三方协商一致，将本月5日形成的应向大连博伦支付的应付款3 898.5元转为应付沈阳通达的往来款。

【实验过程】

（1）2023年1月31日，由赵凯杰（W02）登录企业应用平台。

（2）在U8企业应用平台，依次选择“业务工作→财务会计→应付款管理→转账→应付冲应付”命令，打开“应付冲应付”窗口。

应付冲应付

（3）在转出的“供应商”栏选择“大连博伦”，转入的“供应商”栏选择“沈阳通达”，单击窗口右侧的“查询”按钮。在“68159207”号发票的“并账金额”栏输入“3898.5”，如图4-72所示。

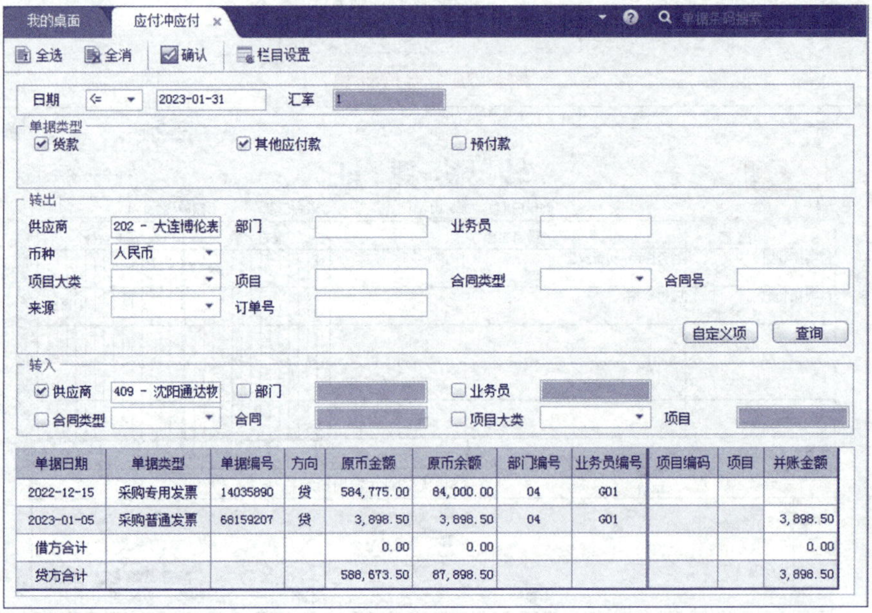

图4-72　应付冲应付

（4）单击“确认”按钮，系统提示“是否立即制单？”，单击“是”，进入“填制凭证”界面，将凭证类别字改为“转”，单击“保存”按钮，结果如图4-73所示。

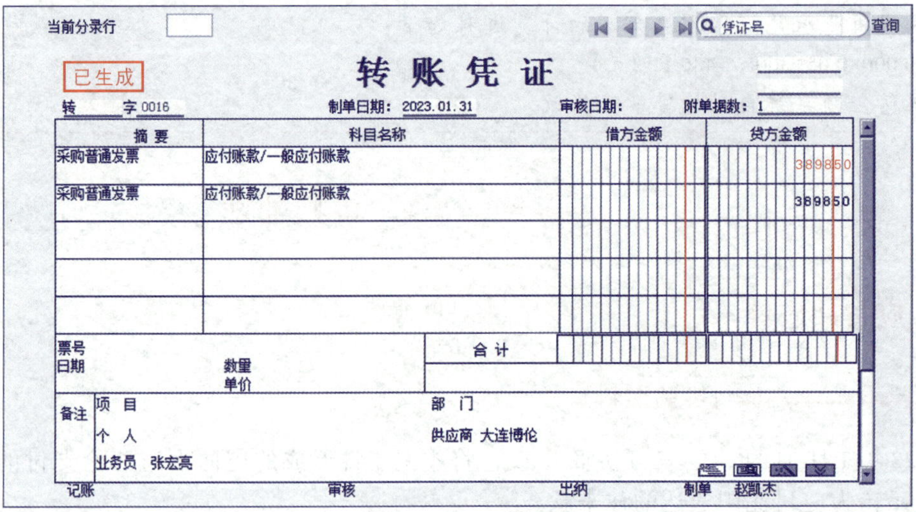

图4-73　记账凭证

【提示】

应付冲应付也称并账，指将应付款在供应商、部门、业务员、项目和合同之间进行转移，实现应付业务的调整。以下情况可能需要使用该功能：

①操作性错误。如所填制的应付单据供应商选择错误且无法修改。

②实际工作需要。如债权债务转移、部门合并、分管某供应商的业务员离职等。

每一笔应付款的并账金额应大于零、小于等于其原币余额。

4.5.2 预付冲应付

───────── 【实验资料】

2023年1月31日，经双方协商一致，用天津惠阳上月29日的预付款20 000元冲减本月12日的应付款。

───────── 【实验过程】

（1）2023年1月31日，由赵凯杰（W02）登录企业应用平台。

（2）在U8企业应用平台，依次选择"业务工作→财务会计→应付款管理→转账→预付冲应付"命令，打开"预付冲应付"窗口。

（3）在"预付款"页签，"供应商"栏选择"天津惠阳"，单击"过滤"按钮，在所过滤单据的"转账金额"栏输入"20000"，如图4-74所示。

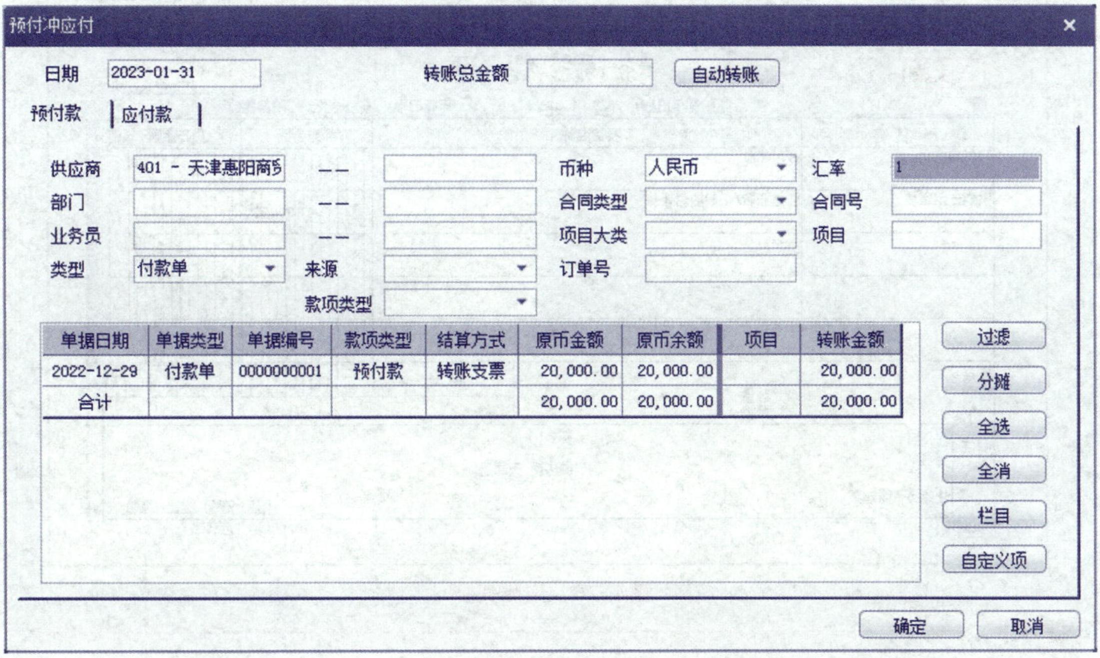

单据日期	单据类型	单据编号	款项类型	结算方式	原币金额	原币余额	项目	转账金额
2022-12-29	付款单	0000000001	预付款	转账支票	20,000.00	20,000.00		20,000.00
合计					20,000.00	20,000.00		20,000.00

图4-74 预付冲应付——"预付款"页签

（4）单击"应付款"页签，单击"过滤"按钮，在所过滤采购发票的"转账金额"栏输入"20000"，如图4-75所示。

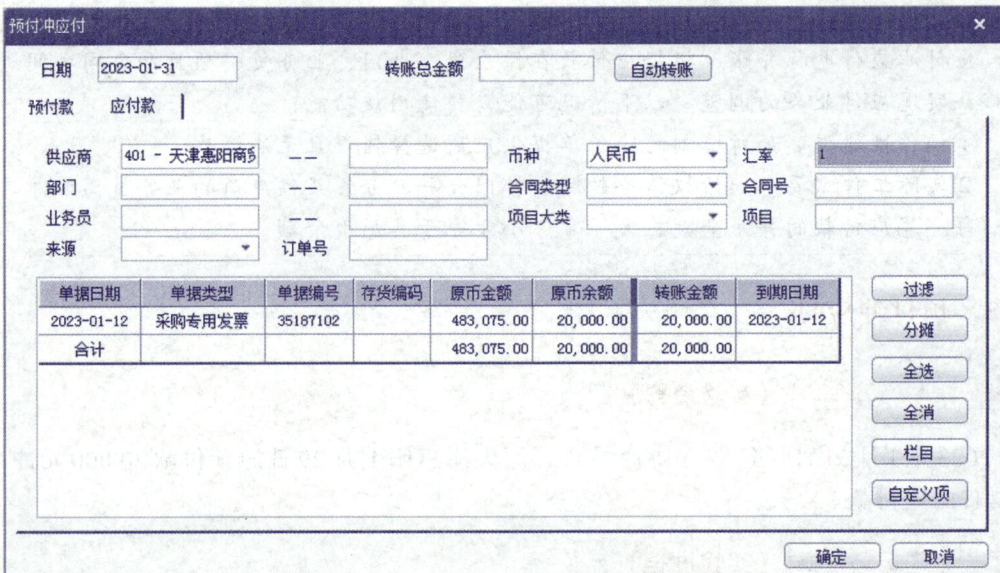

图4-75 预付冲应付——"应付款"页签

（5）单击"确定"按钮，系统提示"是否立即制单"，单击"是"，进入"填制凭证"界面，将凭证类别字改为"转"，单击"保存"按钮，结果如图4-76所示。

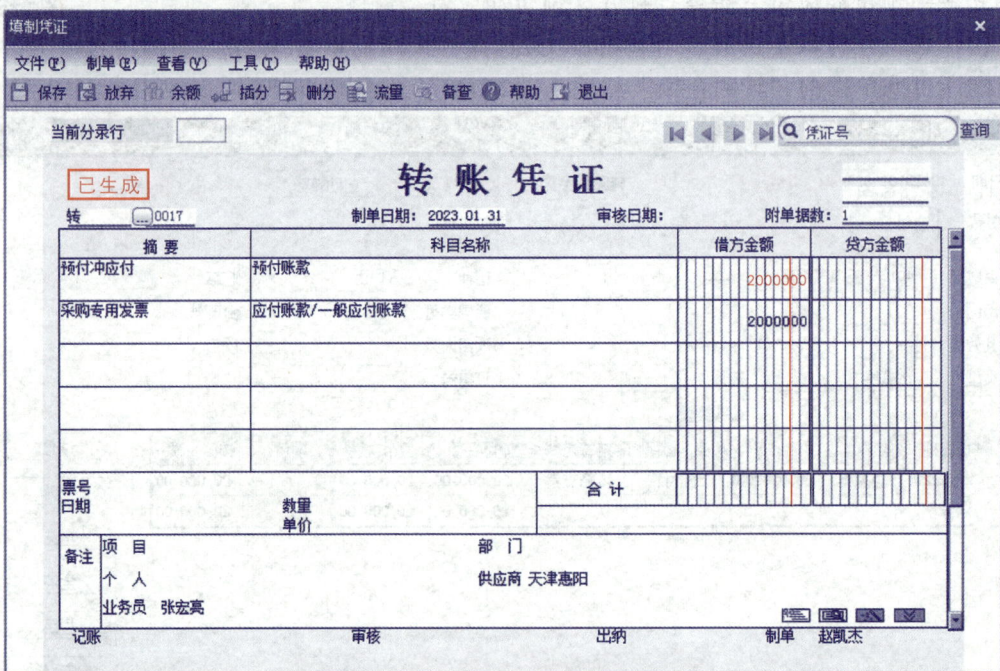

图4-76 记账凭证

【提示】

预付冲应付就是将预付款与应付款进行勾对。

每一笔预付款、应付款的转账金额不能大于其自身余额。

预付款的转账金额合计应等于应付款的转账金额合计，且不能超过两者金额的较小者。

红字预付款也可冲销红字应付款，此时"预付款"页签中的"类型"应为"收款单"。

蓝字预付款冲销蓝字应付款与红字预付款冲销红字应付款不能同时进行。

预付款与应付款之间也可通过"核销"进行勾对。

4.5.3 红票对冲

【实验资料】

2023年1月31日，对本月北京嘉伟的退货业务进行红票对冲。

【实验过程】

（1）2023年1月31日，由赵凯杰（W02）登录企业应用平台。

（2）在U8企业应用平台，依次选择"业务工作→财务会计→应付款管理→转账→红票对冲→手工对冲"命令，打开"红票对冲条件"对话框。在"通用"页签，"供应商"栏选择"北京嘉伟"，如图4-77所示。单击"确定"按钮，打开"手工对冲"窗口。

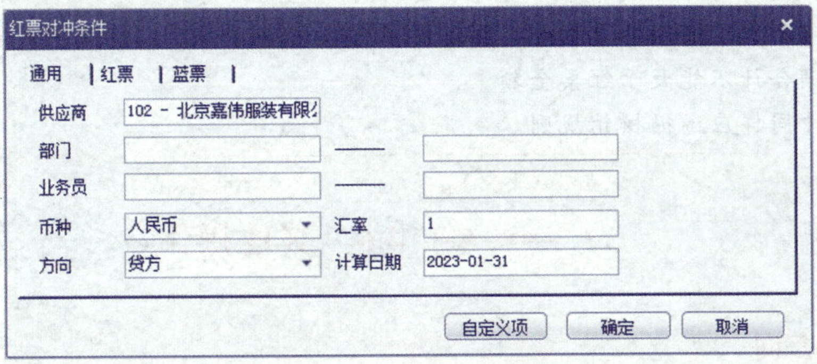

图4-77 红票对冲条件

（3）在"手工对冲"窗口下方采购发票的"对冲金额"栏输入"16882.2"，如图4-78所示。

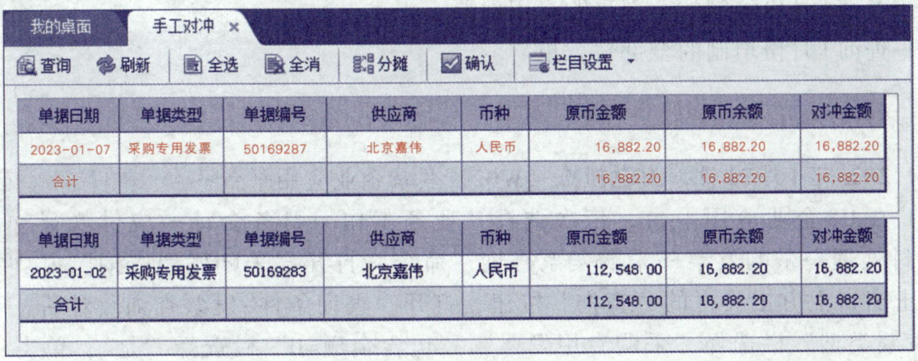

单据日期	单据类型	单据编号	供应商	币种	原币金额	原币余额	对冲金额
2023-01-07	采购专用发票	50169287	北京嘉伟	人民币	16,882.20	16,882.20	16,882.20
合计						16,882.20	16,882.20	16,882.20

单据日期	单据类型	单据编号	供应商	币种	原币金额	原币余额	对冲金额
2023-01-02	采购专用发票	50169283	北京嘉伟	人民币	112,548.00	16,882.20	16,882.20
合计					112,548.00	16,882.20	16,882.20

图4-78 手工对冲

（4）单击"保存"按钮，系统提示"是否立即制单"，单击"是"，进入"填制凭证"

界面，将凭证类别字改为"转"，单击"保存"按钮，结果如图4-79所示。

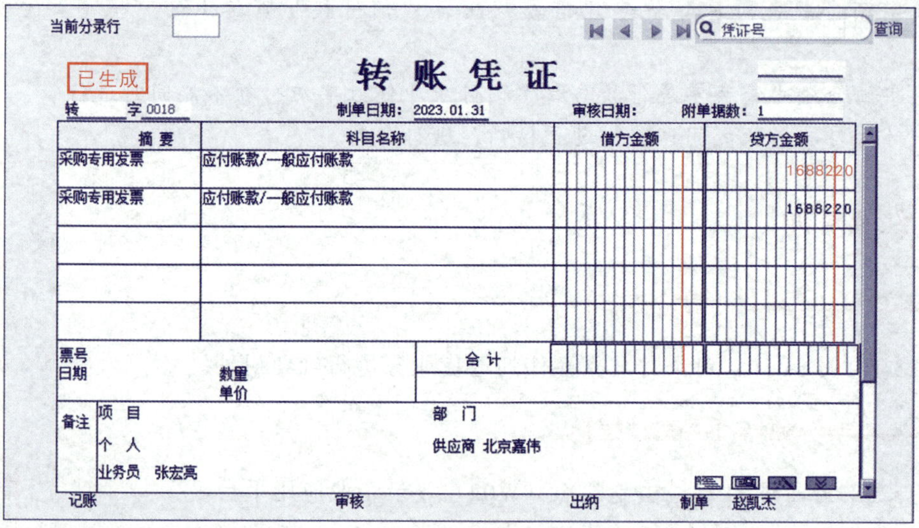

图4-79 记账凭证

【提示】

红票对冲就是用某供应商的红字发票与其蓝字发票进行冲抵。

系统提供两种对冲方式：手工对冲和自动对冲。

如果红字单据中有对应单据号，则可使用自动对冲，否则应使用手工对冲。

对冲金额合计不能大于红票金额。

红票对冲同样应遵循核销规则。

4.6　其他操作

4.6.1　单据查询

【实验资料】

（1）查询1月份填制的全部采购专用发票。

（2）查询1月份填制的全部付款单。

【实验过程】

（1）2023年1月31日，由赵凯杰（W02）登录企业应用平台。

（2）在U8企业应用平台，依次选择"业务工作→财务会计→应付款管理→应付处理→采购发票→采购发票查询"命令，打开"采购发票查询"窗口。单击窗口上方工具栏的"查询"按钮，打开"查询条件-发票查询"对话框，"发票类型"栏选择"采购专用发票"，"包含余额=0"栏选择"是"，单击"确定"按钮，打开采购发票列表，如图4-80所示。

采购发票列表

序号	☐	单据日期	单据类型	单据编号	供应商	币种	原币金额	原币余额	本币金额	本币余额
1	☐	2023-01-02	采购专用发票	38120675	湖南百盛服装有限公司	人民币	36,160.00	0.00	36,160.00	0.00
2	☐	2023-01-02	采购专用发票	50169283	北京嘉伟服装有限公司	人民币	112,548.00	0.00	112,548.00	0.00
3	☐	2023-01-03	采购专用发票	25703689	山东顺达皮具有限公司	人民币	157,070.00	0.00	157,070.00	0.00
4	☐	2023-01-04	采购专用发票	38706512	沈阳通达物流有限公司	人民币	872.00	0.00	872.00	0.00
5	☐	2023-01-07	采购专用发票	15602109	上海亿达商贸有限公司	人民币	-18,170.40	0.00	-18,170.40	0.00
6	☐	2023-01-07	采购专用发票	50169287	北京嘉伟服装有限公司	人民币	-16,882.20	0.00	-16,882.20	0.00
7	☐	2023-01-12	采购专用发票	35187102	天津惠阳商贸有限公司	人民币	483,075.00	0.00	483,075.00	0.00
8	小计						754,672.40		754,672.40	
9	合计						754,672.40		754,672.40	

图4-80　采购专用发票查询结果

（3）在U8企业应用平台，依次选择"业务工作→财务会计→应付款管理→付款处理→收付款单查询"命令，打开"收付款单查询"窗口。单击窗口上方工具栏的"查询"按钮，打开"查询条件-收付款单过滤"对话框，在"单据类型"栏选择"付款单"，"包含余额=0"栏选择"是"，单击"确定"按钮，打开查询列表，如图4-81所示。

收付款单列表

序号	☐	单据日期	单据类型	单据编号	供应商	币种	原币金额	原币余额	本币金额	本币余额
1	☐	2023-01-13	付款单	0000000002	湖南百盛服装有限公司	人民币	35,520.00	0.00	35,520.00	0.00
2	☐	2023-01-14	付款单	0000000004	上海恒久表业有限公司	人民币	70,000.00	70,000.00	70,000.00	70,000.00
3	☐	2023-01-15	付款单	0000000005	大连博伦表业有限公司	人民币	775.00	0.00	775.00	0.00
4	☐	2023-01-22	付款单	0000000006	天津惠阳商贸有限公司	人民币	463,075.00	0.00	463,075.00	0.00
5	☐	2023-01-23	付款单	0000000007	沈阳通达物流有限公司	人民币	872.00	0.00	872.00	0.00
6	☐	2023-01-23	付款单	0000000008	山东顺达皮具有限公司	人民币	157,070.00	0.00	157,070.00	0.00
7	☐	2023-01-24	付款单	0000000009	大连博伦表业有限公司	人民币	500,000.00	0.00	500,000.00	0.00
8	☐	2023-01-25	付款单	0000000010	北京嘉伟服装有限公司	人民币	95,665.80	0.00	95,665.80	0.00
9	小计						1,322,977.80	70,000.00	1,322,977.80	70,000.00
10	合计						1,322,977.80	70,000.00	1,322,977.80	70,000.00

图4-81　付款单查询结果

4.6.2　账表管理

【实验资料】

（1）查询1月份业务总账。

（2）进行1月份欠款分析。

（2）查询1月份应付票据科目明细账。

【实验过程】

（1）2023年1月31日，由赵凯杰（W02）登录企业应用平台。

（2）在U8企业应用平台，依次选择"业务工作→财务会计→应付款管理→账表管理→业务账表→业务总账"命令，打开"查询条件-应付总账表"对话框，单击"确定"按钮，打开应付总账表，如图4-82所示。

账表管理

应付总账表

查询方案：暂无查询方案，请点击"更多>>"添加，有助于您更加方便快捷的进行查询！

查询条件： 年度 2023　　　　　　到 2023

月份 1　　　　　　　　到 1　　　　　　　　　　查询　更多>>

	期间	本期应付	本期付款	余额	月回收率%	年回收率%
		本币	本币	本币		
1	期初余额			564,775.00		
2	202301	759,570.90	1,305,447.40	18,898.50	171.87	171.87
3	总计	759,570.90	1,305,447.40	18,898.50		

共 2 条记录　　　　　　　　每页显示 40 条　K ‹ 1 / 1 › H 跳转

图4-82　应付总账表

（3）在应付系统选择"账表管理→统计分析→欠款分析"命令，打开"欠款分析"对话框，单击"确定"按钮，打开"欠款分析"窗口，如图4-83所示。

欠款分析

供应商 全部　　　　　　币种：　　　　　　截止日期：2023-01-31

供应商		欠款总计	信用额度	信用余额	货款	应付款	预付款
编号	名称				金额	金额	金额
202	大连博伦表业有限公司	84,000.00		-84,000.00	84,000.00		
409	沈阳通达物流有限公司	4,898.50		-4,898.50	3,898.50	1,000.00	
201	上海恒久表业有限公司	-70,000.00		70,000.00			70,000.00
总计		18,898.50			87,898.50	1,000.00	70,000.00

图4-83　欠款分析

（4）在应付系统选择"账表管理→科目账查询→科目明细账"命令，打开"科目明细账"对话框，在查询条件的"科目"栏选择"2201 应付票据"，单击"确定"按钮，打开应付票据的科目明细账，如图4-84所示。

科目明细账

科目 2201 应付票据　　　　　　　　　　　金额式 ▼

期间：2023.01-2023.01

年	月	日	凭证号	科目		供应商		摘要	借方	贷方	方向	余额
				编号	名称	编号	名称		本币	本币		本币
				2201	应付票据	102	北京嘉伟	期初余额			贷	25,740.00
2023	01	25	转-0014	2201	应付票据	102	北京嘉伟	付款单		95,665.80	贷	121,405.80
2023	01	30	付-0013	2201	应付票据	102	北京嘉伟	票据结算	25,740.00		贷	95,665.80
2023	01			2201	应付票据	102	北京嘉伟	本月合计	25,740.00	95,665.80	贷	95,665.80
2023	01			2201	应付票据	102	北京嘉伟	本年累计	25,740.00	95,665.80	贷	95,665.80
2023	01	25	转-0013	2201	应付票据	202	大连博伦	付款单		500,000.00	贷	500,000.00
2023	01	31	转-0015	2201	应付票据	202	大连博伦	付票据利息		486.11	贷	500,486.11
2023	01			2201	应付票据	202	大连博伦	本月合计		500,486.11	贷	500,486.11
2023	01			2201	应付票据	202	大连博伦	本年累计		500,486.11	贷	500,486.11
				2201	应付票据			合 计	25,740.00	596,151.91	贷	596,151.91
				2201	应付票据			累 计	25,740.00	596,151.91	贷	596,151.91
								合 计	25,740.00	596,151.91	贷	596,151.91
								累 计	25,740.00	596,151.91	贷	596,151.91

图4-84　应付票据科目明细账

4.6.3 取消操作

━━━━━━━━ 【实验资料】

2023年1月31日，取消本月对北京嘉伟的红票对冲处理。

━━━━━━━━ 【实验过程】

（1）2023年1月31日，由赵凯杰（W02）登录企业应用平台。

（2）在U8企业应用平台，依次选择"业务工作→财务会计→应付款管理→凭证处理→查询凭证"命令，打开"凭证查询条件"对话框，"业务类型"选择"转账制单"，单击"确定"按钮，打开"查询凭证"窗口，如图4-85所示。

凭证列表

凭证总数：2 张

选择	业务日期	业务类型	业务号	制单人	凭证日期	凭证号	标志
	2023-01-31	预付冲应付	35187102	赵凯杰	2023-01-31	转-0017	
	2023-01-31	红票对冲	50169287	赵凯杰	2023-01-31	转-0018	

图4-85 "查询凭证"窗口

单击选中"业务类型"为"红票对冲"的转账凭证，单击工具栏的"删除"按钮，系统提示"确定要删除此凭证吗"，单击"是"，该记账凭证从应付系统删除。

【提示】

从应付系统删除的凭证在总账中显示"作废"字样，并未予以删除，可通过"整理凭证"功能将其彻底清除掉。

（3）在应付系统选择"其他处理→取消操作"命令，打开"取消操作条件"对话框，在"操作类型"下拉框中选择"红票对冲"，如图4-86所示。单击"确定"按钮，打开"取消操作"窗口，如图4-87所示。

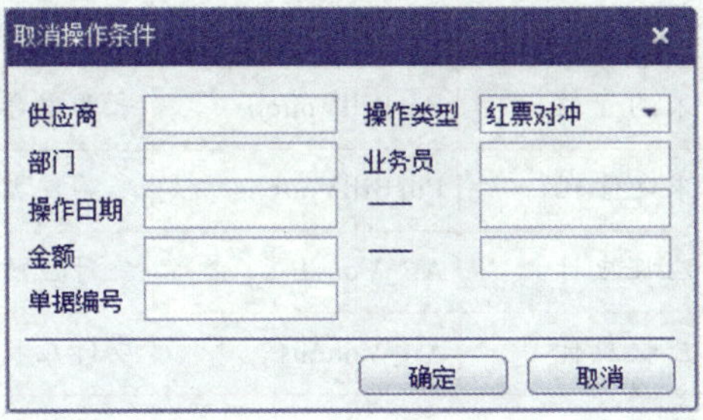

取消操作条件

供应商		操作类型	红票对冲 ▼
部门		业务员	
操作日期			
金额			
单据编号			

确定　　取消

图4-86 取消操作条件

取消操作

操作类型：红票对冲　　　　　　　　　供应商：全部

选择标志	单据类型	单据号	日期	供应商	金额	部门	业务员
	红票对冲	50169287	2023-01-31	北京嘉伟	16,882.20	采购部	张宏亮

图4-87 取消操作

（4）双击"红票对冲"栏左侧的"选择标志"栏，单击工具栏的"确认"按钮，完成本次取消操作。

【提示】

可以取消的操作类型包括：核销、选择付款、汇兑损益、票据处理、应付冲应付、应付冲应收、预付冲应付和红票对冲等8种。

如果某操作类型已经制单处理，在取消操作前，应先到"凭证处理→查询凭证"中将该记账凭证删除，再进行取消操作。

取消选择付款，则核销处理被取消，同时选择付款生成的付款单也一并删除，应付单据恢复原状。

如果转账处理（应付冲应付、预付冲应付等）发生月份已经结账，则不能被恢复。

以下情况不允许取消票据处理：

①票据日期所在月份已经结账。

②票据计息和票据结算后又进行了其他处理。

③票据转出后所生成的应付单已经进行了核销等处理。

4.7　本章常见数据表

本章常见数据表见表4-9。

表 4-9　　　　　　　　　　　　　　　　本章常见数据表

序号	系统编码 （SystemID）	系统名称 （SystemName）	表名称 （TableName）	表定义 （TableDefine）	备注
1	RP	应收应付	Ap_BillAge	逾期账龄区间	表4-2
2	RP	应收应付	Ap_AlarmSet	预警级别	表4-3
3	RP	应收应付	Ap_InputCode	应付基本科目	表4-4
4	RP	应收应付	Ap_SStyleCode	结算方式科目	表4-5
5	PU	采购管理	PurBillVouch	采购发票主表	
6	PU	采购管理	PurBillVouchs	采购发票子表	
7	RP	应收应付	Ap_Vouch	应付应收单主表	
8	RP	应收应付	Ap_Vouchs	应付应收单子表	
9	RP	应收应付	Ap_CloseBill	收付款单主表	
10	RP	应收应付	Ap_CloseBills	收付款单子表	
11	RP	应收应付	Ap_Note	应收应付票据登记簿主表	
12	RP	应收应付	Ap_Note_Sub	应收应付票据登记簿子表	
13	AP	应付	Ap_Detail	应付明细账	

1. 简述应付系统与其他系统之间的数据传递关系。
2. 简述应付单据处理的基本流程。
3. 简述付款单据处理的基本流程。
4. 请问什么是核销，其作用是什么？
5. 简述票据管理的主要功能。

5 第5章 应收款管理系统

5.1 概述

应收款管理系统，简称应收系统，用于对企业在销售过程中发生的业务进行处理。该系统提供了选项设置、初始设置、日常处理、单据查询、账表管理、其他处理等功能。根据对客户往来款项核算和管理的程度不同，系统提供了应收款详细核算和简单核算两种应用方案。应收系统与本教材其他系统的关系如下：

① 应收系统生成的所有记账凭证都传递到总账系统中。

② 应收系统与供应链系统、总账系统集成使用时，应收系统可接收在销售系统中所填制的销售发票，审核并生成记账凭证后传递至总账系统。销售管理系统的代垫费用单审核后自动生成其他应收单，并传递至应收系统。

③ 应收款、应付款之间可以相互对冲。应收系统的商业汇票背书可以冲减应付系统的应付账款。通过应收系统的"应收冲应付"功能，可以冲减应付系统的应付账款。

④ 应收系统为 UFO 报表系统提供往来数据。

本章的重点内容：应收单据、收款单据的日常处理。

本章的难点内容：已完成业务的逆向操作。

本章总体流程如图 5-1 所示。

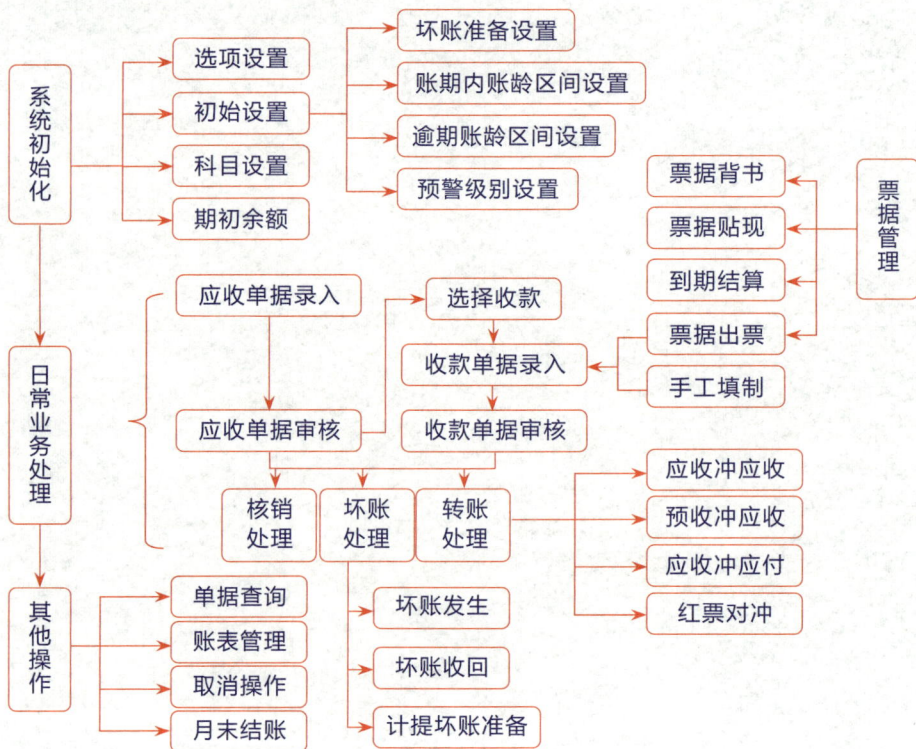

图5-1 本章总体流程

5.2 系统初始化

5.2.1 选项设置

【实验资料】

根据表5-1设置应收系统参数。

表 5-1　　　　　　　　　　　　　　　　系统参数（AccInformation）

系统名称（cSysID）	页签	选项设置
应收款管理	常规	应收单据审核日期：单据日期 坏账处理方式：应收余额百分比法 自动计算现金折扣
	凭证	受控科目制单方式：明细到单据 凭证合并规则：票据号
	权限与预警	取消"控制操作员权限" 按信用方式根据单据提前7天自动预警

【实验过程】

（1）2023年1月1日，由赵凯杰（W02）登录企业应用平台。

（2）在U8企业应用平台，依次选择"业务工作→财务会计→应收款管理→设置→选项"命令，打开"账套参数设置"窗口。单击"编辑"按钮，系统提示"选项修改需要重新登录才能生效"，单击"确定"按钮，开始参数设置。

应收系统选项
设置

（3）在"常规"页签，"应收单据审核日期"项选择"单据日期"，"坏账处理方式"项选择"应收余额百分比法"，勾选"自动计算现金折扣"，结果如图5-2所示。

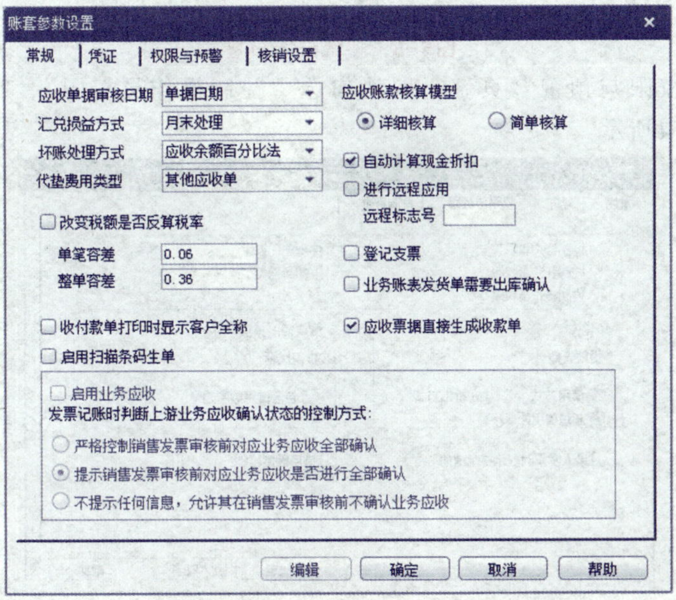

图5-2　"常规"页签

说明：应收系统与应付系统的基本原理大体一致，相关系统参数的"提示"请参见项目四（4.2.1 选项设置），本章仅就上一项目未说明之处或两系统差异之处（如坏账相关问题、票据贴现与背书等）进行提示。

［坏账处理方式］系统提供以下四种坏账处理方式：应收余额百分比法、销售收入百分比法、账龄分析法和直接转销法。前三种方式统称为备抵法。

采用备抵法，需在初始设置中进行坏账准备设置等，才能在坏账处理中进行后续操作。

采用直接转销法，初始设置中无"坏账准备设置"项，坏账发生时，直接到"坏账处理→坏账发生"中将应收账款转为损失即可。

（4）单击"凭证"页签，"受控科目制单方式"勾选"明细到单据"，"凭证合并规则"勾选"票据号"，结果如图5-3所示。

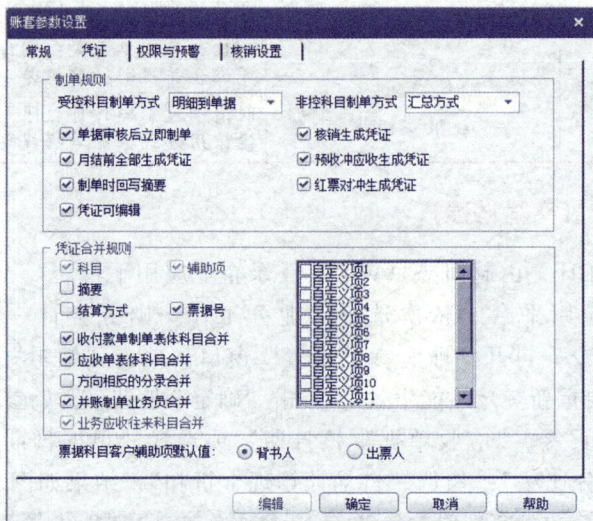

图5-3 "凭证"页签

（5）单击"权限与预警"页签，取消勾选"控制操作员权限"，"提前天数"输入"7"，结果如图5-4所示。

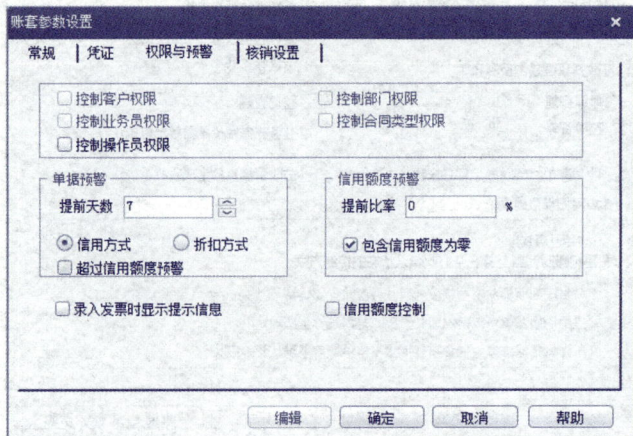

图5-4 "权限与预警"页签

5.2.2 初始设置

1.坏账准备设置

━━━━━━━━━ 【实验资料】

根据表5-2进行坏账准备设置。

表 5-2　　　　　　　　　　　坏账准备设置（Ar_BadPara）

提取比率（nJtRate）	坏账准备期初余额（nQcYe）	坏账准备科目（cHzCode）	对方科目（cDyCode）
0.500%	3 240元	1231 坏账准备	6702 信用减值损失

━━━━━━━━━ 【实验过程】

（1）2023年1月1日，由赵凯杰（W02）登录企业应用平台。

（2）在U8企业应用平台，依次选择"业务工作→财务会计→应收款管理→设置→初始设置"命令，打开"初始设置"窗口。单击"坏账准备设置"项，录入"提取比率"、"坏账准备期初余额"、"坏账准备科目"和"对方科目"这四项信息，录入完毕单击"确定"按钮，系统提示"存储完毕"，单击"确定"按钮，结果如图5-5所示。

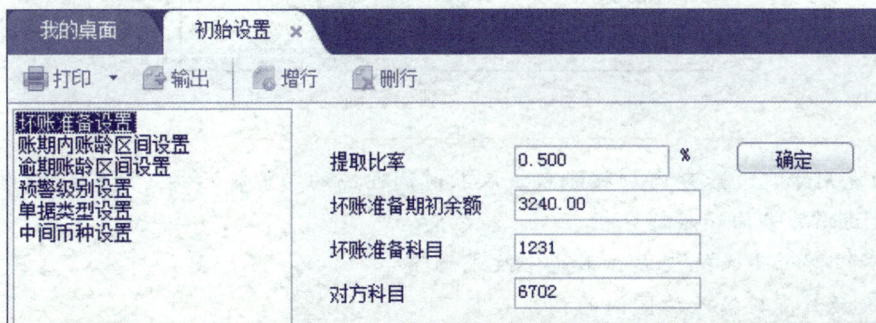

图5-5　坏账准备设置

【提示】

坏账初始设置根据应收系统选项中所设置的坏账处理方式的不同而不同。如果选择直接转销法，则在初始设置中不显示"坏账准备设置"功能。

进行坏账处理（计提坏账准备、坏账发生、坏账收回）后，该参数将不能修改。

坏账处理后应考虑该事项的所得税影响。

2.账期内账龄区间设置

━━━━━━━━━ 【实验资料】

根据表5-3设置账期内账龄区间。

表 5-3　　　　　　　　　　　　　账期内账龄区间（Ap_BillAge）

序号（cNum）	起止天数（cDays）	总天数（iCount）
01	1—10	10
02	11—30	30
03	31—60	60
04	61—90	90
05	91 以上	

────────── 【实验过程】 ──────────

（1）2023年1月1日，由赵凯杰（W02）登录企业应用平台。

（2）在 U8 企业应用平台，依次选择"业务工作→财务会计→应收款管理→设置→初始设置"命令，打开"初始设置"窗口。选择"账期内账龄区间设置"，根据实验资料在第一行的"总天数"栏输入"10"，按回车键，继续后续天数的录入，结果如图5-6所示。

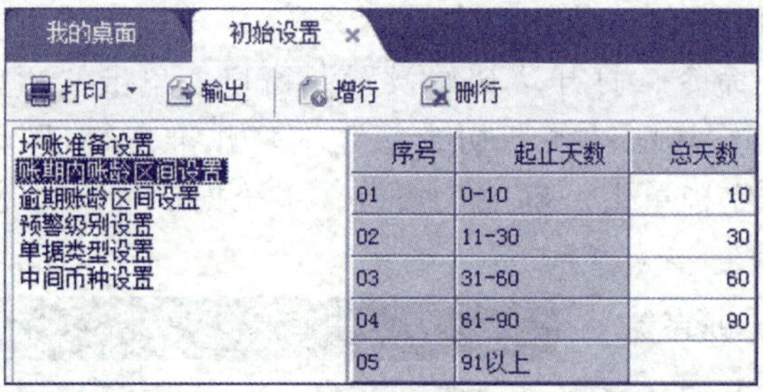

图5-6　账期内账龄区间设置

【提示】

　　该功能用于定义账期内应收账款或收款时间间隔的功能，后续可进行账期内应收账款或收款的账龄查询和账龄分析。

　　[序号]序号由系统生成，不能修改或删除。

　　[总天数]直接输入该区间的截止天数。

　　[起止天数]系统自动生成，无须手工输入。

3. 逾期账龄区间设置

────────── 【实验资料】 ──────────

　　根据表5-4设置逾期账龄区间。

表 5-4　　　　　　　　　　　　　逾期账龄区间（Ap_BillAge）

序号（cNum）	起止天数（cDays）	总天数（iCount）
01	1—30	30
02	31—60	60
03	61—90	90
04	91—120	120
05	121 以上	

【实验过程】

（1）2023年1月1日，由赵凯杰（W02）登录企业应用平台。

（2）在U8企业应用平台，依次选择"业务工作→财务会计→应收款管理→设置→初始设置"命令，打开"初始设置"窗口。选择"逾期账龄区间设置"，根据实验资料在第1行的"总天数"栏输入"30"，按回车键，继续后续天数的录入，结果如图5-7所示。

逾期账龄区间设置

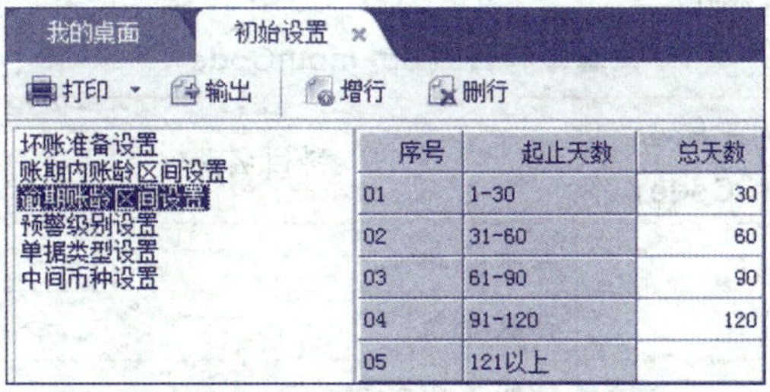

图5-7　逾期账龄区间设置

4.预警级别设置

【实验资料】

根据表5-5设置预警级别。

表 5-5　　　　　　　　　　　预警级别（Ap_AlarmSet）

序号（cNum）	起止比率（iRate2）	总比率（iRate1）	级别名称（cClassName）
01	0—10%	10	甲
02	10%—20%	20	乙
03	20%—30%	30	丙
04	30%—40%	40	丁
05	40%—50%	50	戊
06	50%以上		己

【实验过程】

（1）2023年1月1日，由赵凯杰（W02）登录企业应用平台。

（2）在U8企业应用平台，依次选择"业务工作→财务会计→应收款管理→设置→初始设置"命令，打开"初始设置"窗口。选择"预警级别设置"，根据实验资料输入第1行的"总比率"和"级别名称"，输入完毕按回车键，继续完成后续预警级别的录入，结果如图5-8所示。

预警级别设置

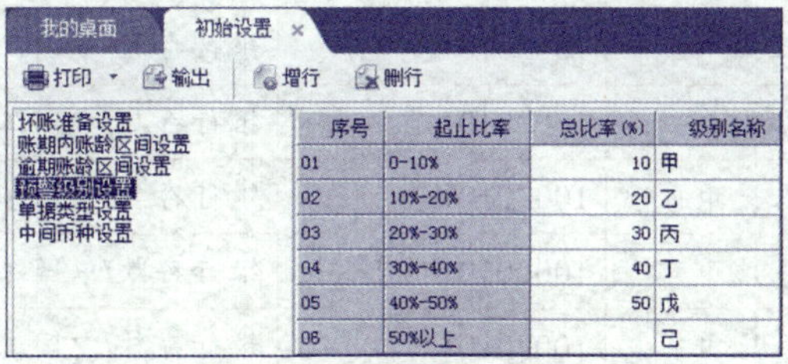

图5-8　预警级别设置

5.2.3 科目设置

【实验资料】

根据表5-6设置基本科目。

表5-6　　　　　　　　　　　**基本科目（Ap_InputCode）**

基础科目种类 （cNote_f）	科目编码 （cArCode）	科目名称	币种 （cApCodeName）
应收科目	1122	应收账款	人民币
预收科目	2203	预收账款	人民币
坏账入账科目	1231	坏账准备	人民币
商业承兑科目	1121	应收票据	人民币
银行承兑科目	1121	应收票据	人民币
票据利息科目	660301	财务费用/利息支出	人民币
票据费用科目	660305	财务费用/票据贴现	人民币
收支费用科目	660105	销售费用/办公费	人民币
现金折扣科目	6001	主营业务收入	人民币
税金科目	22210106	应交税费/应交增值税/销项税额	人民币
销售收入科目	6001	主营业务收入	人民币
销售退回科目	6001	主营业务收入	人民币

根据表5-7设置结算方式科目，其中本单位账号选择"2107024015890035666"。

表5-7　　　　　　　　　　　**结算方式科目（Ap_SStyleCode）**

结算方式 （cSettleStyle）	币种 （cexch_name）	科目编码 （cCode）	科目名称
现金	人民币	1001	库存现金
现金支票	人民币	10020101	银行存款/中国工商银行/沈阳皇姑支行
转账支票	人民币	10020101	银行存款/中国工商银行/沈阳皇姑支行
银行汇票	人民币	10020101	银行存款/中国工商银行/沈阳皇姑支行
电汇	人民币	10020101	银行存款/中国工商银行/沈阳皇姑支行
信汇	人民币	10020101	银行存款/中国工商银行/沈阳皇姑支行
委托收款	人民币	10020101	银行存款/中国工商银行/沈阳皇姑支行
托收承付	人民币	10020101	银行存款/中国工商银行/沈阳皇姑支行
其他	人民币	10020101	银行存款/中国工商银行/沈阳皇姑支行

【实验过程】

（1）2023年1月1日，由赵凯杰（W02）登录企业应用平台。

（2）在U8企业应用平台，依次选择“业务工作→财务会计→应收款管理→设置→科目设置→基本科目”命令，打开“应收基本科目”窗口。单击“增行”按钮，根据实验资料设置应收基本科目，结果如图5-9所示。关闭当前窗口。

科目设置

我的桌面　应收基本科目 ×

打印 · 输出 增行 删行

基本科目

基本科目种类	科目	币种
应收科目	1122	人民币
预收科目	2203	人民币
坏账入账科目	1231	人民币
商业承兑科目	1121	人民币
银行承兑科目	1121	人民币
票据利息科目	660301	人民币
票据费用科目	660305	人民币
收支费用科目	660105	人民币
现金折扣科目	6001	人民币
税金科目	22210106	人民币
销售收入科目	6001	人民币
销售退回科目	6001	人民币

图5-9　应收基本科目

（3）在U8企业应用平台，依次选择“业务工作→财务会计→应收款管理→设置→科目设置→结算科目”命令，打开“应收结算科目”窗口。单击“增行”按钮，根据实验资料设置应收结算科目，结果如图5-10所示。关闭当前窗口。

我的桌面　应收结算科目 ×

打印 · 输出 增行 删行

结算方式科目

结算方式	币　种	本单位账号	科　目
1 现金	人民币	2107024015890035666	1001
201 现金支票	人民币	2107024015890035666	10020101
202 转账支票	人民币	2107024015890035666	10020101
301 银行汇票	人民币	2107024015890035666	10020101
401 电汇	人民币	2107024015890035666	10020101
402 信汇	人民币	2107024015890035666	10020101
5 委托收款	人民币	2107024015890035666	10020101
6 托收承付	人民币	2107024015890035666	10020101
9 其他	人民币	2107024015890035666	10020101

图5-10　应收结算科目

"商业承兑汇票"和"银行承兑汇票"这两种结算方式的入账科目在"应收基本科目"的"商业承兑科目"和"银行承兑科目"中设置，不在"应收结算科目"中设置。

［控制科目］该功能用于进行更加详细的应收科目、预收科目等的设置。

［对方科目］该功能用于进行更加详细的销售科目、税金科目等的设置。

制单时，基本科目、控制科目、对方科目、结算方式科目的选取规则如下：单据上科目→控制科目、对方科目或结算方式科目→基本科目→手工输入科目。以销售发票制单为例，系统先判断控制科目是否设置，若设置则取该科目。同时判断对方科目是否设置，若设置则取该科目。若没有设置控制科目或对方科目，则取"基本科目设置"中设置的应收科目、销售科目和税金科目。若没有设置基本科目，则弹出记账凭证的"科目名称"栏为空，须手工输入科目。若单据上有科目，则优先使用该科目。

5.2.4 录入期初余额

【实验资料】

（1）根据表5-8录入应收账款期初余额，业务员刘晓明。

表5-8   应收账款期初余额

单据类型	开票日期	发票号	客户	科目	存货编码	数量	无税单价	金额
销售专用发票	2022-12-17	21323501	沈阳金泰	1122	1103	1 200	500.00	678 000.00

（2）根据表5-9录入应收票据期初余额，承兑银行为中国银行，业务员刘晓明。

表5-9   应收票据期初余额

单据类型	票据编号	开票单位	票据面值	科目	签发日期	收到日期	到期日
银行承兑汇票	35978808	北京汇鑫	97 000.00	1121	2022-12-25	2022-12-25	2023-01-25

（3）根据表5-10录入预收账款期初余额，业务员何丽平。

表5-10   预收账款期初余额

单据名称	单据类型	方向	日期	客户	结算方式	金额	票据号	科目编码
预收款	收款单	正	2022-11-26	上海乐淘	银行汇票	30 000.00	98503712	2203

（4）应收系统与总账系统进行对账。

【实验过程】

（1）2023年1月1日，由赵凯杰（W02）登录企业应用平台。

（2）在U8企业应用平台，依次选择"业务工作→财务会计→应收款管理→期初余额→期初余额"命令，打开"期初余额-查询"对话框。单击"确定"按钮，打开"期初余额"窗口。

录入期初余额

（3）单击工具栏的"增加"按钮，弹出"单据类别"对话框，如图5-11所示。单击"确定"按钮，打开"期初销售发票"窗口。

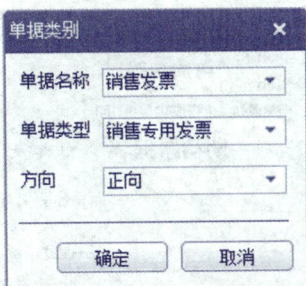

图5-11 选择单据类别

（4）单击工具栏的"增加"按钮，根据实验资料，录入表头的"发票号"、"开票日期"、"客户"和"业务员"等信息，其他表头信息自动带入。

录入表体的"存货编码"、"数量"和"无税单价"等信息，其他表体信息自动带入。录入完毕单击"保存"按钮，结果如图5-12所示。关闭"期初销售发票"窗口。

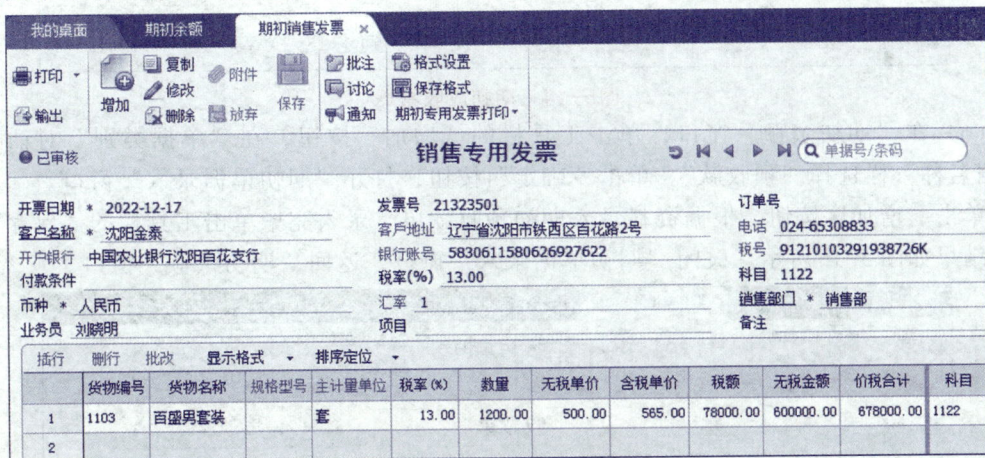

图5-12 期初销售专用发票

【提示】

对于销售发票以外其他情况形成的应收账款期初余额，可填制期初应收单。

（5）在"期初余额"窗口，单击工具栏的"增加"按钮，在"单据类别"对话框的"单据名称"栏选择"应收票据"，如图5-13所示。单击"确定"按钮，打开"期初单据录入"窗口。单击"增加"按钮，根据资料录入期初应收票据，结果如图5-14所示，单击"保存"按钮。关闭"期初单据录入"窗口，返回"期初余额"窗口。

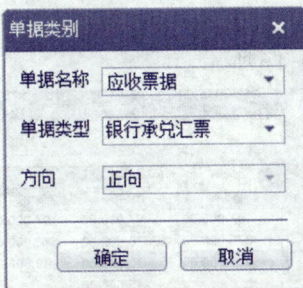

图5-13 选择单据类别

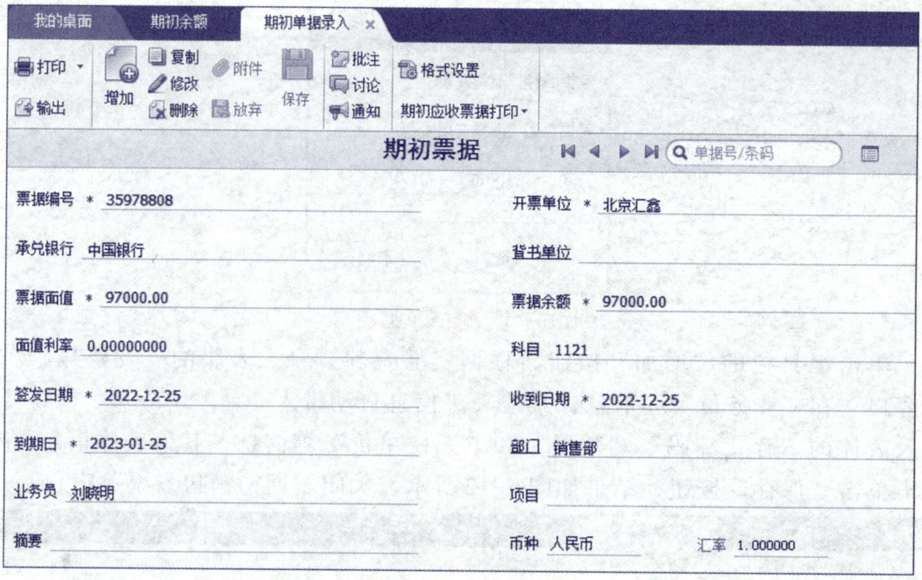

图5-14　期初应收票据

（6）在"期初余额"窗口，单击工具栏的"增加"按钮，在"单据类别"对话框的"单据名称"栏选择"预收款"。单击"确定"按钮，打开"期初单据录入"窗口。

单击"增加"按钮，根据资料录入期初预收款单，录入完毕单击工具栏的"保存"按钮，结果如图5-15所示。关闭"期初单据录入"窗口，返回"期初余额"窗口。

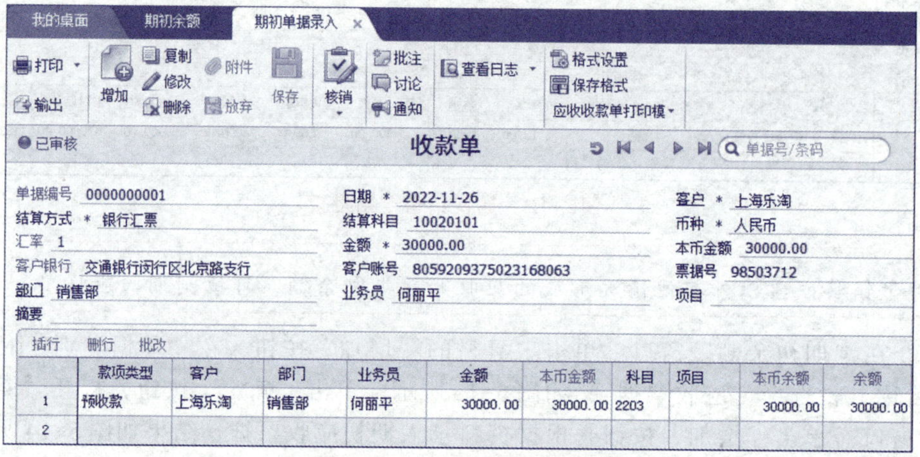

图5-15　期初预收款单

（7）在"期初余额"窗口，单击工具栏的"刷新"按钮，再单击"对账"按钮，打开"期初对账"对话框，结果如图5-16所示。

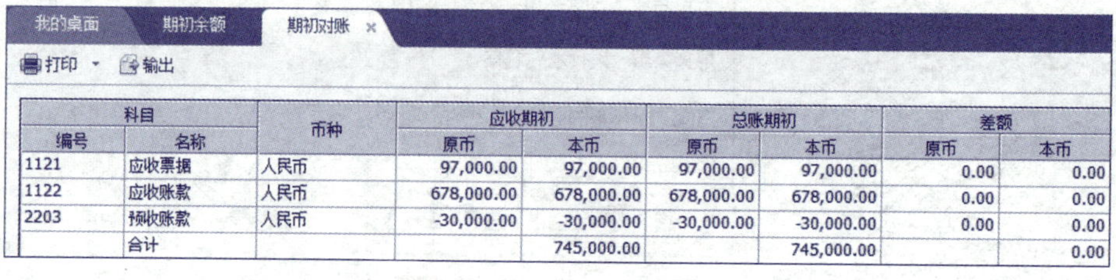

科目		币种	应收期初		总账期初		差额	
编号	名称		原币	本币	原币	本币	原币	本币
1121	应收票据	人民币	97,000.00	97,000.00	97,000.00	97,000.00	0.00	0.00
1122	应收账款	人民币	678,000.00	678,000.00	678,000.00	678,000.00	0.00	0.00
2203	预收账款	人民币	-30,000.00	-30,000.00	-30,000.00	-30,000.00	0.00	0.00
	合计			745,000.00		745,000.00		0.00

图5-16　期初对账

5.3　日常单据处理

应收系统日常单据处理主要是对如图5-17所示的几种单据进行操作。

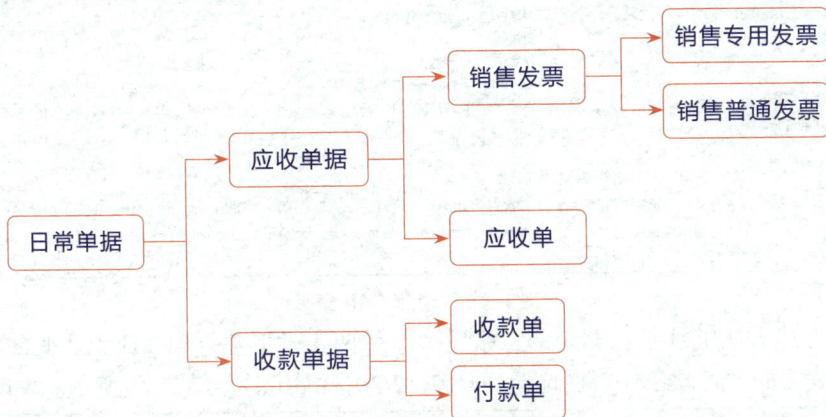

图5-17　应收系统日常单据

5.3.1　应收单据录入

应收单据处理基本流程：填制→审核→制单。

1.填制应收单据

（1）销售专用发票。

―――――――――　**【实验资料】**

2023年1月2日，销售部刘晓明向上海乐淘销售博伦男表600只，无税单价为3 800元，增值税税率为13%（发票号：21323502）。

2023年1月2日，销售部刘晓明向沈阳喜来销售博伦女表180只，无税单价为5 000元，增值税税率为13%（发票号：21323503）。

2023年1月3日，销售部何丽平向北京汇鑫销售嘉伟男风衣1 200件，无税单价为900元，增值税税率为13%（发票号：21323504）。

2023年1月3日，销售部何丽平向广州华丰销售百盛男套装700套，无税单价为930元，增值税税率为13%（发票号：21323505）。合同约定的付款条件为：4/10，2/20，n/30。

―――――――――　**【实验过程】**

①2023年1月2日，由赵凯杰（W02）登录企业应用平台。

②在U8企业应用平台，依次选择"业务工作→财务会计→应收款管理→应收处理→销售发票→销售专用发票录入"命令，打开"销售发票"窗口。

③单击工具栏的"增加"按钮，根据实验资料，表头录入"发票号"、"客户"、"业务员"和"税率"等信息，表体录入"存货编码"、"数量"和"无税单价"等信息。录入完毕单击"保存"按钮，结果如图5-18所示。

销售专用发票

图5-18 销售专用发票

④按照上述方法继续录入剩余的三张发票，后两张发票建议以3日登录平台后填制。最后一张发票表头的"付款条件"栏选择"4/10，2/20，n/30"，如图5-19所示。关闭该窗口。

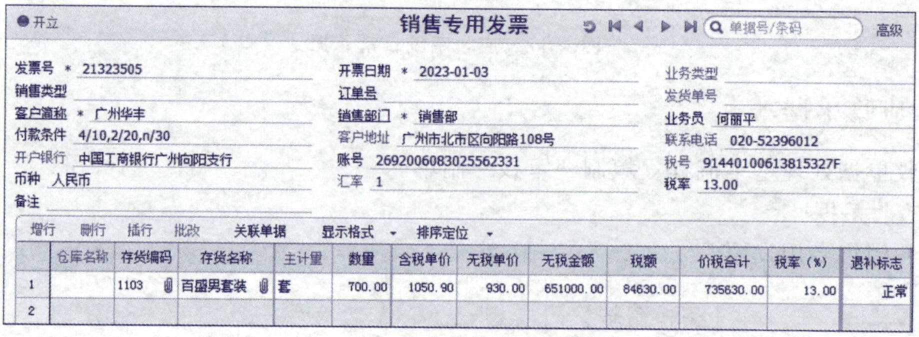

图5-19 销售专用发票

【提示】

若启用销售管理系统，则销售发票不在应收系统录入，而应在销售管理系统录入，并传递给应收系统，但须在应收系统进行审核。

若未启用销售管理系统，则在应收系统录入各类销售发票。

录入应收单据时，选择客户后，系统自动将与客户相关的信息全部带出。

若表体科目的项目大类与表头相同，则自动将表头项目带入该条表体记录的项目中。

（2）销售普通发票。

【实验资料】

2023年1月4日，销售部刘晓明向沈阳喜来销售恒久情侣表240对，无税单价9 999元，增值税税率为13%（发票号：98236015）。

【实验过程】

① 2023年1月4日，由赵凯杰（W02）登录企业应用平台。

② 在U8企业应用平台，依次选择"业务工作→财务会计→应收款管理→应收处理→销售发票→销售普通发票录入"命令，打开"销售发票"窗口。

销售普通发票

③ 单击工具栏的"增加"按钮，根据实验资料，表头录入"发票号"、"客户"和"业务员"等信息，表体录入"存货编码"、"数量"和"无税单价"等信息。录入完毕单击"保存"按钮，结果如图5-20所示。

开立	销售普通发票	↺ ⏮ ◀ ▶ ⏭	🔍 单据号/条码	高级

发票号 * 98236015　　　　开票日期 * 2023-01-04　　　　业务类型
销售类型　　　　　　　　订单号　　　　　　　　　　发货单号
客户简称 * 沈阳喜来　　　销售部门 * 销售部　　　　　业务员 刘晓明
付款条件　　　　　　　　客户地址 辽宁省沈阳市沈河区万春路66号　联系电话 024-65507283
开户银行 中国农业银行沈阳万春支行　银行账号 5830626920062662115　税率 13.00
币种 人民币　　　　　　　汇率　　　　　　　　　　备注

	增行	删行	插行	批改	关联单据	显示格式 ▾	排序定位 ▾				
	仓库名称	存货编码	存货名称	主计量	数量	含税单价	无税单价	无税金额	税额	价税合计	税率（%)
1		1251 📎	恒久情侣表 📎	对	240.00	11298.87	9999.00	2399760.00	311968.80	2711728.80	13.00
2											

图5-20　销售普通发票

【提示】

与采购普通发票表头、表体的"税率"均为零不同，销售普通发票应正常计算销项税额，表头、表体的"税率"均不为零。

（3）应收单。

【实验资料】

2023年1月5日，销售部何丽平向北京汇鑫销售商品时，以中国工商银行沈阳皇姑支行转账支票（票据号：10562000）代垫运费3 000元。

【实验过程】

① 2023年1月5日，由赵凯杰（W02）登录企业应用平台。

② 在U8企业应用平台，依次选择"业务工作→财务会计→应收款管理→应收处理→应收单→应收单录入"命令，打开"应收单录入"窗口。

③ 单击工具栏的"增加"按钮，根据实验资料，录入表头项目"客户""金额""业务员"等信息。表体"科目"栏参照选择"10020101"（银行存款/中国工商银行/沈阳皇姑支行）。保存后结果如图5-21所示。

开立	应收单	↺ ⏮ ◀ ▶ ⏭	🔍 单据号/条码	高级

单据编号 0000000001　　　单据日期 * 2023-01-05　　　客户 * 北京汇鑫
科目 1122　　　　　　　　币种 * 人民币　　　　　　汇率 1
金额 * 3000.00　　　　　　本币金额 3000.00　　　　　数量 0.00
部门 销售部　　　　　　　业务员 何丽平　　　　　　项目
付款条件　　　　　　　　摘要

	插行	删行	批改	显示格式 ▾	排序定位 ▾					
	方向	科目	币种	汇率	金额	本币金额	部门	业务员	项目	摘要
1	贷	10020101	人民币	1.00000000	3000.00	3000.00	销售部	何丽平		
2										

图5-21　应收单

若未启用销售管理系统，则伴随销售业务产生的代垫费用由应收系统进行录入。

若启用销售管理系统，则伴随销售业务产生的代垫费用需在销售管理系统中填制"销售费用支出单"。该支出单自动生成的其他应收单自动传递至应收系统。

无论是否启用销售管理系统，除销售发票、代垫费用外，其他涉及"应收账款"科目的业务也可考虑使用其他应收单。

应收单实质上是一张记账凭证，表头反映借方信息，表体反映贷方信息，如下所示：

借：应收系统受控科目（表头项目中的"科目"，必须是受控科目）
　贷：××××（表体项目中的"科目"）

应收单表体信息可以不输入，若不输入保存单据时系统会自动形成一条方向相反、金额相等的记录，该记录可修改。

（4）负向应收单据。

【实验资料】

2023年1月6日，根据北京汇鑫反馈，本月3日业务员何丽平所售的嘉伟男风衣200件发生质量问题，经协商予以退货，辽宁恒通当日收到所退货物，并开具了红字增值税专用发票（发票号：21323506）。

【实验过程】

① 2023年1月6日，由赵凯杰（W02）登录企业应用平台。

② 在U8企业应用平台，依次选择"业务工作→财务会计→应收款管理→应收处理→销售发票→红字销售专用发票录入"命令，打开"销售发票"窗口。

负向应收单据

③ 单击工具栏的"增加"按钮，根据实验资料，录入表头项目"发票号""客户""业务员"等信息。表体录入"存货编码"、"数量"和"无税单价"等信息。录入完毕单击"保存"按钮，结果如图5-22所示。

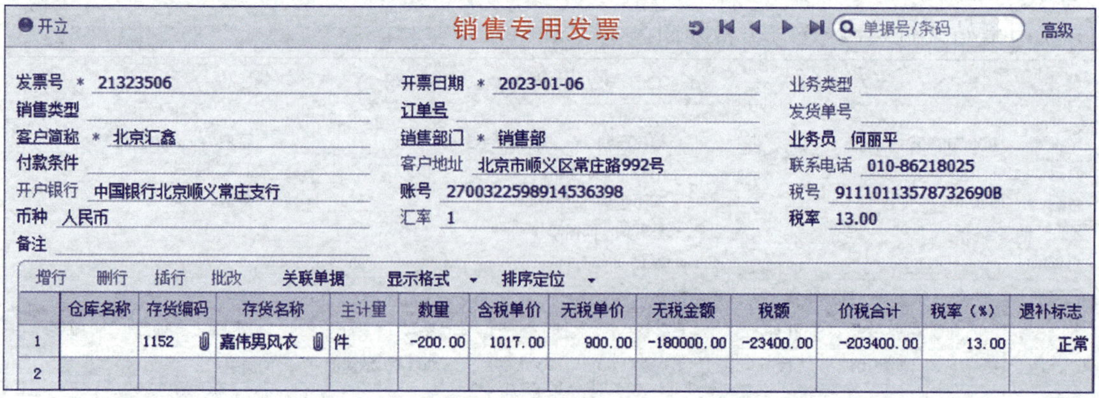

开立	销售专用发票		单据号/条码	高级
发票号 ＊ 21323506	开票日期 ＊ 2023-01-06		业务类型	
销售类型	订单号		发货单号	
客户简称 ＊ 北京汇鑫	销售部门 ＊ 销售部		业务员 何丽平	
付款条件	客户地址 ＊ 北京市顺义区常庄路992号		联系电话 010-86218025	
开户银行 中国银行北京顺义常庄支行	账号 2700322598914536398		税号 91110113578732690B	
币种 人民币	汇率 1		税率 13.00	
备注				

增行	删行	插行	批改	关联单据	显示格式 ▾	排序定位						
	仓库名称	存货编码	存货名称	主计量	数量	含税单价	无税单价	无税金额	税额	价税合计	税率（%）	退补标志
1		1152	嘉伟男风衣	件	-200.00	1017.00	900.00	-180000.00	-23400.00	-203400.00	13.00	正常
2												

图5-22　红字销售专用发票

【提示】

销售过程中如果发生退货、销售折让等，则需要填制负向的销售发票。如果填制销售折让发票，则红字销售专用发票表体录入"存货编码"、"无税金额"和"退补标志"即可，"数量"栏为空，且"退补标志"选择"退补"。

2.修改应收单据

【实验资料】

2023年1月7日，假定2日填制的向上海乐淘销售商品的21323502号发票有误，所售货物应为"博伦女表"，单价仍为3 800元，要求对其进行修改。

【实验过程】

① 2023年1月7日，由赵凯杰（W02）登录企业应用平台。

② 在U8企业应用平台，依次选择"业务工作→财务会计→应收款管理→应收处理→销售发票→销售专用发票录入"命令，打开"销售发票"窗口。

修改应收单据

③ 单击窗口右上角的"高级"按钮，打开"单据定位条件"对话框，在"单据编号"栏输入"21323502"，如图5-23所示，单击"确定"找到该发票。单击"修改"按钮，双击表体第一行"存货编码"单元格，将"1202"清除后重新选择"1201"，"无税单价"再次输入"3800"。单击"保存"按钮。关闭"销售发票"窗口。

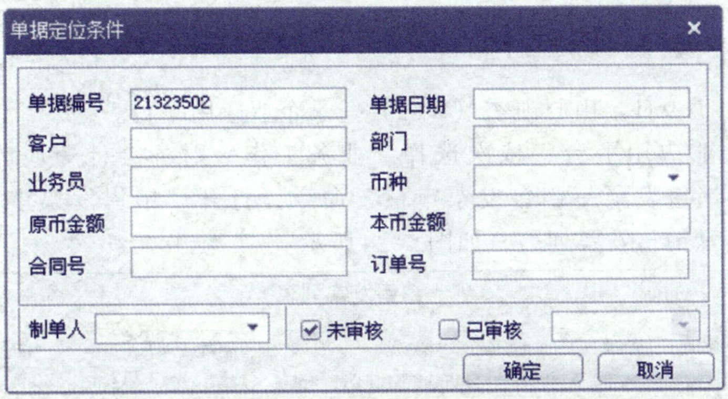

单据定位条件			×
单据编号	21323502	单据日期	
客户		部门	
业务员		币种	
原币金额		本币金额	
合同号		订单号	
制单人		☑未审核 □已审核	

确定　取消

图5-23　单据定位条件

【提示】

通过点击"◀"（上张）、"▶"（下张）、"◀◀"（首张）和"▶▶"（末张）四个按钮也可查找单据。

单据名称、单据类型不可修改。

3.删除应收单据

【实验资料】

2023年1月8日，假定本月2日填制的向沈阳喜来销售商品的21323503号发票有误，要求将其删除。

【实验过程】

① 2023年1月8日，由赵凯杰（W02）登录企业应用平台。

② 在U8企业应用平台，依次选择"业务工作→财务会计→应收款管理→应收处理→销售发票→销售专用发票录入"命令，打开"销售发票"窗口。

③ 单击窗口右上角的"高级"按钮，打开"单据定位条件"对话框，在"单据编号"栏输入"21323503"，单击"确定"找到该发票。单击"删除"按钮，系统弹出"单据删除后不能恢复，是否继续？"提示框，单击"是"，将该发票删除。

【提示】

如果销售发票已做过后续处理，如审核、制单、核销、转账、坏账处理等，则该发票不能修改或删除。但是，系统对所有的处理都提供了逆向操作功能，通过逆向操作把后续处理全部取消，此时发票即可修改或删除。

5.3.2 应收单据审核

【实验资料】

2023年1月9日，将本月的销售发票和应收单全部审核。

【实验过程】

（1）2023年1月9日，由赵凯杰（W02）登录企业应用平台。

（2）在U8企业应用平台，依次选择"业务工作→财务会计→应收款管理→应收处理→销售发票→销售发票审核"命令，打开"销售发票审核"窗口。单击"查询"按钮，显示销售发票列表，如图5-24所示。

销售发票列表

序号	□	审核人	单据日期	单据类型	单据号	客户名称	部门	业务员	制单人	币种	原币金额	本币金额	备注
1	□		2023-01-02	销售专用发票	21323502	上海乐淘贸易有限公司	销售部	刘晓明	赵凯杰	人民币	2,576,400.00	2,576,400.00	
2	□		2023-01-03	销售专用发票	21323504	北京汇鑫有限公司	销售部	何丽平	赵凯杰	人民币	1,220,400.00	1,220,400.00	
3	□		2023-01-03	销售专用发票	21323505	广州华丰超市有限公司	销售部	何丽平	赵凯杰	人民币	735,630.00	735,630.00	
4	□		2023-01-04	销售普通发票	98236015	沈阳嘉来商贸有限公司	销售部	刘晓明	赵凯杰	人民币	2,711,728.80	2,711,728.80	
5	□		2023-01-06	销售专用发票	21323506	北京汇鑫百货有限公司	销售部	何丽平	赵凯杰	人民币	-203,400.00	-203,400.00	
6	小计											7,040,758.80	7,040,758.80	
7	合计											7,040,758.80	7,040,758.80	

图5-24 销售发票列表

（3）单击"序号"右侧的"□"，选中全部待审核单据，单击工具栏的"审核"按钮，弹出如图5-25所示的提示框，单击"确定"按钮，完成审核工作。关闭当前窗口。

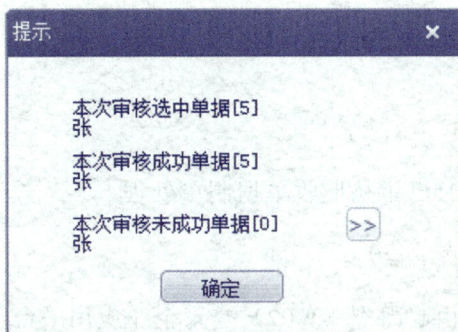

图5-25 审核结果

（4）在U8企业应用平台，依次选择"业务工作→财务会计→应收款管理→应收处理→应收单→应收单审核"命令，打开"应收单审核"窗口。单击窗口左下角的"查询"按钮，显示应收单列表，如图5-26所示。单击"序号"右侧的"□"，选中全部待审核应收单，单击工具栏的"审核"按钮，系统提示成功审核1张应收单。关闭当前窗口。

应收单列表

序号	□	审核人	单据日期	单据类型	单据号	客户名称	部门	业务员	制单人	币种	原币金额	本币金额	备注
1	□		2023-01-05	其他应收单	0000000001	北京汇鑫百货有限公司	销售部	何丽平	赵凯杰	人民币	3,000.00	3,000.00	
2	小计										3,000.00	3,000.00	
3	合计										3,000.00	3,000.00	

图5-26 应收单列表

【提示】

［审核日期］主要决定应收单据的入账日期，依据系统参数而定。

［审核人］单据审核后，系统自动将当前操作员填列审核人。

系统提供两种审核方式：批量审核、单张审核。

［批量审核］本案例所演示的即为批量审核方式。

［单张审核］在图5-24的销售发票列表界面，或者在图5-26所示的应收单列表界面，选中需要审核的记录，点击工具栏的"单据"按钮（或直接双击那一条单据记录），显示该单据，点击"审核"按钮将该单据审核。

审核有三个含义：①确认应收账款；②对单据输入的正确与否进行审查；③对应收单据进行记账。

在本系统中，销售发票和应收单的处理都基于该发票或应收单已经审核的基础上。

在销售管理系统录入的发票也在应收系统审核入账，其中，现款结算的销售发票审核时同步核销对应的现款结算收款单。

取消审核将清空审核人和审核日期，回到未记账状态，此时，可对该应收单据进行修改或删除。

已经做过后续处理（如核销、转账、坏账等）的单据不能进行弃审处理。

已审核的应收单据不允许修改或删除。

不能在已结账月份中进行审核处理或弃审处理。

5.3.3 生成凭证

【实验资料】

2023年1月9日，将本月已审核应收单据制单处理。

【实验过程】

（1）2023年1月9日，由赵凯杰（W02）登录企业应用平台。

（2）在U8企业应用平台，依次选择"业务工作→财务会计→应收款管理→凭证处理→生成凭证"命令，打开"制单查询"对话框，系统默认已勾选"发票"，再勾选"应收单"，如图5-27所示。单击"确定"按钮，打开"生成凭证"窗口，显示应收列表，如图5-28所示。

生成凭证

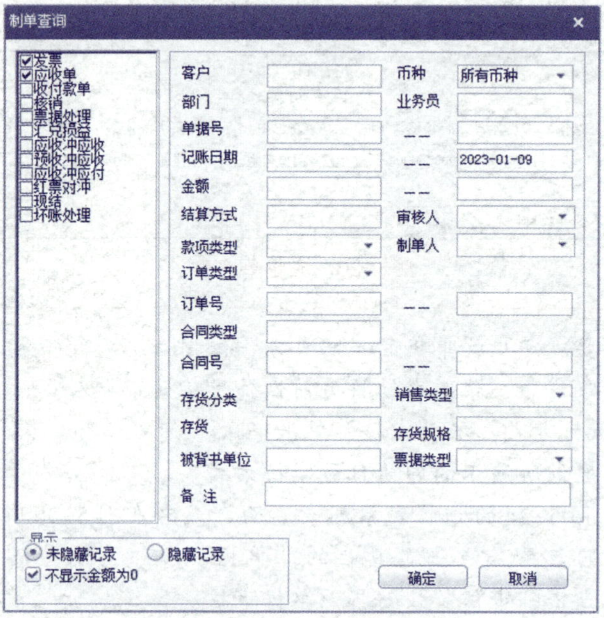

图5-27 制单查询

应收列表

凭证类别 收款凭证　　　　　制单日期 2023-01-09　　　　　共 6 条

选择标志	凭证类别	单据类型	单据号	日期	客户编码	客户名称	部门	业务员	金额
	收款凭证	销售专用发票	21323502	2023-01-02	102	上海乐淘贸易有限公司	销售部	刘晓明	2,576,400.00
	收款凭证	销售专用发票	21323504	2023-01-03	101	北京汇鑫百货有限公司	销售部	何丽平	1,220,400.00
	收款凭证	销售专用发票	21323505	2023-01-03	103	广州华丰超市有限公司	销售部	何丽平	735,630.00
	收款凭证	销售普通发票	96236015	2023-01-04	201	沈阳喜来商贸有限公司	销售部	刘晓明	2,711,728.80
	收款凭证	销售专用发票	21323506	2023-01-06	101	北京汇鑫百货有限公司	销售部	何丽平	-203,400.00
	收款凭证	其他应收单	0000000001	2023-01-05	101	北京汇鑫百货有限公司	销售部	何丽平	3,000.00

图5-28 应收列表

（3）在"凭证类别"栏，用下拉框选择"转账凭证"。（也可在凭证中修改该类别）

（4）单击工具栏的"全选"按钮，选择要进行制单的单据，此时"选择标志"栏自动生成数字序号，如图5-29所示。

应收列表

凭证类别 转账凭证 ▼　　　　　制单日期 2023-01-09 🗔　　　　　共 6 条

选择标志	凭证类别	单据类型	单据号	日期	客户编码	客户名称	部门	业务员	金额
1	转账凭证	销售专用发票	21323502	2023-01-02	102	上海乐淘贸易有限公司	销售部	刘晓明	2,576,400.00
2	转账凭证	销售专用发票	21323504	2023-01-03	101	北京汇鑫百货有限公司	销售部	何丽平	1,220,400.00
3	转账凭证	销售专用发票	21323505	2023-01-03	103	广州华丰超市有限公司	销售部	何丽平	735,630.00
4	转账凭证	销售普通发票	98236015	2023-01-04	201	沈阳嘉来商贸有限公司	销售部	刘晓明	2,711,728.80
5	转账凭证	销售专用发票	21323506	2023-01-06	101	北京汇鑫百货有限公司	销售部	何丽平	-203,400.00
6	转账凭证	其他应收单	0000000001	2023-01-05	101	北京汇鑫百货有限公司	销售部	何丽平	3,000.00

图5-29　应收列表

（5）点击工具栏的"制单"按钮，进入"填制凭证"界面，单击"保存"按钮，保存当前记账凭证并将其传递到总账系统，如图5-30所示。单击"▶"（下张）再单击"保存"，将后续5张凭证逐一保存。其中，其他应收单所生成的应为付款凭证，凭证保存前第2行会计分录应补充结算方式、票据号等信息，结果如图5-31所示。

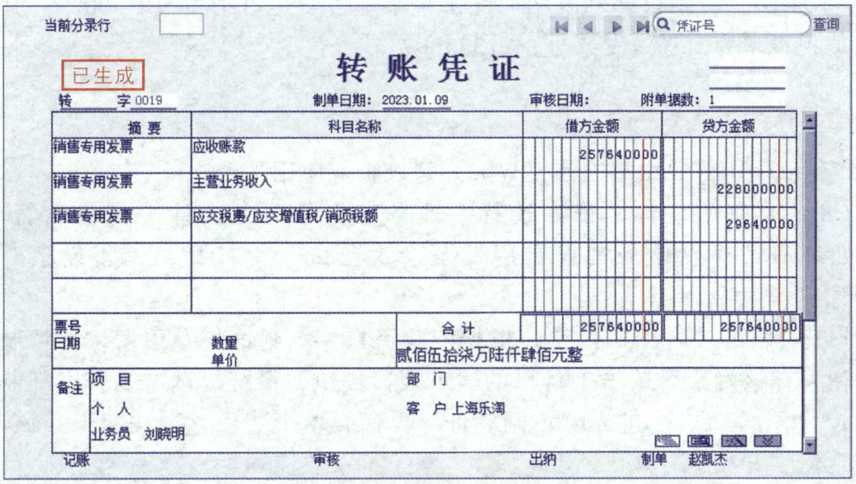

图5-30　记账凭证

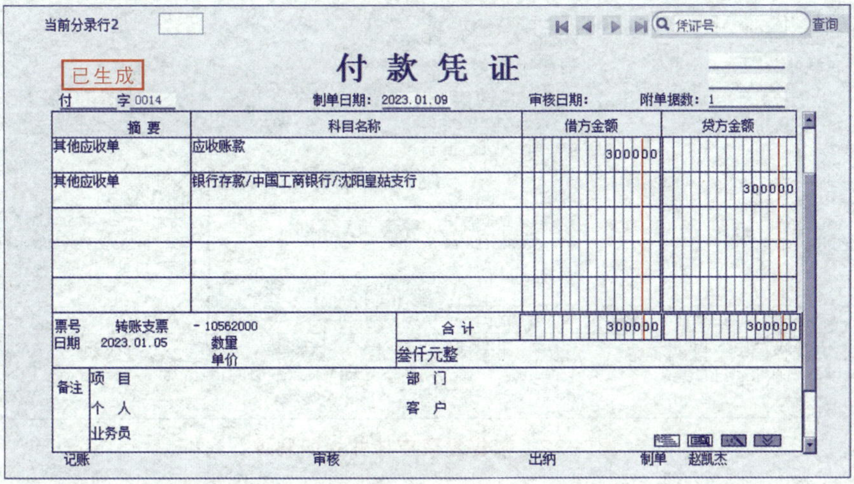

图5-31　记账凭证

【提示】

“制单处理”是系统提供的一个统一制单平台。此外，系统还在各个业务处理的过程中提供了实时制单的功能。

系统默认将当前业务日期（即登录日期）作为制单日期。制单日期应大于等于所选单据的最大日期、小于等于当前业务日期。

如果应收系统与总账系统集成使用，制单日期应该满足总账制单日期要求。

［合并制单］通过图5-28中工具栏的“合并”按钮，可以进行合并制单。合并制单一次可以选择多个制单类型，但至少必须选择一个制单类型。合并分录后若出现本币金额为零的情况，则该分录不能传递到凭证中去。

5.3.4 应收单据一体化处理

【实验资料】

2023年1月10日，销售部刘晓明向沈阳金泰销售顺达男士箱包1 500个，无税单价为800元，增值税税率为13%（发票号：21323507）。

【实验过程】

① 2023年1月10日，由赵凯杰（W02）登录企业应用平台。

② 在U8企业应用平台，依次选择“业务工作→财务会计→应收款管理→应收处理→销售发票→销售专用发票录入”命令，打开“销售发票”窗口。

应收单据一体化处理

③ 单击工具栏的“增加”按钮，根据实验资料，填制销售专用发票。填制完毕单击“保存”按钮保存该发票。单击工具栏的“审核”按钮，系统提示“是否立即制单？”，如图5-32所示。单击“是”，进入“填制凭证”界面，单击“保存”按钮保存该记账凭证，如图5-33所示。

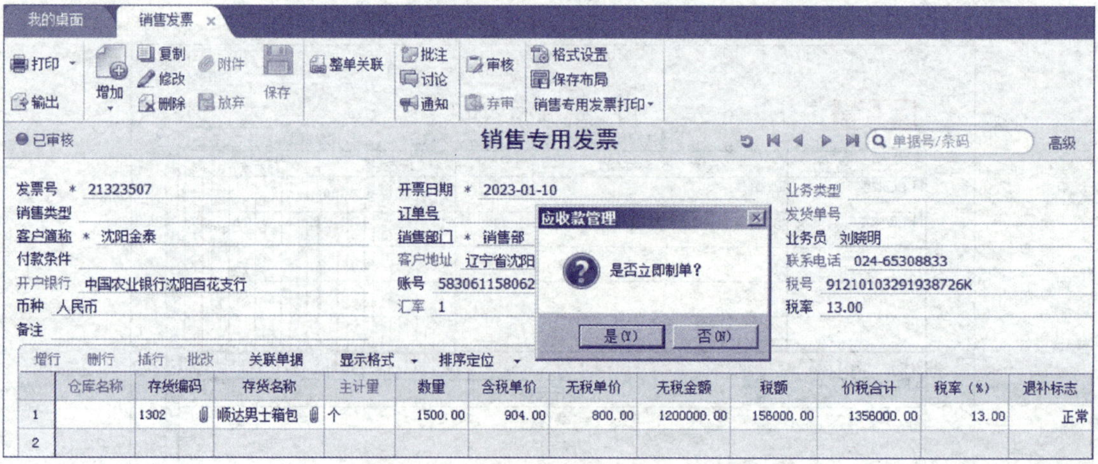

图5-32 销售发票审核并立即制单

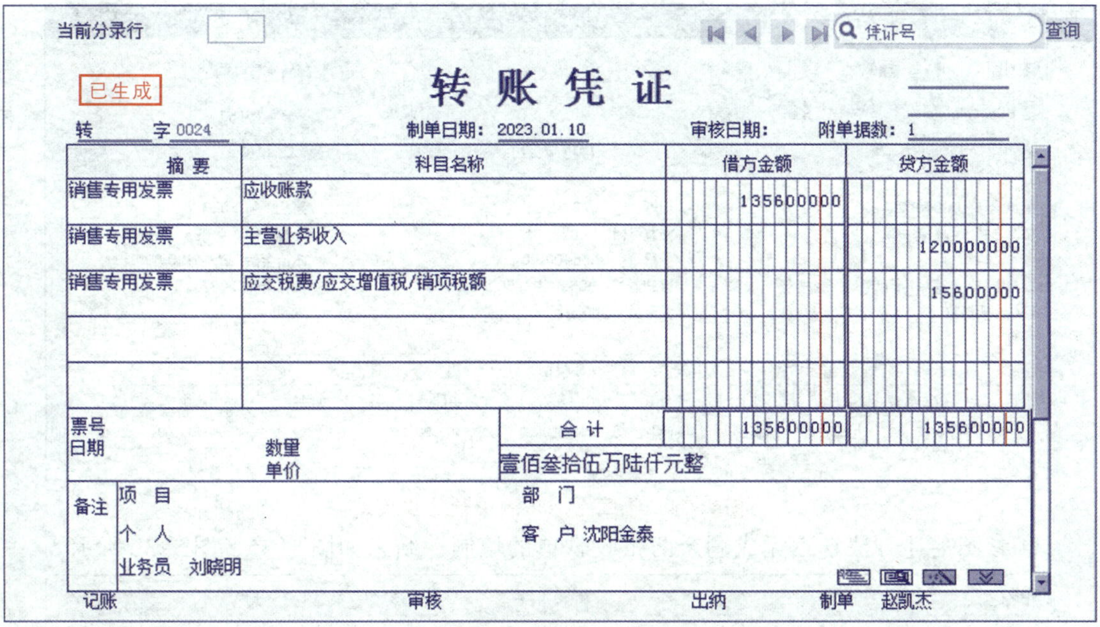

当前分录行

已生成

转 账 凭 证

转 字 0024 制单日期：2023.01.10 审核日期： 附单据数：1

摘要	科目名称	借方金额	贷方金额
销售专用发票	应收账款	135600000	
销售专用发票	主营业务收入		120000000
销售专用发票	应交税费/应交增值税/销项税额		15600000
票号 日期	数量 单价	合计 135600000	135600000
		壹佰叁拾伍万陆仟元整	

备注 项目 部门

个人 客户 沈阳金泰

业务员 刘晓明

记账 审核 出纳 制单 赵凯杰

图5-33 记账凭证

5.3.5 收款单据录入

收款单据处理基本流程：填制→审核→核销→制单。

1.填制收款单

（1）收回前欠货款的收款单。

【实验资料】

2023年1月14日，销售部刘晓明通知财务，收到上海乐淘一张2 546 400元的转账支票（票据号：32987115），用于支付本月2日的货款。

2023年1月14日，销售部刘晓明通知财务，收到沈阳喜来电汇款903 909.6元（票据号：87193256），用于支付本月2日的货款。

2023年1月14日，销售部何丽平通知财务，收到广州华丰电汇款735 630元（票据号：12859637），用于支付本月3日的货款。

【实验过程】

①2023年1月14日，由赵凯杰（W02）登录企业应用平台。

②在U8企业应用平台，依次选择“业务工作→财务会计→应收款管理→收款处理→收款单据录入”命令，打开“收款单据录入”窗口。

收回前欠货款的收款单

③单击工具栏的“增加”按钮，根据实验资料，表头录入“客户”、“结算方式”、“金额”、“票据号”和“业务员”等信息。录入完毕单击“保存”按钮，结果如图5-34所示。

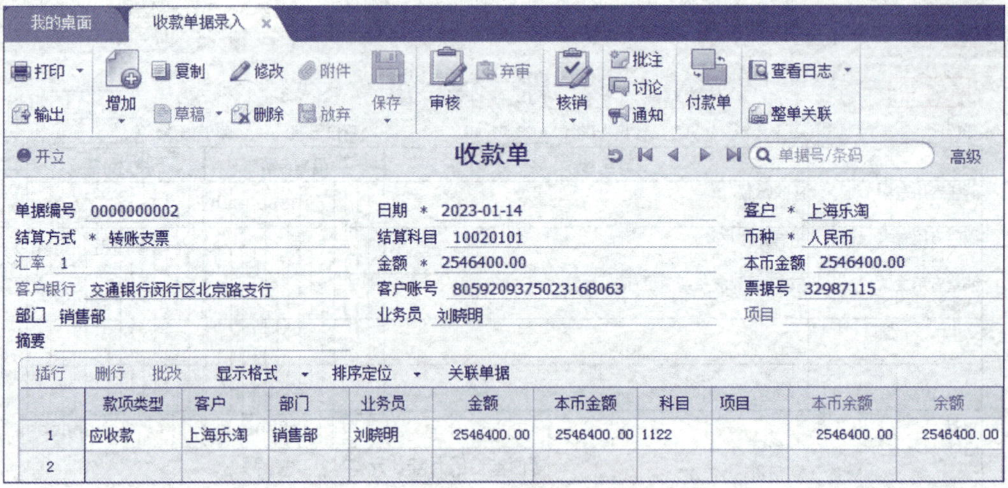

图5-34　收回上海乐淘欠款的收款单

④参照上述方法继续完成剩余两张收款单的填制，结果如图5-35、图5-36所示。

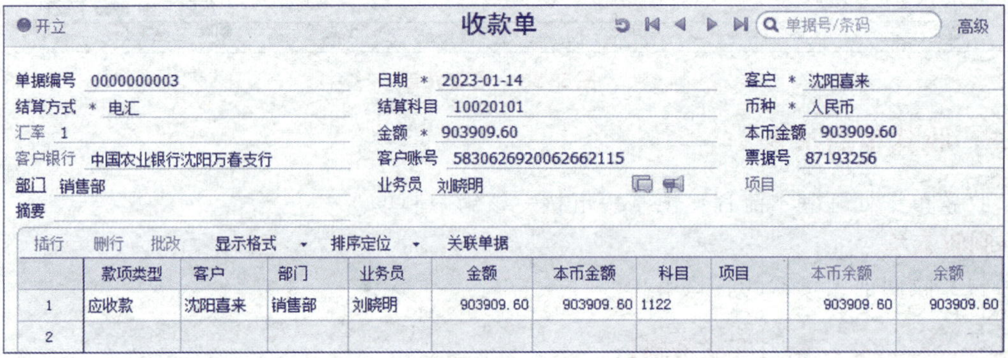

图5-35　收回沈阳喜来欠款的收款单

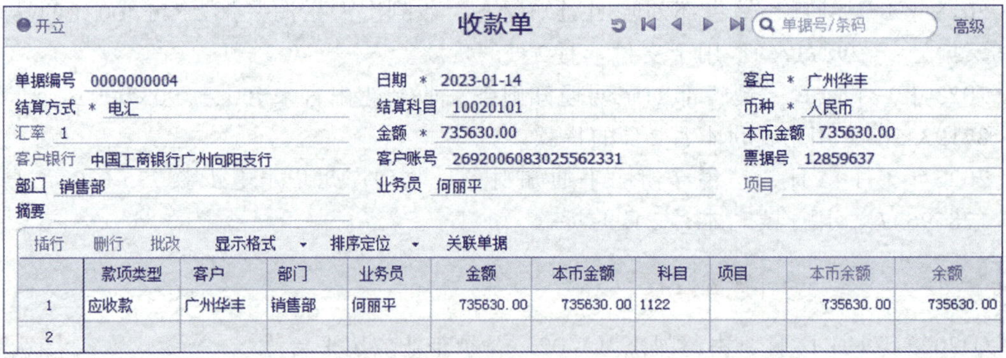

图5-36　收回广州华丰欠款的收款单

【提示】

表头必输项目：客户、单据日期、单据编号、结算方式、币种、金额；当币种为外币时，汇率也必须输入。

表体必输项目：款项类型、客户、金额。表体金额合计必须等于表头金额。

缺省带入的表体记录可以进行增删改处理。

［款项类型］系统提供以下几种款项类型来区分不同的款项用途：应收款、预收

款、其他费用、现款结算、销售定金等。不同的款项类型后续业务处理不尽不同。若一张付款单具有不同的用途款项，应在表体分行处理。

①应收款：该类型的收款单用于冲销应收账款，表体对应的科目为受控科目。

②预收款：该类型的收款单用于形成预收账款，表体对应的科目为受控科目。

③其他费用：该类型收款单表体对应的科目为非受控科目。

④现款结算：该类型的收款单用于核销现款结算的发票，表体对应的科目为受控科目。该收款单只能在对应发票审核时才能核销。

⑤销售定金：该类型的收款单是为了完成销售定金业务，表体对应的科目为非受控科目。

a.该收款单在“转货款”时，可以生成款项类型为“应收款”的收款单；

b.该收款单在“转营业外收入”时，生成款项类型为“其他费用”的收款单；

c.该收款单在“退回”时，生成款项类型为“销售定金”的付款单。

只有应收款、预收款、现款结算性质的收款单才能与销售发票、应收单进行核销勾对。

［代付款］若付款单表头客户与表体客户不同，则表体记录所在的款项为代付款。在核销时，代付款的客户的记录只能与其本身的应收款核销。

（2）预收货款的收款单。

【实验资料】

2023年1月14日，销售部何丽平通知财务，预收深圳裕丰货款80 000元，结算方式：电汇（票据号：96502137）。

【实验过程】

① 2023年1月14日，由赵凯杰（W02）登录企业应用平台。

② 在U8企业应用平台，依次选择“业务工作→财务会计→应收款管理→收款处理→收款单据录入”命令，打开“收款单据录入”窗口。

③ 单击工具栏的“增加”按钮，根据实验资料，表头录入“客户”、“结算方式”、“金额”、“票据号”和“业务员”等信息。

预收货款的收款单

表头录入完毕将表体第一行的“款项类型”单元格选择为“预收款”，单击“保存”按钮，结果如图5-37所示。

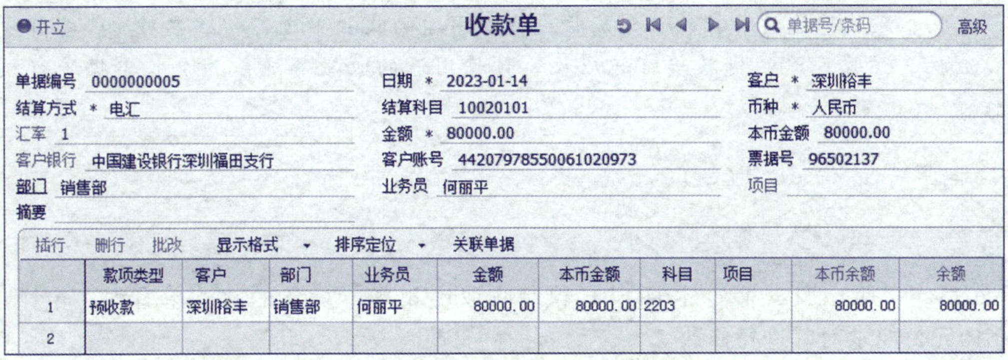
开立　收款单　单据号/条码　高级

单据编号 0000000005　日期 * 2023-01-14　客户 * 深圳裕丰
结算方式 * 电汇　结算科目 10020101　币种 * 人民币
汇率 1　金额 * 80000.00　本币金额 80000.00
客户银行 中国建设银行深圳福田支行　客户账号 44207978550061020973　票据号 96502137
部门 销售部　业务员 何丽平　项目
摘要

插行　删行　批改　显示格式　排序定位　关联单据

	款项类型	客户	部门	业务员	金额	本币金额	科目	项目	本币余额	余额
1	预收款	深圳裕丰	销售部	何丽平	80000.00	80000.00	2203		80000.00	80000.00
2										

图5-37　预收深圳裕丰货款的收款单

（3）虚拟收款单。

【实验资料】

2023年1月14日，沈阳金泰出现经营困难，经协商辽宁恒通同意免除对方上月17日所欠货款78 000元。业务员刘晓明。

【实验过程】

① 2023年1月14日，由赵凯杰（W02）登录企业应用平台。

② 在U8企业应用平台，依次选择"业务工作→财务会计→应收款管理→收款处理→收款单据录入"命令，打开"收款单据录入"窗口。

③ 单击工具栏的"增加"按钮，根据实验资料，表头项目"客户"选择"沈阳金泰"，"结算方式"选择"其他"，"结算科目"修改为"6111"（投资收益），"金额"输入"78000"。单击"保存"按钮，结果如图5-38所示。

| 开立 | 收款单 | | | | | | | | 高级 |

| --- | --- |

单据编号 0000000006　　　日期 * 2023-01-14　　　客户 * 沈阳金泰
结算方式 * 其他　　　结算科目 6111　　　币种 * 人民币
汇率 1　　　金额 * 78000.00　　　本币金额 78000.00
客户银行 中国农业银行沈阳百花支行　　　客户账号 5830611580626927622　　　票据号
部门 销售部　　　业务员 刘晓明　　　项目
摘要

插行　删行　批改　显示格式 ▾　排序定位 ▾　关联单据

	款项类型	客户	部门	业务员	金额	本币金额	科目	项目	本币余额	余额
1	应收款	沈阳金泰	销售部	刘晓明	78000.00	78000.00	1122		78000.00	78000.00
2										

图5-38　虚拟收款单

【提示】

所谓虚拟收款单，是指表头"结算方式"栏为"其他"、"结算科目"栏为非银行科目的收款单。

如果企业需要退款给客户，则需要在应收系统填制付款单。方法如下：依次选择"业务工作→财务会计→应收款管理→收款处理→收款单据录入"命令，打开"收款单据录入"窗口。点击工具栏的"付款单"按钮，即可进行付款单的录入。

应收、预收用途的付款单可与应收、预收用途的收款单进行"红票对冲"操作。

应收、预收用途的付款单可与应收、预收用途的收款单或红字应收单据进行核销操作。

2.修改收款单

【实验资料】

2023年1月15日，假定本月14日填制收取广州华丰货款的收款单有误，金额应为722 610元，要求对其进行修改。

① 2023年1月15日，由赵凯杰（W02）登录企业应用平台。

② 在U8企业应用平台，依次选择"业务工作→财务会计→应收款管理→收款处理→收款单据录入"命令，打开"收款单据录入"窗口。

③ 单击窗口右上角的"高级"按钮，打开"收付款单定位条件"对话框，在"单据日期"栏参照选择"2023-01-14"，"客户"栏选择"广州华丰"，如图5-39所示，单击"确定"找到该收款单。单击"修改"按钮，将表头、表体中的"金额"栏均改为"722610"。保存该收款单，结果如图5-40所示。

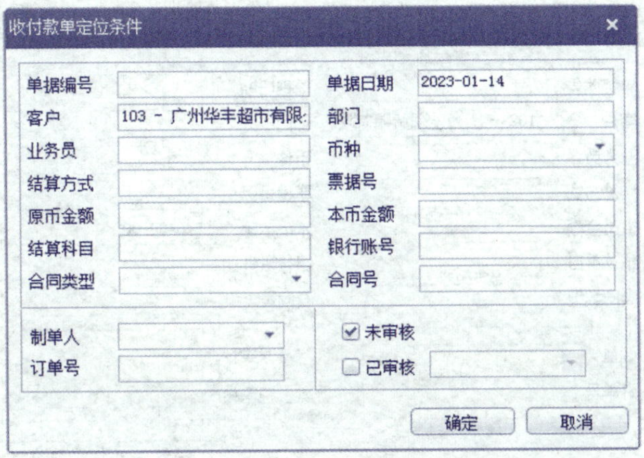

收付款单定位条件	✕

单据编号		单据日期	2023-01-14
客户	103 - 广州华丰超市有限	部门	
业务员		币种	
结算方式		票据号	
原币金额		本币金额	
结算科目		银行账号	
合同类型		合同号	
制单人		☑ 未审核	
订单号		☐ 已审核	

确定　取消

图5-39　收付款单定位条件

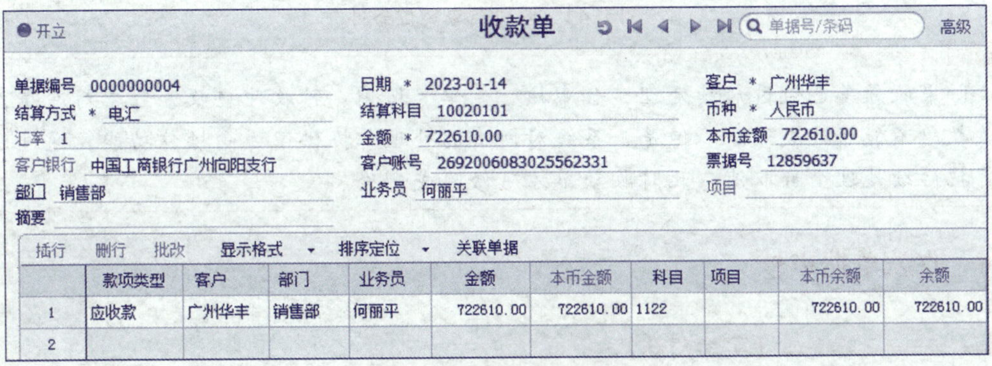

收款单　⟲ ⟨⟨ ⟨ ⟩ ⟩⟩ 🔍 单据号/条码　高级

● 开立

单据编号	0000000004	日期 ＊	2023-01-14	客户 ＊	广州华丰
结算方式 ＊	电汇	结算科目	10020101	币种 ＊	人民币
汇率	1	金额 ＊	722610.00	本币金额	722610.00
客户银行	中国工商银行广州向阳支行	客户账号	2692006083025562331	票据号	12859637
部门	销售部	业务员	何丽平	项目	

摘要

插行　删行　批改　　显示格式 ▾　排序定位 ▾　关联单据

	款项类型	客户	部门	业务员	金额	本币金额	科目	项目	本币余额	余额
1	应收款	广州华丰	销售部	何丽平	722610.00	722610.00	1122		722610.00	722610.00
2										

图5-40　修改后的收款单

【提示】

通过点击"◁"（上张）、"▷"（下张）、"◁◁"（首张）和"▷▷"（末张）四个按钮也可查找单据。

3.删除收款单

【实验资料】

2023年1月16日，假定本月14日填制收取上海乐淘2 546 400元货款的收款单有误，要求删除该收款单。

① 2023年1月16日，由赵凯杰（W02）登录企业应用平台。

② 在U8企业应用平台，依次选择"业务工作→财务会计→应收款管理→收款处理→收款单据录入"命令，打开"收款单据录入"窗口。

③ 单击窗口右上角的"高级"按钮，打开"收付款单定位条件"对话框，在"客户"栏参照选择"上海乐淘"，"本币金额"栏输入"2546400"，如图5-41所示。单击"确定"找到该收款单。单击"删除"按钮，弹出"单据删除后不能恢复，是否继续?"提示框，单击"是"，将该收款单删除。

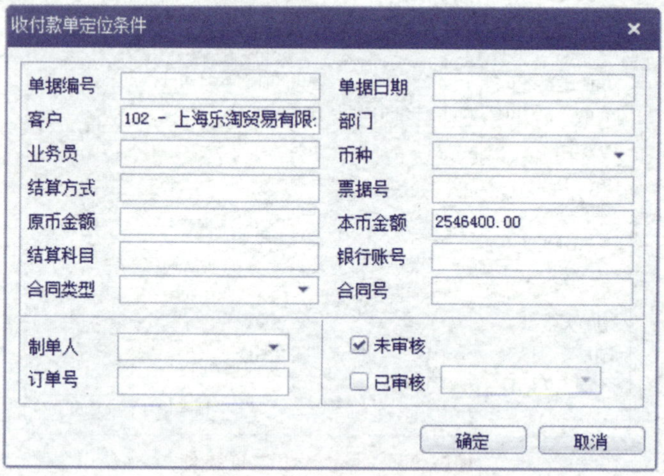

删除收款单

收付款单定位条件			
单据编号		单据日期	
客户	102 - 上海乐淘贸易有限	部门	
业务员		币种	
结算方式		票据号	
原币金额		本币金额	2546400.00
结算科目		银行账号	
合同类型		合同号	
制单人		☑ 未审核	
订单号		☐ 已审核	

图5-41　收付款单定位条件

【提示】

如果收款单已做过后续处理，如审核、制单、核销、预收冲应收、红票对冲等，则该收款单不能修改或删除。但是，系统对所有的处理都提供了逆向操作功能，通过逆向操作把后续处理全部取消，此时收款单才可修改或删除。

5.3.6　收款单据审核

【实验资料】

2023年1月17日，将本月收款单全部审核。

【实验过程】

（1）2023年1月17日，由赵凯杰（W02）登录企业应用平台。

（2）在U8企业应用平台，依次选择"业务工作→财务会计→应收款管理→收款处理→收款单据审核"命令，打开"收款单据审核"窗口。单击窗口上方工具栏的"查询"按钮，打开"查询条件-收付款单过滤"对话框，如图5-42所示。单击"确定"按钮，系统返回"收款单据审核"窗口，显示收付款单列表，如图5-43所示。

收款单据审核

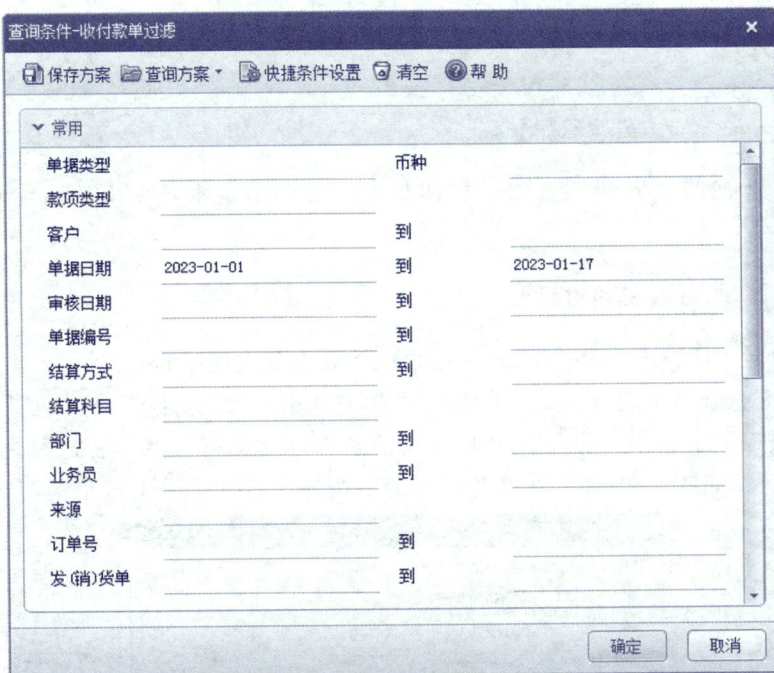

图5-42 "查询条件-收付款单过滤"对话框

收付款单列表

序号	□	审核人	单据日期	单据类型	单据编号	客户名称	部门	业务员	结算方式	票据号	币种	原币金额	本币金额	备注
1	□		2023-01-14	收款单	0000000003	沈阳喜来商贸有限公司	销售部	刘晓明	电汇	87193256	人民币	903,909.60	903,909.60	
2	□		2023-01-14	收款单	0000000004	广州华丰超市有限公司	销售部	何丽平	电汇	12859637	人民币	722,610.00	722,610.00	
3	□		2023-01-14	收款单	0000000005	深圳裕丰商贸有限公司	销售部	何丽平	电汇	96502137	人民币	80,000.00	80,000.00	
4	□		2023-01-14	收款单	0000000006	沈阳金泰商贸有限公司	销售部	刘晓明	其他		人民币	78,000.00	78,000.00	
5	小计											1,784,519.60	1,784,519.60	
6	合计											1,784,519.60	1,784,519.60	

图5-43 收付款单列表

（3）单击"序号"右侧的"□"，选中全部待审核单据，单击工具栏的"审核"按钮，弹出如图5-44所示的提示框，单击"确定"按钮，完成审核工作。关闭当前窗口。

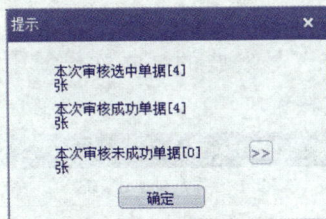

图5-44 审核结果

【提示】

付款单的审核即对付款单据进行记账，并在单据上填上审核日期、审核人的过程。系统将单据日期作为审核日期，将当前操作员作为审核人。

月末结账前收款单必须全部审核。不能在已结账月份中进行审核或弃审处理。

系统提供两种审核方式：批量审核、单张审核。具体操作方法参考应收单据的两种审核方式。

5.3.7 核销处理

──────── 【实验资料】

2023年1月18日，对沈阳喜来、广州华丰、沈阳金泰本月发生的销售业务进行核销处理。

──────── 【实验过程】

（1）2023年1月18日，由赵凯杰（W02）登录企业应用平台。

（2）在U8企业应用平台，依次选择"业务工作→财务会计→应收款管理→核销处理→手工核销"命令，打开"核销条件"对话框，在"客户"栏选择"沈阳喜来"，如图5-45所示。单击"确定"按钮，打开"手工核销"窗口。

核销处理

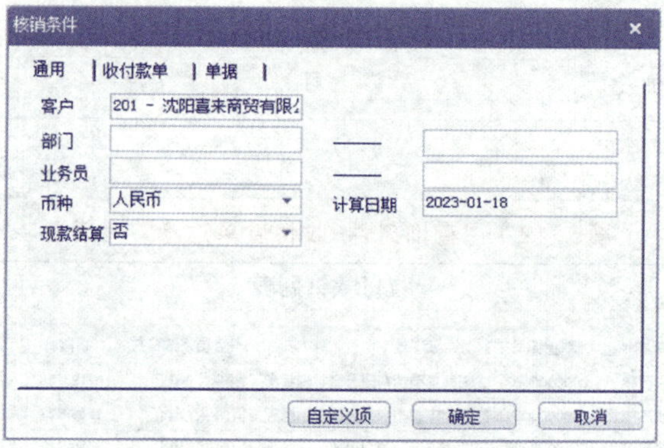

图5-45 核销条件

【提示】

　若"收付款单"页签的"单据类型"选择"收款单"，被核销单据列表中可以显示：蓝字发票、蓝字其他应收单、付款单。

　若"收付款单"页签的"单据类型"选择"付款单"，被核销单据列表中可以显示：红字发票、红字其他应收单、收款单。

（3）在窗口下方"98236015"号发票的"本次结算"栏输入"903909.6"，如图5-46所示。单击"保存"按钮，完成核销。

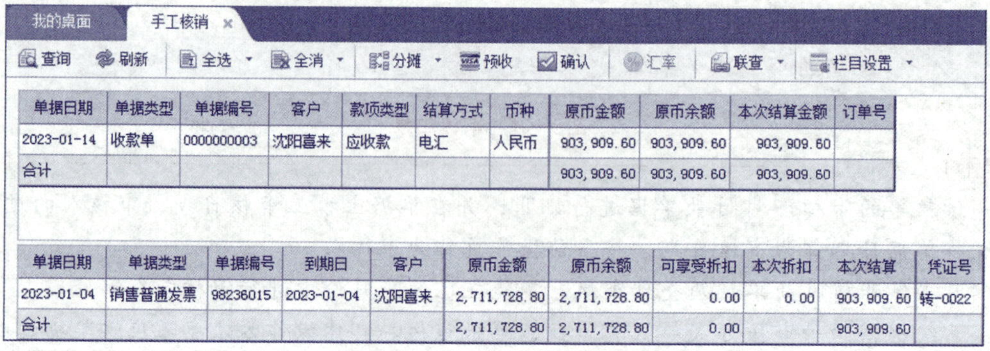

单据日期	单据类型	单据编号	客户	款项类型	结算方式	币种	原币金额	原币余额	本次结算金额	订单号
2023-01-14	收款单	0000000003	沈阳喜来	应收款	电汇	人民币	903,909.60	903,909.60	903,909.60	
合计							903,909.60	903,909.60	903,909.60	

单据日期	单据类型	单据编号	到期日	客户	原币金额	原币余额	可享受折扣	本次折扣	本次结算	凭证号
2023-01-04	销售普通发票	98236015	2023-01-04	沈阳喜来	2,711,728.80	2,711,728.80	0.00	0.00	903,909.60	转-0022
合计					2,711,728.80	2,711,728.80	0.00		903,909.60	

图5-46 沈阳喜来核销界面

（4）该笔销售业务有现金折扣，根据付款条件广州华丰应享受2%的折扣，则实际收款722 610元（735630−700×930×2%）。在窗口下方"21323505"号发票的"本次折扣"栏录入"13020"，"本次结算"栏录入"722610"，如图5-47所示。单击"确认"按钮，完成手工核销。

单据日期	单据类型	单据编号	客户	款项类型	结算方式	币种	原币金额	原币余额	本次结算金额	订单号
2023-01-14	收款单	0000000004	广州华丰	应收款	电汇	人民币	722,610.00	722,610.00	722,610.00	
合计							722,610.00	722,610.00	722,610.00	

单据日期	单据类型	单据编号	到期日	客户	原币金额	原币余额	可享受折扣	本次折扣	本次结算	凭证号
2023-01-03	销售专用发票	21323505	2023-02-02	广州华丰	735,630.00	735,630.00	14,712.60	13,020.00	722,610.00	转-0021
合计					735,630.00	735,630.00	14,712.60	13,020.00	722,610.00	

图5-47　广州华丰核销界面

（5）参照前述方法继续完成对沈阳金泰的核销处理，界面如图5-48所示。

单据日期	单据类型	单据编号	客户	款项类型	结算方式	币种	原币金额	原币余额	本次结算金额	订单号
2023-01-14	收款单	0000000006	沈阳金泰	应收款	其他	人民币	78,000.00	78,000.00	78,000.00	
合计							78,000.00	78,000.00	78,000.00	

单据日期	单据类型	单据编号	到期日	客户	原币金额	原币余额	可享受折扣	本次折扣	本次结算	凭证号
2022-12-17	销售专用发票	21323501	2022-12-17	沈阳金泰	678,000.00	678,000.00	0.00	0.00	78,000.00	
2023-01-10	销售专用发票	21323507	2023-01-10	沈阳金泰	1,356,000.00	1,356,000.00	0.00			转-0024
合计					2,034,000.00	2,034,000.00	0.00		78,000.00	

图5-48　沈阳金泰核销界面

【提示】

通过核销功能可将收款单与发票或应收单相关联，冲减本期应收，减少企业债权。

未审核过的或者原币余额为零的单据记录均不显示在收付款单、被核销单据列表中。

红字单据整条记录金额、余额均正数显示，单据类型为付款单。

收付款单原币余额＝原币金额−本次结算。

发票、应付单在自动计算现金折扣的情况下，原币余额＝原币金额−本次结算−本次折扣；无现金折扣的情况下，原币余额＝原币金额−本次结算。

款项类型为应收款或预收款的收款单均可进行核销。

若收款单数额等于原有单据数额，付款单与原有单据完全核销。

若收款单数额大于原有单据数额，部分核销原有单据，部分形成预收款。

若收款单数额小于原有单据数额，原有单据仅得到部分核销。

5.3.8 生成凭证

───────── 【实验资料】

2023年1月19日，按客户对本月收款核销业务制单处理。

───────── 【实验过程】

（1）2023年1月19日，由赵凯杰（W02）登录企业应用平台。

（2）在U8企业应用平台，依次选择"业务工作→财务会计→应收款管理→凭证处理→生成凭证"命令，打开"制单查询"对话框，勾选"收付款单"和"核销"，如图5-49所示。单击"确定"按钮，打开"生成凭证"窗口，显示应收列表。

生成凭证

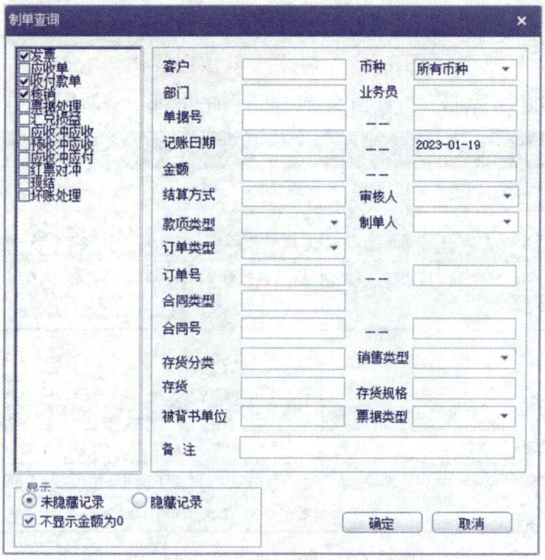

图5-49　制单查询

（3）点击列表表头"客户名称"项，此时单据按客户名称排序，在各单据左侧的"选择标志"栏输入制单序号，客户名称相同的序号相同。在"凭证类别"栏，用下拉框选择"收款凭证"，如图5-50所示。

应收列表

凭证类别 收款凭证　　　　制单日期 2023-01-19　　　　共 7 条

选择标志	凭证类别	单据类型	单据号	日期	客户编码	客户名称	部门	业务员	金额
1	收款凭证	收款单	0000000004	2023-01-14	103	广州华丰超市有限公司	销售部	何丽平	722,610.00
1	收款凭证	核销	ZKAR0000000000001	2023-01-18	103	广州华丰超市有限公司	销售部	何丽平	735,630.00
2	收款凭证	收款单	0000000005	2023-01-14	104	深圳裕丰商贸有限公司	销售部	何丽平	80,000.00
3	收款凭证	收款单	0000000006	2023-01-14	202	沈阳金泰商贸有限公司	销售部	刘晓明	78,000.00
3	收款凭证	核销	0000000006	2023-01-18	202	沈阳金泰商贸有限公司	销售部	刘晓明	78,000.00
4	收款凭证	收款单	0000000003	2023-01-14	201	沈阳喜来商贸有限公司	销售部	刘晓明	903,909.60
4	收款凭证	核销	0000000003	2023-01-18	201	沈阳喜来商贸有限公司	销售部	刘晓明	903,909.60

图5-50　应收列表

（4）单击工具栏的"制单"按钮，保存当前记账凭证并将其传递到总账系统（其中"主营业务收入"的金额应手动改为贷方红字），结果如图5-51所示。

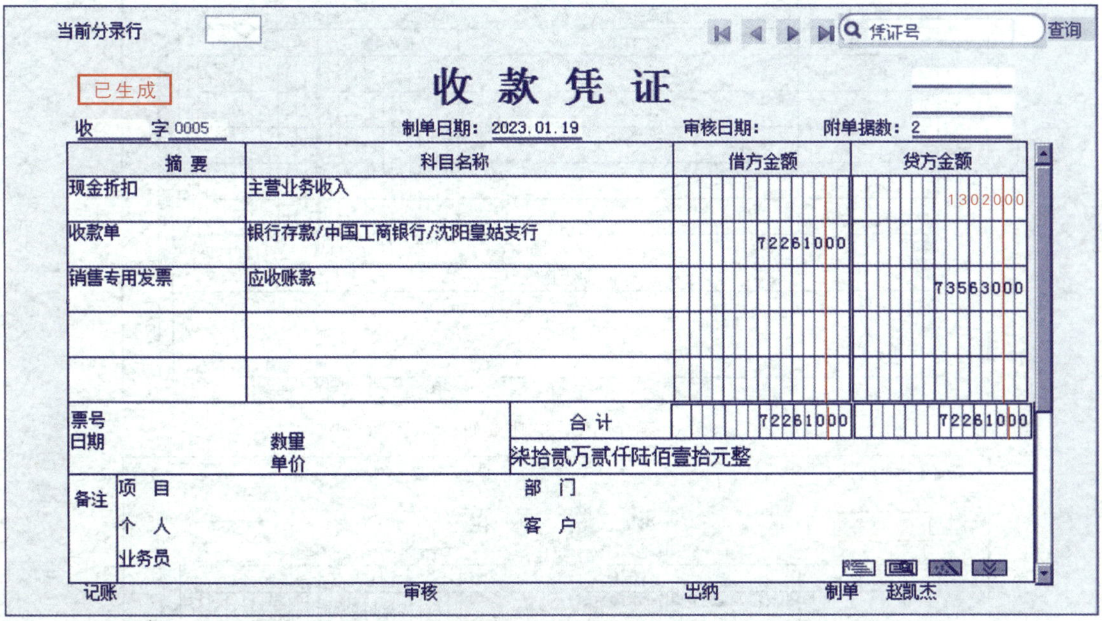

摘 要	科目名称	借方金额	贷方金额
现金折扣	主营业务收入		1302000
收款单	银行存款/中国工商银行/沈阳皇姑支行	72261000	
销售专用发票	应收账款		73563000

收 款 凭 证

已生成　收　字0005　　制单日期：2023.01.19　审核日期：　附单据数：2

当前分录行

票号
日期　数量　单价
合 计　72261000　72261000
柒拾贰万贰仟陆佰壹拾元整

备注　项 目　部 门
　　　个 人　客 户
　　　业务员

记账　　审核　　出纳　　制单 赵凯杰

图5-51　记账凭证

（5）单击"▶"（下张），再单击"保存"，将后续三张记账凭证逐一保存，结果如图5-52、图5-53（其中"投资收益"的金额应手动改为贷方红字）、图5-54所示。

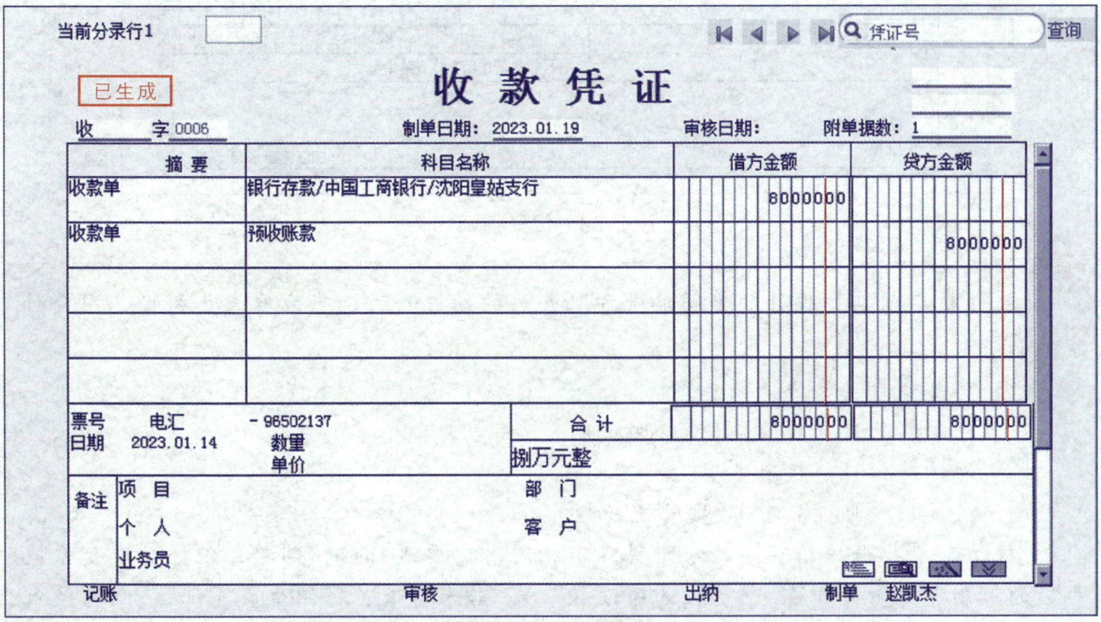

收 款 凭 证

已生成　收　字0006　　制单日期：2023.01.19　审核日期：　附单据数：1

当前分录行1

摘 要	科目名称	借方金额	贷方金额
收款单	银行存款/中国工商银行/沈阳皇姑支行	8000000	
收款单	预收账款		8000000

票号　电汇　- 96502137
日期　2023.01.14　数量　单价
合 计　8000000　8000000
捌万元整

备注　项 目　部 门
　　　个 人　客 户
　　　业务员

记账　　审核　　出纳　　制单 赵凯杰

图5-52　记账凭证

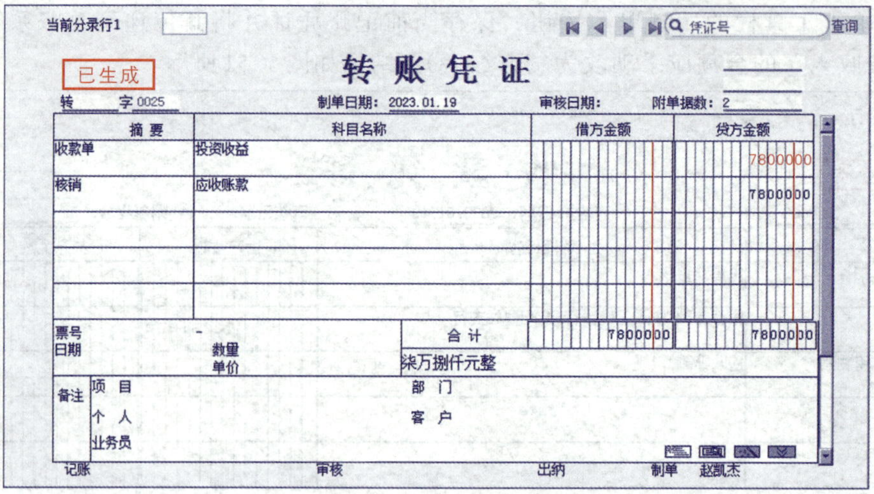

图5-53 记账凭证

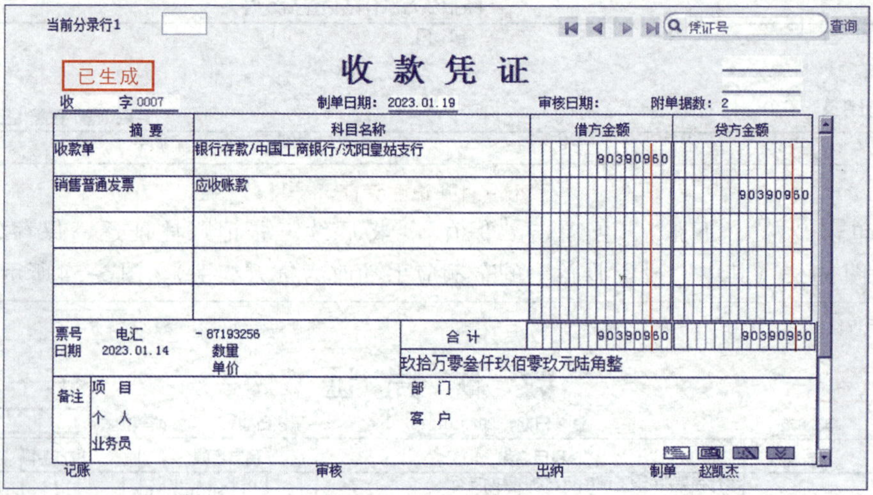

图5-54 记账凭证

【提示】

[收付款单制单] 收付款单制单借方取表头的结算科目，贷方取表体科目，用会计分录表示如下：

借：结算科目（表头金额）

贷：应收科目（款项类型=应收款）

预收科目（款项类型=预收款）

费用科目（款项类型=其他费用）

[核销制单] 当核销双方的入账科目不相同时需要进行核销制单，但该功能受系统参数的控制（参考知识点"5.2.1 选项设置"），若未勾选"核销生成凭证"，则即使入账科目不一致也不制单。

但是，如果核销双方入账科目相同的核销记录不制单，则该记录将一直显示在应收制单列表，这样容易对其他制单类型的制单造成影响。为此，在实际操作中，习惯于将"收付款单"与"核销"进行合并制单处理。

5.3.9 收款单据一体化处理

【实验资料】

2023年1月20日，销售部刘晓明通知财务，收到沈阳金泰电汇款1 356 000元（票据号：52390187），用于支付本月10日货款。

【实验过程】

（1）2023年1月20日，由赵凯杰（W02）登录企业应用平台。

收款单据一体化处理

（2）在U8企业应用平台，依次选择“业务工作→财务会计→应收款管理→收款处理→收款单据录入”命令，打开“收款单据录入”窗口。

（3）单击工具栏的“增加”按钮，根据实验资料填制收款单。填制完毕单击“保存”按钮保存该收款单，结果如图5-55所示。

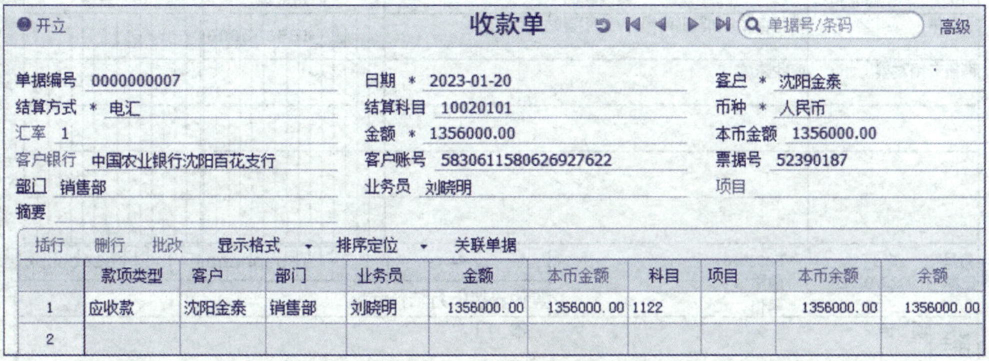

收款单

单据编号 0000000007	日期 * 2023-01-20	客户 * 沈阳金泰
结算方式 * 电汇	结算科目 10020101	币种 * 人民币
汇率 1	金额 * 1356000.00	本币金额 1356000.00
客户银行 中国农业银行沈阳百花支行	客户账号 5830611580626927622	票据号 52390187
部门 销售部	业务员 刘晓明	项目
摘要		

	款项类型	客户	部门	业务员	金额	本币金额	科目	项目	本币余额	余额
1	应收款	沈阳金泰	销售部	刘晓明	1356000.00	1356000.00	1122		1356000.00	1356000.00
2										

图5-55 收款单

（4）单击工具栏的“审核”按钮，系统提示“是否立即制单?”，单击“否”，再单击工具栏的“核销”按钮，弹出“核销条件”对话框，单击“确定”按钮，进入核销界面，在“21323507”号发票的“本次结算”栏输入“1356000”，如图5-56所示，单击“确认”按钮。

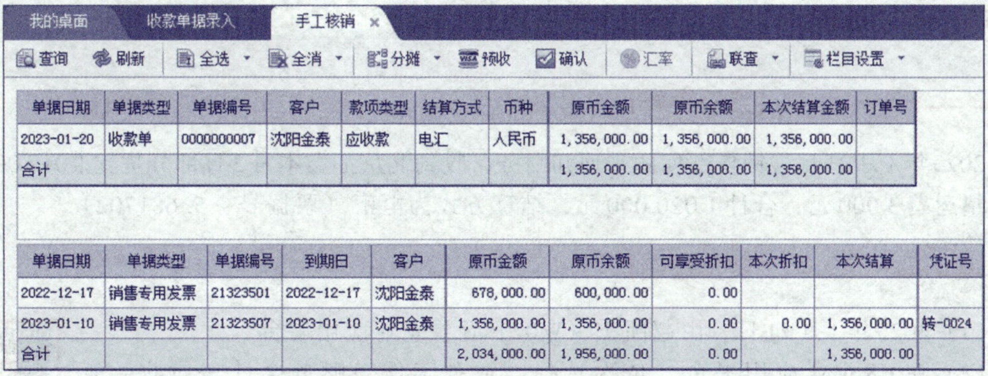

单据日期	单据类型	单据编号	客户	款项类型	结算方式	币种	原币金额	原币余额	本次结算金额	订单号
2023-01-20	收款单	0000000007	沈阳金泰	应收款	电汇	人民币	1,356,000.00	1,356,000.00	1,356,000.00	
合计							1,356,000.00	1,356,000.00	1,356,000.00	

单据日期	单据类型	单据编号	到期日	客户	原币金额	原币余额	可享受折扣	本次折扣	本次结算	凭证号
2022-12-17	销售专用发票	21323501	2022-12-17	沈阳金泰	678,000.00	600,000.00	0.00			
2023-01-10	销售专用发票	21323507	2023-01-10	沈阳金泰	1,356,000.00	1,356,000.00	0.00	0.00	1,356,000.00	转-0024
合计					2,034,000.00	1,956,000.00	0.00		1,356,000.00	

图5-56 沈阳金泰核销界面

（5）在U8企业应用平台，依次选择“业务工作→财务会计→应收款管理→凭证处理→生成凭证”命令，打开“制单查询”对话框，勾选“收付款单”和“核销”，单击“确定”按钮，打开“生成凭证”窗口，显示应收列表，如图5-57所示。

应收列表

凭证类别 收款凭证　　制单日期 2023-01-20　　共 2 条

选择标志	凭证类别	单据类型	单据号	日期	客户编码	客户名称	部门	业务员	金额
	收款凭证	收款单	0000000007	2023-01-20	202	沈阳金泰商贸有限公司	销售部	刘晓明	1,356,000.00
	收款凭证	核销	0000000007	2023-01-20	202	沈阳金泰商贸有限公司	销售部	刘晓明	1,356,000.00

图5-57　应收列表

（6）在应收列表，依次单击工具栏的“全选”、“合并”和“制单”按钮，进入“填制凭证”界面，单击“保存”按钮，保存当前记账凭证并将其传递到总账系统，如图5-58所示。

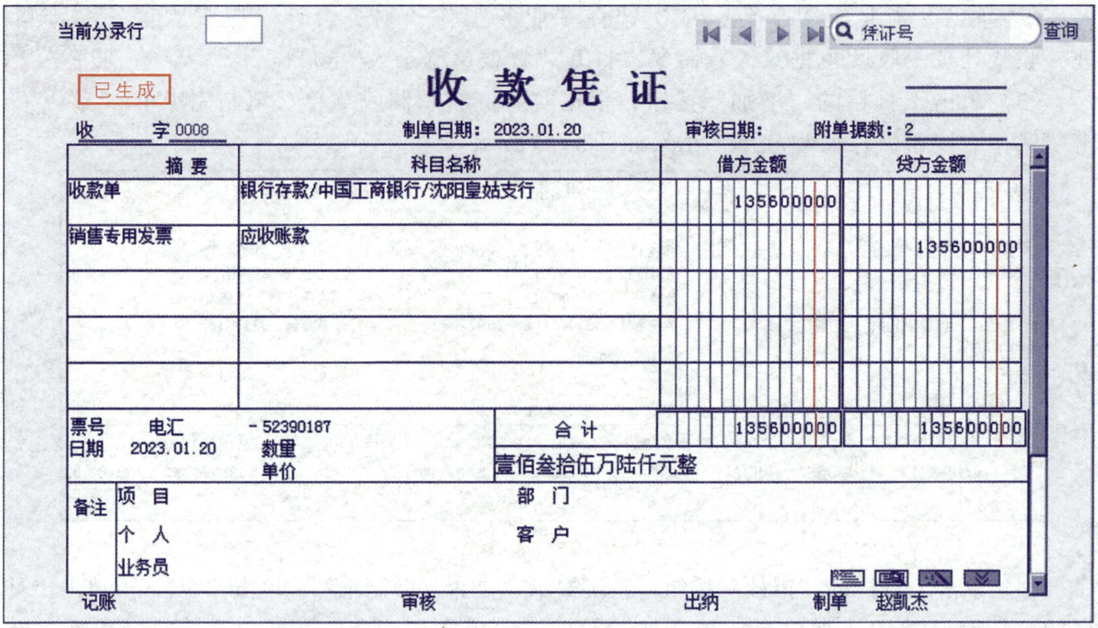

图5-58　记账凭证

5.3.10　选择收款

【实验资料】

2023年1月21日，销售部何丽平通知财务，收到北京汇鑫本月3日部分货款1 017 000元及代垫运费3 000元，合计1 020 000元，结算方式为电汇（票据号：53681702）。

【实验过程】

（1）2023年1月21日，由赵凯杰（W02）登录企业应用平台。

（2）在U8企业应用平台，依次选择“业务工作→财务会计→应收款管理→收款处理→选择收款”命令，打开“选择收款-条件”对话框。在该对话框的“客户”栏选择“北京汇鑫”，如图5-59所示。单击“确定”按钮，打开“选择收款-单据”窗口。

选择收款

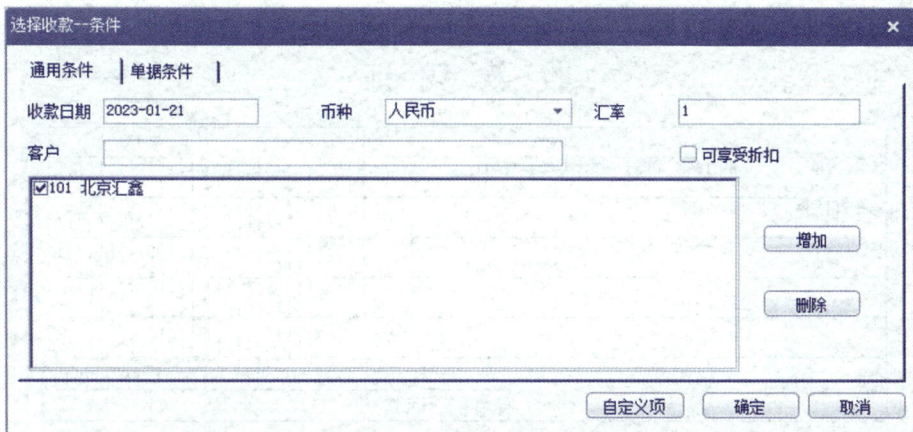

图5-59 选择收款过滤窗口

（3）单击工具栏的"全选"按钮，结果如图5-60所示。

图5-60 "选择收款-单据"窗口

（4）单击工具栏的"确认"按钮，打开"选择收款-收款单"对话框。"结算方式"栏选择"电汇"，"票据号"栏输入"53681702"，如图5-61所示。单击"确定"按钮，完成选择收款。

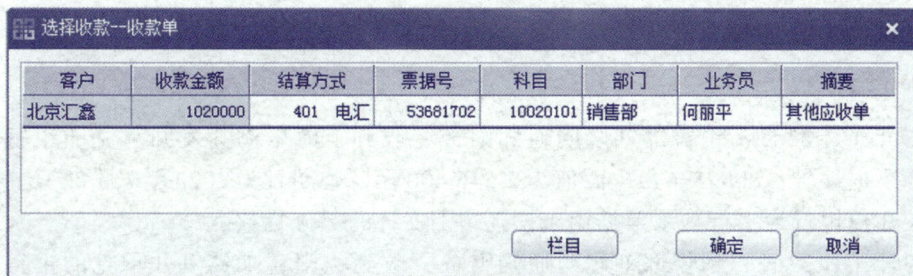

图5-61 "选择收款-收款单"窗口

【提示】

选择收款后系统自动生成已审核、已核销的收款单。

（5）在U8企业应用平台，依次选择"业务工作→财务会计→应收款管理→凭证处理→生成凭证"命令，打开"制单查询"对话框，勾选"收付款单"和"核销"，单击"确定"，打开应收列表。依次单击工具栏的"全选"、"合并"和"制单"按钮，进入"填制凭证"界面，单击"保存"按钮，保存当前记账凭证并将其传递到总账系统，如图5-62所示。

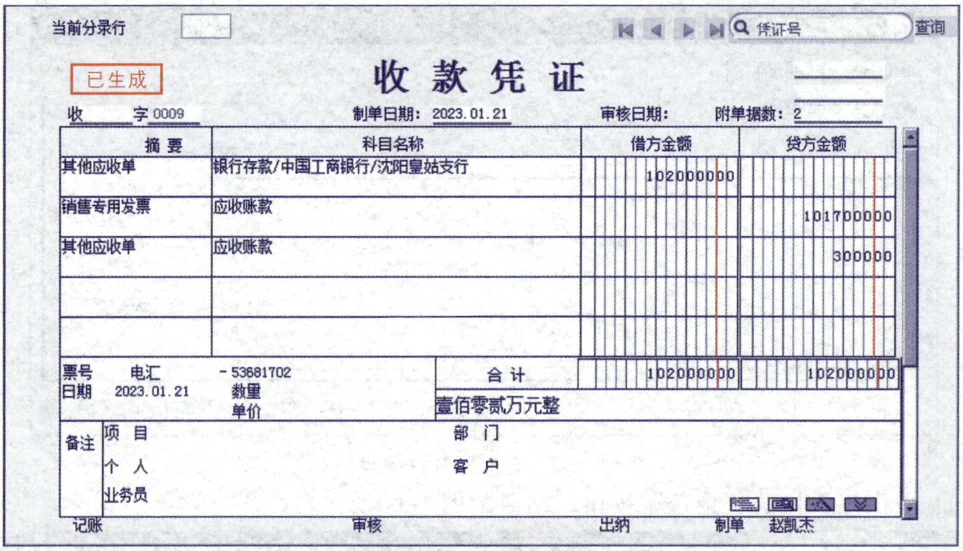

收 款 凭 证

当前分录行 [ ] [navigation controls] Q 凭证号 [查询]

已生成

收　字 0009 　　制单日期：2023.01.21 　　审核日期： 　附单据数：2

摘　要	科目名称	借方金额	贷方金额
其他应收单	银行存款/中国工商银行/沈阳皇姑支行	102000000	
销售专用发票	应收账款		101700000
其他应收单	应收账款		300000

票号　电汇　　－53681702
日期　2023.01.21 数量 单价　　　　合　计　102000000　102000000
壹佰零贰万元整

备注　项　目　　　　　部　门
个　人　　　　　客　户
业务员

记账　　　　审核　　　　出纳　　制单 赵凯杰

图5-62　记账凭证

【提示】

　　选择收款功能可以实现一次对单个或多个客户的单笔或多笔款项的收款核销处理。

　　选择收款功能也可以处理有现金折扣的收款核销业务。

　　如果只收取某单据的部分金额，可手工输入"收款金额"。

5.4　票据管理

5.4.1　收到商业汇票

【实验资料】

2023年1月22日，销售部刘晓明通知财务，收到上海乐淘签发并承兑的银行承兑汇票一张（票据编号：80925367），面值为2 546 400元，到期日为2023年7月22日。票面记载收款人开户银行为工行。该票据用于偿还本月2日的部分货款。

2023年1月23日，销售部刘晓明通知财务，收到沈阳喜来签发并承兑的银行承兑汇票一张（票据编号：34579612），面值为70 000元，到期日为2023年4月23日。票面记载收款人开户银行为工行。该票据用于偿还本月4日的部分货款。

【实验过程】

（1）填制商业汇票。

①2023年1月22日，由赵凯杰（W02）登录企业应用平台。在U8企业应用平台，依次选择"业务工作→财务会计→应收款管理→票据管理→票据录入"命令，打开"应收票据录入"窗口。

收到商业汇票

②单击工具栏的"增加"按钮，根据实验资料填制银行承兑汇票。填制完毕单击"保

存"按钮保存该单据，结果如图5-63所示。

商业汇票

票据编号 * 80925367	票据类型 * 银行承兑汇票	方向 * 收款
收到日期 * 2023-01-22	出票人 * 上海乐淘贸易有限公司	出票人账号 805920937502316806063
出票日期 * 2023-01-22	到期日 * 2023-07-22	结算方式 * 银行承兑汇票
付款人银行 * 交通银行闵行区北京路支行	收款人 * 辽宁恒通商贸有限公司	收款人账号 2107024015890035668
收款人开户银行 中国工商银行沈阳皇姑支行	币种 * 人民币	汇率 * 1.000000
金额 * 2546400.00	交易合同号码	票面利率 0.00000000
付款行行号	付款行地址	背书人
背书金额	备注	业务员 刘晓明
部门 销售部	制单人 赵凯杰	票据摘要
银行名称		

	处理方式	处理日期	贴现银行	被背书人	贴现率	利息	费用	处理金额	汇率	经手人	托收单位
1											
2											

图5-63　银行承兑汇票

③重新登录企业应用平台，操作日期为2023年1月23日。按照上述方法继续填制第2张银行承兑汇票。

【提示】

如果系统参数选择"应收票据直接生成收款单"（系统缺省值为勾选此项），则商业汇票保存完毕，系统自动生成一张未审核、未核销收款单，可对该收款单进行后续处理。该收款单的后续处理与在收款单据录入中填制的收款单相同。

如果所收商业汇票作为预收款，则保存票据后到"收款单据录入"中，找到该汇票自动生成的收款单，将表体的"款项类型"改为"预收款"即可。

（2）审核收款单据。

在U8企业应用平台，依次选择"业务工作→财务会计→应收款管理→收款处理→收款单据审核"命令，对上述汇票自动生成的两张收款单进行审核。

（3）手工核销处理。

①在U8企业应用平台，依次选择"业务工作→财务会计→应收款管理→核销处理→手工核销"命令，对上海乐淘的往来款进行核销处理，核销界面如图5-64所示。

我的桌面	手工核销								

查询	刷新	全选	全消	分摊	预收	确认	汇率	联查	栏目设置

单据日期	单据类型	单据编号	客户	款项类型	结算方式	币种	原币金额	原币余额	本次结算金额	订单号
2022-11-26	收款单	0000000001	上海乐淘	预收款	银行汇票	人民币	30,000.00	30,000.00		
2023-01-22	收款单	0000000009	上海乐淘	应收款	银行承兑汇票	人民币	2,546,400.00	2,546,400.00	2,546,400.00	
合计							2,576,400.00	2,576,400.00	2,546,400.00	

单据日期	单据类型	单据编号	到期日	客户	原币金额	原币余额	可享受折扣	本次折扣	本次结算	凭证号
2023-01-02	销售专用发票	21323502	2023-01-02	上海乐淘	2,576,400.00	2,576,400.00	0.00	0.00	2,546,400.00	转-0019
合计					2,576,400.00	2,576,400.00	0.00		2,546,400.00	

图5-64　上海乐淘核销界面

②对沈阳喜来的往来款进行核销处理，界面如图5-65所示。

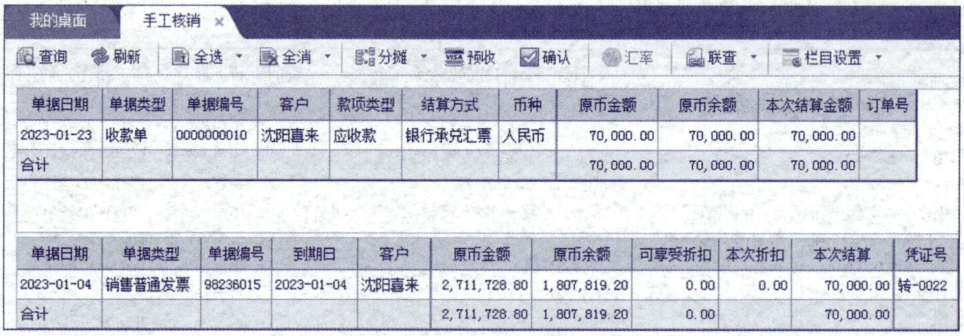

图5-65　沈阳喜来核销界面

（4）制单处理。

①在U8企业应用平台，依次选择"业务工作→财务会计→应收款管理→凭证处理→生成凭证"命令，打开"制单查询"对话框，勾选"收付款单"和"核销"。单击"确定"按钮，打开"生成凭证"窗口，显示应收列表。

单击列表表头"客户名称"项，此时单据按客户名称排序，在各单据左侧的"选择标志"栏输入制单序号，客户名称相同的序号相同。在"凭证类别"栏，用下拉框选择"转账凭证"，如图5-66所示。

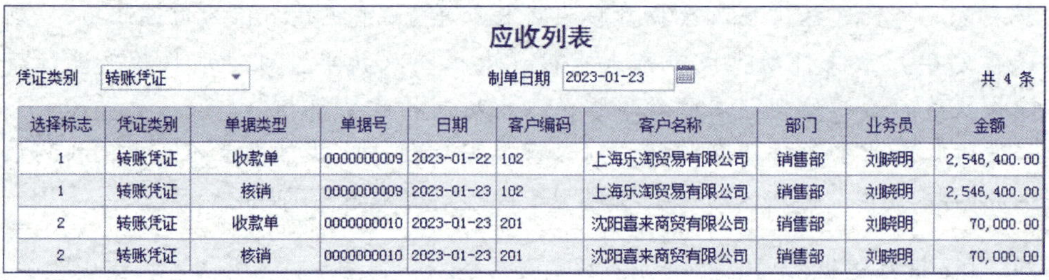

应收列表

凭证类别　转账凭证　　　制单日期　2023-01-23　　　共 4 条

选择标志	凭证类别	单据类型	单据号	日期	客户编码	客户名称	部门	业务员	金额
1	转账凭证	收款单	0000000009	2023-01-22	102	上海乐淘贸易有限公司	销售部	刘晓明	2,546,400.00
1	转账凭证	核销	0000000009	2023-01-23	102	上海乐淘贸易有限公司	销售部	刘晓明	2,546,400.00
2	转账凭证	收款单	0000000010	2023-01-23	201	沈阳喜来商贸有限公司	销售部	刘晓明	70,000.00
2	转账凭证	核销	0000000010	2023-01-23	201	沈阳喜来商贸有限公司	销售部	刘晓明	70,000.00

图5-66　应收列表

②单击"制单"按钮，进入"填制凭证"界面，单击"成批保存凭证"按钮，保存两张转账凭证，结果如图5-67、图5-68所示。

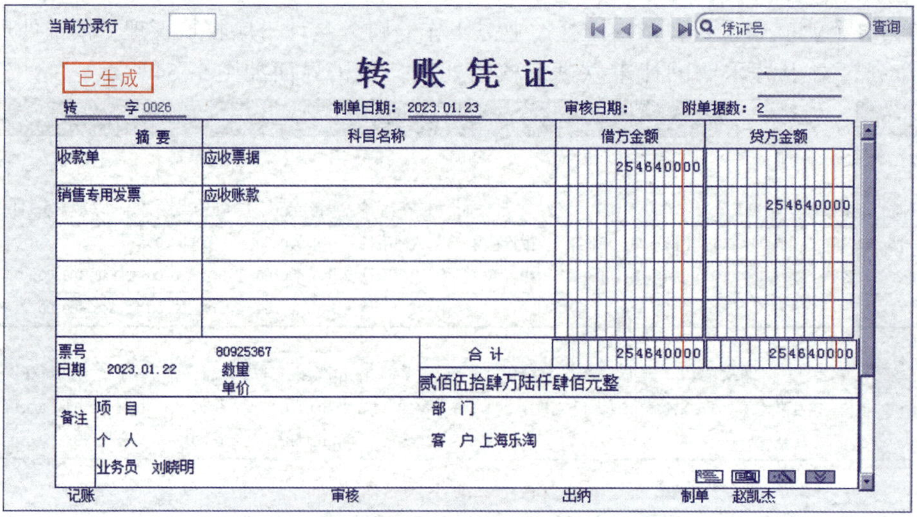

图5-67　记账凭证

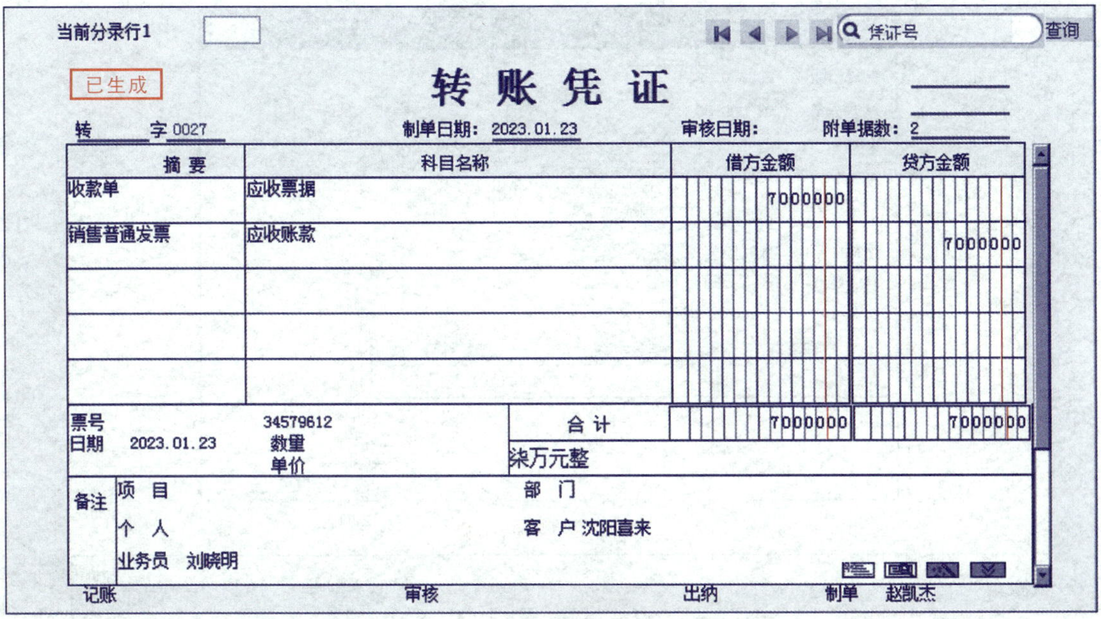

图5-68　记账凭证

【提示】

在票据列表界面或票据填制界面，单击"修改"或"删除"按钮，可对商业汇票进行修改或删除。但以下几种情况不能修改或删除：

①票据自动生成的收款单已经进行核销、转账等后续处理的；

②收到日期所在月份已经结账的票据；

③已经进行背书、贴现、计息、结算等处理的票据。

5.4.2　票据到期结算

【实验资料】

2023年1月25日，35978808号银行承兑汇票到期，到中国工商银行沈阳皇姑支行办理结算（结算方式：委托收款），当日收到票款。

【实验过程】

（1）2023年1月25日，由赵凯杰（W02）登录企业应用平台。

（2）在U8企业应用平台，依次选择"业务工作→财务会计→应收款管理→票据管理→票据列表"命令，打开"应收票据录入"窗口。

（3）双击"35978808"号银行承兑汇票，打开该票据。单击工具栏的"结算"按钮，弹出"票据结算"对话框，"结算科目"栏参照选择"10020101"（银行存款/中国工商银行/沈阳皇姑支行），如图5-69所示。单击"确定"按钮，系统提示"是否立即制单？"，单击"是"，进入"填制凭证"界面，将凭证类别字改为"收"，单击会计分录第一行任意位置，同时按"Ctrl+S"组合键，调出"辅助项"对话框，结算方式选择"委托收款"，单击"确定"按钮，再单击"保存"按钮，结果如图5-70所示。

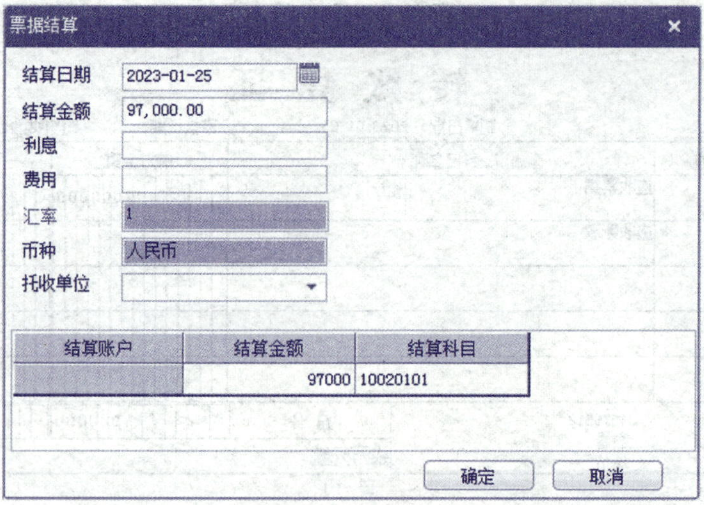

图5-69　票据结算

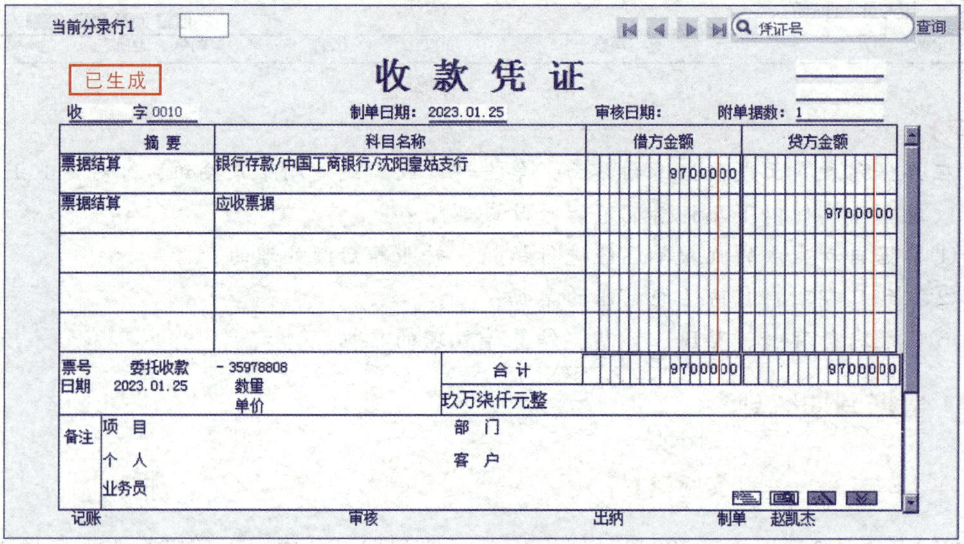

图5-70　记账凭证

5.4.3　票据贴现

【实验资料】

2023年1月26日，将80925367号商业承兑汇票到中国工商银行沈阳皇姑支行办理贴现，贴现率为5%，贴现款当日已存入银行。

【实验过程】

（1）2023年1月26日，由赵凯杰（W02）登录企业应用平台。

（2）在U8企业应用平台，依次选择"业务工作→财务会计→应收款管理→票据管理→票据列表"命令，打开"应收票据录入"窗口。

票据贴现

（3）双击"80925367"号银行承兑汇票，打开该票据。单击工具栏的"贴现"按钮，弹出"票据贴现"对话框。根据实验资料，"贴现率"栏输入"5"，"结算科目"栏选择"10020101"（银行存款/中国工商银行/沈阳皇姑支行），如图5-71所示。单击"确定"按钮，系统提示"是否立即制单？"，单击"是"，进入"填制凭证"界面，将凭证类别字改为"收"，单击"保存"按钮，结果如图5-72所示。

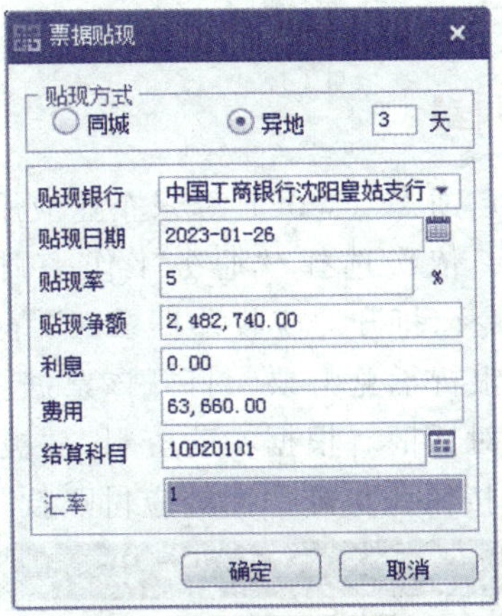

图5-71 票据贴现

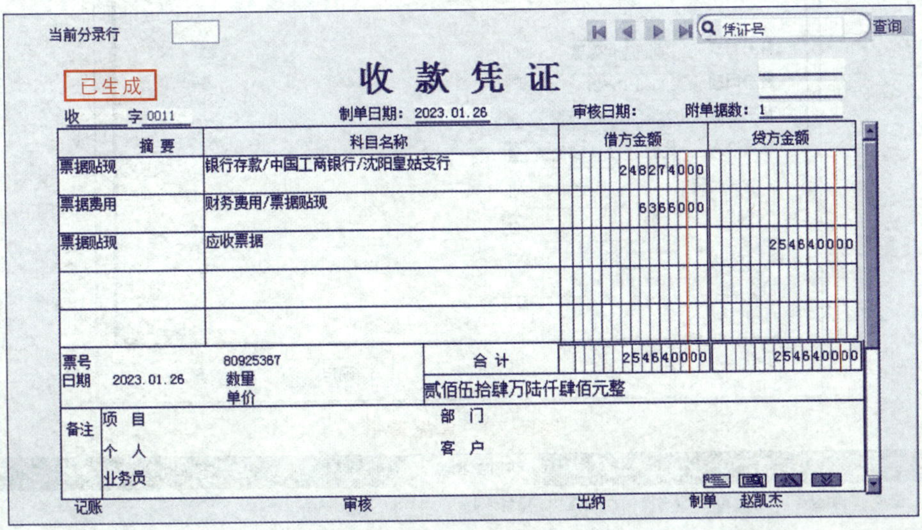

图5-72 记账凭证

【提示】

贴现是指票据持票人在票据未到期前为获得现金向银行贴付一定利息而发生的票据转让行为。

［贴现日期］向银行申请办理贴现的日期。该日期应大于已结账月以及票据出票日、小于等于票据到期日。

［费用］如果贴现净额小于票据余额，系统自动将其差额作为费用。

［利息］如果贴现净额大于票据余额，系统自动将其差额作为利息。

［结算科目］结算科目是指贴现净额入账的银行存款科目。

本例贴现利息的计算过程：$2\ 546\ 400 \times 0.05 \div 360 \times (177+3) = 63\ 660$（元）。

5.4.4 票据背书

2023年1月27日，将34579612号银行承兑汇票背书转让给大连博伦，用于偿还上月15日的货款。

【实验过程】

（1）2023年1月27日，由赵凯杰（W02）登录企业应用平台。

（2）在U8企业应用平台，依次选择"业务工作→财务会计→应收款管理→票据管理→票据列表"命令，打开"应收票据录入"窗口。

（3）双击"34579612"号银行承兑汇票，打开该票据。单击工具栏的"背书"按钮，弹出"票据背书"对话框。根据实验资料，"被背书人"栏选择"大连博伦"，如图5-73所示。单击"确定"按钮，打开"冲销应付账款"对话框，如图5-74所示。

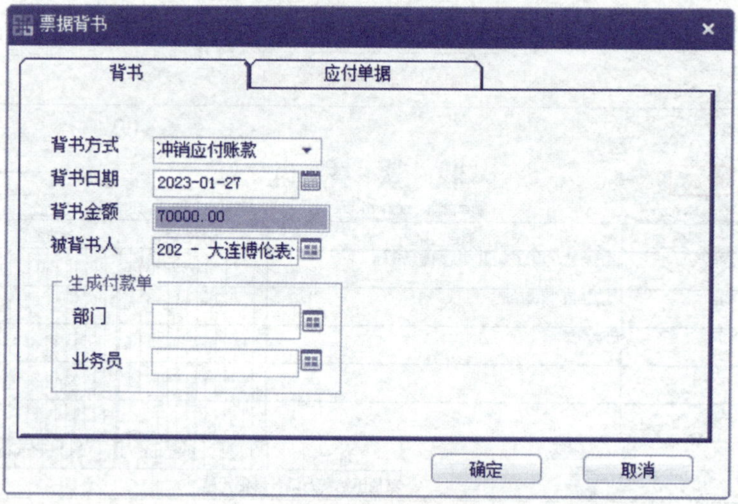

票据背书

图5-73 票据背书

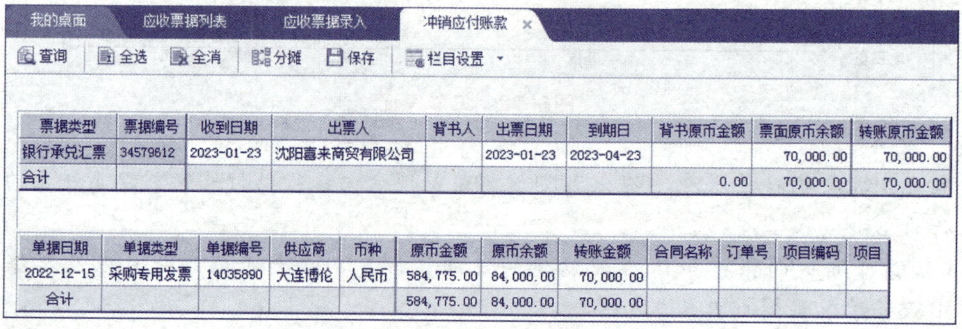

图5-74 冲销应付账款

（4）在"14035890"号采购专用发票的"转账金额"栏输入"70000"，单击"确定"按钮，系统提示"是否立即制单？"，单击"是"，进入"填制凭证"界面，将凭证类别字改为"转"，单击"保存"按钮，结果如图5-75所示。

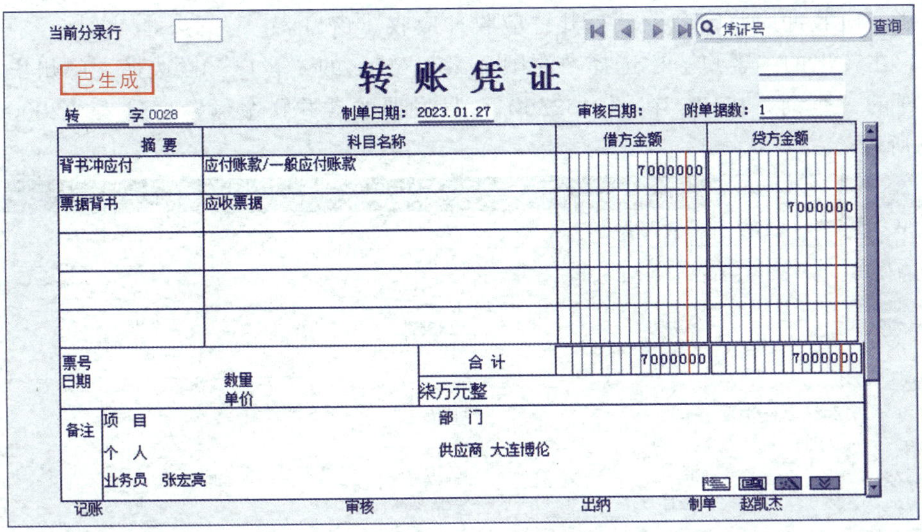

图5-75　记账凭证

【提示】

[背书方式] 系统提供两种背书方式：冲销应付账款和其他。

①冲销应付账款。若选择该方式，应在"被背书人"栏选择冲销的供应商，系统会调出该供应商所有背书日期之前未结算的单据。

若背书金额小于等于应付账款，则只能按背书金额冲销。

若背书金额大于应付账款，则差额部分将作为供应商的预付款。

②其他。若选择该方式，应录入背书日期、背书金额、被背书人、对应科目等。此时，对应科目应为非受控科目。

票据背书本质上是一种付款行为。

根据票据法的规定，部分背书属于无效背书。

票据进行贴现、背书、结算等处理后，将不能再对其进行其他处理。

5.5　转账处理

5.5.1　应收冲应收

【实验资料】

2023年1月28日，经三方协商一致，将上月17日应收沈阳金泰货款中的200 000元转给广州华丰。

【实验过程】

（1）2023年1月28日，由赵凯杰（W02）登录企业应用平台。

（2）在U8企业应用平台，依次选择"业务工作→财务会计→应收款管

应收冲应收

理→转账→应收冲应收"命令，打开"应收冲应收"窗口。

（3）在转出的"客户"栏选择"沈阳金泰"，转入的"客户"栏选择"广州华丰"，单击工具栏的"查询"按钮。在"21323501"号发票的"并账金额"栏输入"200000"，如图5-76所示。

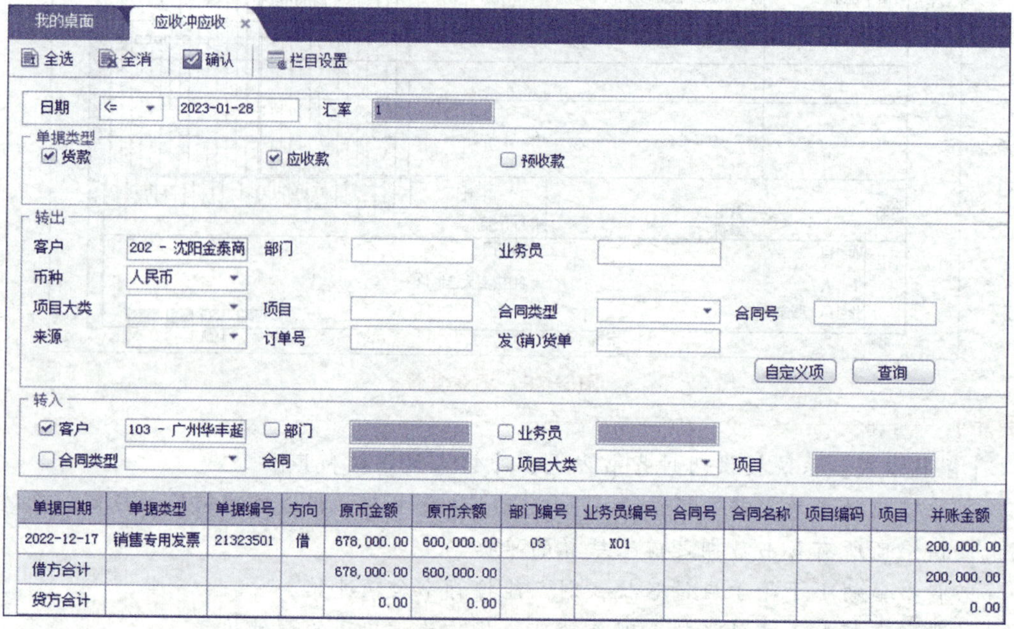

图5-76 应收冲应收

（4）单击"保存"按钮，系统提示"是否立即制单？"，单击"是"，进入"填制凭证"界面，将凭证类别字改为"转"，单击"保存"按钮，结果如图5-77所示。

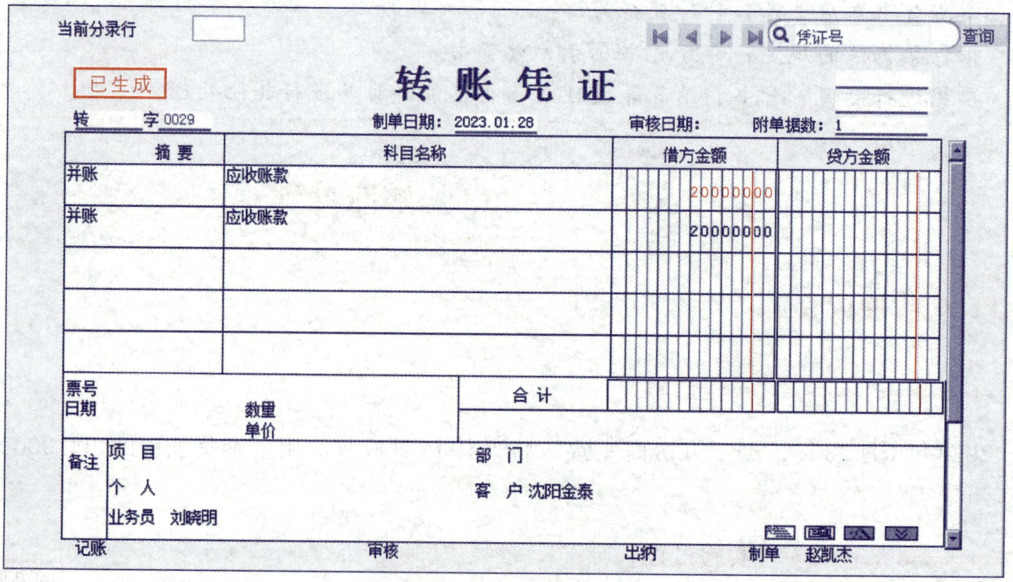

图5-77 记账凭证

【提示】

应收冲应收也称并账，指将应收款在客户、部门、业务员、项目和合同之间进行转移，实现应收业务的调整。以下情况可能需要使用该功能：

①操作性错误。如所填制的应收单据客户选择错误且无法修改。

②实际工作需要。如债权债务转移、部门合并、分管某客户的业务员离职等。

每一笔应收款的并账金额应大于零、小于等于其原币余额。

5.5.2 预收冲应收

【实验资料】

2023年1月28日，经双方协商一致，用上海乐淘2022年11月26日的预收款30 000元冲减本月2日的应收款。

【实验过程】

（1）2023年1月28日，由赵凯杰（W02）登录企业应用平台。

（2）在U8企业应用平台，依次选择"业务工作→财务会计→应收款管理→转账→预收冲应收"命令，打开"预收冲应收"窗口。

（3）在"预收款"页签，"客户"栏选择"上海乐淘"，按"过滤"按钮，在所过滤单据的"转账金额"栏输入"30000"，如图5-78所示。

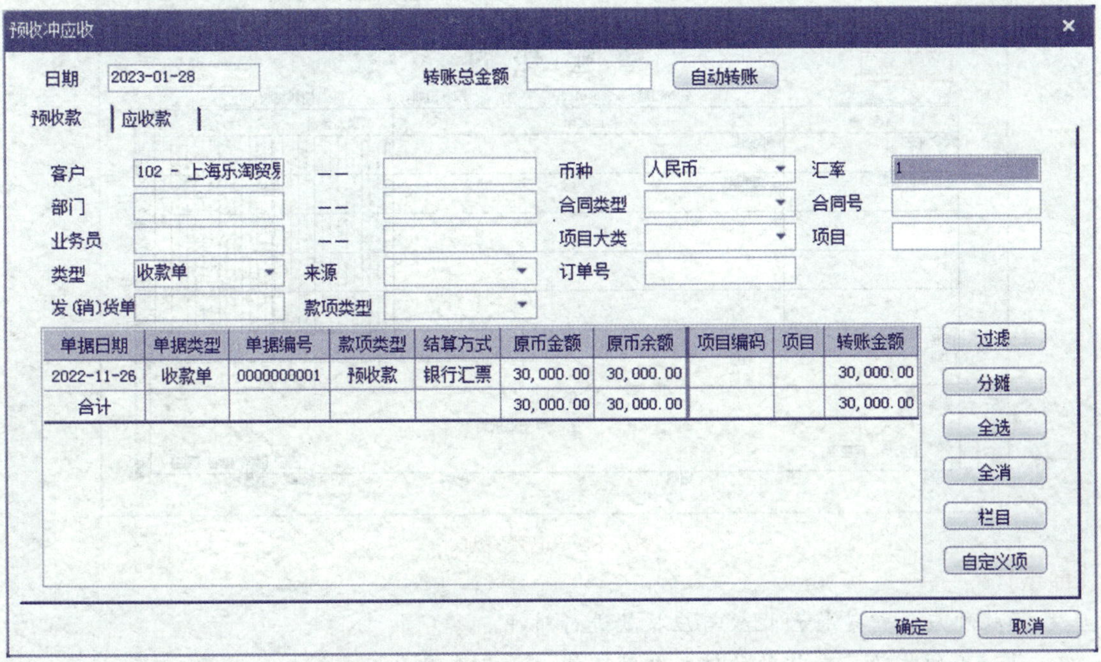

单据日期	单据类型	单据编号	款项类型	结算方式	原币金额	原币余额	项目编码	项目	转账金额
2022-11-26	收款单	0000000001	预收款	银行汇票	30,000.00	30,000.00			30,000.00
合计					30,000.00	30,000.00			30,000.00

图5-78　预收冲应收——"预收款"页签

（4）单击"应收款"页签，单击"过滤"按钮，在所过滤销售专用发票的"转账金额"栏输入"30 000"，如图5-79所示。

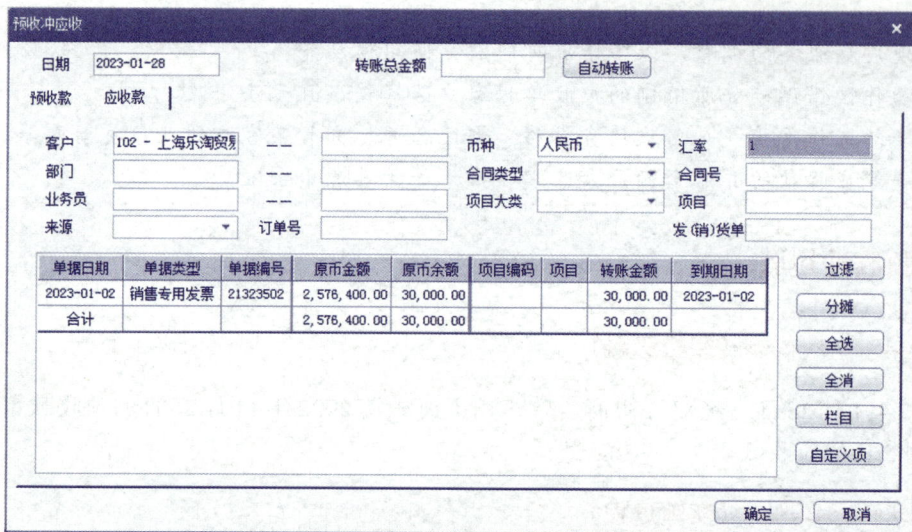

图5-79 预收冲应收——"应收款"页签

（5）单击"确定"按钮，系统提示"是否立即制单"，单击"是"，进入"填制凭证"界面，将凭证类别字改为"转"，单击"保存"按钮，结果如图5-80所示。

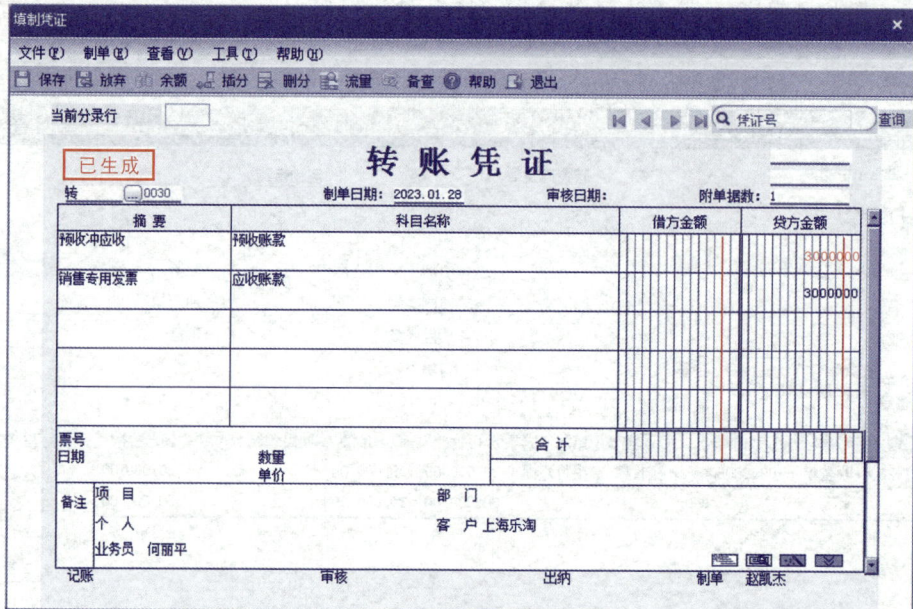

图5-80 记账凭证

【提示】
预收冲应收就是将预收款与应收款进行对冲。
每一笔预收款、应收款的转账金额不能大于其自身余额。
预收款的转账金额合计应等于应收款的转账金额合计，且不能超过两者金额中的较小者。
红字预收款也可冲销红字应收款，此时"预收款"页签中的"类型"应为付款单。
蓝字预收款冲销蓝字应收款与红字预收款冲销红字应收款不能同时进行。
预收款与应收款之间也可通过"核销"进行勾对。

5.5.3　应收冲应付

─────── 【实验资料】

2023年1月28日，经三方协商一致，将本月4日应收沈阳喜来货款中的14 000元冲销应付大连博伦的14 000元货款。

─────── 【实验过程】

（1）2023年1月28日，由赵凯杰（W02）登录企业应用平台。

（2）在U8企业应用平台，依次选择"业务工作→财务会计→应收款管理→转账→应收冲应付"命令，打开"应收冲应付"窗口。

（3）在"应收"页签，"客户"栏选择"沈阳喜来"，如图5-81所示。单击"应付"页签，"供应商"栏选择"大连博伦"，如图5-82所示。单击"确定"按钮，打开"应收冲应付"窗口。

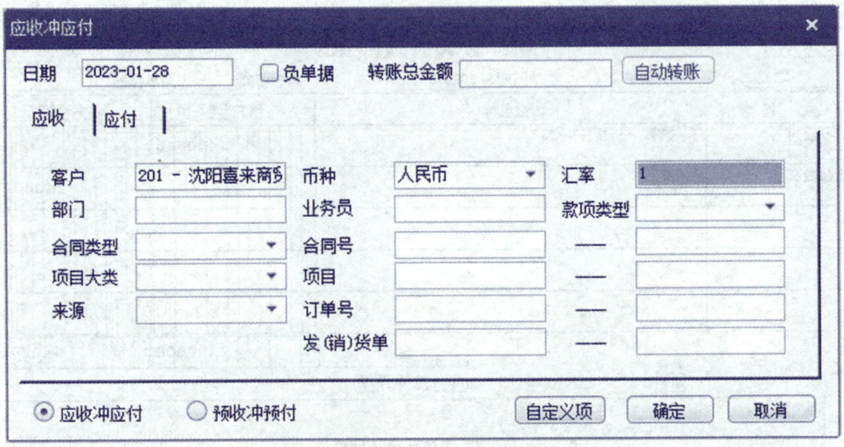

图5-81　应收冲应付——"应收"页签

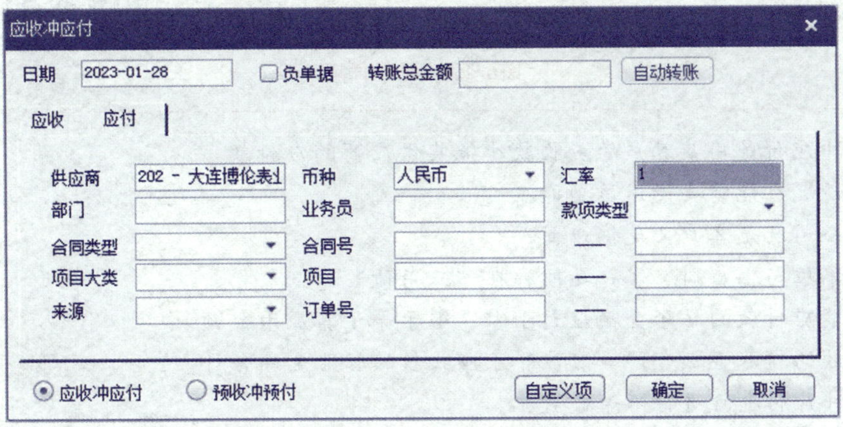

图5-82　应收冲应付——"应付"页签

（4）在窗口上方销售专用发票的"转账金额"栏输入"14000"，在窗口下方采购销售发票的"转账金额"栏输入"14000"，如图5-83所示。

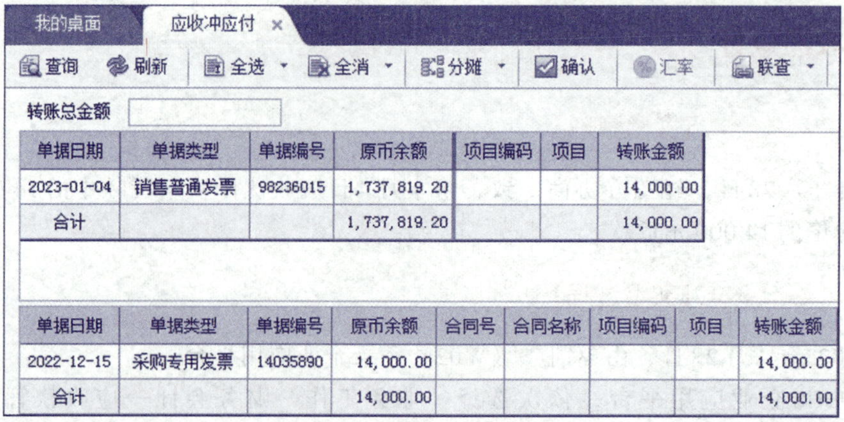

图5-83 应收冲应付

（5）单击工具栏的"保存"按钮，系统提示"是否立即制单"，单击"是"，进入"填制凭证"界面，将凭证类别字改为"转"，单击"保存"按钮，结果如图5-84所示。

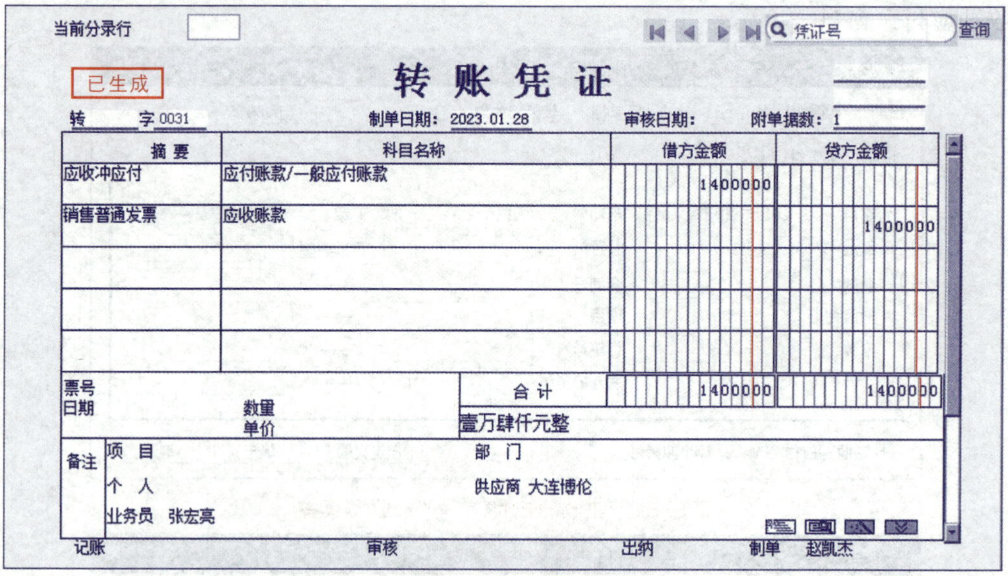

图5-84 记账凭证

【提示】

应收冲应付是用某客户的应收款冲抵某供应商的应付款。

以下情况可能需要使用该功能：

①某公司既是客户又是供应商；

②本单位与供应商、客户之间存在"三角债"。

每一笔应付款的转账金额应大于零、小于等于其原币余额。

应付款的转账金额合计一般应等于应收款的转账金额合计。

应收冲应付也可进行不等额对冲。

与应付系统的"应付冲应收"比较，除所生成记账凭证的来源不同外，两者的操作方法、处理结果均一致，可等效使用。

5.5.4 红票对冲

【实验资料】

2023年1月28日，对本月北京汇鑫的退货业务进行红票对冲。

【实验过程】

（1）2023年1月28日，由赵凯杰（W02）登录企业应用平台。

（2）在U8企业应用平台，依次选择"业务工作→财务会计→应收款管理→转账→红票对冲→手工对冲"命令，打开"红票对冲条件"对话框。在"通用"页签，"客户"栏选择"北京汇鑫"，如图5-85所示。单击"确定"按钮，打开"手工对冲"窗口。

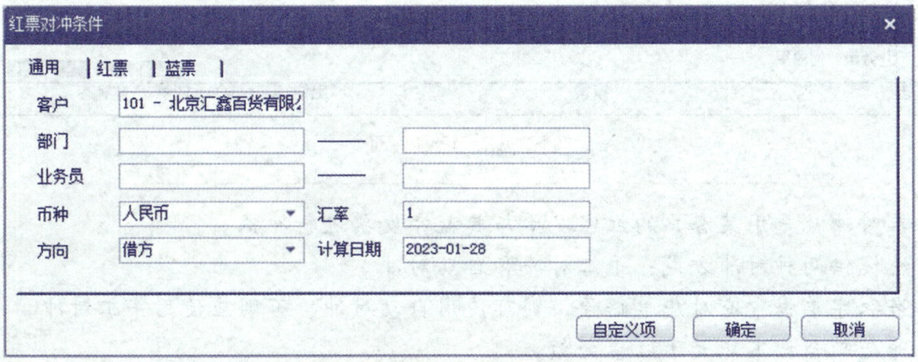

红票对冲

图5-85 红票对冲条件

（3）在"手工对冲"窗口下方销售专用发票的"对冲金额"栏输入"203400"，如图5-86所示。

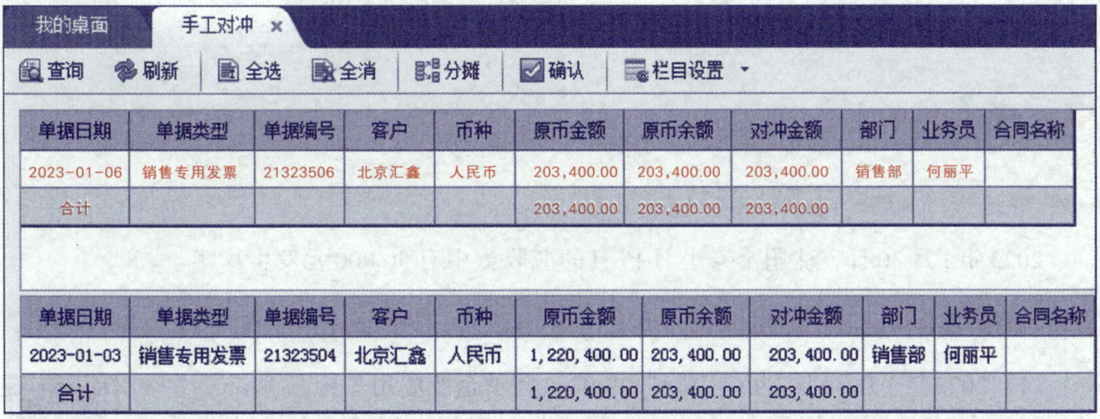

单据日期	单据类型	单据编号	客户	币种	原币金额	原币余额	对冲金额	部门	业务员	合同名称
2023-01-06	销售专用发票	21323506	北京汇鑫	人民币	203,400.00	203,400.00	203,400.00	销售部	何丽平	
合计					203,400.00	203,400.00	203,400.00			

单据日期	单据类型	单据编号	客户	币种	原币金额	原币余额	对冲金额	部门	业务员	合同名称
2023-01-03	销售专用发票	21323504	北京汇鑫	人民币	1,220,400.00	203,400.00	203,400.00	销售部	何丽平	
合计					1,220,400.00	203,400.00	203,400.00			

图5-86 手工对冲

（4）单击"保存"按钮，系统提示"是否立即制单"，单击"是"，进入"填制凭证"界面，将凭证类别字改为"转"，单击"保存"按钮，结果如图5-87所示。

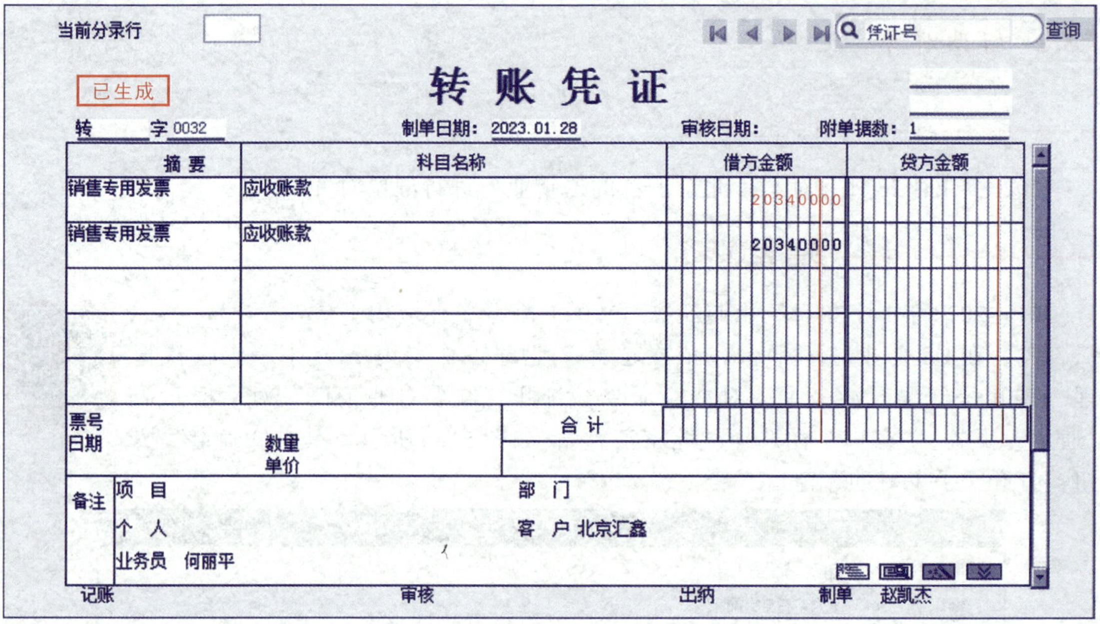

图5-87 记账凭证

【提示】

红票对冲就是用某客户的红字发票与其蓝字发票进行冲抵。

系统提供两种对冲方式：手工对冲和自动对冲。

如果红字单据中有对应单据号，则可使用自动对冲，否则应使用手工对冲。

对冲金额合计不能大于红票金额。

红票对冲同样应遵循核销规则。

5.6 坏账处理

5.6.1 发生坏账

【实验资料】

2023年1月30日，沈阳金泰上月17日的应收款中有50 000元发生坏账。

【实验过程】

（1）2023年1月30日，由赵凯杰（W02）登录企业应用平台。

（2）在U8企业应用平台，依次选择"业务工作→财务会计→应收款管理→坏账处理→坏账发生"命令，打开"坏账发生"对话框。在"客户"栏选择"沈阳金泰"，如图5-88所示。单击"确定"按钮，打开"坏账发生"窗口。

发生坏账

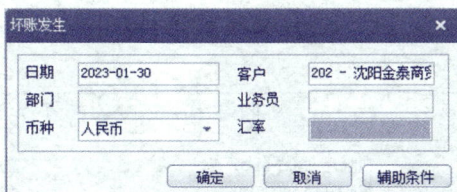

图5-88 坏账发生查询条件

（3）在"本次发生坏账金额"栏输入"50000"，如图5-89所示。

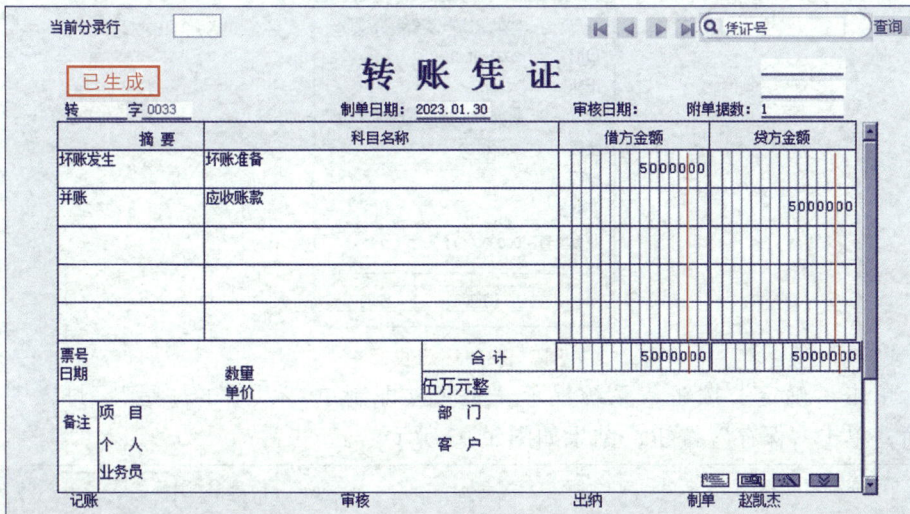

单据类型	单据编号	单据日期	合同号	合同名称	到期日	余额	部门	业务员	本次发生坏账金额
销售专用发票	21323501	2022-12-17			2022-12-17	400,000.00	销售部	刘晓明	50000
合计						400,000.00			50,000.00

图5-89 坏账发生

（4）单击"确认"按钮，系统提示"是否立即制单？"，单击"是"，进入"填制凭证"界面，将凭证类别字改为"转"，单击"保存"按钮，结果如图5-90所示。

图5-90 记账凭证

5.6.2 坏账收回

【实验资料】

2023年1月31日，销售部刘晓明通知财务，收到银行通知（电汇，票据号：52390188），收回已作为坏账处理的应向沈阳金泰收取的应收账款50 000元。

【实验过程】

（1）2023年1月31日，由赵凯杰（W02）登录企业应用平台。

（2）填制收款单。在U8企业应用平台，依次选择"业务工作→财务会计→应收款管理→收款处理→收款单据录入"命令，打开"收款单据录入"窗口。单击工具栏的"增加"按钮，根据实验资料填制一张收回坏账的收款单，结果如图5-91所示。关闭该窗口。

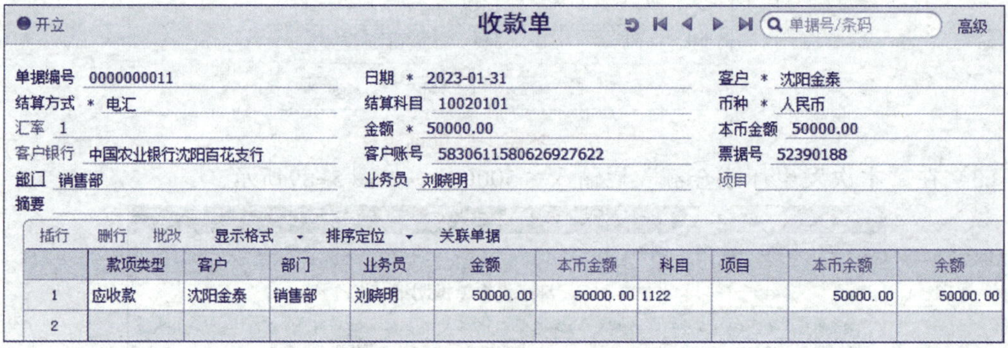

图5-91 收回坏账的收款单

（3）在应收系统依次选择"坏账处理→坏账收回"命令，打开"坏账收回"对话框。在"客户"栏选择"沈阳金泰"，"收款单号"选择上一步所填制的收款单，如图5-92所示。

图5-92 坏账收回

（4）单击"确定"按钮，系统提示"是否立即制单？"，单击"是"，进入"填制凭证"界面，单击"保存"按钮，结果如图5-93所示。

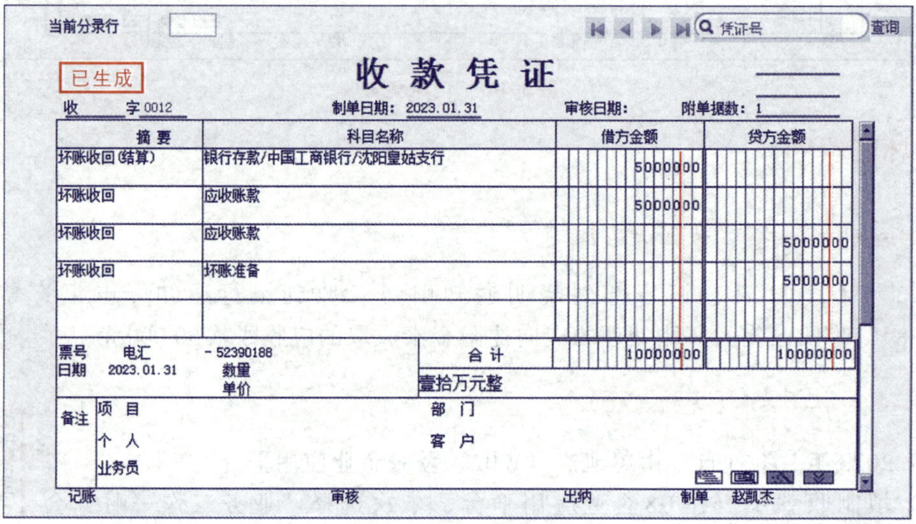

图5-93 记账凭证

【提示】

收回坏账的收款单应单独填制，且不审核。

5.6.3 计提坏账准备

【实验资料】

2023年1月31日，计提坏账准备（视同年末）。

【实验过程】

（1）2023年1月31日，由赵凯杰（W02）登录企业应用平台。

（2）在U8企业应用平台，依次选择“业务工作→财务会计→应收款管理→坏账处理→计提坏账准备”命令，打开“计提坏账准备”窗口，如图5-94所示。

计提坏账准备

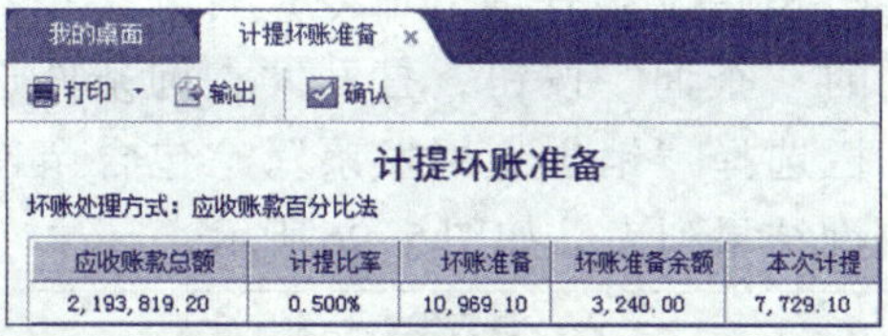

我的桌面
计提坏账准备
打印
输出
确认
计提坏账准备
坏账处理方式：应收账款百分比法
应收账款总额
计提比率
坏账准备
坏账准备余额
本次计提
2, 193, 819. 20
0. 500%
10, 969. 10
3, 240. 00
7, 729. 10

图5-94 计提坏账准备

（3）单击工具栏的“确认”按钮，系统提示“是否立即制单？”，单击“是”，进入“填制凭证”界面，将凭证类别字改为“转”，单击“保存”按钮，结果如图5-95所示。

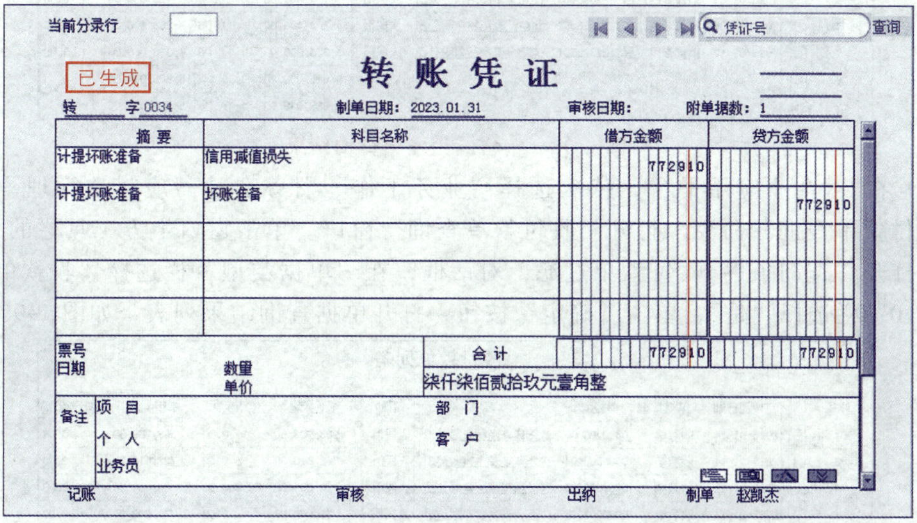

当前分录行
凭证号
查询
已生成
转账凭证
转 字 0034
制单日期：2023. 01. 31
审核日期：
附单据数：1
摘要
科目名称
借方金额
贷方金额
计提坏账准备
信用减值损失
772910
计提坏账准备
坏账准备
772910
票号
日期
数量
单价
合计
772910
772910
柒仟柒佰贰拾玖元壹角整
备注
项目
部门
个人
客户
业务员
记账
审核
出纳
制单 赵凯杰

图5-95 记账凭证

【提示】

应收账款总额为本会计年度最后一天的所有未结算完的发票和应收单余额之和减去预收款数额。本例应收账款总额=2 273 819.20-80 000.00=2 193 819.20（元）。

计提坏账准备后应考虑该事项对企业所得税的影响。

5.7 其他操作

5.7.1 单据查询

【实验资料】

（1）查询1月份填制的全部销售专用发票。
（2）查询1月份填制的全部收款单。

【实验过程】

（1）2023年1月31日，由赵凯杰（W02）登录企业应用平台。

（2）在U8企业应用平台，依次选择"业务工作→财务会计→应收款管理→应收处理→销售发票→销售发票查询"命令，打开"销售发票查询"窗口。单击窗口上方工具栏的"查询"按钮，打开"查询条件选择-发票查询"对话框，在"发票类型"栏选择"销售专用发票"，"包含余额=0"栏选择"是"，单击"确定"按钮，打开单据查询结果列表，如图5-96所示。

销售发票列表

序号		单据日期	单据类型	单据编号	客户	币种	原币金额	原币余额	本币金额	本币余额
1	☐	2023-01-02	销售专用发票	21323502	上海乐淘贸易有限公司	人民币	2,576,400.00	0.00	2,576,400.00	0.00
2	☐	2023-01-03	销售专用发票	21323504	北京汇鑫百货有限公司	人民币	1,220,400.00	0.00	1,220,400.00	0.00
3	☐	2023-01-03	销售专用发票	21323505	广州华丰超市有限公司	人民币	735,630.00	0.00	735,630.00	0.00
4	☐	2023-01-06	销售专用发票	21323506	北京汇鑫百货有限公司	人民币	-203,400.00	0.00	-203,400.00	0.00
5	☐	2023-01-10	销售专用发票	21323507	沈阳金泰商贸有限公司	人民币	1,356,000.00	0.00	1,356,000.00	0.00
6	小计						5,685,030.00		5,685,030.00	
7	合计						5,685,030.00		5,685,030.00	

图5-96 销售专用发票查询结果

（3）在U8企业应用平台，依次选择"业务工作→财务会计→应收款管理→收款处理→收付款单查询"命令，打开"收付款单查询"窗口。单击窗口上方工具栏的"查询"按钮，打开"查询条件-收付款单过滤"对话框，在"单据类型"栏选择"收款单"，"包含余额=0"栏选择"是"，单击"确定"按钮，打开单据查询结果列表，如图5-97所示。

收付款单列表

序号		单据日期	单据类型	单据编号	客户	币种	原币金额	原币余额	本币金额	本币余额
1	☐	2023-01-14	收款单	0000000003	沈阳喜来商贸有限公司	人民币	903,909.60	0.00	903,909.60	0.00
2	☐	2023-01-14	收款单	0000000004	广州华丰超市有限公司	人民币	722,610.00	0.00	722,610.00	0.00
3	☐	2023-01-14	收款单	0000000005	深圳裕丰商贸有限公司	人民币	80,000.00	80,000.00	80,000.00	80,000.00
4	☐	2023-01-14	收款单	0000000006	沈阳金泰商贸有限公司	人民币	78,000.00	0.00	78,000.00	0.00
5	☐	2023-01-20	收款单	0000000007	沈阳金泰商贸有限公司	人民币	1,356,000.00	0.00	1,356,000.00	0.00
6	☐	2023-01-21	收款单	0000000008	北京汇鑫百货有限公司	人民币	1,020,000.00	0.00	1,020,000.00	0.00
7	☐	2023-01-22	收款单	0000000009	上海乐淘贸易有限公司	人民币	2,546,400.00	0.00	2,546,400.00	0.00
8	☐	2023-01-23	收款单	0000000010	沈阳喜来商贸有限公司	人民币	70,000.00	0.00	70,000.00	0.00
9	☐	2023-01-31	收款单	0000000011	沈阳金泰商贸有限公司	人民币	50,000.00	0.00	50,000.00	0.00
10	小计						6,826,919.60	80,000.00	6,826,919.60	80,000.00
11	合计						6,826,919.60	80,000.00	6,826,919.60	80,000.00

图5-97 收款单查询结果

5.7.2 账表管理

──────────── 【实验资料】

（1）查询 1 月份业务总账。
（2）进行 1 月份欠款分析。
（3）查询 1 月份应收账款科目余额表。

──────────── 【实验过程】

（1）2023 年 1 月 31 日，由赵凯杰（W02）登录企业应用平台。

（2）在 U8 企业应用平台，依次选择"业务工作→财务会计→应收款管理→账表管理→业务账表→业务总账"命令，打开"查询条件-应收总账表"对话框，单击"确定"按钮，打开应收总账表，如图 5-98 所示。

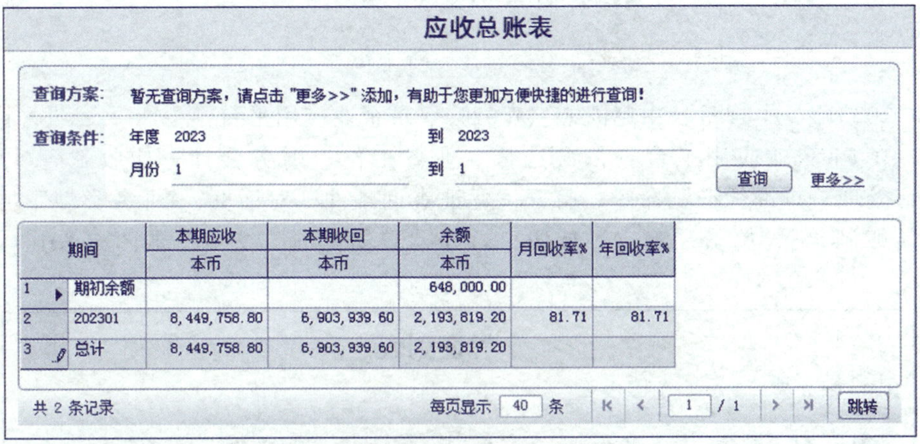

账表管理

应收总账表

查询方案：暂无查询方案，请点击"更多>>"添加，有助于您更加方便快捷的进行查询！

查询条件： 年度 2023   到 2023
　　　　　 月份 1   到 1   查询   更多>>

期间	本期应收 本币	本期收回 本币	余额 本币	月回收率%	年回收率%
1 ▶ 期初余额			648,000.00		
2 202301	8,449,758.80	6,903,939.60	2,193,819.20	81.71	81.71
3 ✎ 总计	8,449,758.80	6,903,939.60	2,193,819.20		

共 2 条记录　　　　　　　　　每页显示 40 条　 K ＜ 1 / 1 ＞ ＞ 跳转

图 5-98　应收总账表

（3）在应收系统选择"账表管理→统计分析→欠款分析"命令，打开"欠款分析"对话框，单击"确定"按钮，打开"欠款分析"窗口，如图 5-99 所示。

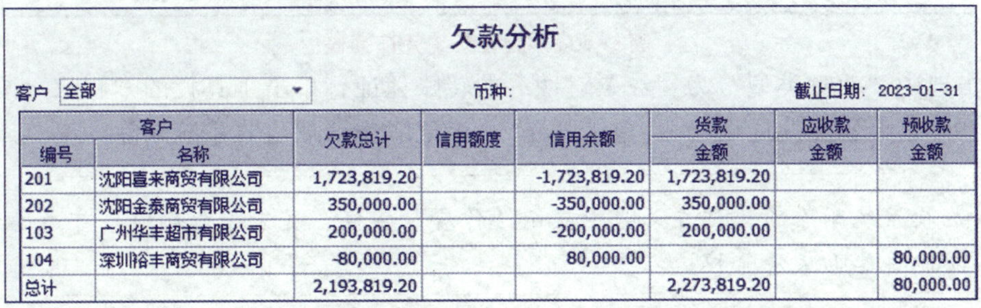

欠款分析

客户 全部 ▼　　　　　币种：　　　　　截止日期：2023-01-31

客户 编号	客户 名称	欠款总计	信用额度	信用余额	货款 金额	应收款 金额	预收款 金额
201	沈阳喜来商贸有限公司	1,723,819.20		-1,723,819.20	1,723,819.20		
202	沈阳金泰商贸有限公司	350,000.00		-350,000.00	350,000.00		
103	广州华丰超市有限公司	200,000.00		-200,000.00	200,000.00		
104	深圳裕丰商贸有限公司	-80,000.00		80,000.00			80,000.00
总计		2,193,819.20			2,273,819.20		80,000.00

图 5-99　欠款分析

（4）在应收系统选择"账表管理→科目账查询→科目余额表"命令，打开"科目余额表"对话框，在查询条件的"科目"栏选择"1122 应收账款"，单击"确定"按钮，打开应收账款的科目余额表，如图 5-100 所示。

图5-100　应收账款科目余额表

5.7.3　取消操作

【实验资料】

2023年1月31日，取消本月对沈阳金泰的红票对冲处理。

【实验过程】

（1）2023年1月31日，由赵凯杰（W02）登录企业应用平台。

（2）在U8企业应用平台，依次选择"业务工作→财务会计→应收款管理→凭证处理→查询凭证"命令，打开"凭证查询条件"对话框，"业务类型"选择"转账制单"，单击"确定"按钮，打开"查询凭证"窗口，如图5-101所示。

凭证列表

凭证总数：3 张

选择	业务日期	业务类型	业务号	制单人	凭证日期	凭证号	标志
	2023-01-28	预收冲应收	21323502	赵凯杰	2023-01-28	转-0030	
	2023-01-28	应收冲应付	98236015	赵凯杰	2023-01-28	转-0031	
	2023-01-28	红票对冲	21323506	赵凯杰	2023-01-28	转-0032	

图5-101　应收系统凭证列表

单击选中"业务类型"为"红票对冲"的转账凭证，单击工具栏的"删除"按钮，系统提示"确定要删除此凭证吗"，单击"是"，该记账凭证从应收系统删除。

【提示】

　　从应收系统删除的凭证在总账中显示"作废"字样，并未予以删除，可通过"整理凭证"功能将其彻底清除掉。

（3）在应收系统选择"其他处理→取消操作"命令，打开"取消操作条件"对话框，在"操作类型"下拉框中选择"红票对冲"，如图5-102所示。单击"确定"按钮，打开"取消操作"窗口，如图5-103所示。

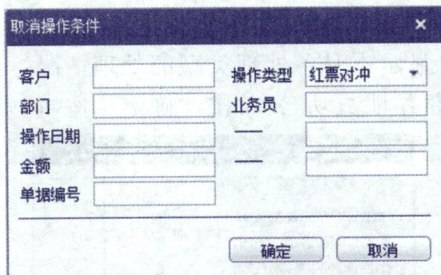

图5-102　取消操作条件

图5-103　取消操作

（4）双击"红票对冲"栏左侧的"选择标志"栏，单击工具栏的"确认"按钮，完成本次取消操作。

【提示】

　　可以取消的操作类型包括：核销、选择收款、坏账处理、汇兑损益、票据处理、应收冲应收、应收冲应付、预收冲应收和红票对冲等9种。

　　如果某操作类型已经制单处理，在取消操作前，应先到"凭证处理→查询凭证"中将该记账凭证删除，再进行取消操作。

　　取消选择收款，则核销处理被取消，同时选择收款生成的收款单也一并删除，应收单据恢复原状。

　　如果转账处理（应收冲应收、预收冲应收、应收冲应付等）发生月份已经结账，则不能被恢复。

　　以下情况不允许取消票据处理：

　　①票据日期所在月份已经结账。

　　②票据背书方式为"冲销应付账款"，且应付系统已经结账。

　　③票据计息后又进行了贴现等处理。

　　④票据转出后所生成的应收单已经进行了核销等处理。

5.7.4　月末结账

【实验资料】

2023年1月31日，对应收系统、应付系统进行月末结账。

【实验过程】

（1）2023年1月31日，由赵凯杰（W02）登录企业应用平台。

（2）在U8企业应用平台，依次选择"业务工作→财务会计→应收款管

月末结账

理→期末处理→月末结账"命令，打开"月末处理"对话框，双击1月份的"结账标志"栏，单击"下一步"按钮，显示本月各处理类型的处理情况，如图5-104所示。单击"完成"按钮，系统提示"1月份结账成功"，单击"确定"按钮。

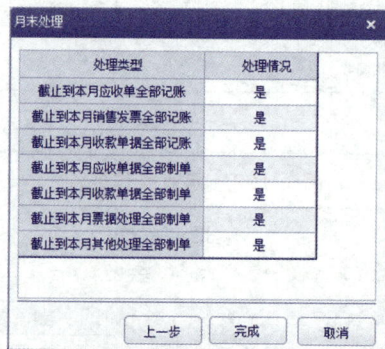

图5-104　应收系统1月份处理情况表

（3）参照上述方法，在应付系统选择"期末处理→月末结账"命令，打开"月末处理"对话框，双击1月份的"结账标志"栏，单击"下一步"按钮，显示本月各处理类型的处理情况。单击"完成"按钮，系统提示"1月份结账成功"，单击"确定"按钮。

【提示】

系统进行月末结账后，该月将不能再进行任何处理。如果上月未结账，则本月不能结账。如果本月还有未审核的收付款单，则不能结账。应付系统与采购管理系统集成使用时，采购管理系统结账后才能对应付系统结账处理。同理，应收系统与销售管理系统集成使用时，应先进行销售管理系统结账，再进行应收系统结账。

5.8　本章常见数据表

本章常见数据表见表5-11。

表5-11　　　　　　　　　　　　　　本章常见数据表

序号	系统编码 （SystemID）	系统名称 （SystemName）	表名称 （TableName）	表定义 （TableDefine）	备注
1	AR	应收	Ar_BadPara	坏账准备设置	表5-2
2	RP	应收应付	Ap_BillAge	账龄区间	表5-3、表5-4
3	RP	应收应付	Ap_AlarmSet	预警级别	表5-5
4	RP	应收应付	Ap_InputCode	基本科目	表5-6
5	RP	应收应付	Ap_SStyleCode	结算方式科目	表5-7
6	SA	销售管理	SaleBillVouch	销售发票主表	
7	SA	销售管理	SaleBillVouchs	销售发票子表	
8	AR	应收	Ar_Detail	应收明细账	

【复习思考题】

1. 简述应收系统与其他系统之间的数据传递关系。
2. 简述应收单据处理的基本流程。
3. 简述收款单据处理的基本流程。
4. 什么是核销，其作用是什么？
5. 简述票据管理的主要功能。
6. 简述坏账处理的主要功能。

6 第6章
固定资产系统

固定资产系统主要完成企业固定资产日常业务的核算和管理，生成固定资产卡片，按月反映固定资产的增加、减少、原值变化及其他变动，按月计提折旧，生成记账凭证，输出相关的报表和账簿。

固定资产系统与其他系统的关系如下：

① 固定资产系统与总账系统。固定资产系统将资产增加等业务生成的凭证传递至总账系统。固定资产系统可随时与总账系统进行对账。

② 固定资产系统与供应链系统。若启用供应链系统，固定资产采购业务的入库单传递到固定资产系统后结转生成采购资产卡片。

③ 固定资产系统与UFO报表系统。固定资产系统为UFO报表系统提供数据支持。

本章的重点内容：卡片录入、计提折旧。

本章的难点内容：固定资产盘点业务处理。

本章总体流程如图6-1所示。

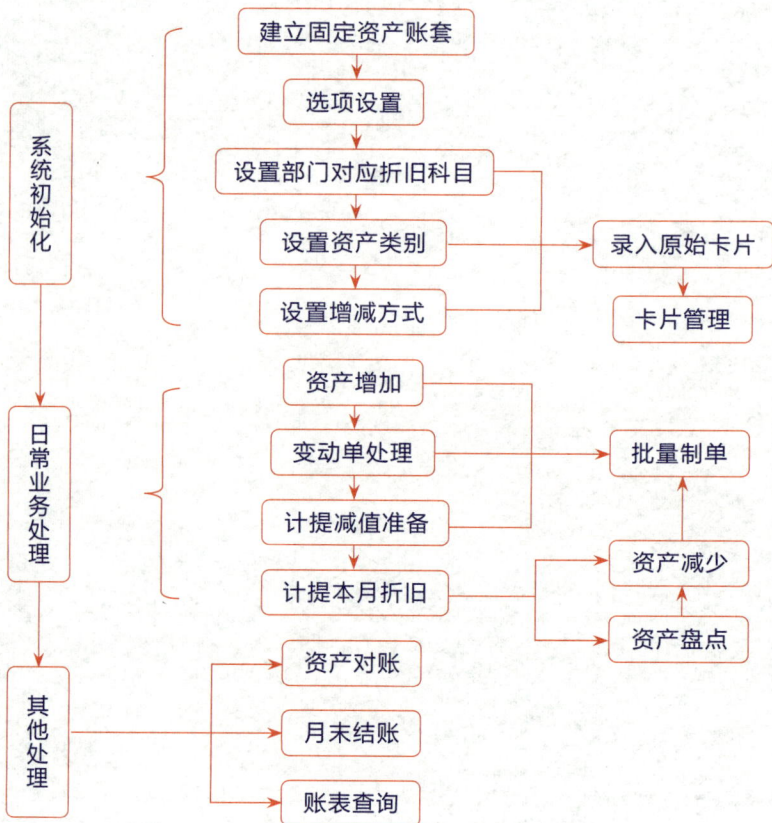

图6-1 本章总体流程

6.2 系统初始化

6.2.1 建立固定资产账套

━━━━━━━━━━ 【实验资料】

2023年1月1日，根据表6-1建立固定资产账套，其他项默认。

表6-1　　　　　　　　　　　　固定资产系统建账向导

建账向导	参数设置
约定及说明	我同意
启用月份	2023.01
折旧信息	采用"平均年限法（一）"计提折旧
编码方式	固定资产类别编码方式为"1-1-1-2" 固定资产编码方式采用"类别编码+序号"的自动编码方式，其序号长度为4
账务接口	固定资产对账科目为"1601固定资产" 累计折旧对账科目为"1602累计折旧"

━━━━━━━━━━ 【实验过程】

（1）2023年1月1日，由赵凯杰（W02）登录企业应用平台。

（2）在U8企业应用平台，依次选择"业务工作→财务会计→固定资产"命令，系统提示是否进行初始化，如图6-2所示。

建立固定资产
账套

图6-2　系统提示

（3）单击"是"按钮，打开"初始化账套向导——约定及说明"对话框，选择"我同意"，如图6-3所示。

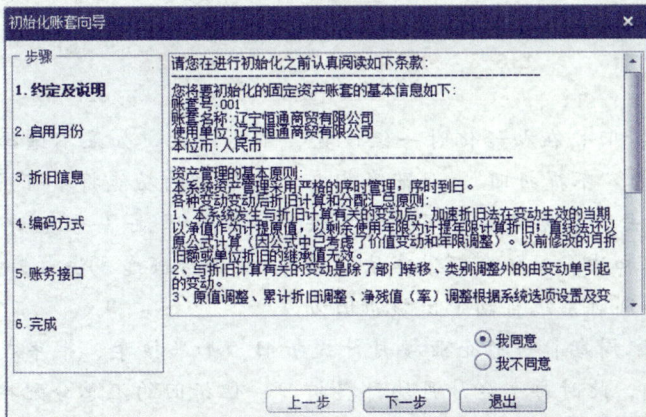

图6-3　初始化账套向导——约定及说明

（4）单击"下一步"按钮，打开"初始化账套向导——启用月份"对话框。系统默认账套启用月份为"2023.01"，如图6-4所示。

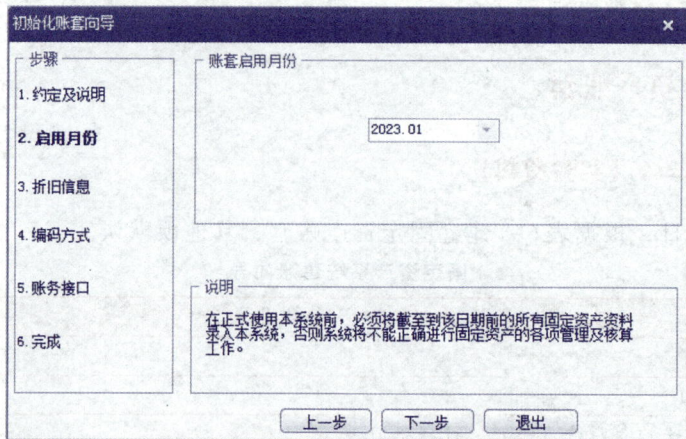

图6-4　初始化账套向导——启用月份

【提示】

固定资产启用月份只能查看不可修改。

（5）单击"下一步"按钮，打开"初始化账套向导——折旧信息"对话框，从"主要折旧方法"下拉框中选择"平均年限法（一）"，如图6-5所示。

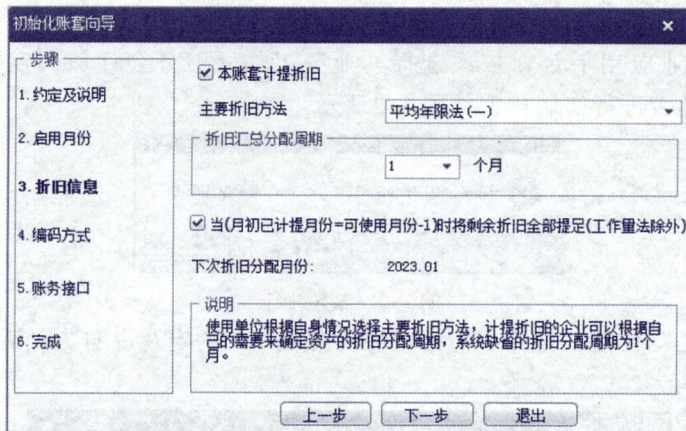

图6-5　初始化账套向导——折旧信息

【提示】

［本账套计提折旧］在初始化时一经设置，不能修改。如果不选择"本账套计提折旧"，则折旧方法为"不提折旧"，且账套内与折旧有关的功能将不可用。

［主要折旧方法］系统提供以下折旧方法：平均年限法（一）、平均年限法（二）、工作量法、年数总和法、双倍余额递减法（一）、双倍余额递减法（二）。选择折旧方法后，在新增资产类别时系统自动带出该折旧方法。

［折旧汇总分配周期］一般企业按月计提折旧。如果按季、半年或年计提折旧，可在此设置折旧周期，此时每个会计月均计提折旧，但折旧的汇总分配按这里设定的周期进行，把该周期内各会计月计提的折旧汇总分配。

（6）单击"下一步"按钮，打开"初始化账套向导——编码方式"对话框。将资产类别编码方式的"编码长度"修改为"1-1-1-2"。固定资产编码方式选择"自动编码"及"类别编号+序号"，序号长度选择"4"，如图6-6所示。

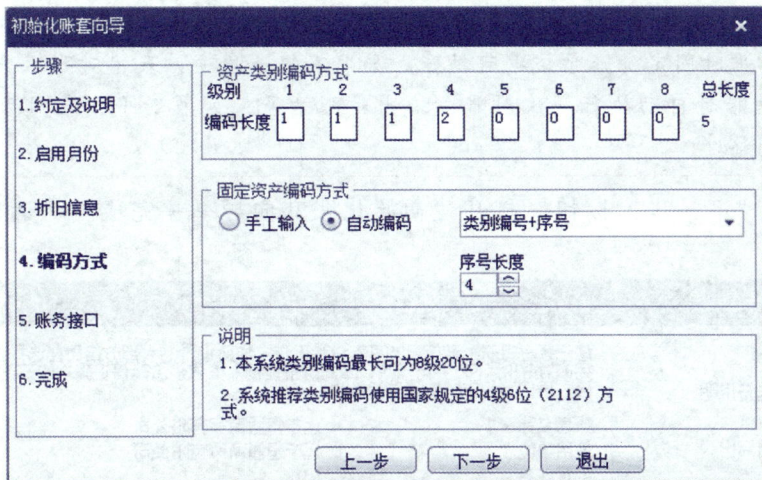

图6-6　初始化账套向导——编码方式

【提示】

[资产类别编码方式] 一旦新增某一级资产类别，则该级的类别编码长度不能修改。未使用的类别编码长度可以修改。

[固定资产编码方式] 系统提供两种固定资产编码方式：手工输入和自动编码。自动编码又包括以下具体方式：类别编号+序号、部门编号+序号、类别编号+部门编号+序号、部门编号+类别编号+序号。其中，"类别编号"的长度由"资产类别编码方式"决定；"序号"的长度可自由设定为1~5位。

（7）单击"下一步"按钮，打开"初始化账套向导——账务接口"对话框。"固定资产对账科目"栏参照选择"1601，固定资产"，"累计折旧对账科目"栏参照选择"1602，累计折旧"，如图6-7所示。

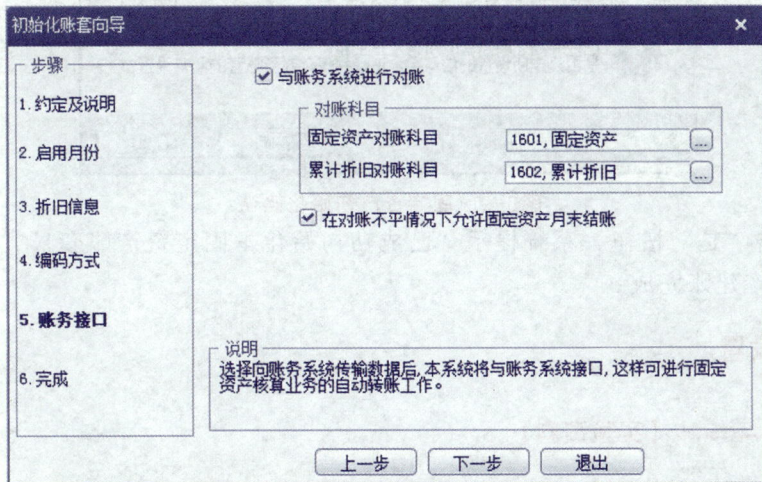

图6-7　初始化账套向导——账务接口

　　这里的对账是指将固定资产系统的原值、累计折旧与总账系统的固定资产科目和累计折旧科目的余额相核对。

　　[在对账不平情况下允许固定资产月末结账] 系统缺省勾选此项，表示本系统与总账系统对账不平时固定资产系统也可结账。如果不勾选此项，表示对账不平时不允许结账，在月末结账时自动执行一次对账，给出对账结果；如果不平，表明两系统存在偏差，应予以调整。

　　（8）单击"下一步"按钮，打开"初始化账套向导——完成"对话框，如图6-8所示。

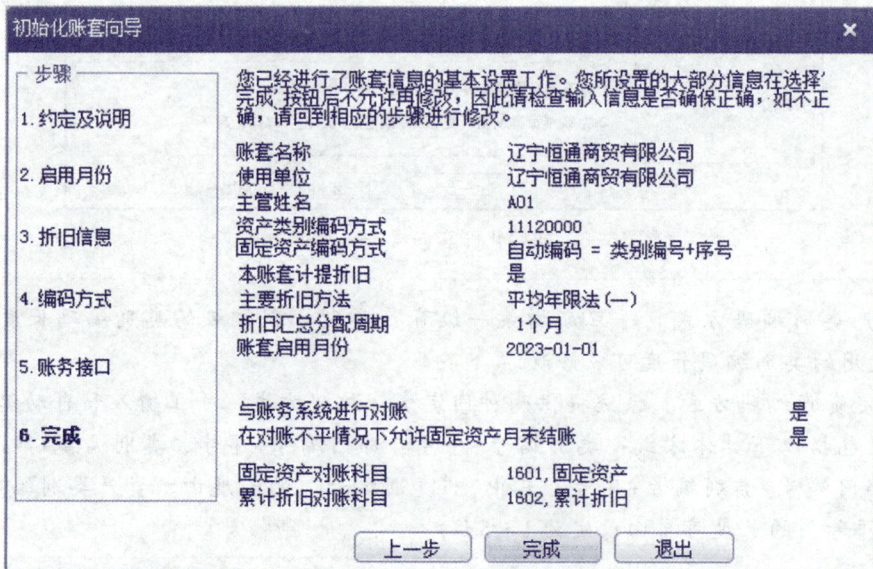

图6-8　初始化账套向导——完成

　　（9）单击"完成"按钮，系统弹出提示框，如图6-9所示。

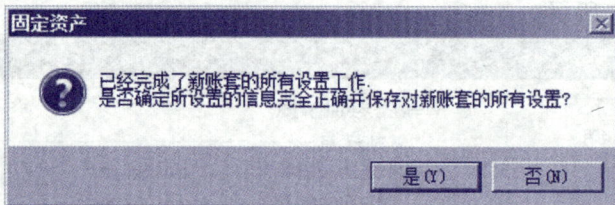

图6-9　固定资产初始化确认

　　（10）单击"是"按钮，系统提示"已成功初始化本固定资产账套！"，单击"确定"按钮，固定资产建账完成。

6.2.2　选项设置

【实验资料】

　　根据表6-2设置固定资产系统参数。

表 6-2   系统参数（AccInformation）

系统名称（cSysID）	选项卡	选项设置
固定资产	与账务系统接口	固定资产缺省入账科目：1601 累计折旧缺省入账科目：1602 减值准备缺省入账科目：1603 增值税进项税额缺省入账科目：22210101 固定资产清理缺省入账科目：1606
	其它	已发生资产减少的卡片10年后可删除 卡片金额型数据显示千分位格式

【实验过程】

（1）在U8企业应用平台，依次选择"业务工作→财务会计→固定资产→设置→选项"命令，打开"选项"窗口。

（2）单击"与账务系统接口"页签，单击"编辑"按钮，根据实验资料参照选择固定资产等的缺省入账科目，结果如图6-10所示。

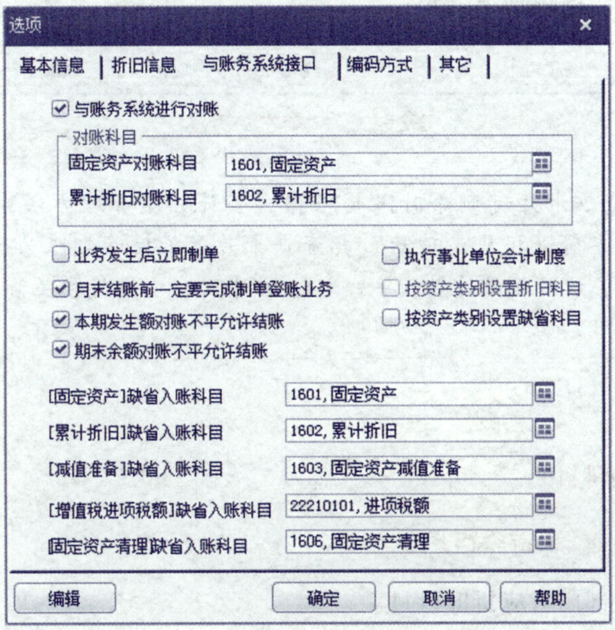

固定资产系统
选项设置

图6-10 "与账务系统接口"页签

【提示】

[按资产类别设置缺省科目] 若勾选此项，则"固定资产对账科目"和"累计折旧对账科目"可以多选，但最多能选10个；同时，可以在"资产类别"中录入"缺省入账科目"。

系统制单时，系统首先带出卡片所属末级资产类别的缺省入账科目；若在资产类别中没有设置缺省入账科目，则带出选项中设置的缺省入账科目；若在选项中没有设置缺省入账科目，则弹出的记账凭证中相关科目为空，此时须手工参照选择相关科目。

（3）单击"其它"页签，修改"已发生资产减少卡片可删除时限"为"10年"，勾选"卡片金额型数据显示千分位格式"，如图6-11所示，单击"确定"按钮，完成选项设置。

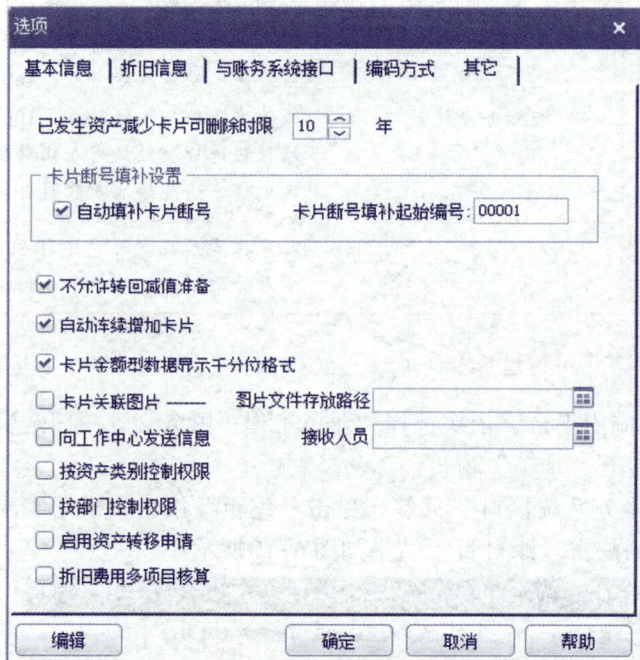

图6-11 "其它"页签

【提示】

［已发生资产减少卡片可删除时限］根据《会计档案管理办法》（国家档案局令第79号）的规定，固定资产报废清理后，其资产卡片最低保管期限为5年，即大于等于5年。所以系统设置了该时限缺省为5年。超过该时限后才能将相关资产的卡片和变动单删除。

6.2.3　初始设置

1. 设置部门对应折旧科目

【实验资料】

根据表6-3设置部门对应折旧科目。

表6-3　　　　　　　　　部门对应折旧科目（fa_Departments）

部门名称（sName）	折旧科目编码（sSubjectNum）	折旧科目名称（sSubjectName）
行政部	660201	管理费用/折旧费
财务部	660201	管理费用/折旧费
销售部	660101	销售费用/折旧费
采购部	660201	管理费用/折旧费
仓储部	660201	管理费用/折旧费

（1）在 U8 企业应用平台，依次选择"业务工作→财务会计→固定资产→设置→部门对应折旧科目"命令，打开"部门对应折旧科目"窗口。

（2）点击"行政部"，单击工具栏的"修改"按钮，打开"单张视图"窗口。根据实验资料，"折旧科目"栏录入"660201"（管理费用/折旧费），如图 6-12 所示。

设置部门对应
折旧科目

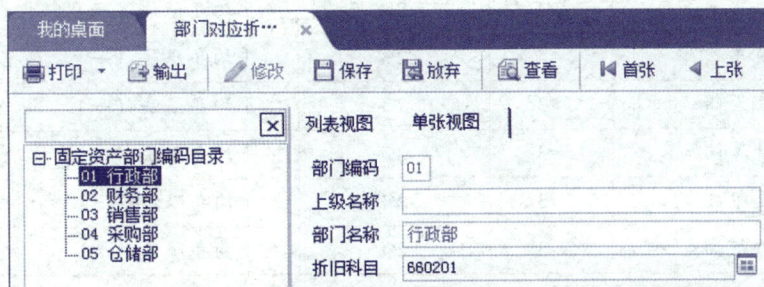

图6-12 "部门对应折旧科目——单张视图"窗口

【提示】

修改本级部门的折旧科目，其下级部门的折旧科目可以同步修改。

设置部门对应折旧科目时，必须选择末级会计科目。

（3）单击工具栏的"保存"按钮。以此方法继续录入其他部门对应折旧科目，结果如图 6-13 所示。

图6-13 "部门对应折旧科目——列表视图"窗口

【提示】

根据受益原则，按使用部门或资产类别将固定资产折旧计入成本费用。若按使用部门归集，则在此处设置对应的折旧入账科目。录入固定资产卡片时，该科目自动显示在卡片中。在生成部门折旧分配表时，每一部门按折旧科目汇总，生成记账凭证。

2.设置资产类别

【实验资料】

根据表6-4设置固定资产类别，其中全部资产的计提属性均为"正常计提"。

表 6-4　　　　　　　　　　　固定资产类别（fa_AssetTypes）

类别编码 （sNum）	类别名称 （sName）	使用年限 （iLife）	净残值率 （dblBVRate）	折旧方法 （sDeprMethodNum）	卡片样式 （sModelID）
1	房屋及建筑物	20	3%	平均年限法（一）	含税卡片样式
2	机器设备	10	2%	平均年限法（一）	含税卡片样式
3	运输设备	4	2%	平均年限法（一）	含税卡片样式
31	轿车	4	2%	平均年限法（一）	含税卡片样式
32	货车	4	2%	平均年限法（一）	含税卡片样式
4	管理设备	3	2%	平均年限法（一）	含税卡片样式
41	计算机	3	2%	平均年限法（一）	含税卡片样式
42	复印机	3	2%	平均年限法（一）	含税卡片样式
43	打印机	3	2%	平均年限法（一）	含税卡片样式

【实验过程】

（1）在 U8 企业应用平台，依次选择"业务工作→财务会计→固定资产→设置→资产类别"命令，打开"资产类别"窗口。

（2）单击"增加"按钮，打开"资产类别——单张视图"窗口，根据实验资料，录入"类别名称""使用年限""净残值率"等信息，"卡片样式"栏参照选择"含税卡片样式"，结果如图 6-14 所示，单击工具栏的"保存"按钮。

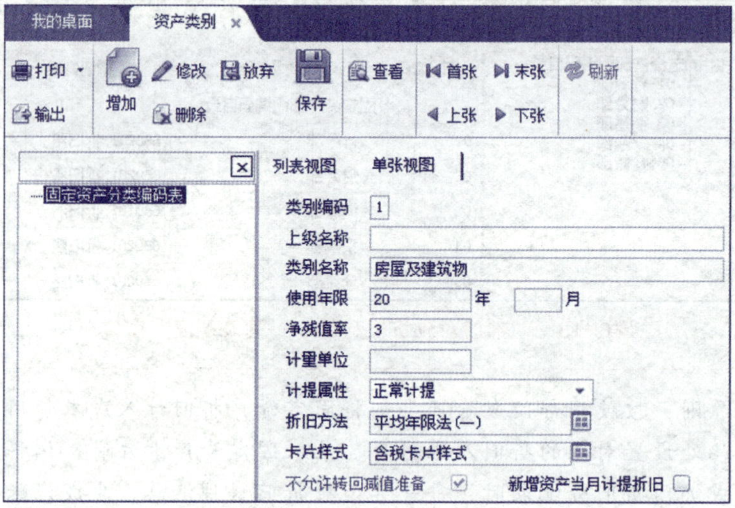

设置资产类别

图6-14　增加一级资产类别

【提示】

［类别名称］该项资产类别名称不可与同级资产类别同名。

［计提属性］系统提供三个计提属性：正常计提、总提折旧和总不提折旧。计提属性一经选择并使用，不允许修改。

［卡片样式］从卡片样式目录中选择该资产类别对应的卡片样式。

（3）以此方法继续录入第2、3、4类资产的类别名称等信息。第4个资产类别保存完毕，单击工具栏的"放弃"按钮，系统提示"是否取消本次操作？"，单击"是"按钮，返回"资产类别——列表视图"窗口，如图6-15所示。

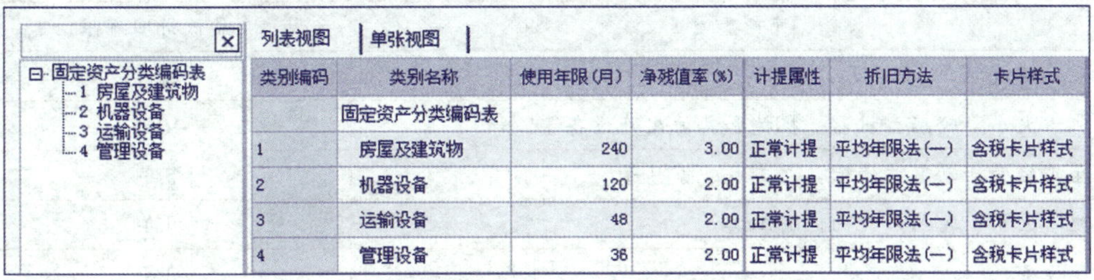

图6-15 "资产类别——列表视图"窗口

（4）点击"运输工具"资产类别，单击"增加"按钮，输入"类别名称"为"轿车"，如图6-16所示。

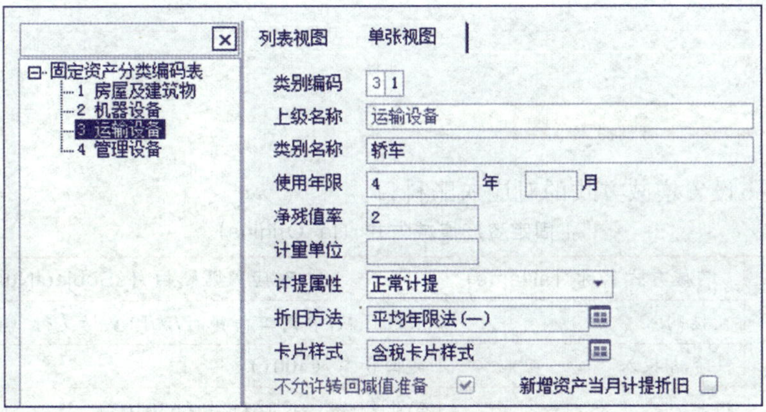

图6-16 增加二级资产类别

【提示】

建立多级固定资产类别，应先建立上级固定资产类别再建立下级类别。增加下级类别，可继承上级类别的使用年限、净残值率、计提属性等信息。如果下级类别与上级类别设置不同，可以修改。下级类别的类别编码由其所属上级类别编码（一级类别除外）和输入的本级编码共同组成。

（5）单击"保存"按钮。以此方法继续录入32、41、42、43资产类别名称并保存。

（6）单击"放弃"按钮，系统提示"是否取消本次操作？"，单击"是"按钮，返回"资产类别——列表视图"窗口，如图6-17所示。

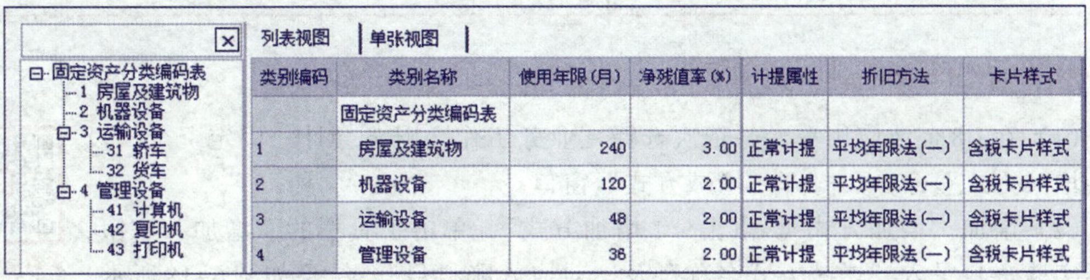

图6-17 "资产类别——列表视图"窗口

根据企业所得税法律制度规定，固定资产计算折旧的最低年限见表6-5。

表6-5　　　　　　　　　　　**企业所得税法关于最低折旧年限的规定**

资产大类	最低折旧年限
房屋、建筑物	20年
飞机、火车、轮船、机器、机械和其他生产设备	10年
与生产经营活动有关的器具、工具、家具等	5年
飞机、火车、轮船以外的运输工具	4年
电子设备	3年

资产类别编码不能重复，同级的类别名称不能相同。类别编码、类别名称、计提属性、卡片样式为必输项。非明细级别类别编码不能修改和删除，末级类别编码修改时只能修改本级的编码。

3. 设置增减方式

【实验资料】

根据表6-6设置增减方式的对应入账科目。

表 6-6　　　　　　　　　　**固定资产增减方式（fa_Origins）**

增减方式类别	增减方式名称（sName）	对应入账科目（sSubjectNum）
增加方式	直接购入	银行存款/中国工商银行/沈阳皇姑支行（10020101）
	投资者投入	实收资本（4001）
	捐赠	营业外收入/捐赠利得（630103）
	盘盈	以前年度损益调整（6901）
	在建工程转入	在建工程（1604）
	投资性房地产转入	投资性房地产（1521）
减少方式	出售	固定资产清理（1606）
	盘亏	待处理财产损溢/待处理固定资产损溢（190102）
	投资转出	固定资产清理（1606）
	捐赠转出	固定资产清理（1606）
	报废	固定资产清理（1606）
	非货币性资产交换转出	固定资产清理（1606）

【实验过程】

（1）在U8企业应用平台，依次选择"业务工作→财务会计→固定资产→设置→增减方式"命令，打开"增减方式"窗口。

（2）增加"增加方式"。点击"1 增加方式"，单击工具栏的"增加"按钮，根据实验资料录入"增减方式名称"及"对应入账科目"，结果如图6-18所示，单击"保存"按钮。

设置增减方式

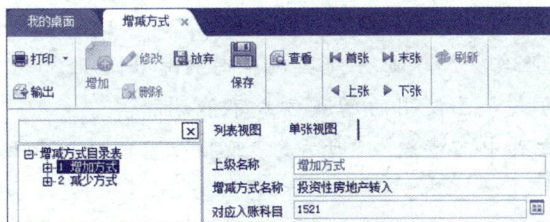

图6-18　增加"增加方式"

（3）增加"减少方式"。点击"2 减少方式"，参照第（2）步方法继续增加"减少方式"，如图6-19所示。

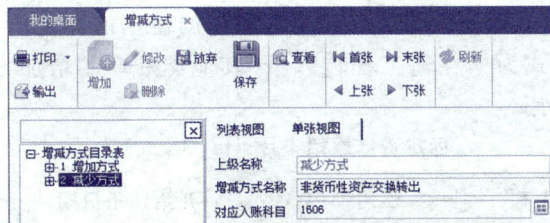

图6-19　增加"减少方式"

（4）选中增加方式下的"101 直接购入"，单击"修改"按钮，打开"增减方式——单张视图"窗口，在"对应入账科目"栏录入"10020101"，如图6-20所示，单击"保存"按钮。

图6-20　"增减方式——单张视图"窗口

（5）按照上述方法继续设置其他增减方式对应入账科目，结果如图6-21所示。

增减方式名称	对应入账科目
增减方式目录表	
增加方式	
直接购入	10020101,沈阳皇姑支行
投资者投入	4001,实收资本
捐赠	630103,捐赠利得
盘盈	6901,以前年度损益调整
在建工程转入	1604,在建工程
融资租入	
投资性房地产转入	1521,投资性房地产
减少方式	
出售	1606,固定资产清理
盘亏	190102,待处理固定资产损益
投资转出	1606,固定资产清理
捐赠转出	1606,固定资产清理
报废	1606,固定资产清理
毁损	
融资租出	
拆分减少	
非货币性资产交换转出	1606,固定资产清理

图6-21　增减方式及其对应入账科目

6.2.4 录入原始卡片

【实验资料】

（1）根据表6-7录入固定资产原始卡片。多部门使用的固定资产平均分摊折旧费用。除第1类资产的增加方式为"在建工程转入"，其他类资产的增加方式均为"直接购入"。各资产使用状况均为在用。

表 6-7　　　　　　　　　　　固定资产原始卡片（fa_Cards）

类别编号 （sTypeNum）	固定资产名称 （sAssetName）	使用部门 （sDeptNames）	开始使用日期 （dStartdate）	资产原值 （dblValue）	累计折旧
1	综合楼	行政部、财务部、销售部、采购部	2021-09-08	13 000 000.00	945 750.00
1	百盛服装仓	仓储部	2021-10-10	2 000 000.00	137 416.67
1	嘉伟服装仓	仓储部	2021-10-10	2 000 000.00	137 416.67
1	手表仓	仓储部	2021-10-10	2 000 000.00	137 416.67
1	皮具仓	仓储部	2021-10-10	2 000 000.00	137 416.67
2	分拣机	仓储部	2021-10-12	180 000.00	24 990.00
31	奥迪轿车	行政部、财务部	2021-09-02	580 000.00	213 150.00
31	长城轿车	销售部、采购部	2021-09-02	100 000.00	36 750.00
41	联想电脑	行政部	2021-09-12	4 800.00	2 352.00
41	联想电脑	财务部	2021-09-12	4 800.00	2 352.00
41	联想电脑	销售部	2021-09-12	4 800.00	2 352.00
41	联想电脑	采购部	2021-09-12	4 800.00	2 352.00
41	联想电脑	仓储部	2021-09-12	4 800.00	2 352.00
42	佳能复印机	行政部、财务部、销售部、采购部、仓储部	2021-09-18	2 600.00	1 274.00
43	爱普生打印机	行政部、财务部、销售部、采购部、仓储部	2021-09-18	3 700.00	1 813.00
合　计				21 890 300.00	1 785 153.68

（2）与总账系统进行期初对账。

━━━━━━━━━ **【实验过程】**

（1）在 U8 企业应用平台，依次选择"业务工作→财务会计→固定资产→卡片→录入原始卡片"命令，打开"固定资产类别档案"窗口，如图6-22所示。

录入原始卡片

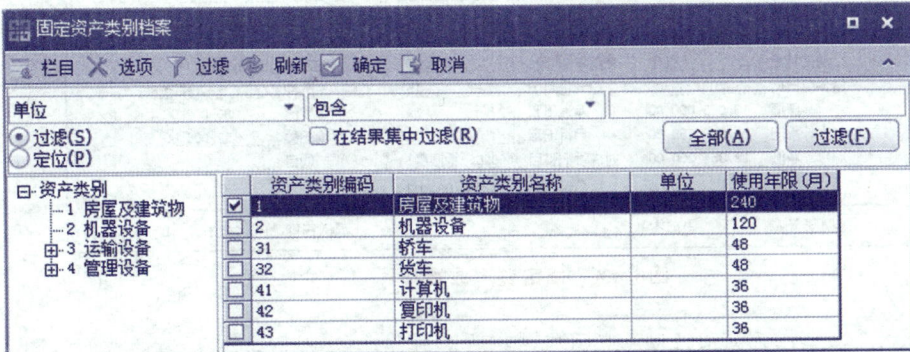

图6-22　"固定资产类别档案"窗口

（2）系统默认已选择"房屋及建筑物"类别的复选框，单击"确定"按钮，进入"固定资产卡片"窗口。

（3）根据实验资料，在"固定资产名称"栏录入"综合楼"，单击"使用部门"，打开"固定资产"对话框，选择"多部门使用"单选框，单击"确定"按钮，打开"使用部门"对话框。

（4）单击"增加"按钮，根据实验资料参照选择"使用部门"并输入"使用比例"，结果如图6-23所示，单击"确定"按钮，退出"使用部门"对话框，返回"固定资产卡片"窗口。

图6-23　多部门使用分摊比例设置

（5）单击"增加方式"，打开"固定资产增加方式"对话框，选择"在建工程转入"，单击"确定"按钮。

（6）单击"使用状况"，打开"使用状况参照"对话框，选择"在用"，单击"确认"按钮。

（7）在"开始使用日期"栏输入"2021-09-08"，在"原值"栏录入"13000000"，"累计折旧"栏输入"945750"，其他选项默认，如图6-24所示。

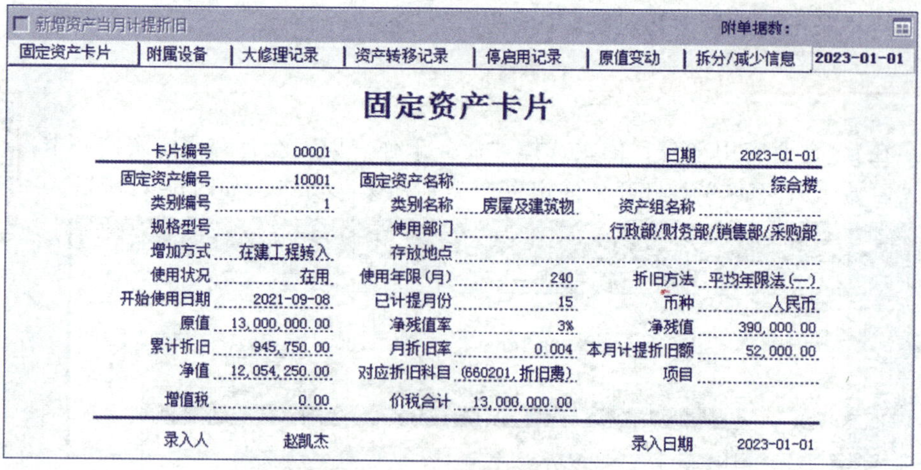

新增资产当月计提折旧　　附单据数：

固定资产卡片 | 附属设备 | 大修理记录 | 资产转移记录 | 停启用记录 | 原值变动 | 拆分/减少信息 | 2023-01-01

固定资产卡片

卡片编号	00001			日期	2023-01-01
固定资产编号	10001	固定资产名称	综合楼		
类别编号	1	类别名称	房屋及建筑物	资产组名称	
规格型号		使用部门	行政部/财务部/销售部/采购部		
增加方式	在建工程转入	存放地点			
使用状况	在用	使用年限(月)	240	折旧方法	平均年限法(一)
开始使用日期	2021-09-08	已计提月份	15	币种	人民币
原值	13,000,000.00	净残值率	3%	净残值	390,000.00
累计折旧	945,750.00	月折旧率	0.004	本月计提折旧额	52,000.00
净值	12,054,250.00	对应折旧科目	(660201,折旧费)	项目	
增值税	0.00	价税合计	13,000,000.00		
录入人	赵凯杰			录入日期	2023-01-01

图6-24　固定资产原始卡片

【提示】

卡片下方的录入人自动显示为当前操作员，录入日期为当前登录日期。

资产的主卡录入后，单击其他页签，输入附属设备等信息。其他页签上的信息只供参考，不参与计算。

（8）单击“保存”按钮，系统提示“数据成功保存!”。

（9）单击“确认”按钮，按照上述方法继续录入其他固定资产卡片。其中，“联想电脑”可通过“复制”功能进行批量录入。

（10）查询录入结果。在固定资产系统，执行“卡片→卡片管理”命令，打开“查询条件选择-卡片管理”窗口，单击“确定”按钮，即可查询所有原始卡片信息，结果如图6-25所示。

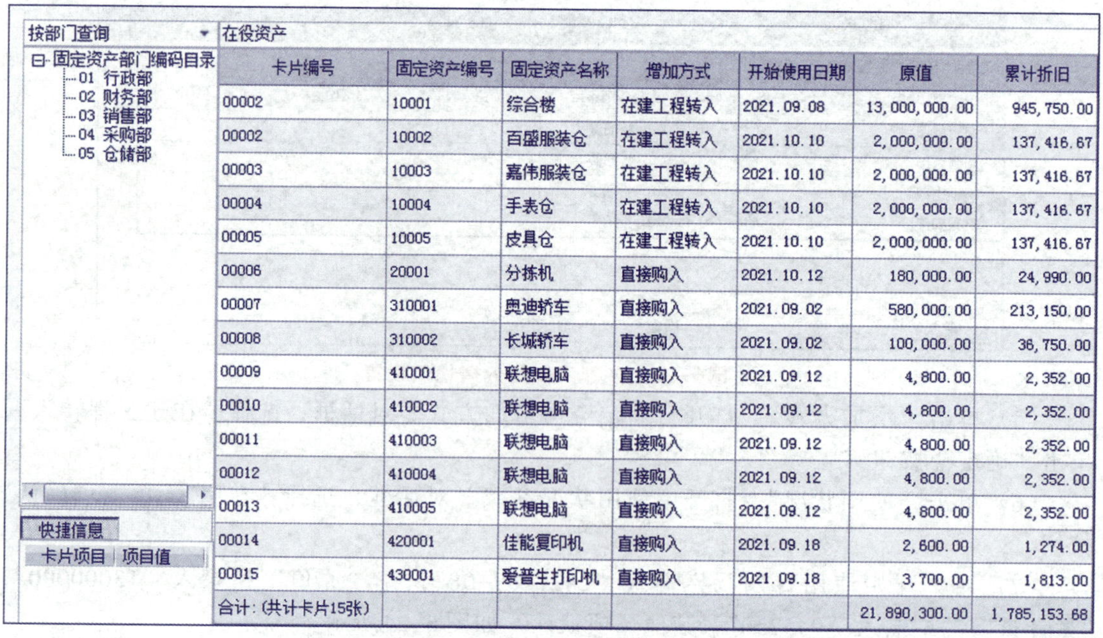

卡片编号	固定资产编号	固定资产名称	增加方式	开始使用日期	原值	累计折旧
00002	10001	综合楼	在建工程转入	2021.09.08	13,000,000.00	945,750.00
00002	10002	百盛服装仓	在建工程转入	2021.10.10	2,000,000.00	137,416.67
00003	10003	嘉伟服装仓	在建工程转入	2021.10.10	2,000,000.00	137,416.67
00004	10004	手表仓	在建工程转入	2021.10.10	2,000,000.00	137,416.67
00005	10005	皮具仓	在建工程转入	2021.10.10	2,000,000.00	137,416.67
00006	20001	分拣机	直接购入	2021.10.12	180,000.00	24,990.00
00007	310001	奥迪轿车	直接购入	2021.09.02	580,000.00	213,150.00
00008	310002	长城轿车	直接购入	2021.09.02	100,000.00	36,750.00
00009	410001	联想电脑	直接购入	2021.09.12	4,800.00	2,352.00
00010	410002	联想电脑	直接购入	2021.09.12	4,800.00	2,352.00
00011	410003	联想电脑	直接购入	2021.09.12	4,800.00	2,352.00
00012	410004	联想电脑	直接购入	2021.09.12	4,800.00	2,352.00
00013	410005	联想电脑	直接购入	2021.09.12	4,800.00	2,352.00
00014	420001	佳能复印机	直接购入	2021.09.18	2,600.00	1,274.00
00015	430001	爱普生打印机	直接购入	2021.09.18	3,700.00	1,813.00
合计：(共计卡片15张)					21,890,300.00	1,785,153.68

图6-25　原始卡片结果列表

【提示】

通过"卡片管理"查询原始卡片时，查询条件的"开始使用日期"应小于等于最早开始使用资产的"开始使用日期"。

（11）与总账系统进行期初对账。在固定资产系统，执行"资产对账→对账"命令，打开"对账条件"对话框，勾选"1601 固定资产""1602 累计折旧"，如图6-26所示。

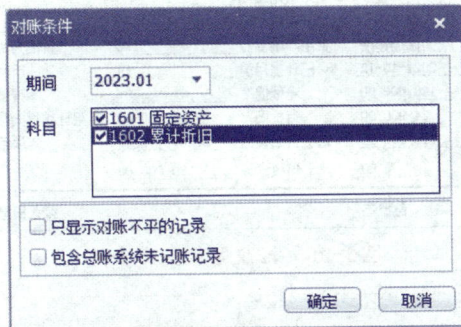

图6-26　对账条件

（12）单击"确定"按钮，打开"对账"窗口，结果如图6-27所示。

科目		固定资产			总账				对账差异			
编码	名称	期初余额	借方金额	贷方金额	期末余额	期初余额	借方金额	贷方金额	期末余额	期初余额	借方金额	贷方金额	期末余额
1601	固定资产	21890300.00	0.00	0.00	21890300.00	21890300.00	0.00	0.00	21890300.00	0.00	0.00	0.00	0.00
1602	累计折旧	1785153.68	0.00	0.00	1785153.68	1785153.68	0.00	0.00	1785153.68	0.00	0.00	0.00	0.00

图6-27　与总账系统对账结果

【提示】

若上述对账结果不平衡，应分别检查总账期初余额（固定资产、累计折旧）和固定资产系统中每张原始卡片的原值及累计折旧。

6.2.5　卡片管理

━━━━━━ 【实验资料】

假定因录入错误，卡片编号为"00006"的固定资产（分拣机）的使用状况应为"大修理停用"。

━━━━━━ 【实验过程】

（1）在U8企业应用平台，依次选择"业务工作→财务会计→固定资产→卡片→卡片管理"命令，打开"查询条件选择-卡片管理"窗口，单击"确定"按钮，打开固定资产原始卡片列表。

（2）双击卡片编号"00006"，打开"固定资产卡片"窗口，点击工具栏的"修改"按钮，将分拣机的"使用状况"栏改为"大修理停用"，单击"保存"按钮，结果如图6-28所示。

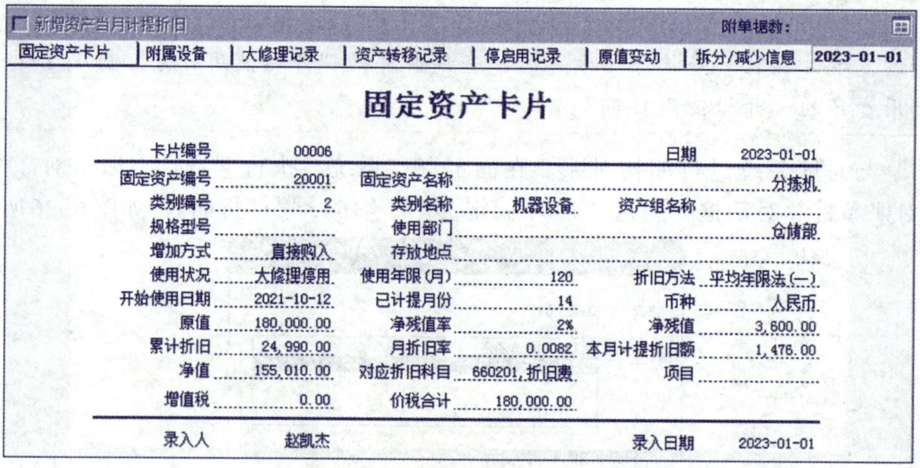
新增资产当月计提折旧　　附单据数：

固定资产卡片 | 附属设备 | 大修理记录 | 资产转移记录 | 停启用记录 | 原值变动 | 拆分/减少信息 | 2023-01-01

固定资产卡片

卡片编号	00006			日期	2023-01-01
固定资产编号	20001	固定资产名称			分拣机
类别编号	2	类别名称	机器设备	资产组名称	
规格型号		使用部门			仓储部
增加方式	直接购入	存放地点			
使用状况	大修理停用	使用年限（月）	120	折旧方法	平均年限法（一）
开始使用日期	2021-10-12	已计提月份	14	币种	人民币
原值	180,000.00	净残值率	2%	净残值	3,600.00
累计折旧	24,990.00	月折旧率	0.0082	本月计提折旧额	1,476.00
净值	155,010.00	对应折旧科目	660201，折旧费	项目	
增值税	0.00	价税合计	180,000.00		
录入人	赵凯杰			录入日期	2023-01-01

图6-28　修改固定资产卡片

【提示】

卡片管理可实现包括卡片修改、卡片删除、卡片打印、卡片查询在内的综合管理功能。

已经生成记账凭证的卡片，若其原值或累计折旧出现录入错误，删除记账凭证后才能修改卡片。

已经做过变动单且变动单已经生成记账凭证的卡片，如果发现错误，删除记账凭证、变动单后才能修改卡片。

月末结账后，原值、使用部门、使用状况、累计折旧、净残值（率）、折旧方法、使用年限、资产类别各项目将不能通过卡片修改功能改变，只能通过变动单或评估单调整。

关于卡片删除。卡片删除是把卡片信息从系统内彻底清除，而非资产减少。以下情况可使用该功能：

①录入当月发现卡片有错误，需删除该卡片。

②通过“资产减少”功能减少的卡片，其保留年限超过了系统选项设定的禁止删除年限。

6.3　业务处理

6.3.1　资产增加

【实验资料】

2023年1月15日，采购部张宏亮以转账支票（票号：10562004）直接购入并交付销售部使用一台“华硕电脑”。取得增值税专用发票，发票上注明原值为12 000元，增值税进项税额为1 560元。该资产采用“年数总和法”计提折旧。

【实验过程】

（1）2023年1月15日，由赵凯杰（W02）登录企业应用平台。在U8企业应用平台，依次选择“业务工作→财务会计→固定资产→卡片→资产增加”，打开“固定资产类别档案”窗口，选择“41计算机”，单击“确定”，进入“固定资产卡片”窗口。

资产增加

（2）根据实验资料录入固定资产卡片，结果如图6-29所示。

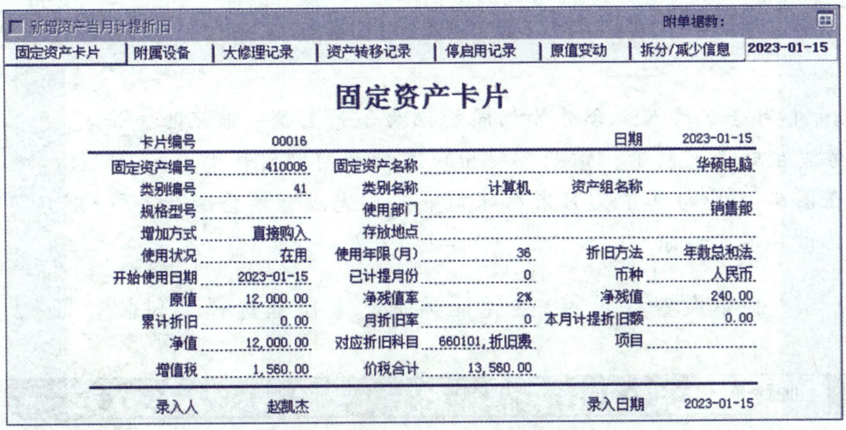

图6-29　资产增加

（3）单击工具栏的“保存”按钮，提示“数据成功保存！”。

【提示】

录入原始卡片与资产增加的联系与区别：

从操作方法角度，两者都是录入资产卡片。至于通过哪种方式录入，取决于资产的“开始使用日期”。

原始卡片是指卡片记录的资产开始使用日期的月份小于其录入系统的月份，即已使用过并已计提折旧的固定资产卡片。

资产增加，也称新卡片录入，即新增加固定资产卡片。当固定资产开始使用日期的会计期间等于录入会计期间时，才能通过“资产增加”录入。

6.3.2　批量制单

【实验资料】

2023年1月15日，生成资产增加的记账凭证。

【实验过程】

（1）在U8企业应用平台，依次选择“业务工作→财务会计→固定资产→凭证处理→批量制单”命令，打开“查询条件-批量制单”对话框，单击“确定”按钮，打开“批量制单”窗口，双击第一行的“选择”栏，如图6-30所示。

批量制单

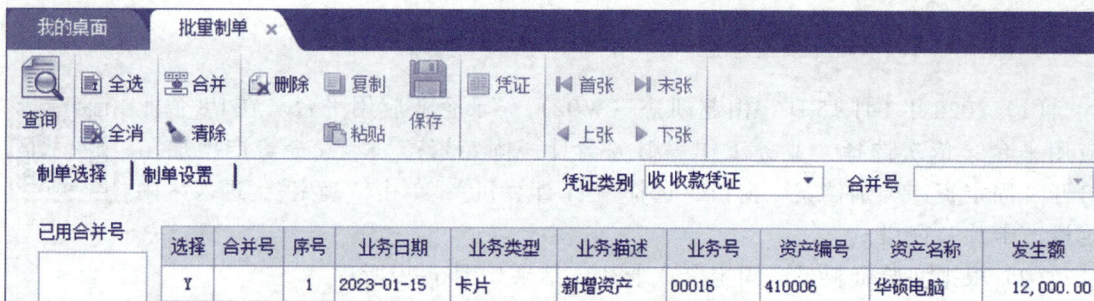

图6-30　"批量制单——制单选择"页签

【提示】

　　［合并号］可手工输入，合并号相同的记录合并生成一张记账凭证。

　　若业务发生时没有制单，该业务将出现在批量制单列表中。

　　如果在图6-10中勾选了"月末结账前一定要完成制单登账业务"，则只要制单列表中有记录，该月不能结账。

　　（2）点击"制单设置"页签，"凭证类别"下拉框选择"付款凭证"，如图6-31所示。

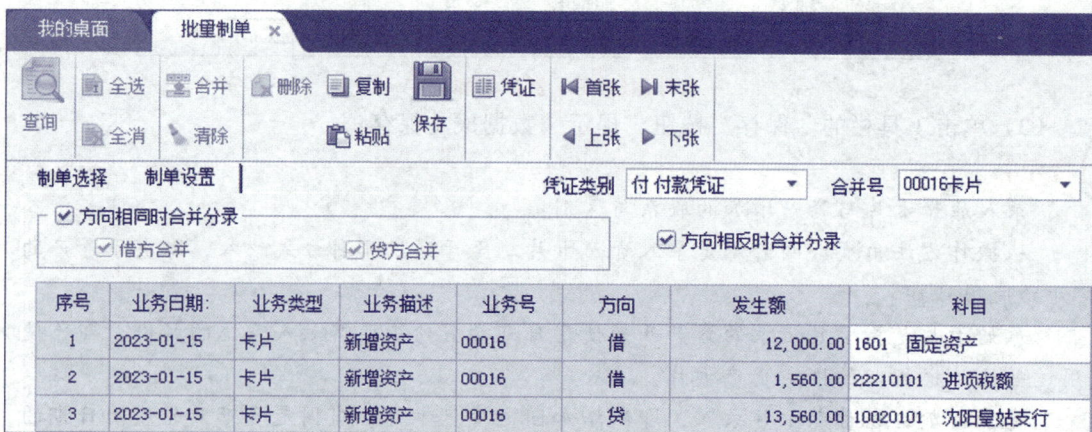

图6-31　"批量制单——制单设置"页签

　　（3）单击工具栏的"凭证"按钮，系统生成一张记账凭证。单击会计分录第三行任意位置，同时按"Ctrl+S"组合键，调出"辅助项"对话框。录入"结算方式"、"票号"及"发生日期"，结果如图6-32所示，单击"确定"按钮。

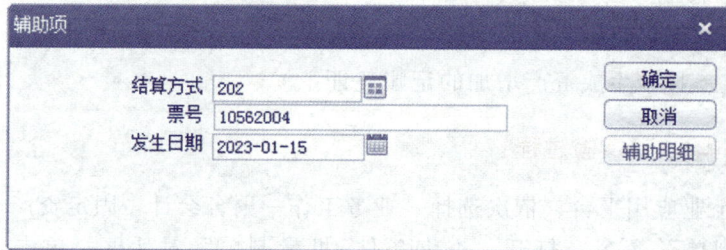

图6-32　"辅助项"对话框

　　（4）单击"保存"按钮，结果如图6-33所示。

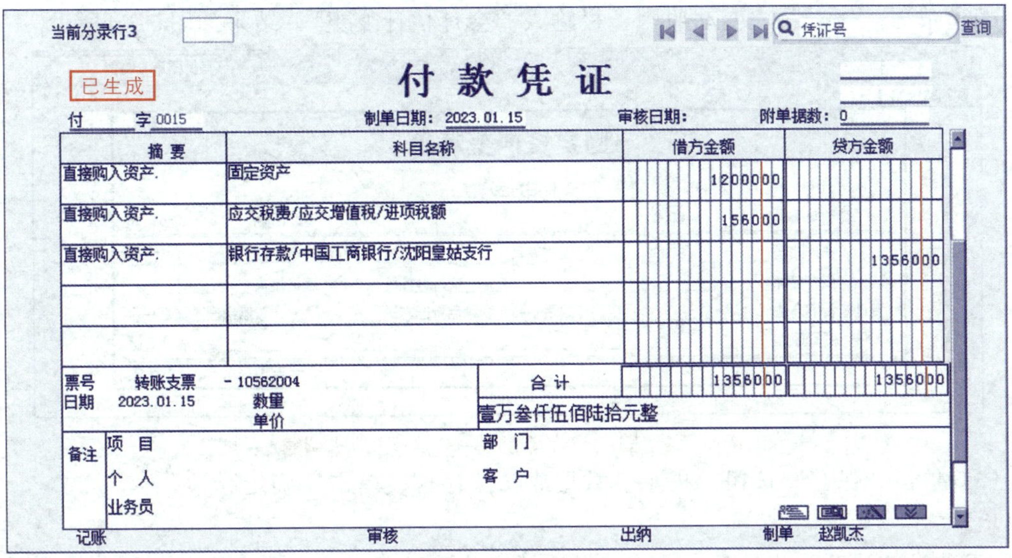

图6-33 记账凭证

【提示】

批量制单的业务类型有：计提折旧、新增资产、减少资产、原值增加、原值减少、累计折旧调整、类别调整、计提减值准备、转回减值准备、增值税调整和评估资产。

如果在选项中设置了"业务发生后立即制单"，则在发生上述业务类型的业务后，自动生成记账凭证；如果没有设置，可到"批量制单"中制单或单击对应业务工具栏上的"凭证"按钮制单。

凭证保存后可到"固定资产→凭证处理→查询凭证"中进行查询、删除等操作。已经生成凭证的业务类型不允许删除或恢复。若想删除或恢复，必须先删除对应的记账凭证。

若启用供应链系统，卡片菜单下"采购资产"功能录入的卡片在应付系统中制单，不在本系统制单。

6.3.3 变动单

【实验资料】

2023年1月18日，因"工作需要"，将卡片编号为"00006"的固定资产（分拣机）折旧方法由"平均年限法（一）"变更为"双倍余额递减法（一）"。

【实验过程】

（1）2023年1月18日，由赵凯杰（W02）登录企业应用平台。在U8企业应用平台，依次选择"业务工作→财务会计→固定资产→变动单→折旧方法调整"命令，打开"固定资产变动单"窗口。

（2）在"卡片编号"栏选择"00006"，在"变动后折旧方法"栏选择"双倍余额递减法（一）"，"变动原因"栏输入"会计估计变更"，结果如图6-34所示。

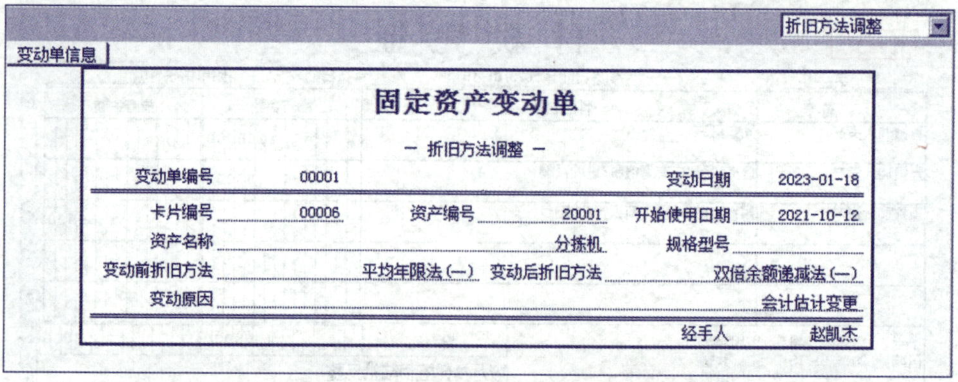

图6-34　固定资产变动单——折旧方法调整

（3）单击"保存"按钮，提示"数据成功保存！"，单击"确定"。

【提示】

固定资产的预计使用寿命与净残值、固定资产的折旧方法属于会计估计，其变更应当采用未来适用法，即在变更当期及以后期间采用新的会计估计。

注意区分因录入错误导致的卡片修改与正常的资产变动。前者到卡片管理中完成。后者通过变动单处理。

以下变动单均须生成凭证：原值增加、原值减少、累计折旧调整、类别调整、计提减值准备、转回减值准备、增值税调整。

6.3.4　计提减值准备

【实验资料】

2023年1月31日，对00002号卡片的固定资产（百盛服装仓）计提1 000元减值准备。

【实验过程】

（1）2023年1月31日，由赵凯杰（W02）登录企业应用平台。在U8企业应用平台，依次选择"业务工作→财务会计→固定资产→减值准备→计提减值准备"，打开"固定资产变动单"窗口。

计提减值准备

（2）在"卡片编号"栏选择"00002"，在"减值准备金额"栏录入"1000"，在"变动原因"栏录入"资产减值"，单击"保存"按钮，系统提示"数据成功保存！"，单击"确定"按钮，结果如图6-35所示。

（3）单击工具栏的"凭证"按钮，系统生成一张记账凭证，将"凭证类别"修改为转账凭证，借方科目参照选择"6701资产减值损失"。单击工具栏的"保存"按钮，结果如图6-36所示，单击"确定"按钮。

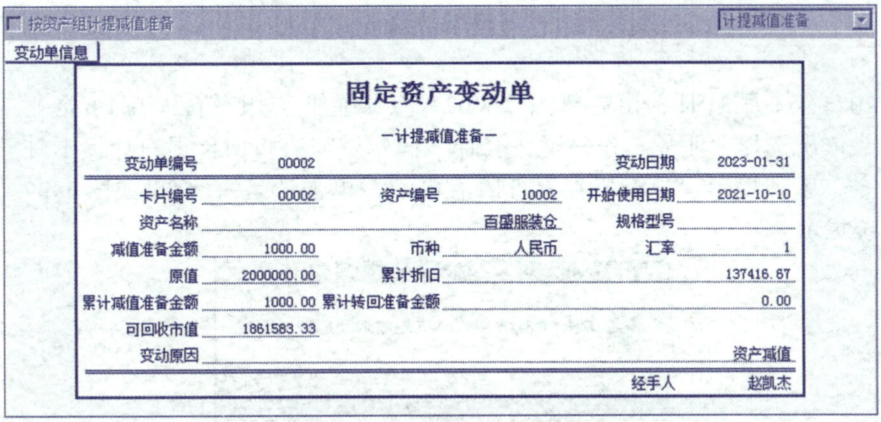

图6-35　计提减值准备

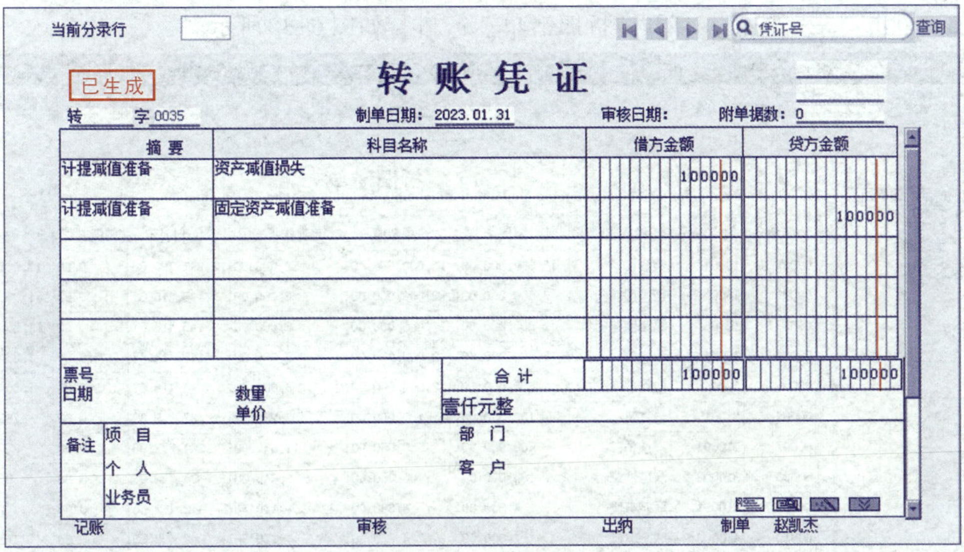

图6-36　记账凭证

【提示】

　　根据企业会计准则的规定，企业在资产负债表日应当判断资产是否存在可能发生减值的迹象。存在减值迹象的，应当估计其可收回金额，然后将可收回金额与其账面价值相比较。资产的可收回金额低于其账面价值的，应当将资产的账面价值减记至可收回金额，减记的金额确认为资产减值损失，计入当期损益。固定资产减值损失一经确认，在以后会计期间不得转回。

　　如果想取消"计提减值准备"，到变动单菜单下的"变动单管理"中删除该变动单即可。如果已经制单，应先删除凭证再删除变动单。

6.3.5　计提本月折旧

【实验资料】

　　2023年1月31日，计提本月固定资产折旧。

（1）2023年1月31日，由赵凯杰（W02）登录企业应用平台。在U8企业应用平台，依次选择"业务工作→财务会计→固定资产→折旧计提→计提本月折旧"命令，系统提示"是否要查看折旧清单？"，单击"是"，弹出如图6-37所示的系统提示。

图6-37　系统提示

（2）单击"是"按钮，打开"折旧清单"窗口，如图6-38所示。

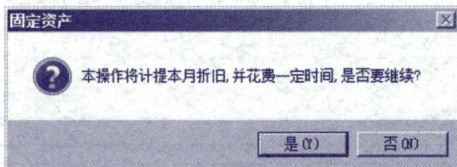

折旧清单

卡片编号	资产编号	资产名称	原值	计提原值	本月计提折旧额	累计折旧	减值准备	净值
00001	10001	综合楼	13,000,000.00	13,000,000.00	52,000.00	997,750.00	0.00	12,002,250.00
00002	10002	百盛服装仓	2,000,000.00	2,000,000.00	8,000.00	145,416.67	1,000.00	1,853,583.33
00003	10003	嘉伟服装仓	2,000,000.00	2,000,000.00	8,000.00	145,416.67	0.00	1,854,583.33
00004	10004	手表仓	2,000,000.00	2,000,000.00	8,000.00	145,416.67	0.00	1,854,583.33
00005	10005	皮具仓	2,000,000.00	2,000,000.00	8,000.00	145,416.67	0.00	1,854,583.33
00006	20001	分拣机	180,000.00	180,000.00	2,929.69	27,919.69	0.00	152,080.31
00007	310001	奥迪轿车	580,000.00	580,000.00	11,832.00	224,982.00	0.00	355,018.00
00008	310002	长城轿车	100,000.00	100,000.00	2,040.00	38,790.00	0.00	61,210.00
00009	410001	联想电脑	4,800.00	4,800.00	130.56	2,482.56	0.00	2,317.44
00010	410002	联想电脑	4,800.00	4,800.00	130.56	2,482.56	0.00	2,317.44
00011	410003	联想电脑	4,800.00	4,800.00	130.56	2,482.56	0.00	2,317.44
00012	410004	联想电脑	4,800.00	4,800.00	130.56	2,482.56	0.00	2,317.44
00013	410005	联想电脑	4,800.00	4,800.00	130.56	2,482.56	0.00	2,317.44
00014	420001	佳能复印机	2,600.00	2,600.00	70.72	1,344.72	0.00	1,255.28
00015	430001	爱普生打印机	3,700.00	3,700.00	100.64	1,913.64	0.00	1,786.36
合计			21,890,300.00	21,890,300.00	101,625.85	1,886,779.53	1,000.00	20,002,520.47

图6-38　折旧清单

（3）单击"退出"按钮，系统提示"计提折旧完成！"，如图6-39所示。

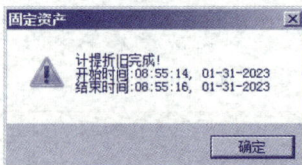

图6-39　"计提折旧完成！"提示框

（4）在固定资产系统，依次选择"凭证处理→批量制单"命令，打开"查询条件-批量制单"对话框，单击"确定"按钮，打开"批量制单"窗口，双击第1行的"选择"栏，如图6-40所示。

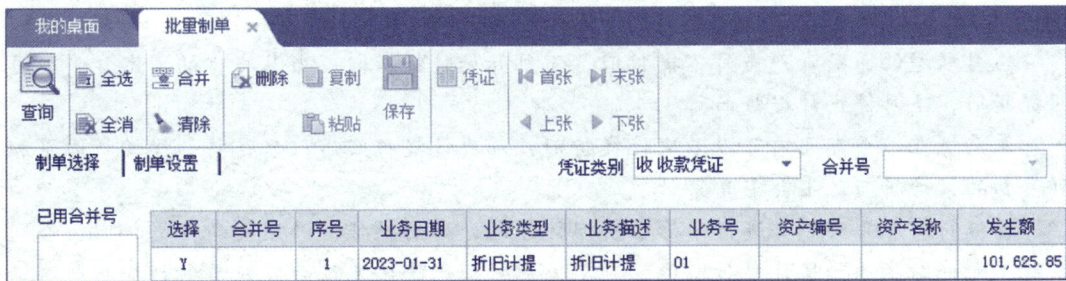

图6-40 "批量制单——制单选择"页签

（5）点击"制单设置"页签，"凭证类别"下拉框选择"转账凭证"，如图6-41所示。

图6-41 "批量制单——制单设置"页签

（6）单击工具栏的"凭证"按钮，系统生成一张记账凭证，单击"保存"按钮，结果如图6-42所示。

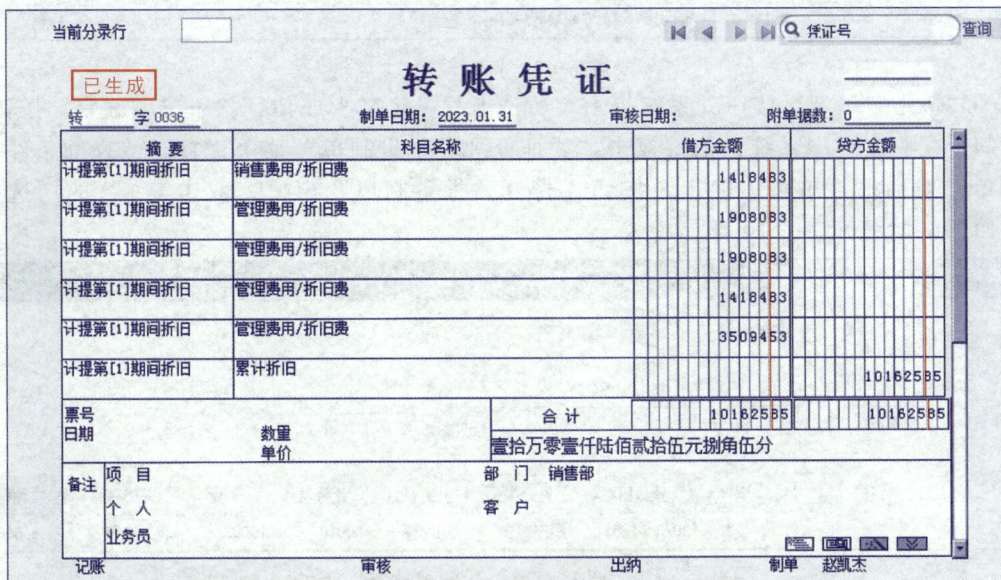

图6-42 记账凭证

【提示】

当月新增的固定资产当月不提折旧，下月开始计提折旧；当月减少的固定资产当月照提折旧，下月停止计提折旧。

本系统在一个期间内可以多次计提折旧，每次计提折旧后，只是将计提的折旧累加到月初的累计折旧，不会重复累计。

计提折旧后又对账套进行了影响折旧计算或分配的操作，必须重新计提折旧，否则系统不允许结账。如果计提折旧已经制单，则必须删除该凭证后才能重新计提折旧。

6.3.6 资产处置

【实验资料】

2023年1月31日，将财务部使用的联想电脑（卡片编号：00010）出售。实际出售价格（不含税）为800元，增值税税率为13%，款项现金收讫。

【实验过程】

（1）2023年1月31日，由赵凯杰（W02）登录U8企业应用平台。

（2）在U8企业应用平台，依次单击"业务工作→财务会计→固定资产→资产处置→资产减少"菜单，打开"资产减少"窗口。"卡片编号"栏参照选择"00010"，单击"增加"按钮；"减少方式"选择"出售"，如图6-43所示。

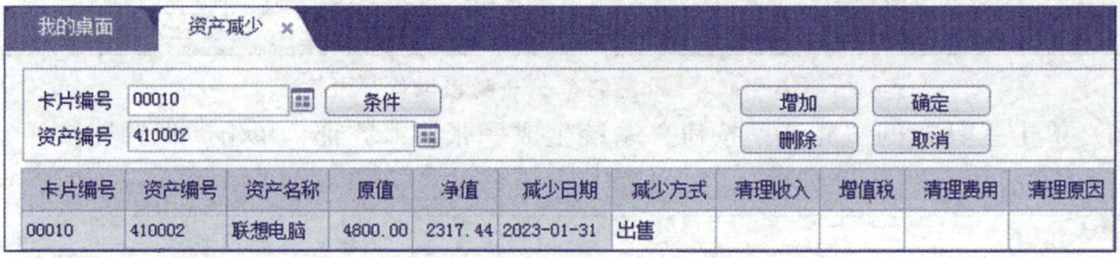

图6-43　资产减少

（3）单击"确定"按钮，系统提示"所选卡片已经减少成功！"，单击"确定"按钮。

（4）在固定资产系统，依次双击"凭证处理→批量制单"菜单，打开"查询条件-批量制单"对话框，单击"确定"按钮，打开"批量制单"窗口，双击第1行的"选择"栏，如图6-44所示。

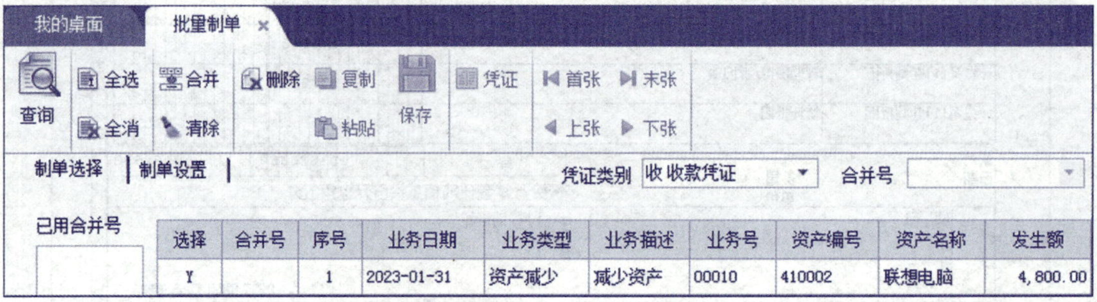

图6-44　"批量制单——制单选择"页签

（5）点击"制单设置"页签，"凭证类别"下拉框选择"转账凭证"，如图6-45所示。

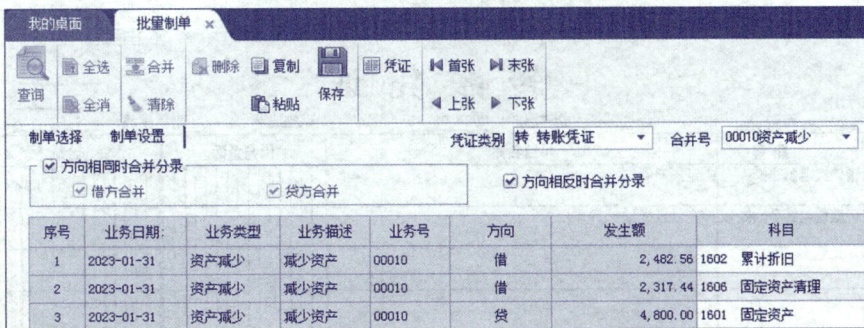

图6-45　"批量制单——制单设置"页签

（6）单击工具栏的"凭证"按钮，系统生成一张记账凭证，单击"保存"按钮，结果如图6-46所示。

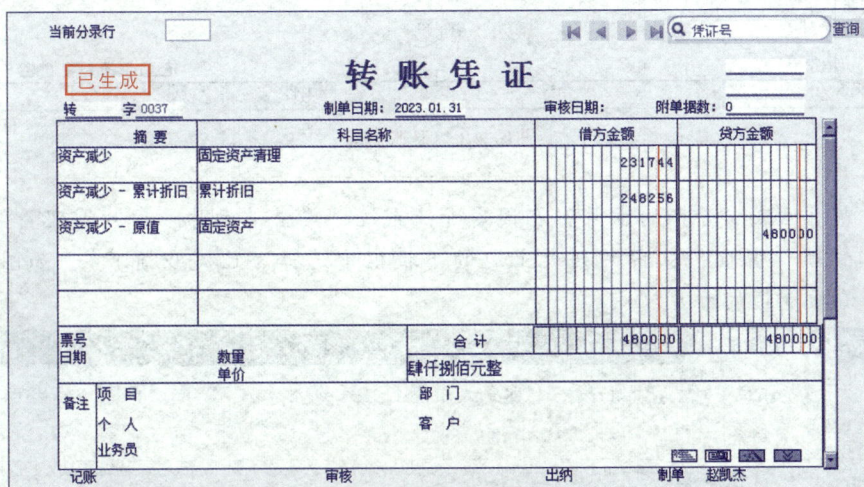

图6-46　记账凭证

（7）在总账系统，依次双击"凭证→填制凭证"菜单，打开"填制凭证"窗口，填制收到价税款、结转清理损失的记账凭证并保存，结果如图6-47、图6-48所示。

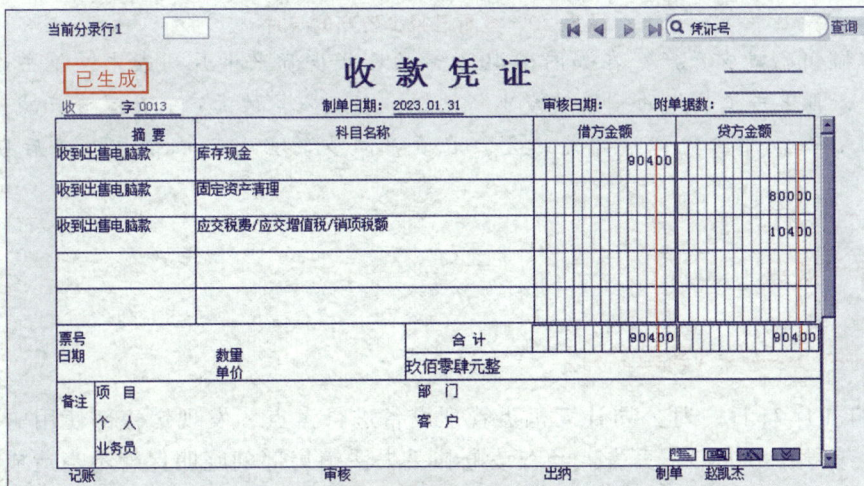

图6-47　记账凭证

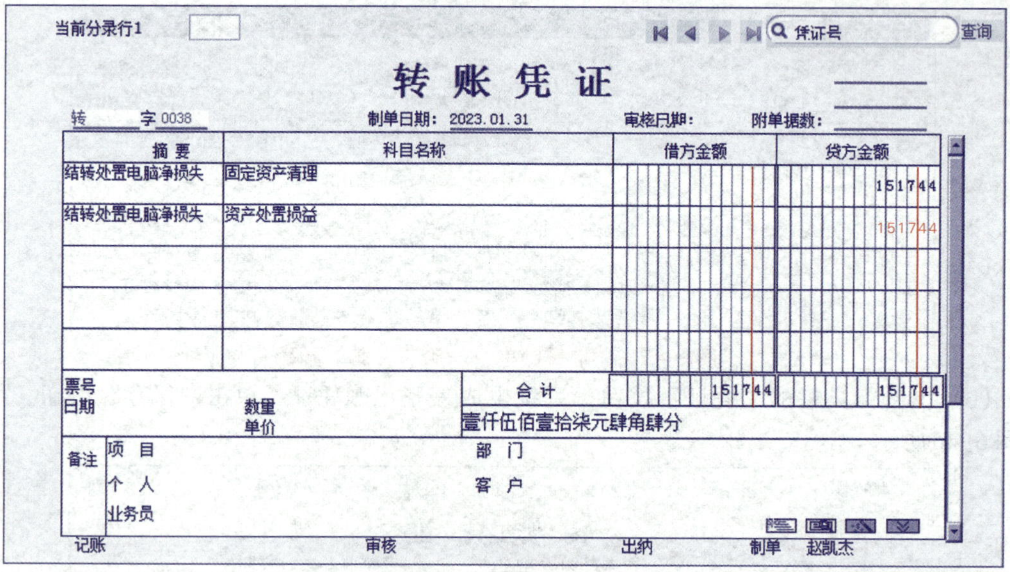

图6-48 记账凭证

【提示】

如何查看已减少资产的卡片？在固定资产系统，单击"卡片→卡片管理"菜单，进入"卡片管理"窗口，从卡片列表上边的下拉框中选择"已减少资产"，如图6-49所示，可查看该资产的卡片。

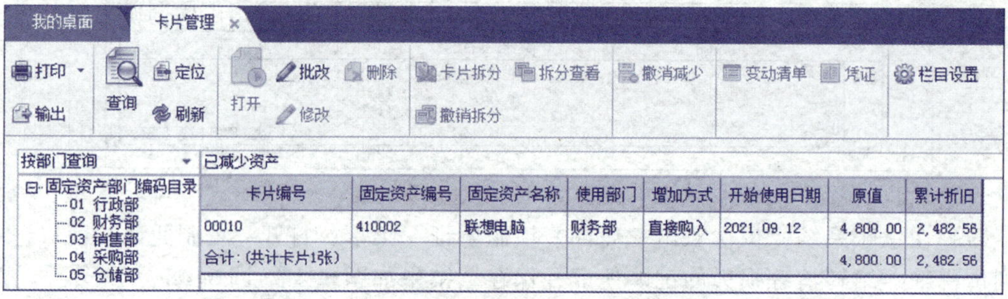

图6-49 查看已减少资产的卡片

如何撤销已减少资产？在如图6-49所示的已减少资产卡片列表中，单击选中要恢复的资产，再单击工具栏的"撤销减少"按钮，可以恢复该资产。如果资产减少操作已生成凭证，必须删除凭证后才能恢复。在资产减少的当月可以恢复，以后期间不可恢复。

6.3.7 资产盘点

【实验资料】

2023年1月31日，对公司计算机类管理设备进行盘点，发现销售部使用的联想电脑（固定资产编号：410003）丢失。经查该电脑丢失系销售部刘晓明保管不当造成。经研究决定，由销售部刘晓明赔偿损失。

（1）资产盘点。

①2023 年 1 月 31 日，由赵凯杰（W02）登录 U8 企业应用平台。

②在 U8 企业应用平台，依次单击"业务工作→财务会计→固定资产→资产盘点→资产盘点"菜单，打开"资产盘点"窗口。单击"增加"按钮，打开"新增盘点单-数据录入"窗口。单击"范围"按钮，打开"盘点范围设置"对话框。"资产类别"选择"41"（计算机），如图 6-50 所示。

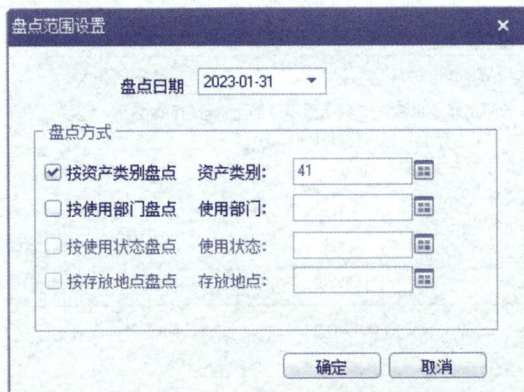

图6-50 盘点范围设置

③单击"确定"按钮，显示所有计算机类资产。双击"410003"号资产的"选择"栏，如图 6-51 所示。

资产盘点

类别:[41]计算机　　盘点日期:2023-01-31　　定位　　盘盈增加　盘亏删除

选择	固定资产编号	固定资产名称	类别编号	开始使用日期	录入日期	原值	类别名称	折旧方法	本月计提折旧额	净值	使用部门
	410001	联想电脑	41	2021-09-12	2023-01-01	4800	计算机	平均年限法（一）	130.56	2317.44	行政部
Y	410003	联想电脑	41	2021-09-12	2023-01-01	4800	计算机	平均年限法（一）	130.56	2317.44	销售部
	410004	联想电脑	41	2021-09-12	2023-01-01	4800	计算机	平均年限法（一）	130.56	2317.44	采购部
	410005	联想电脑	41	2021-09-12	2023-01-01	4800	计算机	平均年限法（一）	130.56	2317.44	仓储部
	410006	华硕电脑	41	2023-01-15	2023-01-15	12000	计算机	年数总和法	0	12000	销售部

图6-51 新增盘点单——数据录入

④单击"盘亏删除"按钮，删除"410003"号资产。单击"退出"，系统提示"本盘点单数据已变更，是否保存？"，单击"是"，提示"盘点单保存成功！"，单击"确定"按钮，完成资产盘点，如图 6-52 所示。

盘点单	[2023-01-31]00001				
[2023-01-31]00001	汇总选择	盘点日期	盘点编号	盘点范围	录入人	汇总盘点单号
		2023-01-31	00001	类别(41)	赵凯杰	

图6-52 盘点单

⑤双击“00001”号盘点单的“汇总选择”栏，单击工具栏的“汇总”按钮，系统弹出“汇总盘点单”窗口。单击“保存”按钮，再单击窗口中的“核对”按钮，系统弹出“盘点结果清单”窗口，如图6-53所示。单击工具栏的“保存”按钮，再退出当前窗口。关闭“资产盘点”窗口。

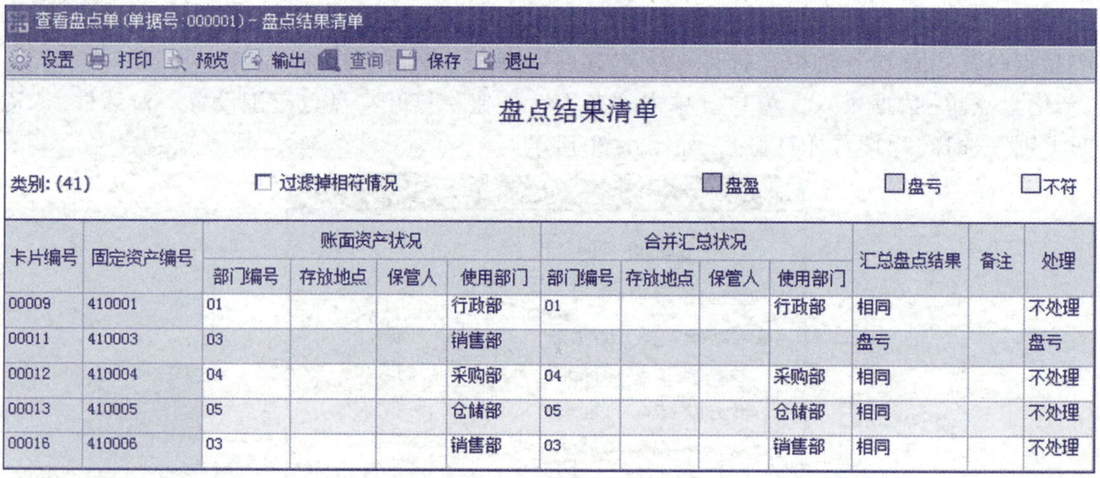

卡片编号	固定资产编号	账面资产状况				合并汇总状况				汇总盘点结果	备注	处理
		部门编号	存放地点	保管人	使用部门	部门编号	存放地点	保管人	使用部门			
00009	410001	01			行政部	01			行政部	相同		不处理
00011	410003	03			销售部					盘亏		盘亏
00012	410004	04			采购部	04			采购部	相同		不处理
00013	410005	05			仓储部	05			仓储部	相同		不处理
00016	410006	03			销售部	03			销售部	相同		不处理

图6-53　盘点结果清单

（2）汇总结果确认。

①在固定资产系统，单击“资产盘点→汇总结果确认”菜单，打开“汇总结果确认”窗口。双击“410003”号资产的“选择”栏，“审核”栏选择“同意”，“处理意见”栏输入“由销售部刘晓明赔偿”，如图6-54所示。

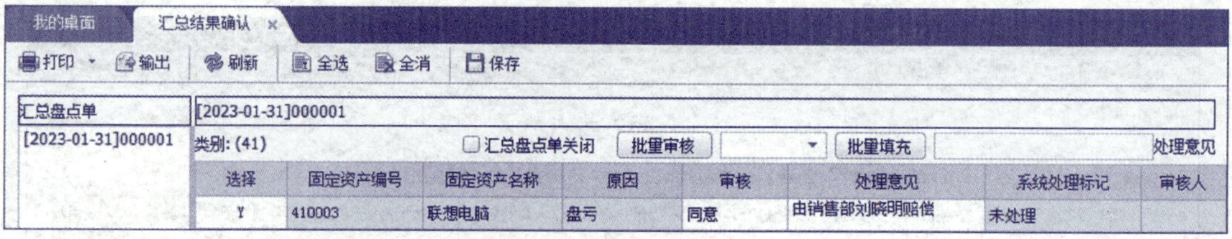

选择	固定资产编号	固定资产名称	原因	审核	处理意见	系统处理标记	审核人
Y	410003	联想电脑	盘亏	同意	由销售部刘晓明赔偿	未处理	

图6-54　汇总结果确认

②单击“保存”，提示“保存成功！”，单击“确定”。关闭“汇总结果确认”窗口。

（3）资产盘亏。

①在固定资产系统，单击“资产盘点→资产盘亏”菜单，打开“资产盘亏”窗口。双击“410003”号资产的“选择”栏，如图6-55所示。

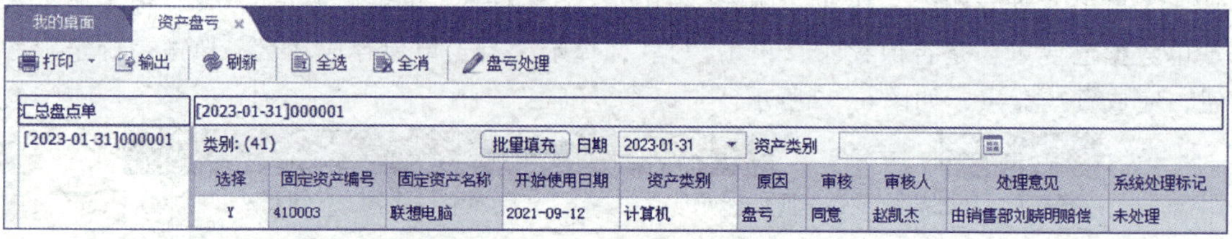

选择	固定资产编号	固定资产名称	开始使用日期	资产类别	原因	审核	审核人	处理意见	系统处理标记
Y	410003	联想电脑	2021-09-12	计算机	盘亏	同意	赵凯杰	由销售部刘晓明赔偿	未处理

图6-55　资产盘亏

②单击工具栏的“盘亏处理”命令，系统打开“资产减少”窗口，如图6-56所示。单击“确定”，系统提示“所选卡片已经减少成功！”，单击“确定”按钮。关闭当前窗口。

图6-56　资产减少

（4）批准前会计处理。

①在固定资产系统，依次单击"凭证处理→批量制单"菜单，打开"查询条件–批量制单"对话框，单击"确定"按钮，打开"批量制单"窗口，双击第1行的"选择"栏，如图6-57所示。

图6-57　"批量制单——制单选择"页签

②点击"制单设置"页签，"凭证类别"下拉框选择"转账凭证"。

③单击工具栏的"凭证"按钮，系统生成一张记账凭证，将科目"固定资产清理"（1606）修改为"待处理财产损溢/待处理固定资产损溢"（190102），单击"保存"按钮，结果如图6-58所示。

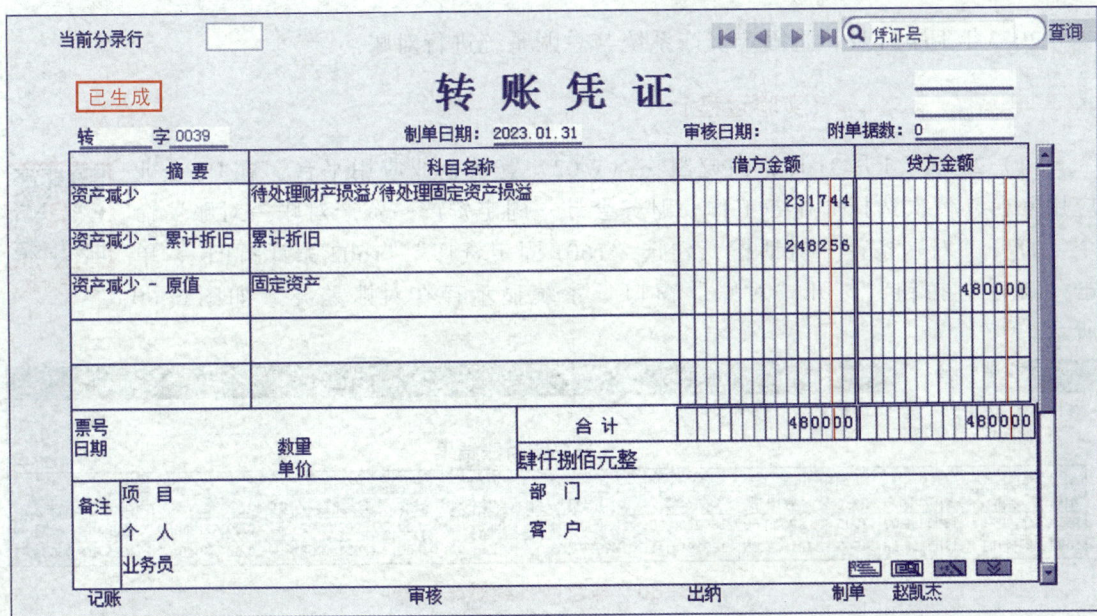

图6-58　记账凭证

（5）批准后会计处理。在总账系统填制盘亏结果处理的记账凭证，如图6-59所示。

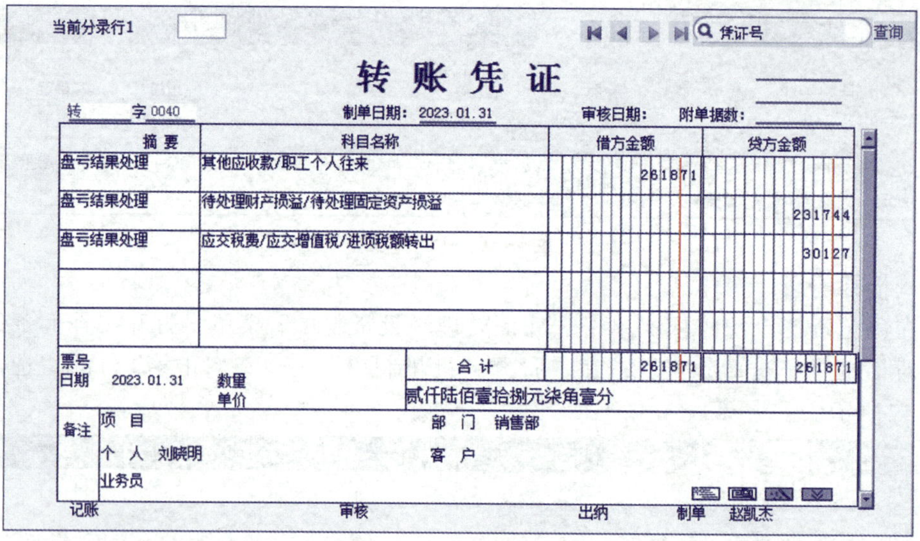

图6-59　记账凭证

【提示】

资产盘亏前应先计提折旧。

本例进项税额转出的计算过程：2 317.44×13%≈301.27（元）。此处应按购入该资产时适用的税率转出，而非盘亏日的税率。

6.3.8　资产对账

【实验资料】

2023年1月31日，将固定资产系统与总账系统进行对账。

【实验过程】

（1）2023年1月31日，由赵凯杰（W02）登录企业应用平台。在U8企业应用平台，依次选择"业务工作→财务会计→固定资产→资产对账→对账"命令，打开"对账条件"对话框，勾选"1601固定资产""1602累计折旧"，单击"确定"按钮，打开"对账"窗口，系统显示存在对账差异，如图6-60所示。

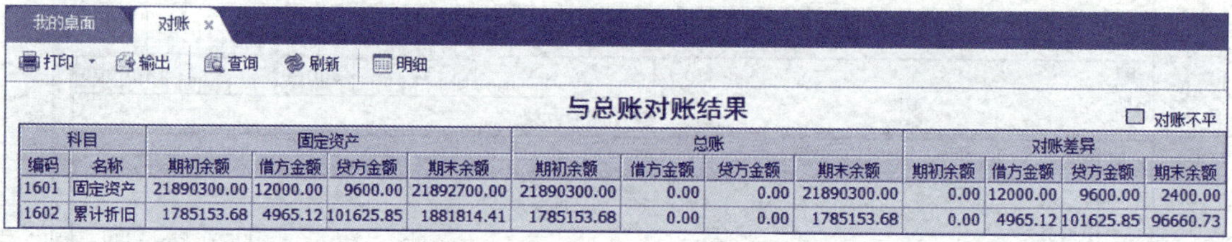

资产对账

科目		固定资产				总账				对账差异			
编号	名称	期初余额	借方金额	贷方金额	期末余额	期初余额	借方金额	贷方金额	期末余额	期初余额	借方金额	贷方金额	期末余额
1601	固定资产	21890300.00	12000.00	9600.00	21892700.00	21890300.00	0.00	0.00	21890300.00	0.00	12000.00	9600.00	2400.00
1602	累计折旧	1785153.68	4965.12	101625.85	1881814.41	1785153.68			1785153.68	0.00	4965.12	101625.85	96660.73

图6-60　与总账系统对账结果

（2）2023年1月31日，由贺青春（W03）登录企业应用平台，对所有记账凭证进行出纳签字。

（3）2023年1月31日，由王钰茹（W01）登录企业应用平台，对所有记账凭证进行审核。

（4）2023年1月31日，由赵凯杰（W02）登录企业应用平台，对所有记账凭证进行记账。

（5）在固定资产系统，选择"资产对账→对账"命令，打开"对账条件"对话框，勾选"1601 固定资产""1602 累计折旧"，单击"确定"按钮，打开"对账"窗口，系统显示无对账差异，如图6-61所示。

科目		固定资产				总账				对账差异			
编码	名称	期初余额	借方金额	贷方金额	期末余额	期初余额	借方金额	贷方金额	期末余额	期初余额	借方金额	贷方金额	期末余额
1601	固定资产	21890300.00	12000.00	9600.00	21892700.00	21890300.00	12000.00	9600.00	21892700.00	0.00	0.00	0.00	0.00
1602	累计折旧	1785153.68	4965.12	101625.85	1881814.41	1785153.68	4965.12	101625.85	1881814.41	0.00	0.00	0.00	0.00

图6-61　与总账系统对账结果

【提示】

本系统的对账功能不限制执行的时间，任何时候均可进行。

在执行月末结账功能时自动对账一次，并给出对账结果。

只有在建立固定资产账套时或在图6-10中选择了"与账务系统进行对账"，本功能才可用。

6.3.9　月末结账

【实验资料】

2023年1月31日，对固定资产系统进行月末结账。

【实验过程】

（1）2023年1月31日，由赵凯杰（W02）登录企业应用平台。在U8企业应用平台，依次选择"业务工作→财务会计→固定资产→期末处理→月末结账"，打开"月末结账…"对话框。单击"开始结账"，弹出"与账务对账结果"对话框，单击"确定"，系统提示"月末结账成功完成！"，如图6-62所示。

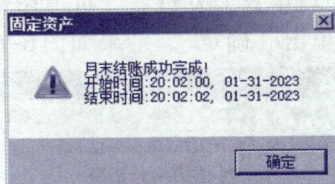

图6-62　1月份结账完成

（2）单击"确定"，弹出如图6-63所示的系统提示。

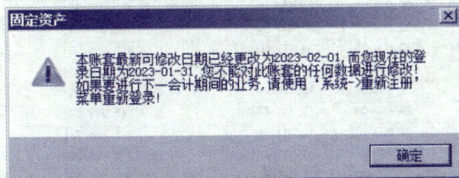

图6-63　系统提示

【提示】

月末结账每月进行一次，结账后当期的数据不能修改。若想修改，应恢复月末结账前状态，即进行反结账。

反结账应以待恢复月份的月末登录，执行“期末处理→恢复月末结账前状态”命令即可。恢复成功后，结账后所做的所有工作都将无痕迹删除。

6.3.10 账表查询

【实验资料】

（1）查询固定资产原值一览表；

（2）查询价值结构分析表。

【实验过程】

账表查询

（1）2023年1月31日，由赵凯杰（W02）登录企业应用平台。在U8企业应用平台，依次选择“业务工作→财务会计→固定资产→账表→统计表→固定资产原值一览表”命令，系统弹出“条件-固定资产原值一览表”对话框，单击“确定”，打开“固定资产原值一览表”，如图6-64所示。

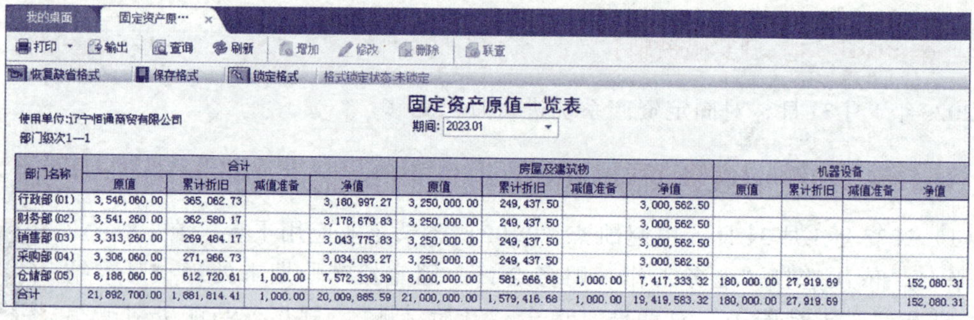

固定资产原值一览表

使用单位:辽宁恒通商贸有限公司

部门级次1—1

期间:2023.01

部门名称	合计				房屋及建筑物				机器设备			
	原值	累计折旧	减值准备	净值	原值	累计折旧	减值准备	净值	原值	累计折旧	减值准备	净值
行政部(01)	3,546,060.00	365,062.73		3,180,997.27	3,250,000.00	249,437.50		3,000,562.50				
财务部(02)	3,541,260.00	362,580.17		3,178,679.83	3,250,000.00	249,437.50		3,000,562.50				
销售部(03)	3,313,260.00	269,484.17		3,043,775.83	3,250,000.00	249,437.50		3,000,562.50				
采购部(04)	3,306,060.00	271,966.73		3,034,093.27	3,250,000.00	249,437.50		3,000,562.50				
仓储部(05)	8,186,060.00	612,720.61	1,000.00	7,572,339.39	8,000,000.00	581,666.68	1,000.00	7,417,333.32	180,000.00	27,919.69		152,080.31
合计	21,892,700.00	1,881,814.41	1,000.00	20,009,885.59	21,000,000.00	1,579,416.68	1,000.00	19,419,583.32	180,000.00	27,919.69		152,080.31

图6-64 固定资产原值一览表（部分）

（2）在固定资产系统，选择“账表→分析表→价值结构分析表”命令，系统弹出“条件-价值结构分析表”对话框，单击“确定”，结果如图6-65所示。关闭当前窗口。

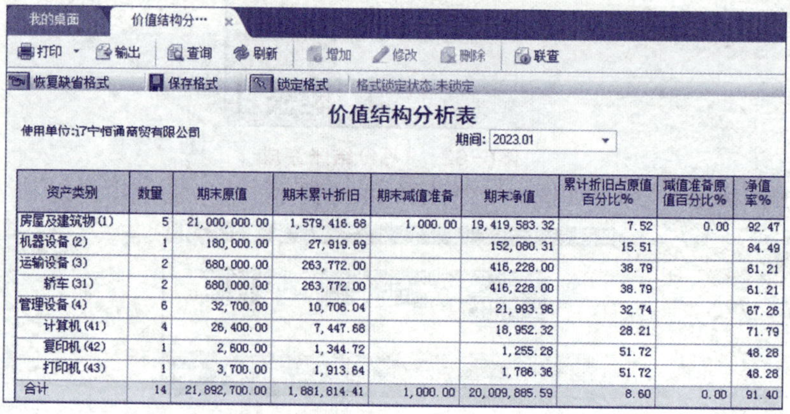

价值结构分析表

使用单位:辽宁恒通商贸有限公司

期间:2023.01

资产类别	数量	期末原值	期末累计折旧	期末减值准备	期末净值	累计折旧占原值百分比%	减值准备原值百分比%	净值率%
房屋及建筑物(1)	5	21,000,000.00	1,579,416.68	1,000.00	19,419,583.32	7.52	0.00	92.47
机器设备(2)	1	180,000.00	27,919.69		152,080.31	15.51		84.49
运输设备(3)	2	680,000.00	263,772.00		416,228.00	38.79		61.21
轿车(31)	2	680,000.00	263,772.00		416,228.00	38.79		61.21
管理设备(4)	6	32,700.00	10,706.04		21,993.96	32.74		67.26
计算机(41)	4	26,400.00	7,447.68		18,952.32	28.21		71.79
复印机(42)	1	2,600.00	1,344.72		1,255.28	51.72		48.28
打印机(43)	1	3,700.00	1,913.64		1,786.36	51.72		48.28
合计	14	21,892,700.00	1,881,814.41	1,000.00	20,009,885.59	8.60	0.00	91.40

图6-65 价值结构分析表

本章常见数据表见表6-8。

表6-8 本章常见数据表

序号	系统编码（SystemID）	系统名称（SystemName）	表名称（TableName）	表定义（TableDefine）	备注
1	FA	固定资产	fa_Departments	部门对应折旧科目	表6-3
2	FA	固定资产	fa_AssetTypes	固定资产类别	表6-4
3	FA	固定资产	fa_Origins	固定资产增减方式	表6-6
4	FA	固定资产	fa_Status	固定资产使用状况	
5	FA	固定资产	fa_Cards	固定资产卡片主表	表6-7
6	FA	固定资产	fa_DeptScale	固定资产部门比例构成表	
7	FA	固定资产	fa_Q_DeptScales	多部门用固定资产比例构成	
8	FA	固定资产	fa_CheckMain	资产盘点	
9	FA	固定资产	FA_CheckLists	盘点盈亏确认	
10	FA	固定资产	fa_CardsSheets	资产减少	
11	FA	固定资产	fa_Vouchers	固定资产变动单	
12	FA	固定资产	fa_DeprTransactions	固定资产折旧数据表	
13	FA	固定资产	fa_EvaluateMain	固定资产评估单主表	
14	FA	固定资产	fa_EvaluateVouchers	固定资产评估单子表	
15	FA	固定资产	fa_WorkLoad	固定资产工作量表	
16	FA	固定资产	fa_Total	固定资产汇总表	

【复习思考题】

1. 简述录入原始卡片与资产增加的区别。
2. 哪些变动单需要进行批量制单处理？
3. 简述计提本月折旧与其他功能的关系。
4. 简述资产盘点的处理流程。
5. 简述固定资产系统期末对账不平衡的原因及解决方法。

7 第7章 薪资管理系统

薪资管理系统是由工资管理系统更名而来，该系统适用于各类企业、行政事业单位进行工资核算、工资发放、工资费用分摊、工资统计分析和个人所得税核算等。该系统具有以下功能：初始设置、业务处理、统计分析等。

薪资管理系统与其他系统的关系如下：

① 薪资管理系统与总账系统。薪资管理系统将工资计提、分摊结果自动生成记账凭证，传递到总账系统。

② 薪资管理系统与UFO报表系统。薪资管理系统向UFO报表系统传递数据。

③ 薪资管理系统与计件工资系统。计件工资系统从薪资管理系统获取工资类别及计件相关参数和工资人员档案，并将计件工资汇总的结果传递到薪资管理系统。

本章的重点内容：工资变动处理。

本章的难点内容：设置公式、工资分摊设置。

本章总体流程如图7-1所示。

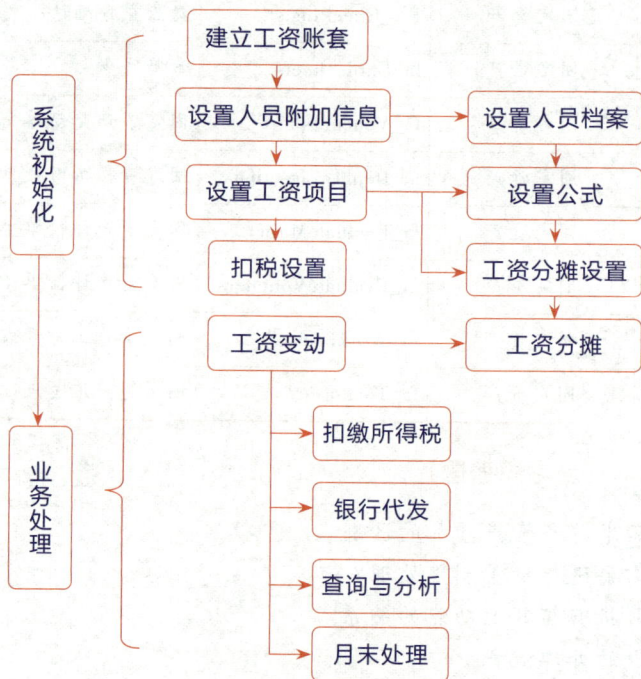

图7-1 本章总体流程

7.2 系统初始化

7.2.1 建立工资账套

【实验资料】

2023年1月1日，根据表7-1建立工资账套，其他项默认。

表 7-1   工资账套建账向导

建账向导	参数设置
参数设置	单个工资类别
扣税设置	从工资中代扣个人所得税
扣零设置	扣零设置且扣零至元
人员编码	本系统人员编码与公共平台的人员编码一致

【实验过程】

（1）2023年1月1日，由赵凯杰（W02）登录企业应用平台。

（2）在U8企业应用平台，依次选择"业务工作→人力资源→薪资管理"命令，打开"建立工资套——参数设置"对话框，如图7-2所示。

建立工资账套

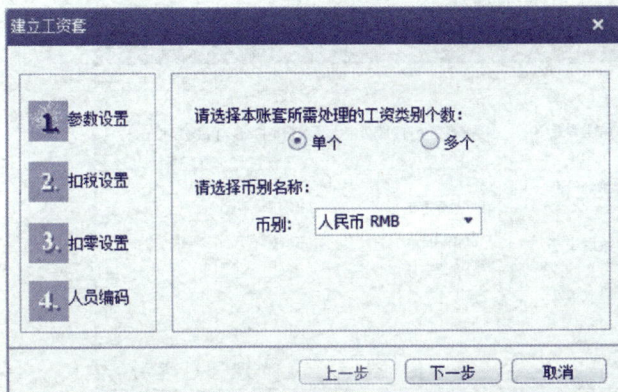

图7-2 建立工资套——参数设置

【提示】

初次使用薪资管理系统，系统将自动进入建账向导。

工资类别个数：单个或多个。

如果企业所有人员统一工资核算，则此处选择单个类别。以下情况可考虑采用多个类别：

①企业同时存在在职人员、离退休人员；

②企业同时存在正式工、非正式工；

③企业每月工资分多次发放；

④企业存在多个工厂或分支机构等。

每个工资账套中，可建立999个工资类别（含发放次数，第998、999号为系统使用）。

（3）单击"下一步"按钮，打开"建立工资套——扣税设置"对话框，勾选"是否从工资中代扣个人所得税"项，如图7-3所示。

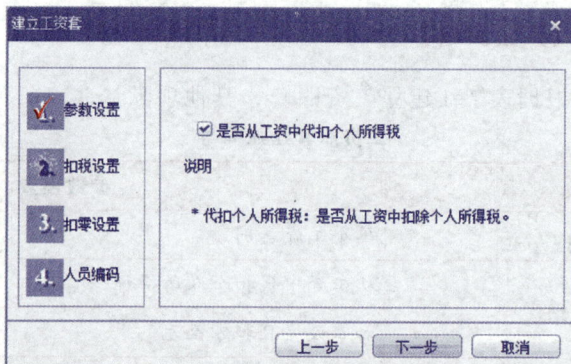

图7-3　建立工资套——扣税设置

【提示】

根据个人所得税法的规定，企业支付职工工资，应代扣代缴个人所得税。

若勾选此项，"工资变动"时系统会根据预设的税率表自动计算个人所得税。

（4）单击"下一步"按钮，打开"建立工资套——扣零设置"对话框，勾选"扣零"项，同时选择"扣零至元"，如图7-4所示。

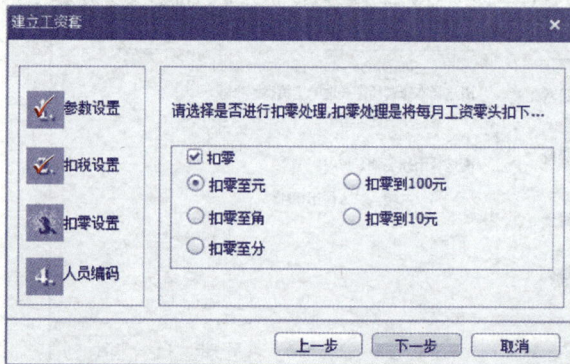

图7-4　建立工资套——扣零设置

【提示】

若勾选"扣零"设置，系统在计算工资时将依据所选择的扣零类型将零头扣下，并在累计成整时发放。本例选择"扣零至元"，则发放工资时暂不发10元以下的元、角、分，包括5元、2元、1元，该人累计够10元时才予以发放。

在实务中，如果企业采用现金发放工资，则在系统中应选择扣零；如果采用转账方式发放工资，则在系统中可不扣零。

（5）单击"下一步"按钮，打开"建立工资套——人员编码"对话框，如图7-5所示，单击"完成"按钮，结束建账向导。

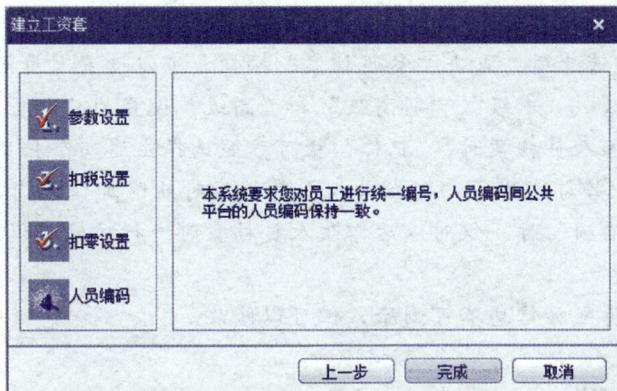

图7-5 建立工资套——人员编码

【提示】

根据向导建账过程中设置的部分参数可以在选项中修改。

7.2.2 设置人员附加信息

【实验资料】

2023年1月1日，增加人员附加信息"职称"和"学历"。

【实验过程】

（1）2023年1月1日，由赵凯杰（W02）登录企业应用平台。

（2）在U8企业应用平台，依次选择"业务工作→人力资源→薪资管理→设置→人员附加信息设置"命令，打开"人员附加信息设置"对话框。单击"增加"按钮，在"信息名称"栏输入"职称"，再单击"增加"按钮，在"信息名称"栏输入"学历"，再单击"增加"按钮，结果如图7-6所示。单击"确定"按钮。

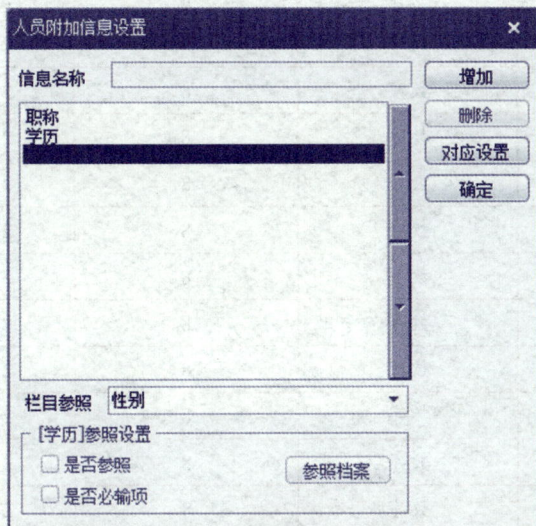

图7-6 人员附加信息设置

7.2.3 设置工资项目

【实验资料】

2023年1月1日，根据表7-2增加工资项目。

表7-2 工资项目（WA_GZtblset）

工资项目名称 （cSetGZItemName）	类型 （iSetGZItemStyle）	长度 （iSetGZItemLenth）	小数 （iDecimal）	增减项 （iSetGZItemProp）
基本工资	数字	8	2	增项
岗位工资	数字	8	2	
奖金	数字	8	2	
交通补贴	数字	8	2	
工龄津贴	数字	8	2	
加班津贴	数字	8	2	
病假扣款	数字	8	2	减项
事假扣款	数字	8	2	
个人养老保险	数字	8	2	
个人医疗保险	数字	8	2	
个人失业保险	数字	8	2	
个人住房公积金	数字	8	2	
上月累计预扣预缴税额	数字	8	2	
企业养老保险	数字	8	2	其它
企业医疗保险	数字	8	2	
企业失业保险	数字	8	2	
企业工伤保险	数字	8	2	
企业住房公积金	数字	8	2	
四险一金工资基数	数字	8	2	
应付工资	数字	10	2	

工资项目名称 （cSetGZItemName)	类型 （iSetGZItemStyle)	长度 （iSetGZItemLenth)	小数 （iDecimal)	增减项 （iSetGZItemProp)
累计应付工资	数字	10	2	
累计减除费用	数字	8	2	
累计专项附加扣除	数字	8	2	
累计预扣预缴应纳税所得额	数字	8	2	其它
日工资	数字	8	2	
加班天数	数字	8	1	
病假天数	数字	8	1	
事假天数	数字	8	1	

【实验过程】

（1）在 U8 企业应用平台，依次选择"业务工作→人力资源→薪资管理→设置→工资项目设置"命令，打开"工资项目设置"窗口，如图7-7所示。

设置工资项目

图7-7　工资项目设置

【提示】

首次打开该窗口，工资项目列表所显示的是系统提供的固定工资项目，这些项目不可修改、删除。

（2）单击"应发合计"项，再单击"增加"按钮，根据实验资料逐项添加工资项目，"增项"工资项目、"减项"工资项目如图7-8所示，"其它"工资项目如图7-9所示。

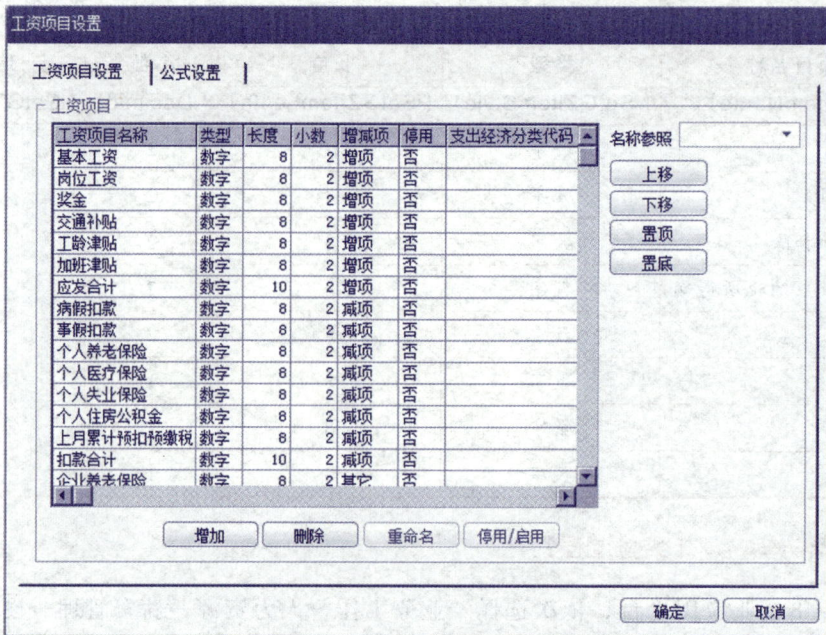

图7-8　工资项目——增项、减项

工资项目设置

| 工资项目设置 | 公式设置 |

工资项目

工资项目名称	类型	长度	小数	增减项	停用	支出经济分类代码
基本工资	数字	8	2	增项	否	
岗位工资	数字	8	2	增项	否	
奖金	数字	8	2	增项	否	
交通补贴	数字	8	2	增项	否	
工龄津贴	数字	8	2	增项	否	
加班津贴	数字	8	2	增项	否	
应发合计	数字	10	2	增项	否	
病假扣款	数字	8	2	减项	否	
事假扣款	数字	8	2	减项	否	
个人养老保险	数字	8	2	减项	否	
个人医疗保险	数字	8	2	减项	否	
个人失业保险	数字	8	2	减项	否	
个人住房公积金	数字	8	2	减项	否	
上月累计预扣预缴税	数字	8	2	减项	否	
扣款合计	数字	10	2	减项	否	
企业养老保险	数字	8	2	其它	否	

名称参照

上移　下移　置顶　置底

增加　删除　重命名　停用/启用

确定　取消

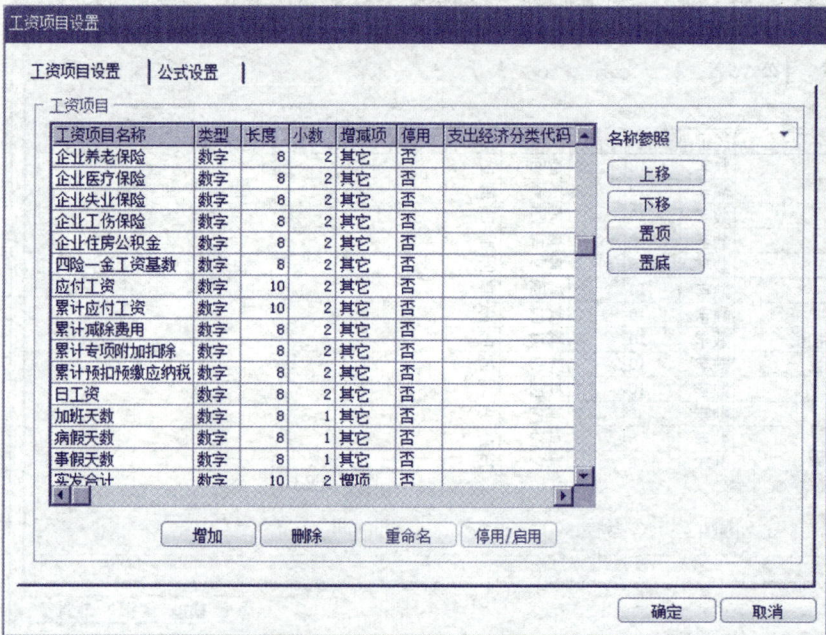

图7-9　工资项目——其它项

工资项目设置

| 工资项目设置 | 公式设置 |

工资项目

工资项目名称	类型	长度	小数	增减项	停用	支出经济分类代码
企业养老保险	数字	8	2	其它	否	
企业医疗保险	数字	8	2	其它	否	
企业失业保险	数字	8	2	其它	否	
企业工伤保险	数字	8	2	其它	否	
企业住房公积金	数字	8	2	其它	否	
四险一金工资基数	数字	8	2	其它	否	
应付工资	数字	10	2	其它	否	
累计应付工资	数字	10	2	其它	否	
累计减除费用	数字	8	2	其它	否	
累计专项附加扣除	数字	8	2	其它	否	
累计预扣预缴应纳税	数字	8	2	其它	否	
日工资	数字	8	2	其它	否	
加班天数	数字	8	1	其它	否	
病假天数	数字	8	1	其它	否	
事假天数	数字	8	1	其它	否	
实发合计	数字	10	2	增项	否	

名称参照

上移　下移　置顶　置底

增加　删除　重命名　停用/启用

确定　取消

【提示】

工资项目设置得合理与否，将对后续公式设置、工资分摊设置等产生直接影响。

工资项目名称必须唯一，可参照"名称参照"录入工资项目名称。

已使用的工资项目不可删除，不能修改数据类型。

利用界面上的"上移""下移"按钮可调整工资项目的排列顺序。

［增项］所有的增项直接计入"应发合计"。

［减项］所有的减项直接计入"扣款合计"。

字符型的工资项目小数位不可用，其增减项为"其它"。

关于"应发合计"、"应付工资"、"四险一金工资基数"、"上月累计预扣预缴税额"以及"累计预扣预缴应纳税所得额"、"代扣税"等工资项目，解释如下：

①"应发合计"为系统预置工资项目，是所有增项工资项目金额的合计。

②"应付工资"主要用于工资、工会经费、职工教育经费等的计提。"累计应付工资"是年初至本月"应付工资"的总和，在用友新道U8+V15.0中，该数据需手工输入或通过工资变动中"替换"功能的"函数"子功能实现。

③根据社会保险法律制度规定，"四险一金工资基数"一般为职工本人上一年度平均工资或本人上月工资收入。该金额一般不等于"应付工资"或"应发合计"。由于工伤保险由企业缴付，无须职工负担，所以职工负担的实际是"三险一金"。根据个人所得税法律制度规定，职工缴付的"三险一金"属于免税项目，应从纳税人的应纳税所得额中扣除。

④"上月累计预扣预缴税额"是指年初至上月已按税法规定累计预扣预缴的个人所得税税额。

⑤根据个人所得税法律制度规定，累计预扣预缴应纳税所得额=累计收入-累计免税收入-累计减除费用-累计专项扣除-累计专项附加扣除-累计依法确定的其他扣除。

注：公式中的"累计收入"对应表7-2中的"累计应付工资"。根据个人所得税法律制度规定，公司预扣预缴个人所得税，费用减除标准为5 000元/月，即60 000元/年。公式中的"累计专项扣除"是指职工负担的累计的"三险一金"。

⑥本期应预扣预缴税额=（累计预扣预缴应纳税所得额×预扣率-速算扣除数）-累计减免税额-上月累计预扣预缴税额。在用友新道U8+V15.0中，该金额等于"代扣税"与"上月累计预扣预缴税额"的差额。

举例说明如下：

假定张某2023年每月基本工资9 000元，1月请病假1天（根据该公司规定，请假一天扣100元），则张某1月份的"应付工资"为：9 000-100=8 900（元），该金额就是月末计提工资时应贷记"应付职工薪酬——工资"的金额。而张某1月份的"应发合计"仍是9 000元。

假定公司所在地四险一金工资基数为5 800元/月，当地职工负担的"三险一金"缴费比例合计为20.5%，则张某本人应负担的"三险一金"合计为：5 800×20.5%=1 189（元）。

假定张某除工资收入外，当年未取得劳务报酬所得、稿酬所得和特许权使用费所得，张某享受子女教育、赡养老人两项专项附加扣除共计2 000元/月，无其他专项附加扣除事项。

张某1月份的"累计预扣预缴应纳税所得额"为：9 000-100-5 000-1 189-2 000=711（元）。

张某1月份的"本期应预扣预缴税额"为：711×3%=21.33（元）。

张某1月份实发工资为：9 000-100-1 189-21.33=7 689.67（元）。

张某2月份满勤，其"累计预扣预缴应纳税所得额"为：18 000-100-10 000-2 378-4 000=1 522（元）。

张某 2 月份的"本期应预扣预缴税额"为：1 522×3%−21.33=24.33（元）。

张某 2 月份实发工资为：9 000−1 189−24.33=7 786.67（元）。

7.2.4 设置人员档案

---【实验资料】---

2023 年 1 月 1 日，根据表 7-3 添加人员档案，所有职工的开户银行均为中国工商银行。

表 7-3

人员档案（WA_psn）

薪资部门 名称	人员编号 （cPsn_Num）	人员姓名 （cPsn_Name）	人员类别	银行账号 （cAccount）	职称 （M1）	学历 （M2）
行政部	A01	李成喜	企业管理人员	2107024026370021901	高级	研究生
财务部	W01	王钰茹	企业管理人员	2107024026370021902	高级	本科
财务部	W02	赵凯杰	企业管理人员	2107024026370021903	中级	研究生
财务部	W03	贺青春	企业管理人员	2107024026370021904	初级	专科
销售部	X01	刘晓明	销售人员	2107024026370021905	高级	本科
销售部	X02	何丽平	销售人员	2107024026370021906	中级	专科
采购部	G01	张宏亮	采购人员	2107024026370021907	高级	本科
采购部	G02	徐晓辉	采购人员	2107024026370021908	中级	专科
仓储部	C01	李泽伟	企业管理人员	2107024026370021909	初级	专科

---【实验过程】---

（1）在 U8 企业应用平台，依次选择"业务工作→人力资源→薪资管理→设置→人员档案"命令，打开"人员档案"窗口。

（2）单击工具栏的"批增"按钮，打开"人员批量增加"对话框，单击对话框右上方的"查询"按钮，如图 7-10 所示，单击"确定"按钮，人员添加成功并返回"人员档案"窗口，如图 7-11 所示。

设置人员档案

图7-10　批量增加人员档案

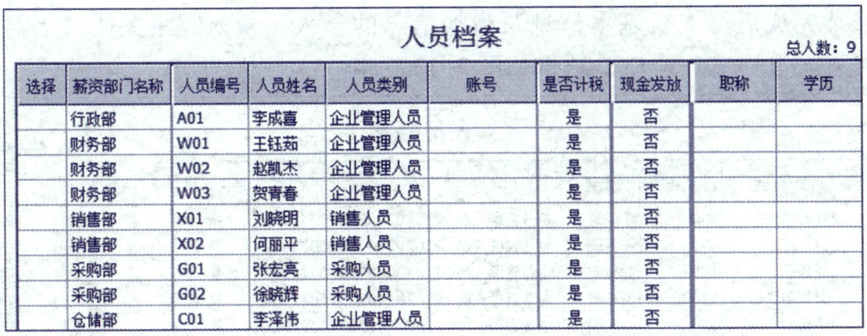

人员档案

总人数：9

选择	薪资部门名称	人员编号	人员姓名	人员类别	账号	是否计税	现金发放	职称	学历
	行政部	A01	李成喜	企业管理人员		是	否		
	财务部	W01	王钰茹	企业管理人员		是	否		
	财务部	W02	赵凯杰	企业管理人员		是	否		
	财务部	W03	贺青春	企业管理人员		是	否		
	销售部	X01	刘晓明	销售人员		是	否		
	销售部	X02	何丽平	销售人员		是	否		
	采购部	G01	张宏亮	采购人员		是	否		
	采购部	G02	徐晓辉	采购人员		是	否		
	仓储部	C01	李泽伟	企业管理人员		是	否		

图7-11　人员档案

（3）补充每个职员的开户银行、账号、职称、学历。双击"李成喜"那一行，打开
"人员档案明细"窗口，根据实验资料，"银行名称"选择"中国工商银行"，"银行账号"
输入"2107024026370021901"，如图7-12所示。

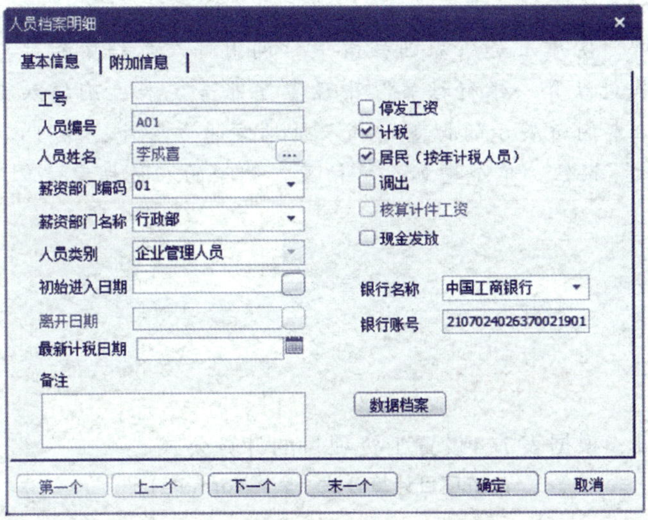

图7-12　人员档案明细——基本信息

（4）点击"附加信息"页签，"职称"栏输入"高级"，"学历"栏输入"研究生"，如
图7-13所示。单击"确定"按钮，系统提示"写入该人员档案信息吗?"，单击"确定"
按钮。

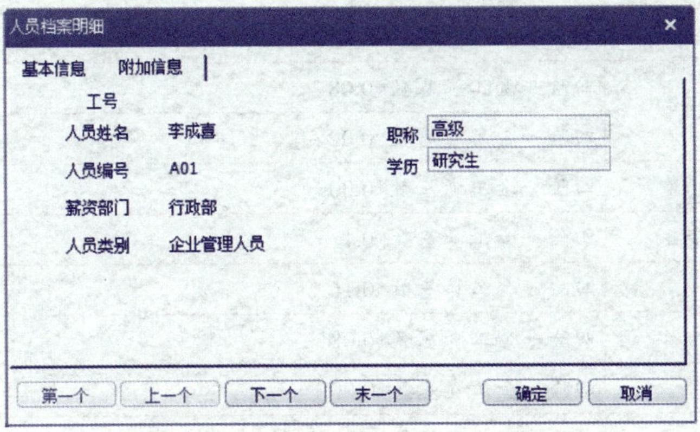

图7-13　人员档案明细——附加信息

（5）继续完成后续人员基本信息及附加信息的录入。录入完毕关闭"人员档案明细"窗口，返回"人员档案"窗口，结果如图7-14所示。

人员档案

总人数：9

选择	薪资部门名称	人员编号	人员姓名	人员类别	账号	是否计税	现金发放	职称	学历
	行政部	A01	李成喜	企业管理人员	2107024026370021901	是	否	高级	研究生
	财务部	W01	王钰茹	企业管理人员	2107024026370021902	是	否	高级	本科
	财务部	W02	赵凯杰	企业管理人员	2107024026370021903	是	否	中级	研究生
	财务部	W03	贺青春	企业管理人员	2107024026370021904	是	否	初级	专科
	销售部	X01	刘晓明	销售人员	2107024026370021905	是	否	高级	本科
	销售部	X02	何丽平	销售人员	2107024026370021906	是	否	中级	专科
	采购部	G01	张宏亮	采购人员	2107024026370021907	是	否	高级	本科
	采购部	G02	徐晓辉	采购人员	2107024026370021908	是	否	中级	专科
	仓储部	C01	李泽伟	企业管理人员	2107024026370021909	是	否	初级	专科

图7-14　人员档案

【提示】

这里的"批增"实质上是从基础档案中"调用"人员档案的过程。若在"基础设置→基础档案→收付结算→银行档案"中设置了账号定长，则输入银行账号时必须按所定长度输入。除本例所展示的批量增加人员档案的方法外，还可以通过点击"批量"按钮左侧的"增加"按钮，单个增加人员档案。删除的人员档案信息不可恢复。

7.2.5　设置公式

1.定义常规公式

【实验资料】

2023年1月1日，根据表7-4设置工资项目的计算公式。

表 7-4　　　　工资项目计算公式（WA_formula）

序号	工资项目名称	计算公式（cGZItemFormula）
1	加班津贴	加班天数*150
2	日工资	(基本工资+岗位工资)/21
3	事假扣款	日工资/2*事假天数
4	四险一金工资基数	3680
5	个人养老保险	四险一金工资基数*0.08
6	个人医疗保险	四险一金工资基数*0.02
7	个人失业保险	四险一金工资基数*0.003
8	个人住房公积金	四险一金工资基数*0.1
9	企业养老保险	四险一金工资基数*0.16
10	企业医疗保险	四险一金工资基数*0.08
11	企业失业保险	四险一金工资基数*0.007
12	企业工伤保险	四险一金工资基数*0.005

序号	工资项目名称	计算公式（cGZItemFormula）
13	企业住房公积金	四险一金工资基数*0.1
14	应付工资	基本工资+岗位工资+奖金+交通补贴+工龄津贴+加班津贴−病假扣款−事假扣款
15	累计减除费用	5 000*month()
16	累计专项附加扣除	2 000*month()
17	累计预扣预缴应纳税所得额	累计应付工资−累计减除费用−(个人养老保险+个人医疗保险+个人失业保险+个人住房公积金)*month()−累计专项附加扣除

【实验过程】

（1）设置"加班津贴"的计算公式。在U8企业应用平台，依次选择"业务工作→人力资源→薪资管理→设置→工资项目设置"命令，打开"工资项目设置"窗口，单击"公式设置"页签，如图7-15所示。

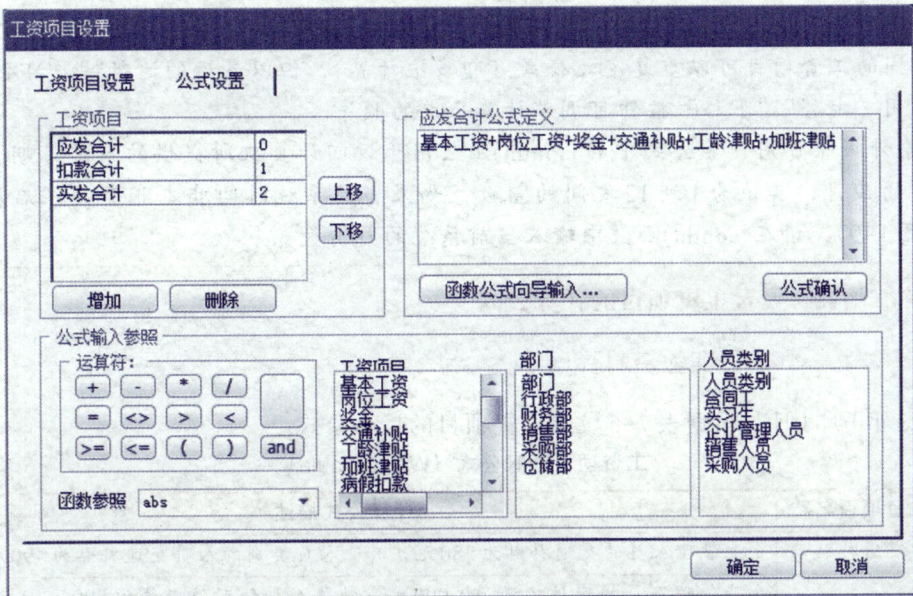

定义常规公式

图7-15　"工资项目设置——公式设置"窗口

【提示】

应发合计、扣款合计和实发合计的计算公式由系统根据定义的增减项自动设置，无须在此修改这些公式。

（2）单击"增加"按钮，从窗口左上方工资项目下拉列表中选择"加班津贴"，进行"加班津贴"项目的公式定义。单击公式定义区，从窗口下方的"工资项目"中选择"加班天数"，然后输入"*150"。定义完毕单击"公式确认"按钮，系统将对该公式进行合法性判断并保存，结果如图7-16所示。

（3）参照上述方法继续完成后续常规公式的定义。

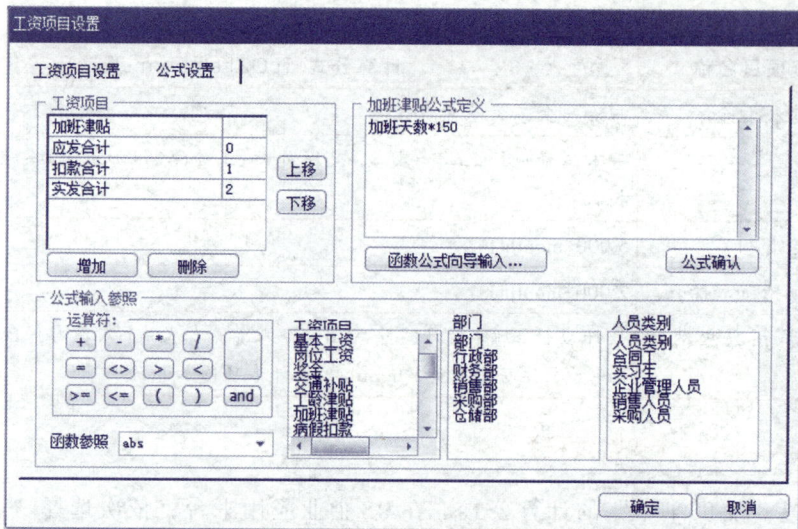

图7-16 加班津贴的计算公式

【提示】

系统固定项目，如应发合计、扣款合计、实发合计、代扣税等，不能设置取数公式。

相同的工资项目可以重复定义公式（即多次计算），但以最后的运行结果为准。

利用"上移""下移"按钮可调整计算公式的顺序。

"累计减除费用"等公式中的month()函数用于返回计算机所提供的系统日期，表示一年中的某月，其值为1到12之间的整数。如果当前系统时间非本账套的"启用会计期"（图1-9），请在month()函数中输入当前系统的月份数。

2.使用"iff函数"设置工资项目的计算公式

【实验资料】

2023年1月1日，根据表7-5设置工资项目的计算公式。

表 7-5　　　　　　　　工资项目计算公式（WA_formula）

序号	工资项目名称	计算公式描述
1	交通补贴	企业管理人员的交通补贴为380元，其他人员类别的人员交通补贴为490元
2	岗位工资	企业管理人员的岗位工资为1 000元，销售人员的岗位工资为800元，采购人员的岗位工资为600元
3	病假扣款	如果病假天数<=2天，病假扣款=日工资*病假天数*0.2； 如果病假天数>2天且<=5天，病假扣款=日工资*病假天数*0.4； 如果病假天数>5天，病假扣款=日工资*病假天数

【实验过程】

（1）设置"交通补贴"的计算公式。

①在U8企业应用平台，依次选择"业务工作→人力资源→薪资管理→设置→工资项目设置"命令，打开"工资项目设置"窗口，单击"公式设置"页签。单击"增加"按钮，从窗口左上方的"工资项目"下拉列表中选择"交通补贴"，点

使用"iff函数"设置工资项目的计算公式

击"函数公式向导输入…"按钮,打开"函数向导——步骤之1"对话框,单击选中
"iff",如图7-17所示。

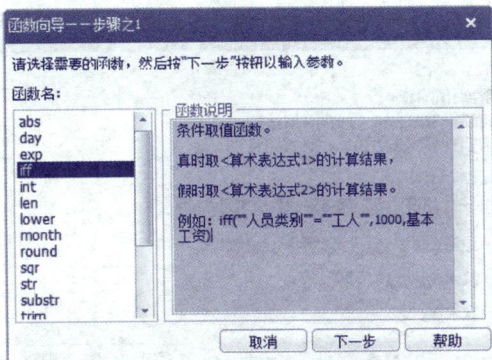

图7-17 函数向导——步骤之1

②单击"下一步"按钮,打开"函数向导——步骤之2"对话框,如图7-18所示。

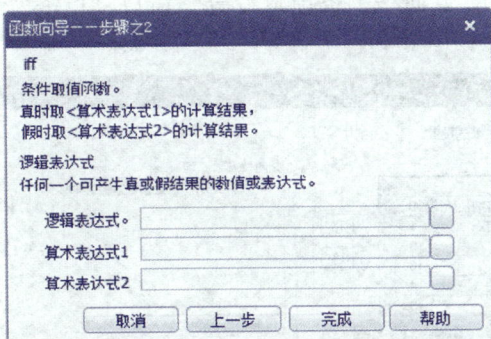

图7-18 函数向导——步骤之2

③单击"逻辑表达式。"栏右侧的"□"参照按钮,打开"参照"对话框。"参照列
表"选择"人员类别",然后从下面的人员类别列表中选择"企业管理人员",结果如
图7-19所示。

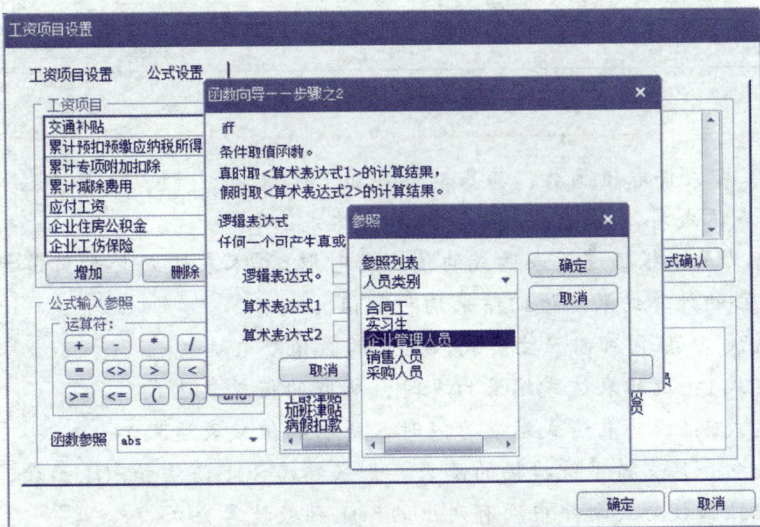

图7-19 设置逻辑表达式

④单击"确定"按钮,返回"函数向导——步骤之2"对话框,在"算术表达式1"栏输入"380",在"算术表达式2"栏输入"490",结果如图7-20所示。

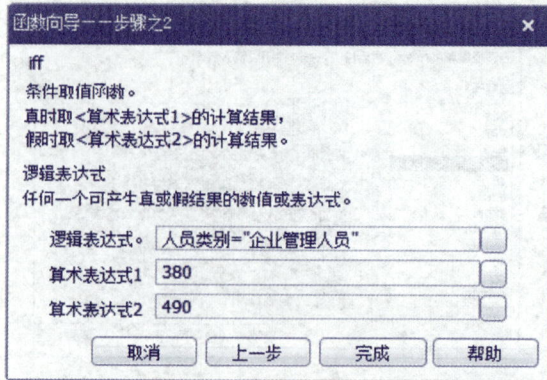

图7-20 设置算术表达式

⑤单击"完成"按钮,返回"工资项目设置"窗口,单击"公式确认"按钮,结果如图7-21所示。

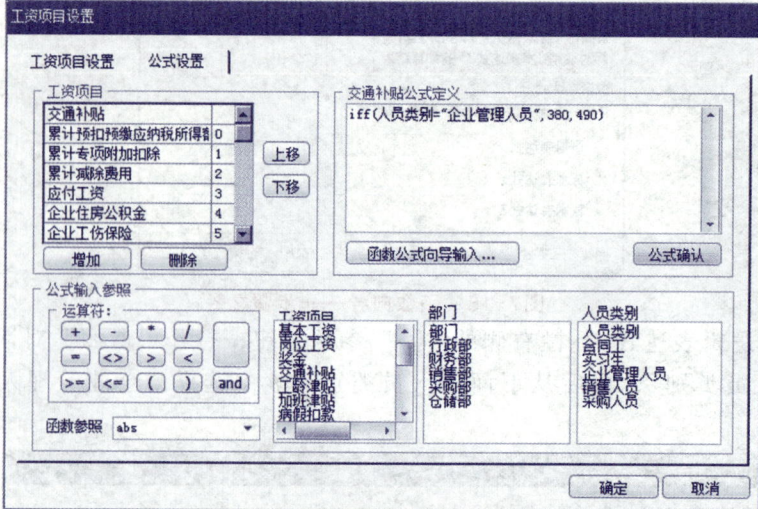

图7-21 交通补贴的计算公式

【提示】

[iff函数] 即条件取值函数,其基本格式如下:

iff(<逻辑表达式>,<算术表达式1>,<算术表达式2>)

其基本含义是:根据逻辑表达式的值,真时取<算术表达式1>的计算结果,假时取<算术表达式2>的计算结果。返回结果均为数值。

逻辑表达式:任何可以产生真或假结果的数值或表达式。

算术表达式1:逻辑表达式结果为真时,所取的值或表达式。

算术表达式2:逻辑表达式结果为假时,所取的值或表达式。

函数公式向导只支持系统提供的函数。如果熟悉SQL语法和SQL函数,还可以定义符合SQL语法且函数公式向导中没有列出的SQL函数计算公式。

（2）设置"岗位工资"的计算公式。

①在"工资项目设置"窗口，单击"公式设置"页签。单击"增加"按钮，从窗口左上方的"工资项目"下拉列表中选择"岗位工资"，点击"函数公式向导输入…"按钮，打开"函数向导——步骤之1"对话框，单击选中"iff"。

②单击"下一步"按钮，打开"函数向导——步骤之2"对话框。

③单击"逻辑表达式"栏右侧的"□"参照按钮，打开"参照"对话框。"参照列表"选择"人员类别"，然后从下面的人员类别列表中选择"企业管理人员"。单击"确定"按钮，返回"函数向导——步骤之2"对话框，在"算术表达式1"栏输入"1000"，"算术表达式2"栏暂不输入，结果如图7-22所示。

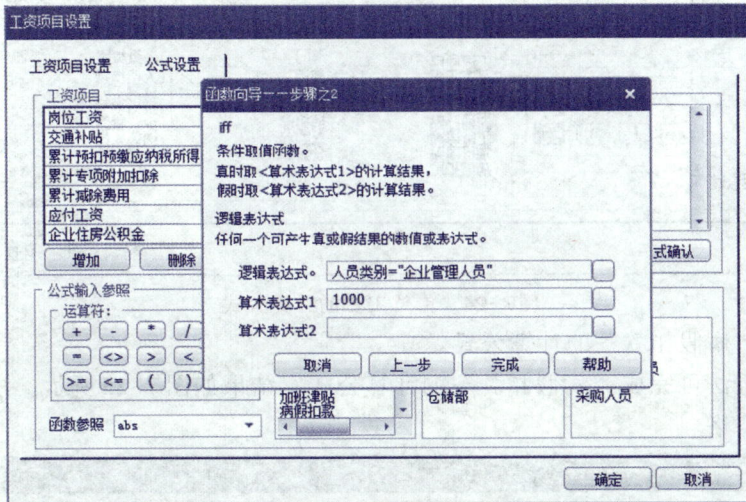

图7-22 设置算术表达式

④单击"完成"按钮，返回"工资项目设置"窗口，点击公式定义区"）"的左侧。继续点击"函数公式向导输入…"按钮，打开"函数向导——步骤之1"对话框，单击选中"iff"。

⑤单击"下一步"按钮，打开"函数向导——步骤之2"对话框。

⑥单击"逻辑表达式"栏右侧的"□"参照按钮，打开"参照"对话框。"参照列表"选择"人员类别"，然后从下面的人员类别列表中选择"销售人员"。单击"确定"按钮，返回"函数向导——步骤之2"对话框，在"算术表达式1"栏输入"800"，"算术表达式2"栏输入"600"，结果如图7-23所示。

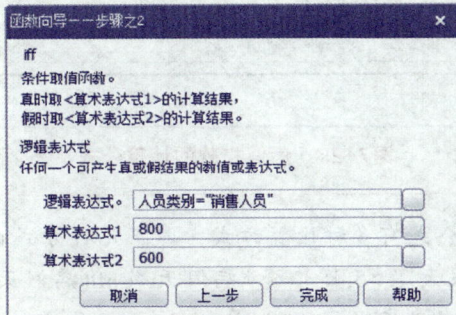

图7-23 在iff函数中嵌套另一个iff函数

⑦单击"完成"按钮，返回"工资项目设置"窗口，单击"公式确认"按钮，结果如图7-24所示。

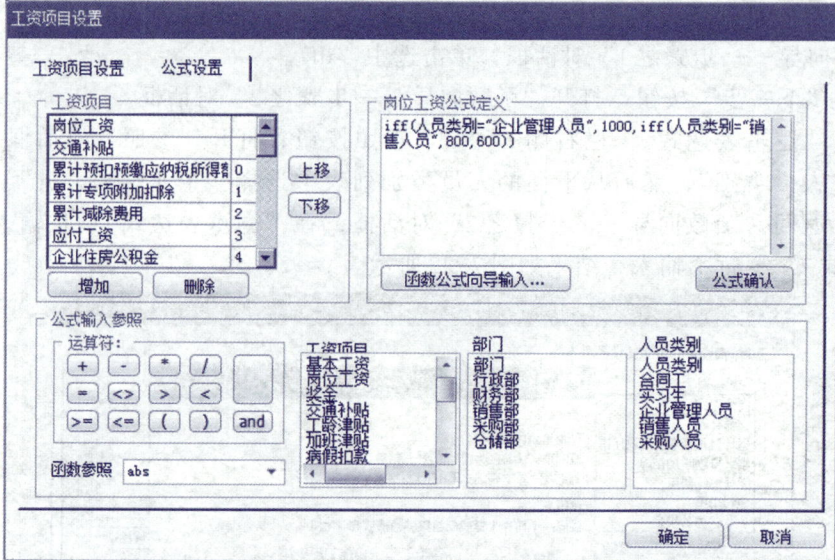

图7-24　岗位工资的计算公式

（3）设置"病假扣款"的计算公式。

参照前述方法可完成"病假扣款"的计算公式，结果如图7-25所示。注意"and"前后需各加一个空格。

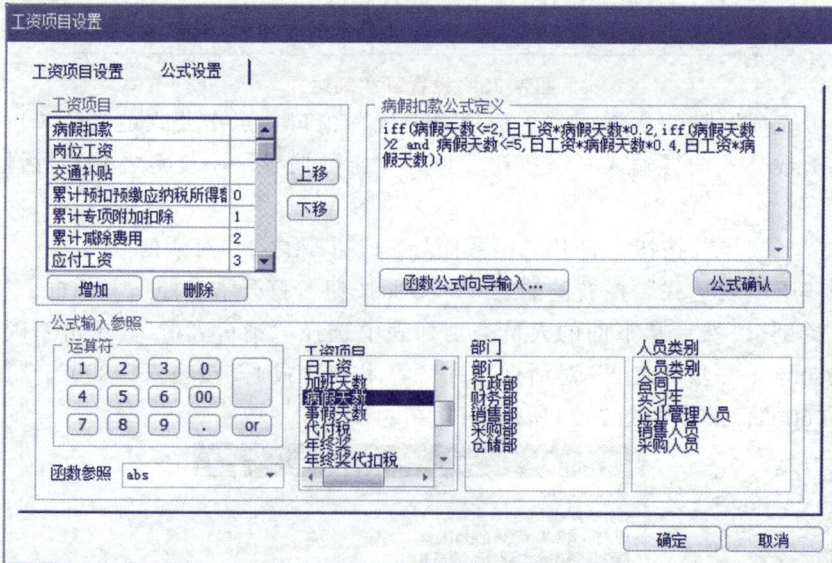

图7-25　病假扣款的计算公式

【提示】

这里病假扣款的计算公式有多种设置方式，以下几种方式也可得出正确结果：

第一种方式：iff(病假天数>5,日工资*病假天数,iff(病假天数>2 and 病假天数<=5,日工资*病假天数*0.4,日工资*病假天数*0.2))

第二种方式：iff(病假天数>5,日工资*病假天数,iff(病假天数<=2,日工资*病假天数*0.2,日工资*病假天数*0.4))

第三种方式：iff(病假天数<=2,日工资*病假天数*0.2,iff(病假天数>5,日工资*病假天数,日工资*病假天数*0.4))

第四种方式：iff(病假天数>2 and 病假天数<=5,日工资*病假天数*0.4,iff(病假天数<=2,日工资*病假天数*0.2,日工资*病假天数))

第五种方式：iff(病假天数>2 and 病假天数<=5,日工资*病假天数*0.4,iff(病假天数>5,日工资*病假天数,日工资*病假天数*0.2))

7.2.6 扣税设置

——————————【实验资料】

2023年1月1日，按照累计预扣法，设置征税依据为"累计预扣预缴应纳税所得额"工资项，将税率表中的"基数""附加费用"暂设为零。

——————————【实验过程】

（1）在U8企业应用平台，依次选择"业务工作→人力资源→薪资管理→设置→选项"命令，打开"选项"对话框。

（2）单击"编辑"按钮，点击"扣税设置"页签，将"收入额合计"由"实发合计"改为"累计预扣预缴应纳税所得额"，"税款所属期"选择"当月"，如图7-26所示。

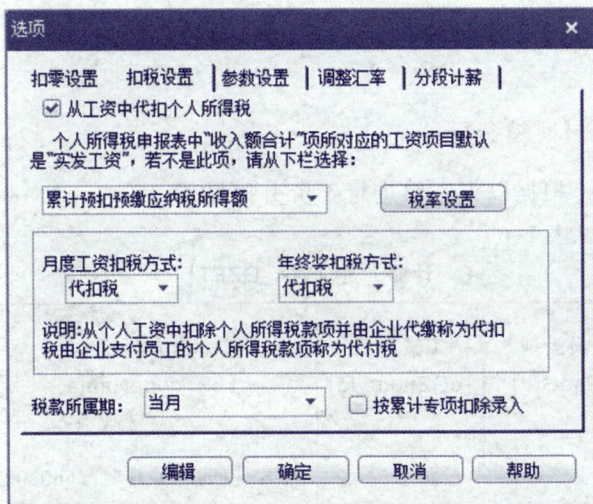

图7-26 选项——扣税设置

（3）单击"税率设置"按钮，打开"个人所得税申报表——税率表"对话框，将"基数""附加费用"均设为零，结果如图7-27所示。

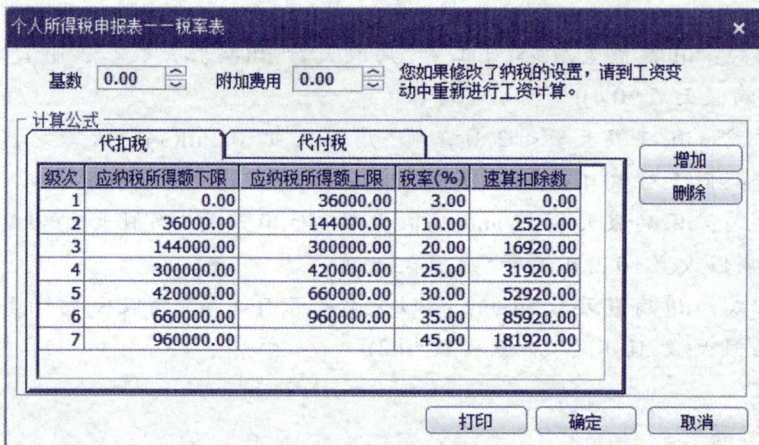

图7-27　个人所得税预扣率表

【提示】

　　根据最新税收法规，可以调整"基数"、"附加费用"、"应纳税所得额上限"、"税率"和"速算扣除数"，也可增加或删除级次。

　　调整某一级"应纳税所得额上限"，则其下一级"应纳税所得额下限"将随之改变。

　　系统已预设速算扣除数，可修改。

　　若删除级次，必须从最末级开始删除，不能跨级删除。当税率表中只剩一级时，该级不能删除。

　　修改税率表或重新选择"收入额合计"项后，需到"工资变动"中再次执行计算功能，否则系统仍保留修改前的数据。

　　修改税率不影响以前期间的税率设置。

7.2.7　分摊类型设置

【实验资料】

　　2023年1月31日，根据以下资料进行工资分摊设置：

　　（1）计提工资（见表7-6）。

表 7-6　　　　　　　　　　　　　计提工资（WA_GZFT）

部门名称 （cDept_Num）	人员类别 （cPsnGrd）	工资项目 （cGZItem_id）	借方科目 （cD_codeName）	贷方科目 （cC_codeName）
行政部、财务部、仓储部	企业管理人员	应付工资	管理费用/职工薪酬（660202）	应付职工薪酬/工资（221101）
销售部	销售人员		销售费用/职工薪酬（660102）	
采购部	采购人员		管理费用/职工薪酬（660202）	

（2）预扣个人所得税（见表7-7）。

表 7-7 预扣个人所得税（WA_GZFT）

部门名称 （cDept_Num）	人员类别 （cPsnGrd）	工资项目 （cGZItem_id）	借方科目 （cD_codeName）	贷方科目 （cC_codeName）
行政部、财务部、仓储部	企业管理人员	代扣税	应付职工薪酬/工资（221101）	应交税费/应交个人所得税（222104）
销售部	销售人员		应付职工薪酬/工资（221101）	
采购部	采购人员		应付职工薪酬/工资（221101）	
行政部、财务部、仓储部	企业管理人员	上月累计预扣预缴税额	应付职工薪酬/工资（221101）	
销售部	销售人员		应付职工薪酬/工资（221101）	
采购部	采购人员		应付职工薪酬/工资（221101）	

（3）代扣职工负担的三险一金（见表7-8）。

表 7-8 代扣职工负担的三险一金（WA_GZFT）

部门名称 （cDept_Num）	人员类别 （cPsnGrd）	工资项目 （cGZItem_id）	借方科目 （cD_codeName）	贷方科目 （cC_codeName）
行政部、财务部、仓储部	企业管理人员	个人医疗保险	应付职工薪酬/工资（221101）	其他应付款/代扣医疗保险（224101）
销售部	销售人员		应付职工薪酬/工资（221101）	
采购部	采购人员		应付职工薪酬/工资（221101）	
行政部、财务部、仓储部	企业管理人员	个人养老保险	应付职工薪酬/工资（221101）	其他应付款/代扣养老保险（224102）
销售部	销售人员		应付职工薪酬/工资（221101）	
采购部	采购人员		应付职工薪酬/工资（221101）	
行政部、财务部、仓储部	企业管理人员	个人失业保险	应付职工薪酬/工资（221101）	其他应付款/代扣失业保险（224103）
销售部	销售人员		应付职工薪酬/工资（221101）	
采购部	采购人员		应付职工薪酬/工资（221101）	
行政部、财务部、仓储部	企业管理人员	个人住房公积金	应付职工薪酬/工资（221101）	其他应付款/代扣住房公积金（224104）
销售部	销售人员		应付职工薪酬/工资（221101）	
采购部	采购人员		应付职工薪酬/工资（221101）	

（4）计提企业负担的四险一金（见表7-9）。

表7-9　　　　　　　　　　计提企业负担的四险一金（WA_GZFT）

部门名称 （cDept_Num）	人员类别 （cPsnGrd）	工资项目 （cGZItem_id）	借方科目 （cD_codeName）	贷方科目 （cC_codeName）
行政部、财务部、仓储部	企业管理人员	企业医疗保险	管理费用/职工薪酬（660202）	应付职工薪酬/社会保险费/基本医疗保险费（22110201）
销售部	销售人员		销售费用/职工薪酬（660102）	
采购部	采购人员		管理费用/职工薪酬（660202）	
行政部、财务部、仓储部	企业管理人员	企业养老保险	管理费用/职工薪酬（660202）	应付职工薪酬/设定提存计划/基本养老保险费（22110301）
销售部	销售人员		销售费用/职工薪酬（660102）	
采购部	采购人员		管理费用/职工薪酬（660202）	
行政部、财务部、仓储部	企业管理人员	企业失业保险	管理费用/职工薪酬（660202）	应付职工薪酬/设定提存计划/失业保险费（22110302）
销售部	销售人员		销售费用/职工薪酬（660102）	
采购部	采购人员		管理费用/职工薪酬（660202）	
行政部、财务部、仓储部	企业管理人员	企业工伤保险	管理费用/职工薪酬（660202）	应付职工薪酬/社会保险费/工伤保险费（22110202）
销售部	销售人员		销售费用/职工薪酬（660102）	
采购部	采购人员		管理费用/职工薪酬（660202）	
行政部、财务部、仓储部	企业管理人员	企业住房公积金	管理费用/职工薪酬（660202）	应付职工薪酬/住房公积金（221104）
销售部	销售人员		销售费用/职工薪酬（660102）	
采购部	采购人员		管理费用/职工薪酬（660202）	

（5）计提工会经费（见表7-10）。

表7-10　　　　　　　计提工会经费（分摊计提比例2%）（WA_GZFT）

部门名称 （cDept_Num）	人员类别 （cPsnGrd）	工资项目 （cGZItem_id）	借方科目 （cD_codeName）	贷方科目 （cC_codeName）
行政部、财务部、仓储部	企业管理人员	应付工资	管理费用/职工薪酬（660202）	应付职工薪酬/工会经费（221105）
销售部	销售人员		销售费用/职工薪酬（660102）	
采购部	采购人员		管理费用/职工薪酬（660202）	

【实验过程】

（1）在U8企业应用平台，依次单击“业务工作→人力资源→薪资管理→设置→分摊类型设置”菜单，打开“分摊类型设置”窗口，如图7-28所示。

分摊类型设置

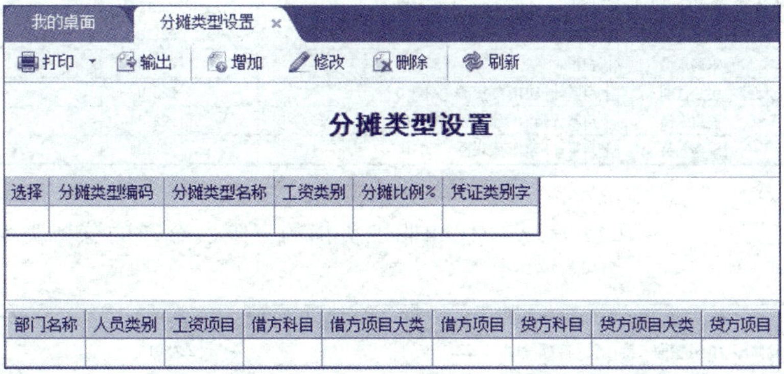
我的桌面
分摊类型设置
打印
输出
增加
修改
删除
刷新
分摊类型设置
选择
分摊类型编码
分摊类型名称
工资类别
分摊比例%
凭证类别字
部门名称
人员类别
工资项目
借方科目
借方项目大类
借方项目
贷方科目
贷方项目大类
贷方项目

图7-28　“分摊类型设置”窗口

（2）单击“增加”按钮，“分摊类型名称”输入“计提工资”，“凭证类别字”选择“转”（转账凭证），图7-29所示。

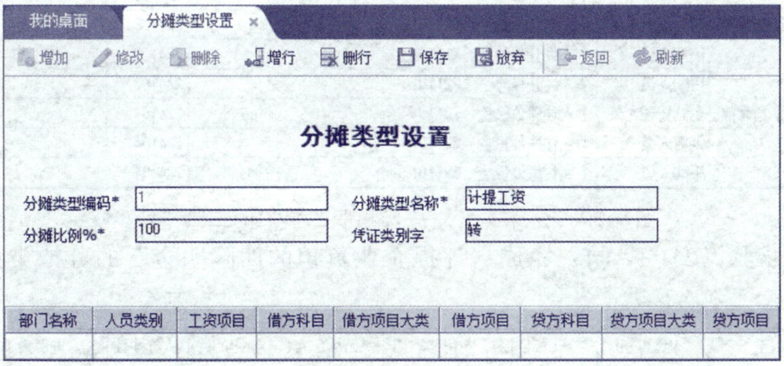
我的桌面
分摊类型设置
增加
修改
删除
增行
删行
保存
放弃
返回
刷新
分摊类型设置
分摊类型编码*
1
分摊类型名称*
计提工资
分摊比例%*
100
凭证类别字
转
部门名称
人员类别
工资项目
借方科目
借方项目大类
借方项目
贷方科目
贷方项目大类
贷方项目

图7-29　增加工资分摊类型

（3）根据实验资料，输入“部门名称”“人员类别”等栏目，结果如图7-30所示。

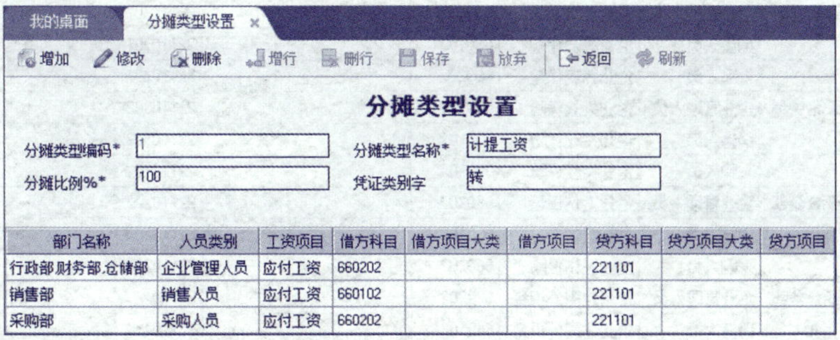
我的桌面
分摊类型设置
增加
修改
删除
增行
删行
保存
放弃
返回
刷新
分摊类型设置
分摊类型编码*
1
分摊类型名称*
计提工资
分摊比例%*
100
凭证类别字
转
部门名称
人员类别
工资项目
借方科目
借方项目大类
借方项目
贷方科目
贷方项目大类
贷方项目
行政部,财务部,仓储部
企业管理人员
应付工资
660202
221101
销售部
销售人员
应付工资
660102
221101
采购部
采购人员
应付工资
660202
221101

图7-30　分摊类型——计提工资

【提示】

[部门名称] 一次可选择多个部门。不同部门，相同人员类别可设置不同分摊科目。

[工资项目] 每个人员类别可选择多个工资项目。工资项目包括工资类别中所有的增项、减项和其它项。

（4）单击"保存"按钮，系统返回"分摊类型设置"窗口。

（5）参照步骤（2）～（4）完成"预扣个人所得税"的分摊类型设置，结果如图7-31所示。

部门名称	人员类别	工资项目	借方科目	借方项目大类	借方项目	贷方科目	贷方项目大类	贷方项目
行政部.财务部.仓储部	企业管理人员	代扣税	221101			222104		
销售部	销售人员	代扣税	221101			222104		
采购部	采购人员	代扣税	221101			222104		
行政部.财务部.仓储部	企业管理人员	上月累计预扣预缴税额	221101			222104		
销售部	销售人员	上月累计预扣预缴税额	221101			222104		
采购部	采购人员	上月累计预扣预缴税额	221101			222104		

图7-31　分摊类型——预扣个人所得税

（6）参照步骤（2）～（4）完成"代扣职工负担的三险一金"的分摊类型设置，结果如图7-32所示。

部门名称	人员类别	工资项目	借方科目	借方项目大类	借方项目	贷方科目	贷方项目大类	贷方项目
行政部.财务部.仓储部	企业管理人员	个人医疗保险	221101			224101		
销售部	销售人员	个人医疗保险	221101			224101		
采购部	采购人员	个人医疗保险	221101			224101		
行政部.财务部.仓储部	企业管理人员	个人养老保险	221101			224102		
销售部	销售人员	个人养老保险	221101			224102		
采购部	采购人员	个人养老保险	221101			224102		
行政部.财务部.仓储部	企业管理人员	个人失业保险	221101			224103		
销售部	销售人员	个人失业保险	221101			224103		
采购部	采购人员	个人失业保险	221101			224103		
行政部.财务部.仓储部	企业管理人员	个人住房公积金	221101			224104		
销售部	销售人员	个人住房公积金	221101			224104		
采购部	采购人员	个人住房公积金	221101			224104		

图7-32　分摊类型——代扣职工负担的三险一金

（7）参照步骤（2）～（4）完成"计提企业负担的四险一金"的分摊类型设置，结果如图7-33所示。

部门名称	人员类别	工资项目	借方科目	借方项目大类	借方项目	贷方科目	贷方项目大类	贷方项目
行政部.财务部.仓储部	企业管理人员	企业医疗保险	660202			22110201		
销售部	销售人员	企业医疗保险	660102			22110201		
采购部	采购人员	企业医疗保险	660202			22110201		
行政部.财务部.仓储部	企业管理人员	企业养老保险	660202			22110301		
销售部	销售人员	企业养老保险	660102			22110301		
采购部	采购人员	企业养老保险	660202			22110301		
行政部.财务部.仓储部	企业管理人员	企业失业保险	660202			22110302		
销售部	销售人员	企业失业保险	660102			22110302		
采购部	采购人员	企业失业保险	660202			22110302		
行政部.财务部.仓储部	企业管理人员	企业工伤保险	660202			22110202		
销售部	销售人员	企业工伤保险	660102			22110202		
采购部	采购人员	企业工伤保险	660202			22110202		
行政部.财务部.仓储部	企业管理人员	企业住房公积金	660202			221104		
销售部	销售人员	企业住房公积金	660102			221104		
采购部	采购人员	企业住房公积金	660202			221104		

图7-33　分摊类型——计提企业负担的四险一金

（8）参照步骤（2）～（4）完成"计提工会经费"的分摊类型设置，结果如图7-34所示。注意：计提工会经费的分摊计提比例应为2%。

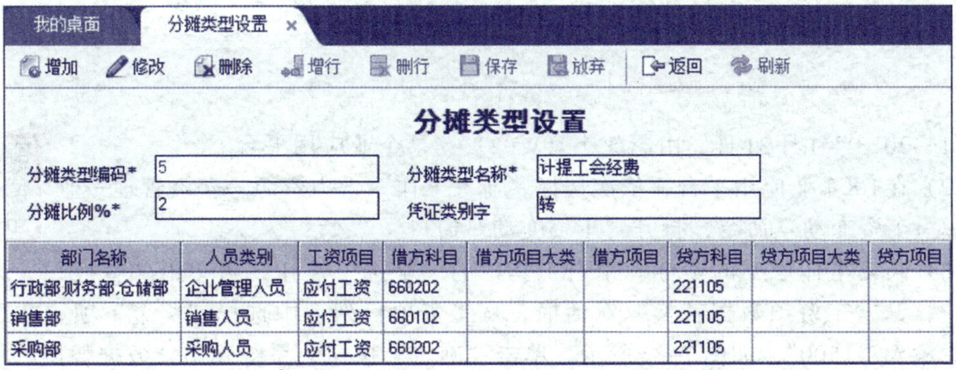

图7-34 分摊类型——计提工会经费

【提示】

计提职工福利费、职工教育经费的工资分摊设置参照"计提工会经费"的设置方法。

7.3 业务处理

7.3.1 工资变动

【实验资料】

2023年1月31日，根据以下资料计算本月职工工资：

（1）全体职工的奖金为1 500元。

（2）除奖金外，本月职工工资数据见表7-11。

表 7-11 工资数据（WA_GZData）

人员姓名 （cPsn_Name）	部门	基本工资 （F_8）	工龄津贴 （F_12）	加班天数 （F_35）	病假天数 （F_36）	事假天数 （F_37）
A01李成喜	行政部	8 000.00	300.00		5	
W01王钰茹	财务部	6 500.00	300.00	2		
W02赵凯杰	财务部	6 000.00	100.00		1	
W03贺青春	财务部	5 100.00	150.00			1
X01刘晓明	销售部	6 000.00	150.00	7		
X02何丽平	销售部	5 900.00	100.00	6		
G01张宏亮	采购部	6 000.00	100.00		2	2
G02徐晓辉	采购部	5 900.00	100.00	8		
C01李泽伟	仓储部	5 600.00	200.00	8		
合 计		55 000.00	1 500.00	23	8	3

（3）通过"替换"功能批量录入"累计应付工资"。

<hr/>

【实验过程】

（1）2023年1月31日，由赵凯杰（W02）登录企业应用平台。

（2）在U8企业应用平台，依次选择"业务工作→人力资源→薪资管理→业务处理→工资变动"命令，打开"工资变动"窗口。

（3）录入全体职工的奖金。单击工具栏的"全选"按钮，再单击"替换"按钮，打开"工资项数据替换"对话框，从工资项目列表中选择"奖金"项，在"替换成"栏输入"1500"，如图7-35所示。单击"确定"按钮，系统弹出"数据替换后将不可恢复。是否继续？"提示框，单击"是"，系统提示"9条记录被替换，是否重新计算？"，单击"是"。

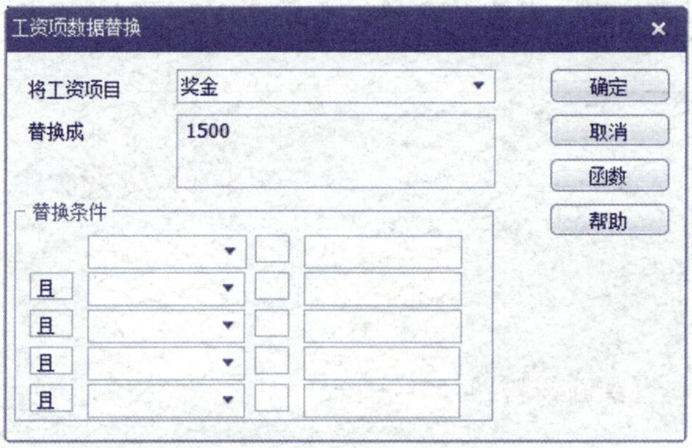

图7-35 工资项数据替换

（4）根据表7-11直接录入工资数据，结果如图7-36所示。录入完毕，单击工具栏的"计算""汇总"按钮。

工资变动

选择	人员编号	姓名	基本工资	工龄津贴	加班天数	病假天数	事假天数
Y	A01	李成直	8,000.00	300.00		5.0	
Y	W01	王钰茹	6,500.00	300.00	2.0		
Y	W02	赵凯杰	6,000.00	100.00		1.0	
Y	W03	贺青春	5,100.00	150.00			1.0
Y	X01	刘畅明	6,000.00	150.00	7.0		
Y	X02	何丽平	5,900.00	100.00	6.0		
Y	G01	张宏亮	6,000.00	100.00		2.0	2.0
Y	G02	徐晓辉	5,900.00	100.00			
Y	C01	李泽伟	5,600.00	200.00	8.0		
合计			55,000.00	1,500.00	23.0	8.0	3.0

图7-36 录入工资数据

【提示】

可使用"过滤器"功能选择某些项目进行录入。

可使用工具栏的"过滤"按钮筛选符合某些条件的人员进行录入。

以下情况需在工资变动中再次进行"计算"和"汇总"：

①重新设置了工资项目的计算公式；

②重新进行了扣税设置；

③修改了工资变动表中的部分数据。

（5）批量录入"累计应付工资"。单击工具栏的"全选"，再单击"替换"，打开"工资项数据替换"对话框。从工资项目列表中选择"累计应付工资"，单击右侧的"函数"按钮，打开"系统函数"对话框。从右下角工资项目列表中选择"应付工资"，如图7-37所示。

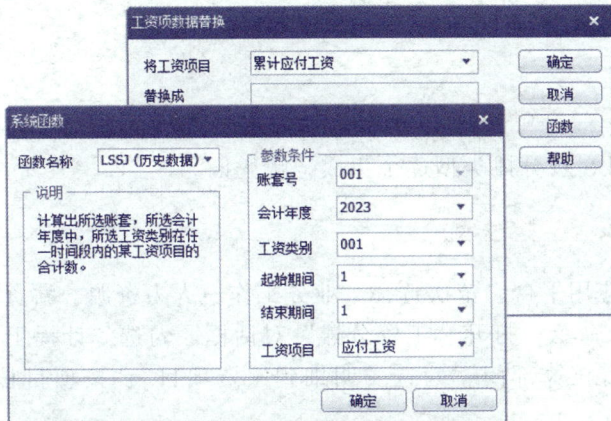

图7-37 "LSSJ"函数

（6）单击"确定"，返回"工资项数据替换"对话框，如图7-38所示。单击"确定"，系统弹出"数据替换后将不可恢复。是否继续？"提示框，单击"是"，系统提示"9条记录被替换，是否重新计算？"，单击"是"。

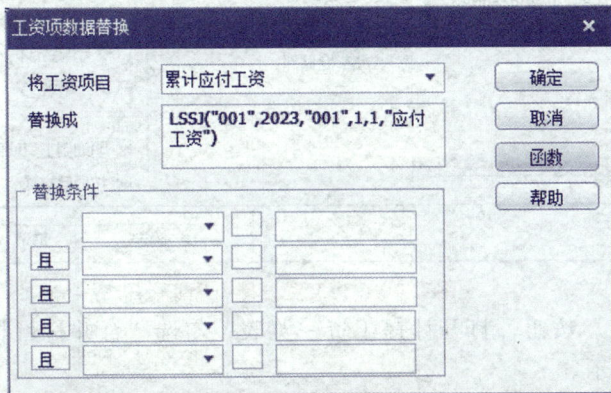

图7-38 工资项数据替换

（7）录入完毕，单击工具栏的"计算""汇总"按钮，部分结果数据如图7-39所示。

工资变动									
选择	人员编号	姓名	部门	人员类别	应发合计	扣款合计	应付工资	累计应付工资	累计预扣预缴应纳税所得额	实发合计	代扣税
	A01	李成喜	行政部	企业管理人员	11,180.00	1,681.45	10,322.86	10,322.86	2,575.82	9,490.00	77.27
	W01	王钰茹	财务部	企业管理人员	9,980.00	814.03	9,980.00	9,980.00	2,232.96	9,160.00	66.99
	W02	赵凯杰	财务部	企业管理人员	8,980.00	848.70	8,913.33	8,913.33	1,166.29	8,130.00	34.99
	W03	贺青春	财务部	企业管理人员	8,130.00	899.41	7,984.76	7,984.76	237.72	7,230.00	7.13
	X01	刘晦明	销售部	销售人员	9,990.00	814.33	9,990.00	9,990.00	2,242.96	9,170.00	67.29
	X02	何丽平	销售部	销售人员	9,690.00	805.33	9,690.00	9,690.00	1,942.96	8,880.00	58.29
	G01	张宏亮	采购部	采购人员	8,690.00	1,202.14	8,249.99	8,249.99	502.95	7,480.00	15.09
	G02	徐晓辉	采购部	采购人员	8,590.00	772.33	8,590.00	8,590.00	842.96	7,810.00	25.29
	C01	李泽伟	仓储部	企业管理人员	9,880.00	811.03	9,880.00	9,880.00	2,132.96	9,060.00	63.99
合计					85,110.00	8,648.75	83,600.94	83,600.94	13,877.58	76,410.00	416.33

图7-39 工资变动结果

【提示】

2月及以后月份的“累计应付工资”“上月累计预扣预缴税额”均通过“替换”中的“函数”功能处理，且后者每月需“替换”两次。

7.3.2 工资分摊

【实验资料】

2023年1月31日，按分摊类型逐个生成记账凭证。

【实验过程】

（1）在U8企业应用平台，依次选择“业务工作→人力资源→薪资管理→业务处理→工资分摊”命令，打开“工资分摊”对话框。勾选“计提工资”计提费用类型，勾选所有核算部门，勾选“明细到工资项目”“按项目核算”，如图7-40所示。

工资分摊

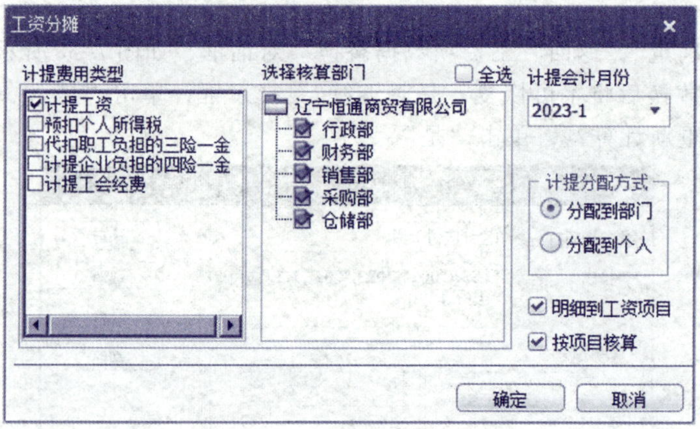

图7-40 “工资分摊”窗口

（2）单击“确定”按钮，打开计提工资一览表，勾选“合并科目相同、辅助项相同的分录”，如图7-41所示。

计提工资一览表

☑ 合并科目相同、辅助项相同的分录

类型 计提工资　　　　计提会计月份 1月

部门名称	人员类别	应付工资						
		分配金额	借方科目	借方项目大类	借方项目	贷方科目	贷方项目大类	贷方项目
行政部	企业管理人员	10322.86	660202			221101		
财务部		26878.09	660202			221101		
销售部	销售人员	19680.00	660102			221101		
采购部	采购人员	16839.99	660202			221101		
仓储部	企业管理人员	9880.00	660202			221101		

图7-41 计提工资一览表

（3）单击工具栏的"制单"按钮，进入"填制凭证"界面，"凭证类别"选择"转账凭证"，单击"保存"按钮保存该记账凭证，如图7-42所示。

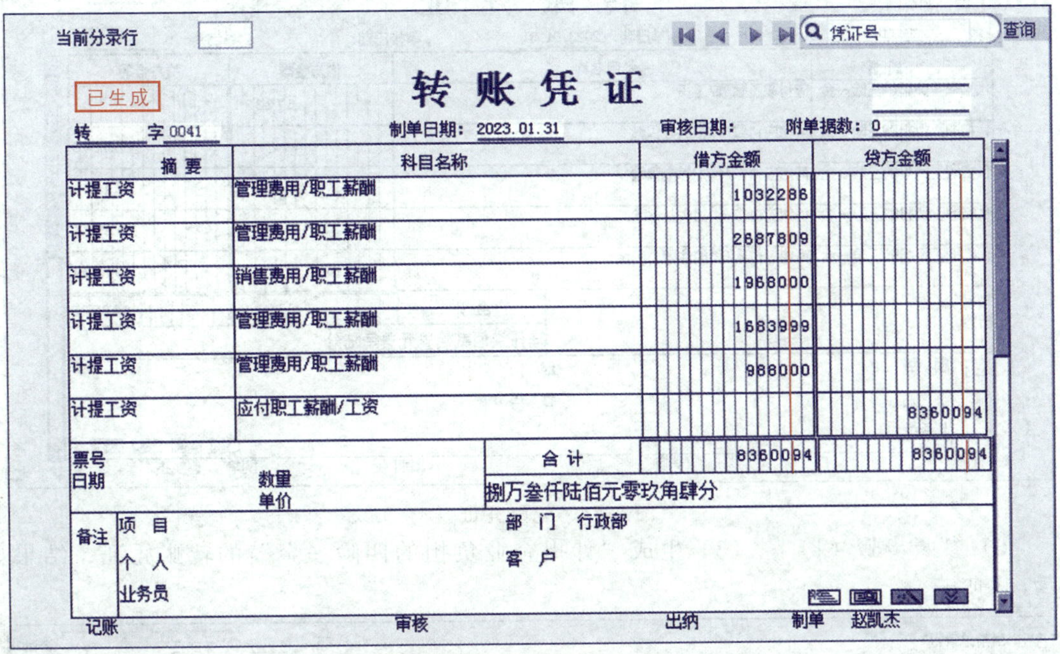

图7-42　记账凭证（1）

（4）参照步骤（1）～（3）生成"预扣个人所得税"的转账凭证，结果如图7-43所示。注意，"计提分配方式"应选择"分配到个人"。

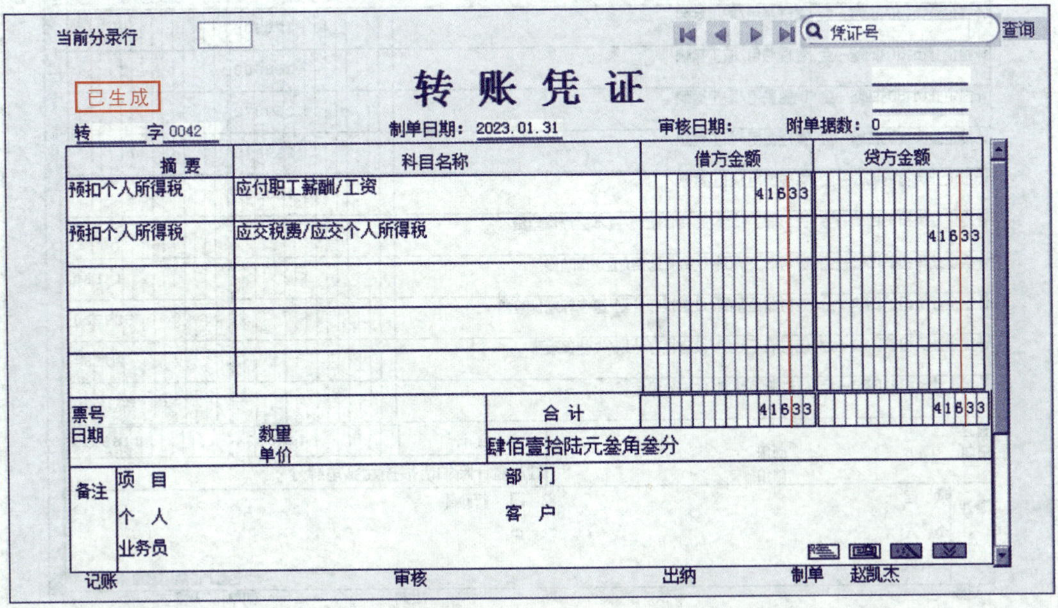

图7-43　记账凭证（2）

（5）参照步骤（1）～（3）生成"代扣职工负担的三险一金"的转账凭证，结果如图7-44所示。

第7章　薪资管理系统

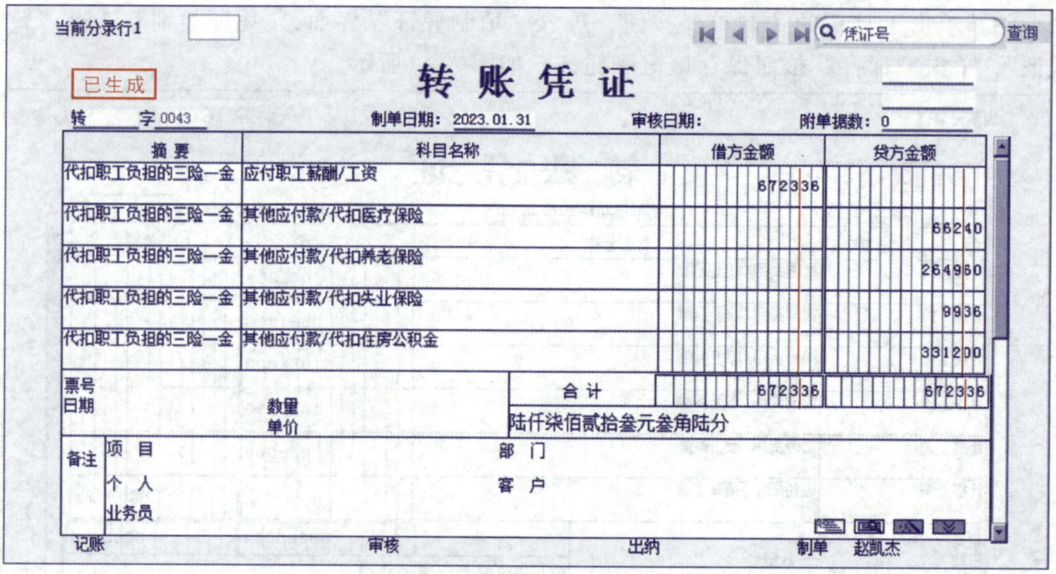

转 账 凭 证

已生成

转 字 0043 制单日期：2023.01.31 审核日期： 附单据数：0

摘　要	科目名称	借方金额	贷方金额
代扣职工负担的三险一金	应付职工薪酬/工资	672336	
代扣职工负担的三险一金	其他应付款/代扣医疗保险		66240
代扣职工负担的三险一金	其他应付款/代扣养老保险		264960
代扣职工负担的三险一金	其他应付款/代扣失业保险		9936
代扣职工负担的三险一金	其他应付款/代扣住房公积金		331200

票号
日期

数量
单价

合　计　672336　672336

陆仟柒佰贰拾叁元叁角陆分

备注
项　目　　　　　部　门
个　人　　　　　客　户
业务员

记账　　　　　审核　　　　　出纳　　　　　制单　赵凯杰

图7-44　记账凭证（3）

（6）参照步骤（1）～（3）生成"计提企业负担的四险一金"的转账凭证，结果如图7-45所示。

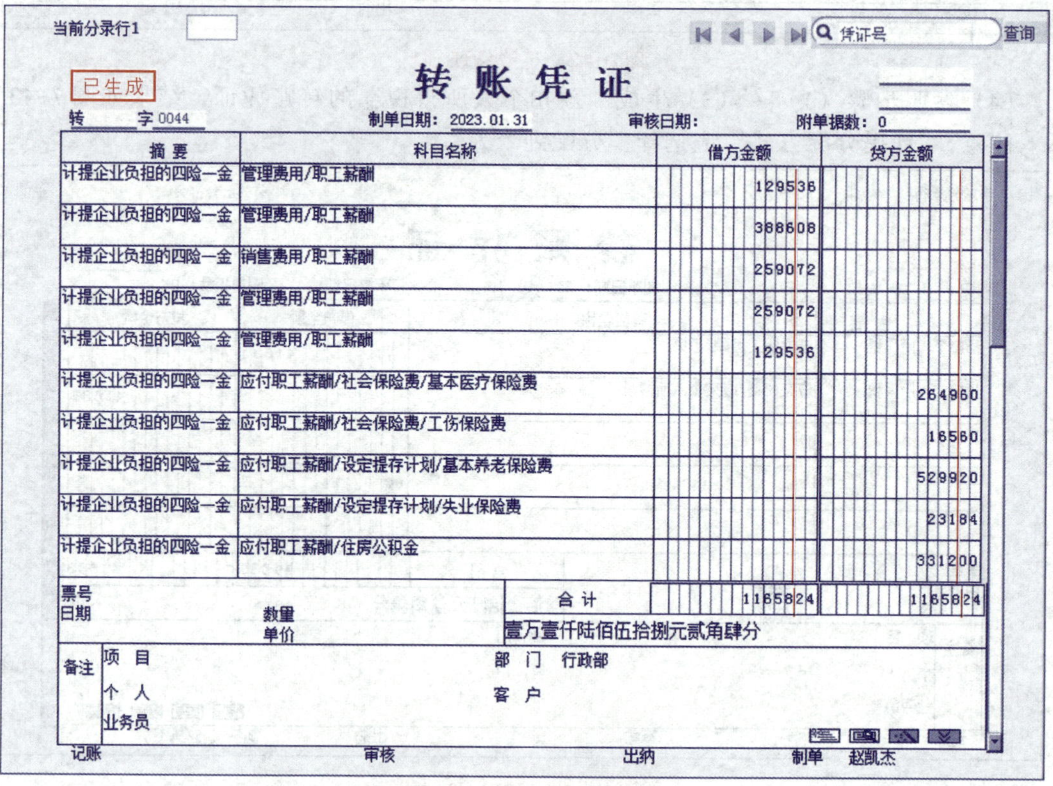

当前分录行1

转 账 凭 证

已生成

转 字 0044 制单日期：2023.01.31 审核日期： 附单据数：0

摘　要	科目名称	借方金额	贷方金额
计提企业负担的四险一金	管理费用/职工薪酬	129536	
计提企业负担的四险一金	管理费用/职工薪酬	388608	
计提企业负担的四险一金	销售费用/职工薪酬	259072	
计提企业负担的四险一金	管理费用/职工薪酬	259072	
计提企业负担的四险一金	管理费用/职工薪酬	129536	
计提企业负担的四险一金	应付职工薪酬/社会保险费/基本医疗保险费		264960
计提企业负担的四险一金	应付职工薪酬/社会保险费/工伤保险费		16560
计提企业负担的四险一金	应付职工薪酬/设定提存计划/基本养老保险费		529920
计提企业负担的四险一金	应付职工薪酬/设定提存计划/失业保险费		23184
计提企业负担的四险一金	应付职工薪酬/住房公积金		331200

票号
日期

数量
单价

合　计　1165824　1165824

壹万壹仟陆佰伍拾捌元贰角肆分

备注
项　目　　　　　部　门　行政部
个　人　　　　　客　户
业务员

记账　　　　　审核　　　　　出纳　　　　　制单　赵凯杰

图7-45　记账凭证（4）

（7）参照步骤（1）～（3）生成"计提工会经费"的转账凭证，结果如图7-46所示。

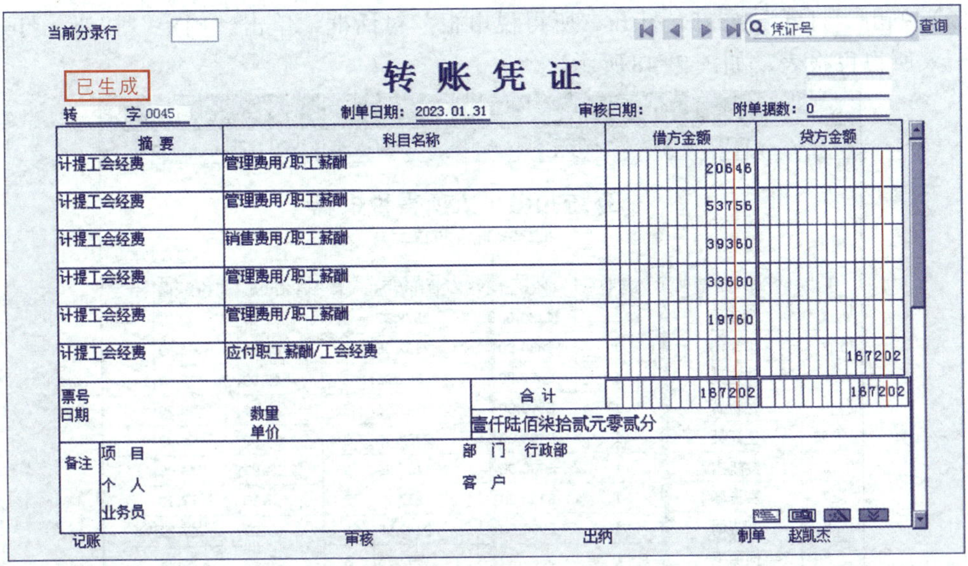

图7-46 记账凭证（5）

【提示】

　　在实务中，关于"代扣职工负担的三险一金"，除上述方法外，还可按以下方法处理：月末不通过"其他应付款"账户进行核算，下月缴纳时直接从"应付职工薪酬/工资"账户中冲销。这两种处理方法无本质上的差别，但前后各期应保持一致。

7.3.3　扣缴所得税

【实验资料】

　　2023年1月31日，查询1月份扣缴个人所得税报表。

【实验过程】

　　（1）在U8企业应用平台，依次选择"业务工作→人力资源→薪资管理→业务处理→扣缴所得税"命令，打开"个人所得税申报模板"窗口。单击报表类型"扣缴个人所得税报表"，如图7-47所示。

扣缴所得税

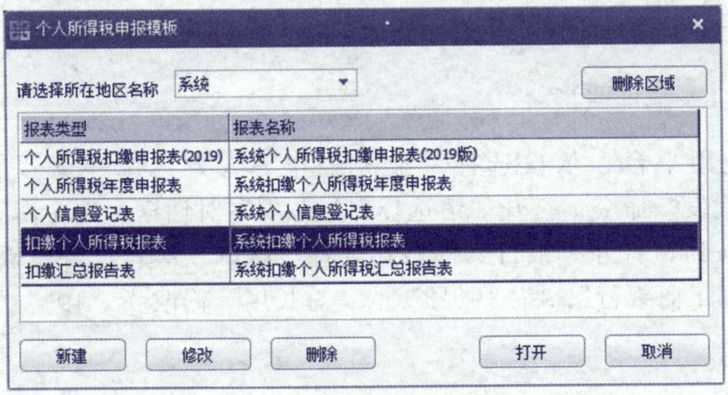

图7-47　"个人所得税申报模板"窗口

（2）单击"打开"按钮，打开"所得税申报"对话框，单击"确定"按钮，打开系统扣缴个人所得税报表，如图7-48所示。

系统扣缴个人所得税报表

2023年1月－2023年1月

总人数：9

序号	纳税义务人姓名	所得期间	收入额	应纳税所得额	税率	应扣税额	已扣税额	备注
1	李成喜	1	11180.00	2575.82	3	77.27	77.27	
2	李泽伟	1	9880.00	2132.96	3	63.99	63.99	
3	张宏亮	1	8690.00	502.95	3	15.09	15.09	
4	徐晓辉	1	8590.00	842.96	3	25.29	25.29	
5	王钰茹	1	9980.00	2232.96	3	66.99	66.99	
6	赵凯杰	1	8980.00	1166.29	3	34.99	34.99	
7	贺青春	1	8130.00	237.72	3	7.13	7.13	
8	刘晓明	1	9990.00	2242.96	3	67.29	67.29	
9	何丽平	1	9690.00	1942.96	3	58.29	58.29	
合计			85110.00	13877.58		416.33	416.33	

图7-48　系统扣缴个人所得税报表

【提示】

可将扣缴个人所得税报表输出，另存为Excel格式，结合申报软件完成纳税申报工作。

根据个人所得税法律制度的规定，工资、薪金所得实行按月计征，在次月15日内缴入国库。实际缴纳时的系统处理方法如下：

①直接在总账系统填制记账凭证；

②通过常用凭证处理；

③通过自定义转账或对应结转处理；

④通过薪资管理的工资分摊处理。

7.3.4　银行代发

【实验资料】

2023年1月31日，查询1月份银行代发一览表。

【实验过程】

（1）在U8企业应用平台，依次选择"业务工作→人力资源→薪资管理→业务处理→银行代发"命令，打开"请选择部门范围"对话框。选中所有部门，单击"确定"按钮，打开"银行文件格式设置"窗口，从"银行模板"下拉列表中选择"中国工商银行"，将"账号"的"总长度"修改为"19"，如图7-49所示。

银行代发

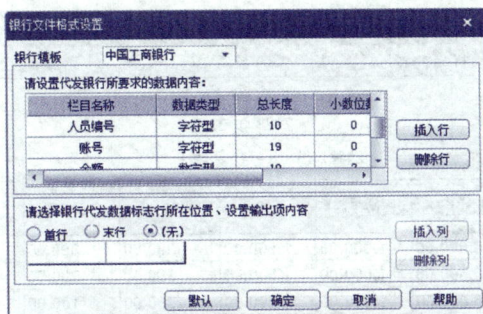

图7-49　银行文件格式设置

（2）单击"确定"按钮，系统提示"确认设置的银行文件格式?"，单击"是"按钮，打开"银行代发"窗口，如图7-50所示。

银行代发一览表

名称：中国工商银行　　　　　　　　　　　　　　　　　　　　　人数：9

单位编号	人员编号	账号	金额	录入日期
1234934325	A01	2107024026370021901	9490.00	20230131
1234934325	C01	2107024026370021909	9060.00	20230131
1234934325	G01	2107024026370021907	7480.00	20230131
1234934325	G02	2107024026370021908	7810.00	20230131
1234934325	W01	2107024026370021902	9160.00	20230131
1234934325	W02	2107024026370021903	8130.00	20230131
1234934325	W03	2107024026370021904	7230.00	20230131
1234934325	X01	2107024026370021905	9170.00	20230131
1234934325	X02	2107024026370021906	8880.00	20230131
合计			76,410.00	

图7-50　银行代发一览表

【提示】

银行代发一览表也可输出。

现金发放人员不进行银行代发。

银行代发工资时的系统处理方法同扣缴个人所得税的处理方法。

7.3.5　统计分析

【实验资料】

（1）查询1月份工资发放条。

（2）查询1月份薪资管理系统生成的所有记账凭证。

【实验过程】

（1）在U8企业应用平台，依次选择"业务工作→人力资源→薪资管理→账表→工资表"命令，系统弹出"工资表"对话框。单击"工资发放条"，再单击"查看"按钮，弹出"选择分析部门"对话框，选中所有部门，单击"确定"按钮，打开"工资发放条"窗口，如图7-51所示。

统计分析

图7-51 工资发放条

（2）在薪资管理系统，选择"凭证查询→凭证查询"命令，打开"凭证查询"窗口，如图7-52所示。

图7-52 凭证查询

7.3.6 月末处理

────── 【实验资料】

2023年1月31日，对薪资管理系统进行月末结账。

────── 【实验过程】

（1）在U8企业应用平台，依次选择"业务工作→人力资源→薪资管理→业务处理→月末处理"命令，打开"月末处理"对话框，单击"确定"按钮，弹出系统提示，如图7-53所示。

月末处理

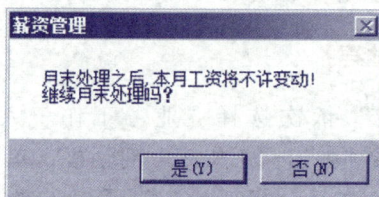

图7-53 系统提示

（2）单击"是"，系统提示"是否选择清零项？"，单击"是"，弹出"选择清零项目"对话框。选择清零项目"基本工资""工龄津贴""累计应付工资""加班天数""病假天数""事假天数"，如图7-54所示。

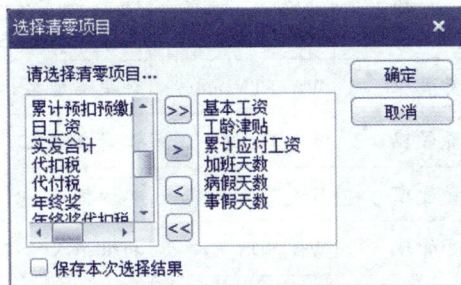

图7-54　选择清零项目

（3）单击"确定"按钮，系统提示"月末处理完毕！"，单击"确定"按钮，完成月结。

【提示】

如果某工资项目每月数据均不同，在处理每月工资时，均需将其数据清为0，然后输入当月的数据，此类项目即为清零项目。

若不选择清零项，则下月项目将完全继承当前月数据。

若本月工资数据未汇总，系统将不允许进行月末结账。

月末结账后，若发现还有事项需要在已结账月处理，此时需要使用反结账功能取消结账标志。反结账必须以已结账月份的下月登录系统才能进行。

7.4　本章常见数据表

本章常见数据表见表7-12。

表7-12　　　　　　　　　　　　　本章常见数据表

序号	系统编码 （SystemID）	系统名称 （SystemName）	表名称 （TableName）	表定义 （TableDefine）	备注
1	WA	工资管理	WA_account	工资账套	
2	WA	工资管理	WA_PsnMsg	工资人员附加信息表	
3	WA	工资管理	WA_GZtblset	工资项目	表7-2
4	WA	工资管理	WA_psn	人员档案	表7-3
5	WA	工资管理	WA_dept	工资类别部门设置表	
6	WA	工资管理	WA_grade	工资人员类别表	
7	WA	工资管理	WA_formula	工资项目计算公式	表7-4、表7-5
8	WA	工资管理	WA_SDS_SL	所得税税率表	

序号	系统编码 （SystemID）	系统名称 （SystemName）	表名称 （TableName）	表定义 （TableDefine）	备注
9	WA	工资管理	WA_SDS_p	所得税设置表	
10	WA	工资管理	WA_FTName	计提类型名称	
11	WA	工资管理	WA_GZFT	工资分摊表	表7-6至表7-10
12	WA	工资管理	WA_GZData	工资数据	表7-11
13	WA	工资管理	WA_SDS_Ex	扣缴个人所得税报表	
14	WA	工资管理	WA_GZHZB	工资汇总表	
15	WA	工资管理	WA_PRset	计件工资标准设置表	

【复习思考题】

1. 简述累计预扣法下薪资管理系统的核心关键点。

2. 为什么表7-2中职工负担的"三险一金"设为"减项"，而企业负担的"四险一金"设为"其它"？

3. 如何正确理解"iff"函数？

4. 简述工资分摊设置时部门名称与人员类别的关系。

8.1 概述

本章包括出纳管理和总账期末处理两部分。出纳管理包括日记账等账表查询、支票登记簿、银行期末对账等内容。总账期末处理包括转账定义、生成凭证、对账、结账等内容。

本章的重点内容：银行对账、自定义结转、期末结转。

本章的难点内容：自定义结转、期末结转。

本章总体流程如图8-1所示。

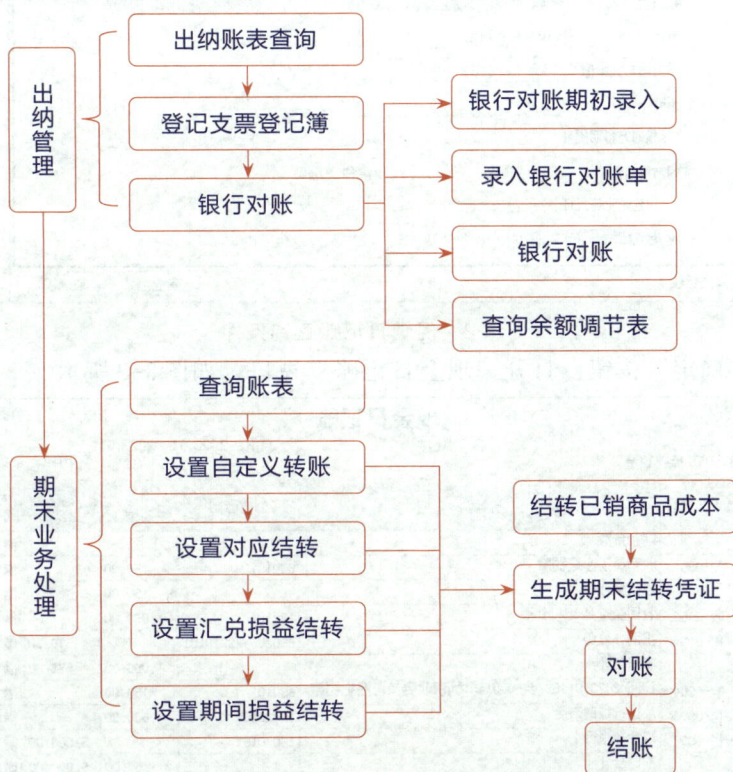

图8-1 本章总体流程

8.2 出纳管理

8.2.1 出纳账表查询

【实验资料】

（1）查询2023年1月份的现金日记账；

（2）查询2023年1月20日中国工商银行沈阳皇姑支行的银行日记账；

（3）查询2023年1月31日的资金日报表。

【实验过程】

（1）2023年1月31日，由贺青春（W03）登录企业应用平台。

（2）在U8企业应用平台，依次选择"业务工作→财务会计→总账→出纳→现金日记账"命令，打开"现金日记账"对话框，如图8-2所示。

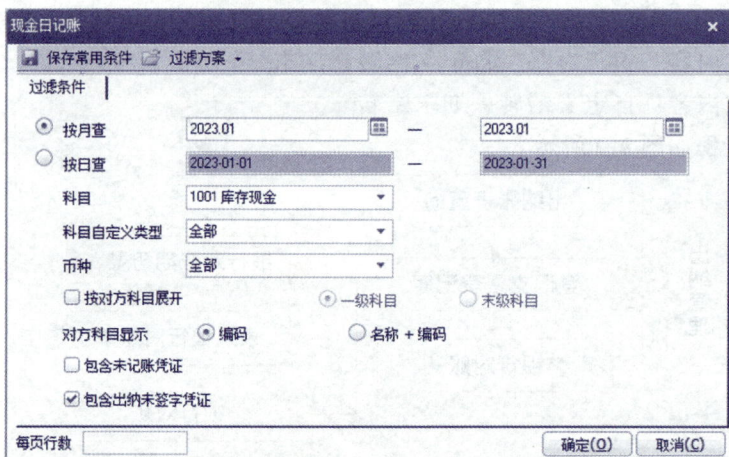

图8-2　现金日记账查询条件

（3）单击"确定"按钮，打开"现金日记账"窗口，如图8-3所示。

现金日记账

金额式

科目：1001 库存现金　　月份：2023.01 - 2023.01　　币种：全部

年	月	日	凭证号数	摘要	对方科目	借方金额	贷方金额	方向	余额金额
2023	01			期初余额				借	8,532.00
2023	01	02	收-0001	收到员工违纪罚款	630101	150.00		借	8,682.00
2023	01	02		本日合计		150.00		借	8,682.00
2023	01	06	收-0002	收回张宏亮个人借款	122101	1,000.00		借	9,682.00
2023	01	06	付-0004	报销办公费	660205, 22210101		576.30	借	9,105.70
2023	01	06		本日合计		1,000.00	576.30	借	9,105.70
2023	01	10	收-0004	[冲销2023.01.02 收-0001号凭证]收到员工违纪罚款	630101	-150.00		借	8,955.70
2023	01	10	付-0006	从银行提取现金	10020101	600.00		借	9,555.70
2023	01	10	付-0007	现金存银行	10020101		5,000.00	借	4,555.70
2023	01	10		本日合计		450.00	5,000.00	借	4,555.70
2023	01	31	收-0013	收到出售电脑款	1606, 22210106	904.00		借	5,459.70
2023	01	31		本日合计		904.00		借	5,459.70
2023	01			当前合计		2,504.00	5,576.30	借	5,459.70
2023	01			当前累计		2,504.00	5,576.30	借	5,459.70

图8-3　现金日记账

【提示】

若想查询现金日记账，必先在"会计科目"窗口的"编辑"菜单下指定现金科目。

双击某行或单击工具栏的"凭证"按钮，可查看相应的记账凭证。

点击工具栏的"总账"按钮可查看库存现金的三栏式总账。

点击工具栏的"过滤"按钮，打开"日记账过滤条件"窗口，如图8-4所示。输入相关过滤条件，可缩小查询范围，快速查出所需要的凭证。

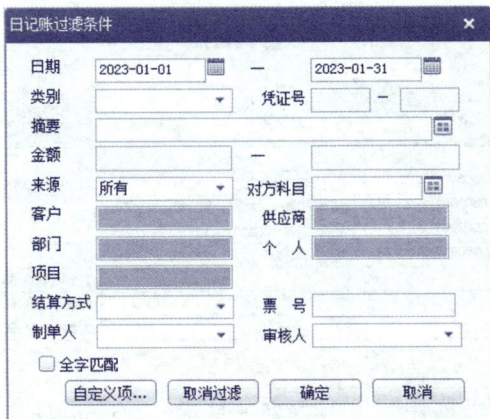

图8-4 日记账过滤条件

单击工具栏的"摘要"按钮，显示摘要选项，如图8-5所示。如果该科目设有科目属性，且录入凭证时录入了科目属性的内容，同时该科目属性在摘要选项中被勾选，则账表的摘要栏显示该科目属性的内容等。

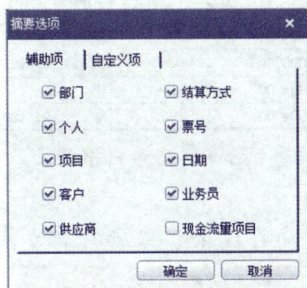

图8-5 摘要选项

（4）在总账系统，依次选择"出纳→银行日记账"命令，打开"银行日记账"对话框。点击"按日查"，起止日期均选择"2023-01-20"，在"科目"下拉框中选择"10020101沈阳皇姑支行"，如图8-6所示。

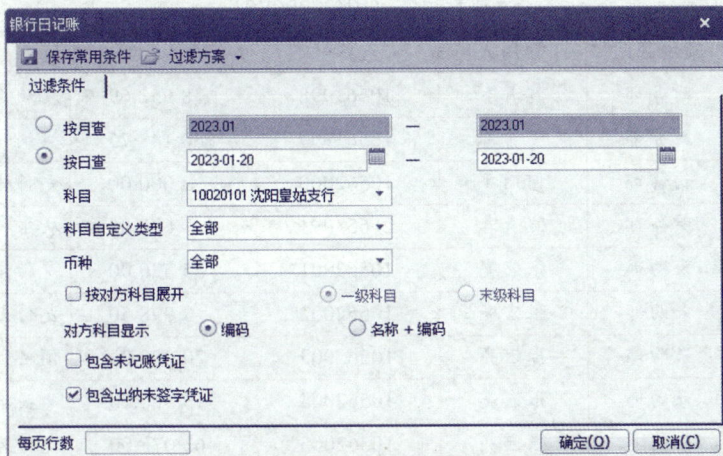

图8-6 银行日记账查询条件

（5）单击"确定"按钮，打开"银行日记账"窗口，如图8-7所示。

银行日记账

年	月	日	凭证号数	摘要	结算号	对方科目	借方金额	贷方金额	方向	余额金额
2023	01			昨日余额					借	86,653,648.16
2023	01	20	收-0008	收款单_401_52390187_2023.01.20	电汇-52390187	1122	1,356,000.00		借	88,209,648.16
2023	01	20	付-0008	付款单_202_10562001_2023.01.13	转账支票-10562001	220201,660304		35,520.00	借	88,174,128.16
2023	01	20	付-0009	付款单_202_10562003_2023.01.14	转账支票-10562003	1123		70,000.00	借	88,104,128.16
2023	01	20	付-0010	收款单_401_65280617_2023.01.16	电汇-65280617	220201		-18,170.40	借	88,122,298.56
2023	01	20		本日合计			1,356,000.00	87,349.60	借	88,122,298.56
2023	01			当前合计			3,067,684.60	1,025,731.04	借	88,122,298.56
2023	01			当前累计			3,067,684.60	1,025,731.04	借	88,122,298.56

科目 10020101 沈阳皇姑支行　币种：全部　日期：2023-01-20 - 2023-01-20　金额式

图8-7　银行日记账

（6）在总账系统，依次选择"出纳→资金日报"命令，打开"资金日报表"对话框。单击"确定"按钮，如图8-8所示。

资金日报表

日期：2023-01-31　币种：全部

科目编码	科目名称	币种	今日共借 原币	今日共借 金额	今日共贷 原币	今日共贷 金额	方向	今日余额 原币	今日余额 金额	借方笔数	贷方笔数
1001	库存现金	人民币	904.00	904.00			借	5,459.70	5,459.70	1	
1002	银行存款	人民币	50,000.00	50,000.00			借	91,125,281.56	91,125,281.56	1	
合计				50,904.00			借		91,130,741.26	2	
		人民币	50,904.00	50,904.00			借	91,130,741.26	91,130,741.26	2	

图8-8　资金日报表

【提示】
资金日报表是反映企业某日库存现金、银行存款发生额及余额情况的报表。

8.2.2　登记支票登记簿

【实验资料】

根据表8-1登记中国工商银行沈阳皇姑支行的支票登记簿。

表8-1　　　　　　　　　　支票登记簿（RP_cheque）

领用日期	领用部门	领用人	支票号	预计金额	用途
2023.01.04	财务部	贺青春	10561998	38 952.69	发放上月工资
2023.01.04	财务部	贺青春	10561999	880 148.75	缴纳税费
2023.01.05	销售部	何丽平	10562000	3 000.00	支付代垫运费
2023.01.10	财务部	贺青春	26653091	600.00	从银行提取现金
2023.01.13	采购部	张宏亮	10562001	35 520.00	支付湖南百盛货款
2023.01.13	采购部	张宏亮	10562002	3 898.50	支付大连博伦货款
2023.01.14	采购部	张宏亮	10562003	70 000.00	预付上海恒久货款
2023.01.15	采购部	张宏亮	10562004	13 560.00	购买华硕电脑
2023.01.22	采购部	张宏亮	10562005	463 075.00	支付天津惠阳货款
2023.01.23	采购部	徐晓辉	10562006	872.00	支付沈阳通达运费

【实验过程】

（1）在 U8 企业应用平台，依次选择"业务工作→财务会计→总账→出纳→支票登记簿"命令，弹出"银行科目选择"对话框，单击"确定"按钮，打开"支票登记簿"窗口。

（2）单击"增加"按钮，根据实验资料录入支票登记簿，结果如图8-9所示。

支票登记簿

科目：沈阳皇姑支行（10020101）　　　　　　　　支票张数：10（其中：已报0 未报10）

领用日期	领用部门	领用人	支票号	预计金额	用途	领用部门编码
2023.01.04	财务部	贺青春	10561998	38,952.69	发放上月工资	02
2023.01.04	财务部	贺青春	10561999	880,148.75	缴纳税费	02
2023.01.05	销售部	何丽平	10562000	3,000.00	支付代垫运费	03
2023.01.10	财务部	贺青春	26653091	600.00	从银行提取现金	02
2023.01.13	采购部	张宏亮	10562001	35,520.00	支付湖南百盛货款	04
2023.01.13	采购部	张宏亮	10562002	3,898.50	支付大连博伦货款	04
2023.01.14	采购部	张宏亮	10562003	70,000.00	预付上海恒久货款	04
2023.01.15	采购部	张宏亮	10562004	13,560.00	购买华硕电脑	04
2023.01.22	采购部	张宏亮	10562005	463,075.00	支付天津惠阳货款	04
2023.01.23	采购部	徐晓辉	10562006	872.00	支付沈阳通达运费	04

预计未报金额　1,509,626.94　科目截止余额　借 91125281.56　　□已报销　□未报销

图8-9　支票登记簿

【提示】

使用支票登记簿的前提条件：

①在"会计科目"窗口的"编辑"菜单下指定银行科目；

②该结算方式已勾选"是否票据管理"；

③总账系统选项的"凭证"页签勾选"支票控制"；

④应收、应付系统选项的"常规"页签勾选"登记支票"。

支票登记簿的使用方法如下：

①领用支票时，在支票登记簿中增加一行记录，登记支票的领用日期、领用部门、领用人、支票号、预计金额、用途等信息。

②填制上述付款业务的记账凭证时（总账系统直接填制或通过应收应付系统生成凭证），系统要求录入该支票的结算方式和支票号。记账凭证保存后，系统自动在支票登记簿中填入该支票的"报销日期"。

已报销的支票不能直接修改。将光标移至报销日期栏，按空格键删除报销日期，以取消报销标志，此时方可修改。

8.2.3　银行对账

【实验资料】

（1）录入银行对账期初数据。

银行对账期初数据：银行存款日记账期初余额为 86 080 345 元，银行对账单期初余额

为 86 090 345 元。期初未达账项（企业已付银行未付）见表 8-2。

表 8-2　　　　　　　　　　　　　期初未达账项

凭证日期	结算方式	票号	贷方金额	票据日期	摘要
2022.12.29	转账支票	10561996	10 000.00	2022.12.29	支付电费

（2）录入银行对账单。

根据表 8-3 录入银行对账单。

表 8-3　　　　　2023 年 1 月份中国工商银行沈阳皇姑支行银行对账单（RP_bankrecp）

日期	结算方式	票号	借方金额	贷方金额	余额
2023.01.01	202	10561996		10 000.00	86 080 345.00
2023.01.02	401	28635901		2 120.00	86 078 225.00
2023.01.04	202	10561998		38 952.69	86 039 272.31
2023.01.04	202	10561999		880 148.75	85 159 123.56
2023.01.05	202	10562000		3 000.00	85 156 123.56
2023.01.08	9		165.00		85 156 288.56
2023.01.10	201	26653091		600.00	85 155 688.56
2023.01.10	1		5 000.00		85 160 688.56
2023.01.13	202	10562001		35 520.00	85 125 168.56
2023.01.14	202	10562003		70 000.00	85 055 168.56
2023.01.14	401	12859637	722 610.00		85 777 778.56
2023.01.14	401	96502137	80 000.00		85 857 778.56
2023.01.14	401	87193256	903 909.60		86 761 688.16
2023.01.15	202	10562004		13 560.00	86 748 128.16
2023.01.16	401	65280617	18 170.40		86 766 298.56
2023.01.20	401	52390187	1 356 000.00		88 122 298.56
2023.01.21	401	53681702	1 020 000.00		89 142 298.56
2023.01.22	202	10562005		463 075.00	88 679 223.56
2023.01.23	202	10562006		872.00	88 678 351.56
2023.01.23	401	28635902		157 070.00	88 521 281.56
2023.01.25	5	35978808	97 000.00		88 618 281.56
2023.01.26		80925367	2 482 740.00		91 101 021.56
2023.01.30		63295321		25 740.00	91 075 281.56
2023.01.31	401	52390188	50 000.00		91 125 281.56

（3）进行银行对账。

（4）查询详细的银行存款余额调节表。

━━━━━━━━━━ 【实验过程】 ━━━━━━━━━━

（1）录入银行对账期初数据。

①在U8企业应用平台，依次选择"业务工作→财务会计→总账→出纳→银行对账→银行对账期初录入"命令，弹出"银行科目选择"对话框，单击"确定"按钮，打开"银行对账期初"窗口。

②根据实验资料，在单位日记账的"调整前余额"栏输入"86080345"，在银行对账单的"调整前余额"录入"86090345"，结果如图8-10所示。

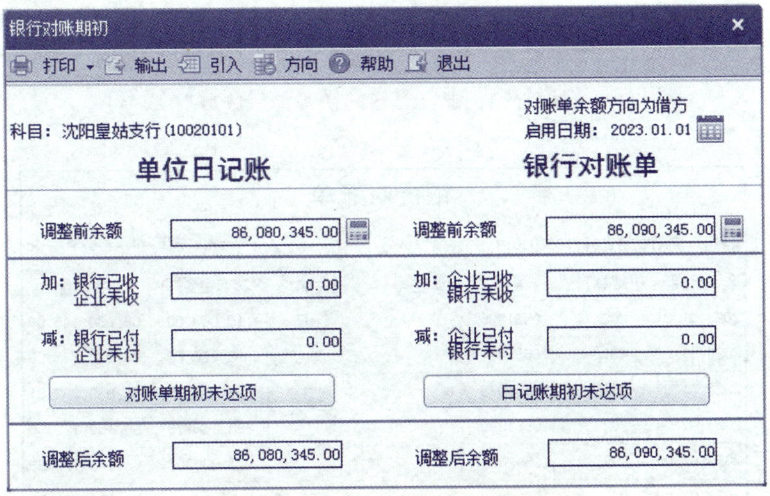

图8-10　银行对账期初调整前数据

③单击"日记账期初未达项"按钮，打开"企业方期初"窗口，根据表8-2录入期初未达账项，结果如图8-11所示。

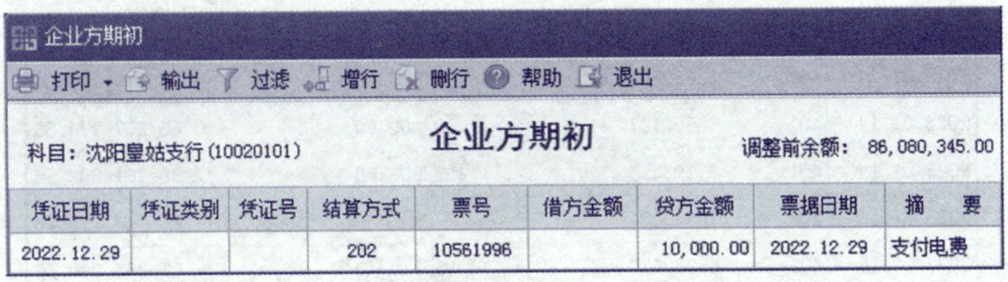

图8-11　期初未达账项——企业已付银行未付

④退出"企业方期初"窗口，返回"银行对账期初"窗口，结果如图8-12所示。退出该窗口。

（2）录入银行对账单。

①在总账系统，依次选择"出纳→银行对账→银行对账单"命令，弹出"银行科目选择"对话框，单击"确定"按钮，打开"银行对账单"窗口。

②单击"增加"按钮，根据实验资料手工录入银行对账单，结果如图8-13所示。

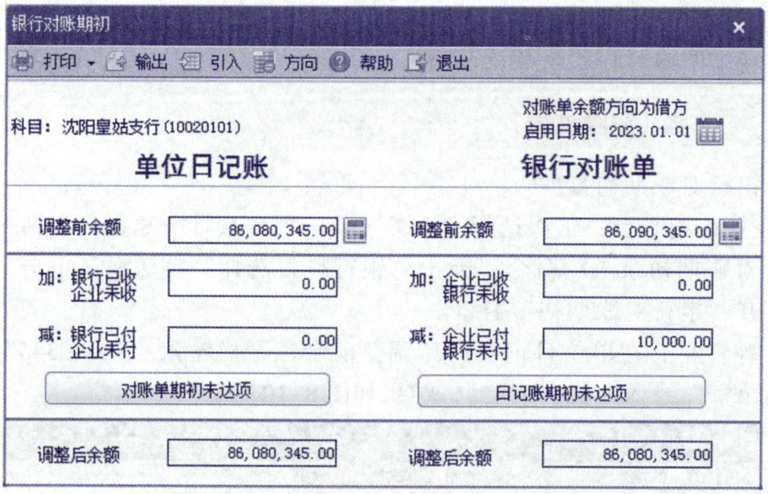

银行对账期初

打印 ▼ | 输出 | 引入 | 方向 | 帮助 | 退出

科目：沈阳皇姑支行 (10020101)　　　　　　　对账单余额方向为借方
　　　　　　　　　　　　　　　　　　　　　　启用日期：2023.01.01

单位日记账	银行对账单
调整前余额　86,080,345.00	调整前余额　86,090,345.00
加：银行已收企业未收　0.00	加：企业已收银行未收　0.00
减：银行已付企业未付　0.00	减：企业已付银行未付　10,000.00
对账单期初未达项	日记账期初未达项
调整后余额　86,080,345.00	调整后余额　86,080,345.00

图8-12　银行对账期初调整后数据

银行对账单

科目：沈阳皇姑支行 (10020101)　　　　　　对账单账面余额:91,125,281.56

日期	结算方式	票号	备注	借方金额	贷方金额	余额
2023.01.01	202	10561996			10,000.00	86,080,345.00
2023.01.02	401	28635901			2,120.00	86,078,225.00
2023.01.04	202	10561998			38,952.69	86,039,272.31
2023.01.04	202	10561999			880,148.75	85,159,123.56
2023.01.05	202	10562000			3,000.00	85,156,123.56
2023.01.08	9			165.00		85,156,288.56
2023.01.10	201	26653091			600.00	85,155,688.56
2023.01.10	1			5,000.00		85,160,688.56
2023.01.13	202	10562001			35,520.00	85,125,168.56
2023.01.14	202	10562003			70,000.00	85,055,168.56
2023.01.14	401	12859637		722,610.00		85,777,778.56
2023.01.14	401	96502137		80,000.00		85,857,778.56
2023.01.14	401	87193256		903,909.60		86,761,688.16
2023.01.15	202	10562004			13,560.00	86,748,128.16
2023.01.16	401	65280617		18,170.40		86,766,298.56
2023.01.20	401	52390187		1,356,000.00		88,122,298.56
2023.01.21	401	53681702		1,020,000.00		89,142,298.56
2023.01.22	202	10562005			463,075.00	88,679,223.56
2023.01.23	202	10562006			872.00	88,678,351.56
2023.01.23	401	28635902			157,070.00	88,521,281.56
2023.01.25	5	35978808		97,000.00		88,618,281.56
2023.01.26		80925367		2,482,740.00		91,101,021.56
2023.01.30		63295321			25,740.00	91,075,281.56
2023.01.31	401	52390188		50,000.00		91,125,281.56

图8-13　银行对账单

【提示】

　　如果银行对账单记录过多，可通过工具栏的"导入对账单"功能来完成银行对账单的录入。

　　（3）进行银行对账。

　　①在总账系统，依次选择"出纳→银行对账→银行对账"命令，弹出"银行科目选择"对话框，单击"确定"按钮，打开"银行对账"窗口。

　　②单击工具栏的"对账"按钮，弹出"自动对账"对话框，结果如图8-14所示。

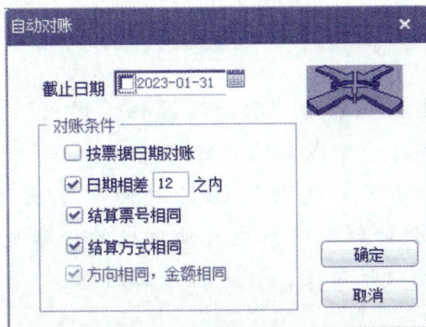

图8-14　"自动对账"对话框

　　③单击"确定"按钮，显示自动对账结果。检查自动对账不成功的记录，分析原因后进行手工对账处理并保存，结果如图8-15所示。

科目：10020101（沈阳皇姑支行）

				单位日记账							银行对账单						
凭证日期	票据日期	结算方式	票号	方向	金额	两清	凭证号数	摘　要	对账序号	日期	结算方式	票号	备注	方向	金额	两清	对账序号
2023.01.08	2023.01.08		9	借	165.00	○	收-0003	活期存款利息	2023013100001	2023.01.01	202	10561996		贷	10,000.00	○	2023013100003
2023.01.19	2023.01.14	401	12859637	借	722,610.00	○	收-0005	收款单	2023013100012	2023.01.02	401	28635901		贷	2,120.00	○	2023013100014
2023.01.19	2023.01.14	401	96502137	借	80,000.00	○	收-0006	收款单	2023013100023	2023.01.04	202	10561998		贷	38,952.69	○	2023013100004
2023.01.19	2023.01.14	401	87193256	借	903,909.60	○	收-0007	收款单	2023013100022	2023.01.04	202	10561999		贷	880,148.75	○	2023013100005
2023.01.20	2023.01.20	401	52390187	借	1,356,000.00	○	收-0008	收款单	2023013100017	2023.01.05	202	10562000		贷	3,000.00	○	2023013100006
2023.01.21	2023.01.21	401	53681702	借	1,020,000.00	○	收-0009	其他应收单	2023013100019	2023.01.08	9			借	165.00	○	2023013100001
2023.01.25	2023.01.25	5	35978808	借	97,000.00	○	收-0010	票据结算	2023013100016	2023.01.10	201	26653091		贷	600.00	○	2023013100013
2023.01.26	2023.01.26		80925367	借	2,482,740.00	○	收-0011	票据贴现	2023013100021	2023.01.10	1			借	5,000.00	○	2023013100002
2023.01.31	2023.01.31	401	52390188	借	50,000.00	○	收-0012	坏账收回（结算）	2023013100018	2023.01.13	202	10562001		贷	35,520.00	○	2023013100007
2023.01.02	2023.01.02	401	28635901	贷	2,120.00	○	付-0001	支付本月广告宣	2023013100014	2023.01.14	202	10562003		贷	70,000.00	○	2023013100008
2023.01.04	2023.01.04	202	10561998	贷	38,952.69	○	付-0002	发放上月工资	2023013100004	2023.01.14	401	12859637		借	722,610.00	○	2023013100012
2023.01.04	2023.01.04	202	10561999	贷	880,148.75	○	付-0003	缴纳税费	2023013100005	2023.01.14	401	96502137		借	80,000.00	○	2023013100023
2023.01.10	2023.01.10	201	26653091	贷	600.00	○	付-0006	从银行提取现金	2023013100013	2023.01.14	401	87193256		借	903,909.60	○	2023013100022
2023.01.10	2023.01.10	1		借	5,000.00	○	付-0007	现金存银行	2023013100002	2023.01.15	202	10562004		贷	13,560.00	○	2023013100009
2023.01.20	2023.01.13	202	10562001	贷	35,520.00	○	付-0008	付款单	2023013100007	2023.01.16	401	65280617	Y	贷	18,170.40	Y	2023013100024
2023.01.20	2023.01.14	202	10562003	贷	70,000.00	○	付-0009	付款单	2023013100008	2023.01.20	401	52390187		借	1,356,000.00	○	2023013100017
2023.01.20	2023.01.16	401	65280617	贷	-18,170.40	Y	付-0010	收款单	2023013100024	2023.01.21	401	53681702		借	1,020,000.00	○	2023013100019
2023.01.22	2023.01.22	202	10562005	贷	463,075.00	○	付-0011	付款单	2023013100010	2023.01.22	202	10562005		贷	463,075.00	○	2023013100010
2023.01.23	2023.01.23	202	10562006	贷	872.00	○	付-0012	采购专用发票	2023013100011	2023.01.23	202	10562006		贷	872.00	○	2023013100011
2023.01.23	2023.01.23	401	28635902	贷	157,070.00	○	付-0012	采购专用发票	2023013100015	2023.01.23	401	28635902		贷	157,070.00	○	2023013100015
2023.01.30	2023.01.30		63295321	贷	25,740.00	○	付-0013	其他应付单	2023013100020	2023.01.25	5	35978808		借	97,000.00	○	2023013100016
2023.01.09	2023.01.05	202	10562000	贷	3,000.00	○	付-0014	其他应收单	2023013100006	2023.01.26		80925367		借	2,482,740.00	○	2023013100021
2023.01.15	2023.01.15	202	10562004	贷	13,560.00	○	付-0015	直接购入资产	2023013100009	2023.01.30		63295321		贷	25,740.00	○	2023013100020
2022.12.29	2022.12.29	202	10561996	贷	10,000.00	○	-0000	支付电费	2023013100003	2023.01.31	401	52390188		借	50,000.00	○	2023013100018

图8-15　对账结果

【提示】

　　除上述自动对账外，还可进行手工对账。具体方法如下：

　　①在单位日记账中双击要进行勾对的记录，此时"两清"标志栏自动打上"√"。

②单击工具栏的“对照”按钮，在银行对账单中显示与单位日记账中当前记录相似的记录。双击银行对账单中的该行记录，此时“两清”标志栏自动打上“√”。

③单击工具栏的“保存”按钮，单位日记账、银行对账单的“两清”标志栏变更为“Y”。手工对账完成。

以上是选择单位日记账记录，寻找银行对账单记录并对账。也可选择银行对账单记录，寻找单位日记账记录并对账。

如何取消对账标志？系统提供两种取消对账标志的方法：

①手工取消勾对：双击要取消对账标志的记录的“两清”标志栏，单击“保存”按钮。

②自动取消勾对：单击工具栏的“取消”按钮，弹出“银行反对账范围”对话框，单击“确定”按钮，系统将自动完成取消对账标志的操作。

本例中以下业务自动对账不成功：银行对账单本月16日借方发生18 170.4元（图4-37）。本月20日企业会计制单时系统自动生成的记账凭证，贷方发生-18 170.4元（图4-53）。这里并非实质性对账错误，可进行手工对账。

（4）查询银行存款余额调节表。

①在总账系统，依次选择“出纳→银行对账→余额调节表查询”命令，打开“银行存款余额调节表”窗口，如图8-16所示。

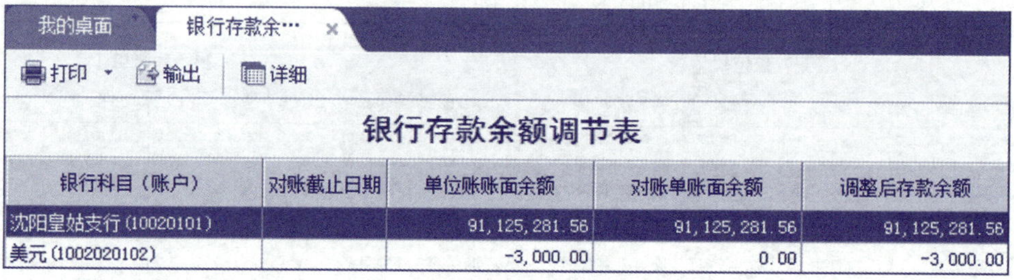
我的桌面
银行存款余…
打印
输出
详细
银行存款余额调节表
银行科目（账户）
对账截止日期
单位账账面余额
对账单账面余额
调整后存款余额
沈阳皇姑支行(10020101)
91,125,281.56
91,125,281.56
91,125,281.56
美元(1002020102)
-3,000.00
0.00
-3,000.00

图8-16 “银行存款余额调节表”窗口

②双击“沈阳皇姑支行”那一行，打开“银行存款余额调节表”窗口，如图8-17所示。单击“详细”按钮，可打开详细的银行存款余额调节表。

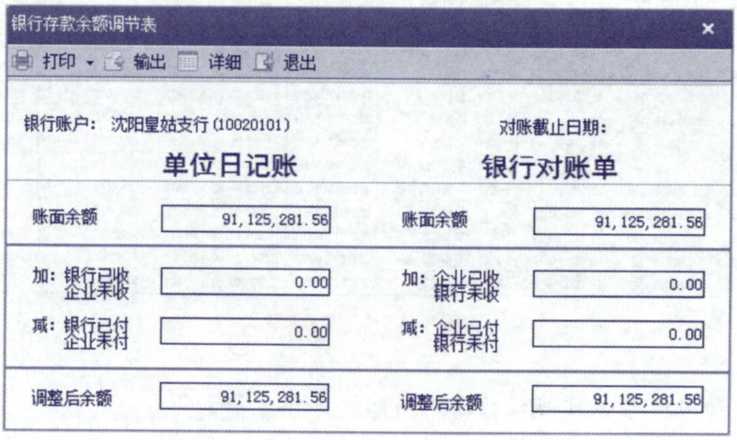
银行存款余额调节表
打印
输出
详细
退出
银行账户：沈阳皇姑支行(10020101)
对账截止日期：
单位日记账
银行对账单
账面余额
91,125,281.56
账面余额
91,125,281.56
加：银行已收 企业未收
0.00
加：企业已收 银行未收
0.00
减：银行已付 企业未付
0.00
减：企业已付 银行未付
0.00
调整后余额
91,125,281.56
调整后余额
91,125,281.56

图8-17 “银行存款余额调节表”对话框

> 如果对账结果不平,可进行以下几方面的检查:
> ①"银行对账期初录入"中的"调整前余额"、"对账单期初未达项"及"日记账期初未达项"录入是否正确。
> ②银行对账单录入是否正确。
> ③"银行对账"中对账是否平衡。

8.3 期末业务处理

8.3.1 查询账表

【实验资料】

(1)查询"管理费用/职工薪酬"明细账。
(2)查询管理费用总账。
(3)查询负债类账户的余额表。
(4)定义并查询管理费用多栏账。
(5)查询1月份应付票据科目明细账。

【实验过程】

(1)查询"管理费用/职工薪酬"明细账。

①2023年1月31日,由赵凯杰(W02)登录企业应用平台。在U8企业应用平台,依次选择"业务工作→财务会计→总账→账表→科目账→明细账"命令,弹出"明细账"对话框。在"科目"栏参照选择"660202"(管理费用/职工薪酬),勾选"包含未记账凭证",如图8-18所示。

查询账表

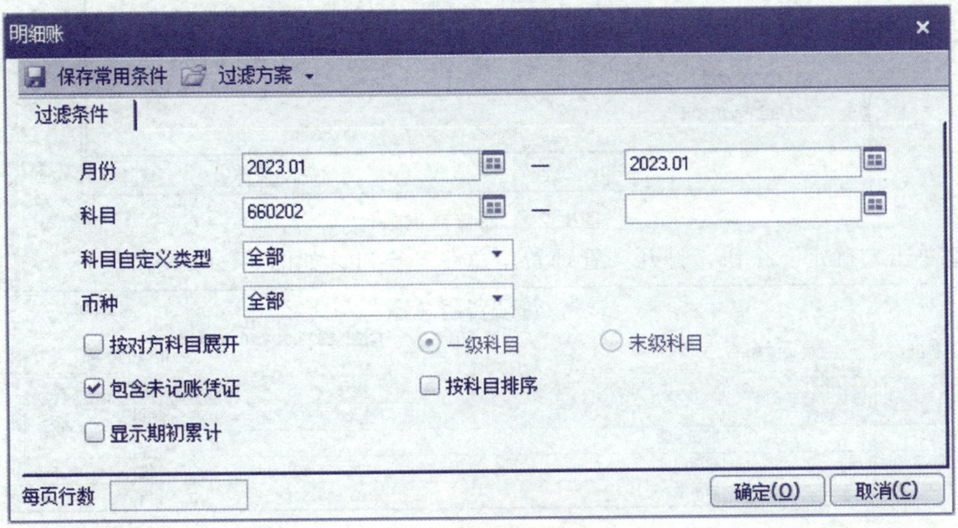

图8-18 明细账查询条件

②单击"确定"按钮，打开"管理费用明细账"窗口，如图8-19所示。

管理费用明细账

科目 660202 职工薪酬   月份：2023.01 - 2023.01   币种：全部

年	月	日	凭证号数	摘要	借方金额	贷方金额	方向	余额金额
2023	01	31	转-0041	*计提工资_行政部	10,322.86		借	10,322.86
2023	01	31	转-0041	*计提工资_财务部	26,878.09		借	37,200.95
2023	01	31	转-0041	*计提工资_采购部	16,839.99		借	54,040.94
2023	01	31	转-0041	*计提工资_仓储部	9,880.00		借	63,920.94
2023	01	31	转-0044	*计提企业负担的四险一金_行政部	1,295.36		借	65,216.30
2023	01	31	转-0044	*计提企业负担的四险一金_财务部	3,886.08		借	69,102.38
2023	01	31	转-0044	*计提企业负担的四险一金_采购部	2,590.72		借	71,693.10
2023	01	31	转-0044	*计提企业负担的四险一金_仓储部	1,295.36		借	72,988.46
2023	01	31	转-0045	*计提工会经费_行政部	206.46		借	73,194.92
2023	01	31	转-0045	*计提工会经费_财务部	537.56		借	73,732.48
2023	01	31	转-0045	*计提工会经费_采购部	336.80		借	74,069.28
2023	01	31	转-0045	*计提工会经费_仓储部	197.60		借	74,266.88
2023	01			当前合计	74,266.88		借	74,266.88
2023	01			当前累计	74,266.88		借	74,266.88

图8-19 "管理费用/职工薪酬"明细账

【提示】

可以查询库存现金、银行存款的月份综合明细账，但不能在明细账中按科目范围查询库存现金、银行存款的日记账。日记账需到出纳菜单下查询。

（2）查询管理费用总账。

①在总账系统，依次选择"账表→科目账→总账"命令，弹出"总账"对话框。在"科目"栏参照选择"6602"，勾选"包含未记账凭证"，如图8-20所示。

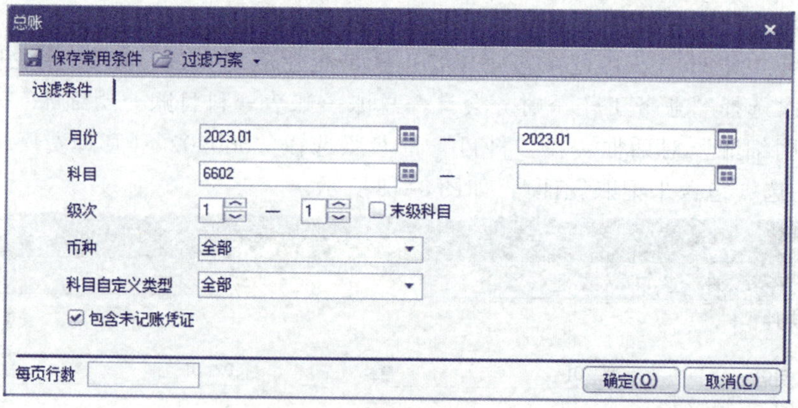

图8-20 总账查询条件

②单击"确定"按钮，打开"管理费用总账"窗口，如图8-21所示。

管理费用总账

科目 6602 管理费用   月份：2023.01 - 2023.01   币种：全部

年	月	日	凭证号数	摘要	借方金额	贷方金额	方向	余额金额
2023				期初余额			平	
2023	01			当前合计	183,555.50		借	183,555.50
2023	01			当前累计	183,555.50		借	183,555.50

图8-21 管理费用总账

单击某月"当前合计"那一行，再单击工具栏上的"明细"按钮，或直接双击"当前合计"那一行可联查当前科目当前月份的明细账。

（3）查询负债类账户的余额表。

①在总账系统，依次选择"账表→科目账→余额表"命令，弹出"发生额及余额表"对话框，在"科目"栏依次参照选择"2001"和"2901"，勾选"包含未记账凭证"，如图8-22所示。

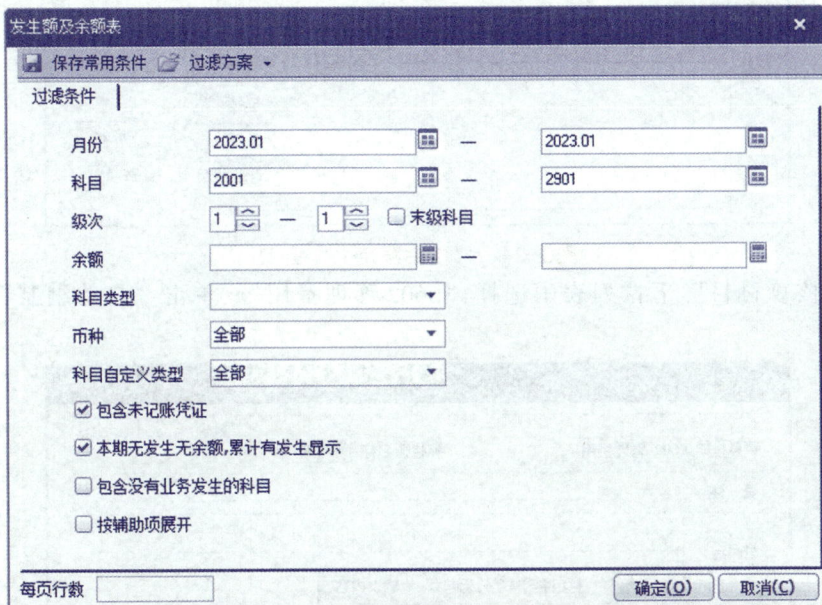

图8-22　发生额及余额查询条件

②单击"确定"按钮，打开"发生额及余额表"窗口，如图8-23所示。

发生额及余额表

月份：2023.01 - 2023.01

金额式

币种：全部

科目		期初余额		本期发生		期末余额	
编码	名称	借方	贷方	借方	贷方	借方	贷方
2001	短期借款		200,000.00				200,000.00
2201	应付票据		25,740.00	25,740.00	596,151.91		596,151.91
2202	应付账款		584,775.00	1,339,447.40	759,570.90		4,898.50
2203	预收账款		30,000.00		50,000.00		80,000.00
2211	应付职工薪酬		46,489.68	46,092.38	96,931.20		97,328.50
2221	应交税费		880,148.75	968,837.45	1,194,820.40		1,106,131.70
2241	其他应付款		4,309.20		6,723.36		11,032.56
2501	长期借款		50,000,000.00				50,000,000.00
负债小计			51,771,462.63	2,380,117.23	2,704,197.77		52,095,543.17
合计			51,771,462.63	2,380,117.23	2,704,197.77		52,095,543.17

图8-23　负债类账户发生额及余额

如果不输入科目范围，则查询所有科目的发生额及余额。

单击工具栏的"专项"按钮，可联查相应科目明细账或科目余额表。

（4）定义并查询管理费用多栏账。

①在总账系统，依次选择"账表→科目账→多栏账"命令，打开"多栏账"窗口，单击"增加"按钮，弹出"多栏账定义"对话框，如图8-24所示。

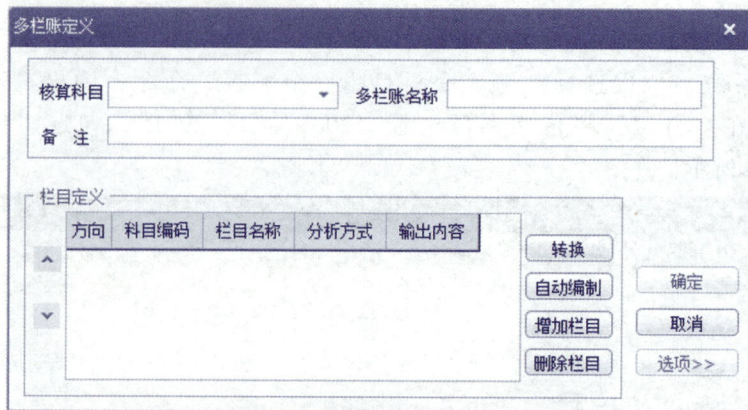

图8-24 "多栏账定义"窗口

②在"核算科目"下拉列表中选择"6602管理费用"，单击"自动编制"按钮，如图8-25所示。

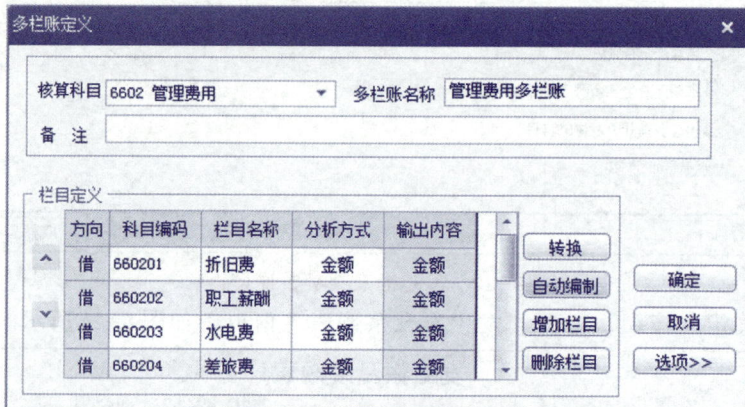

图8-25 "多栏账定义"窗口

③单击"确定"按钮，返回"多栏账"窗口，如图8-26所示。

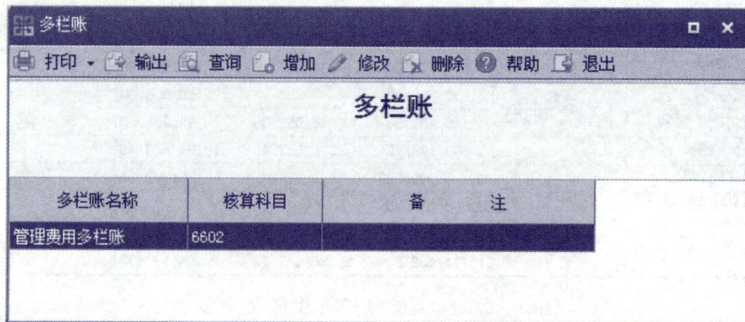

图8-26 "多栏账"窗口

④单击"查询"按钮，打开"多栏账查询"对话框，勾选"包含未记账凭证"。单击"确定"按钮，显示管理费用多栏账，如图8-27所示。

多栏账

多栏 管理费用多栏账 ▼   月份：2023.01-2023.01

2023年		凭证号数	摘要	借方	贷方	方向	余额	借方			
月	日							折旧费	职工薪酬	办公费	品牌管理费
01	06	付-0004	报销办公费_行政部	510.00		借	510.00			510.00	
01	09	付-0005	支付品牌管理费	20,337.60		借	20,847.60				20,337.60
01	11	转-0010	其他应付单_采购部	1,000.00		借	21,847.60			1,000.00	
01	31	转-0036	计提第[1]期间折旧_行政部	87,441.02		借	109,288.62	87,441.02			
01	31	转-0041	*计提工资_行政部	63,920.94		借	173,209.56		63,920.94		
01	31	转-0044	*计提企业负担的四险一金_行政部	9,067.52		借	182,277.08		9,067.52		
01	31	转-0045	*计提工会经费_行政部	1,278.42		借	183,555.50		1,278.42		
01			当前合计	183,555.50		借	183,555.50	87,441.02	74,266.88	1,510.00	20,337.60
01			当前累计	183,555.50		借	183,555.50	87,441.02	74,266.88	1,510.00	20,337.60

图8-27　管理费用多栏账

（5）查询1月份应付票据科目明细账。

①在总账系统，依次选择"账表→供应商往来辅助项→供应商科目明细账"命令，弹出"供应商科目明细账"对话框，在"科目"栏参照选择"2201应付票据"，如图8-28所示。

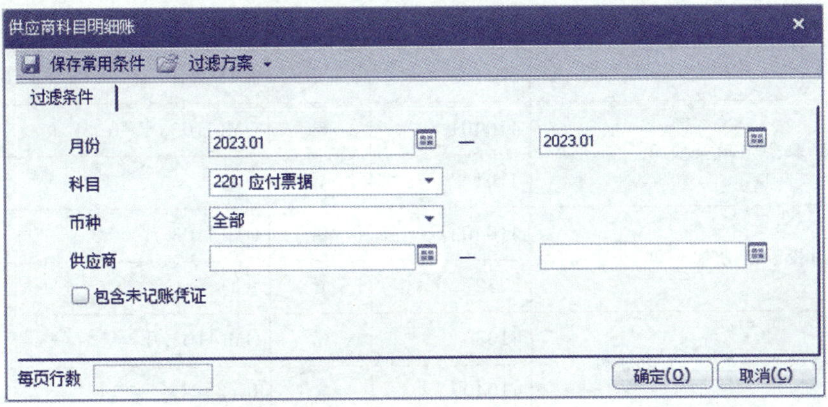

图8-28　供应商科目账查询条件

②单击"确定"按钮，打开"供应商科目明细账"窗口，如图8-29所示。

供应商科目明细账

月份：2023.01 - 2023.01

科目 2201 应付票据 ▼   币种：全部 ▼

年	月	日	凭证号	科目		供应商		摘要	借方 金额	贷方 金额	方向	余额 金额
				编码	名称	编码	名称					
2023				2201	应付票据	102	北京嘉伟	期初余额			贷	25,740.00
2023	01	25	转-0014	2201	应付票据	102	北京嘉伟	付款单_303_63295322_2023.01.25_张宏亮		95,665.80	贷	121,405.80
2023	01	30	付-0013	2201	应付票据	102	北京嘉伟	票据结算_63295321_2023.01.30_张宏亮	25,740.00		贷	95,665.80
				2201	应付票据	102	北京嘉伟	小计	25,740.00	95,665.80	贷	95,665.80
2023	01	25	转-0013	2201	应付票据	202	大连博伦	付款单_302_82765031_2023.01.24_张宏亮		500,000.00	贷	500,000.00
2023	01	31	转-0015	2201	应付票据	202	大连博伦	付款据利息_82765031_2023.01.31_张宏亮		486.11	贷	500,486.11
				2201	应付票据	202	大连博伦	小计		500,486.11	贷	500,486.11
								合计	25,740.00	596,151.91	贷	596,151.91

图8-29　供应商科目明细账

8.3.2 设置自定义转账

根据表8-4进行自定义转账设置。

表8-4　　　　　　　　　　　　　自定义转账设置（GL_bautotran）

转账序号	摘要	科目编码	方向	金额公式
0001	结转本月应交未交增值税	22210105	借	QM(222101,月)
		222102	贷	JG()
0002	计提应交城建税、教育费附加和地方教育附加	6403	借	JG()
		222105	贷	FS(222102,月,贷)*0.07
		222106	贷	FS(222102,月,贷)*0.03
		222107	贷	FS(222102,月,贷)*0.02
0003	计提本月企业所得税	6801	借	(FS(4103,月,贷)-FS(4103,月,借))*0.25
		222103	贷	JG()
0004	提取法定盈余公积	410401	借	QM(4103,月)*0.1
		4101	贷	JG()
0005	向投资者分配利润	410403	借	QM(4103,月)*0.3
		2232	贷	JG()
0006	结转本年实现的净利润	4103	借	QM(4103,月)
		410409	贷	JG()
0007	结转利润分配明细账户	410409	借	JG()
		410401	贷	FS(410401,月,借)
		410403	贷	FS(410403,月,借)

（1）设置"结转本月应交未交增值税"自定义结转。

①在U8企业应用平台，依次选择"业务工作→财务会计→总账→期末→转账定义→自定义转账"命令，打开"自定义转账设置"窗口。

②单击工具栏的"增加"按钮，弹出"转账目录"对话框。根据实验资料，"转账序号"栏录入"0001"，"转账说明"栏录入"结转本月应交未交增值税"，"凭证类别"选择"转账凭证"，如图8-30所示。

设置自定义
转账

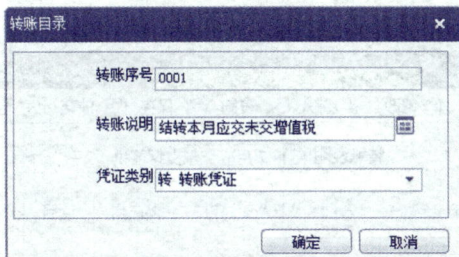

图8-30 "转账目录"对话框

③单击"确定"按钮，返回"自定义转账设置"窗口。单击工具栏的"增行"按钮，"科目编码"栏参照选择"22210105"（应交税费/应交增值税/转出未交增值税），双击"金额公式"栏，按F2键进入"公式向导"窗口，选择"QM()"（期末余额），如图8-31所示。

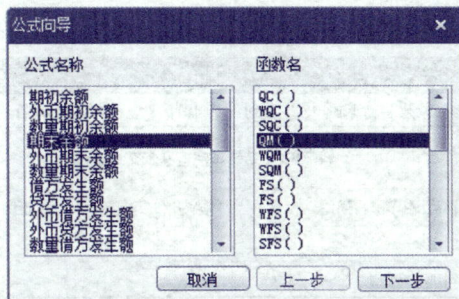

图8-31 公式向导1

【提示】

也可在"金额公式"栏直接输入转账公式。

④单击"下一步"按钮，将"科目"修改为"222101"（应交税费/应交增值税），如图8-32所示。

图8-32 公式向导2

⑤单击"完成"按钮，完成自定义转账凭证借方的设置，如图8-33所示。

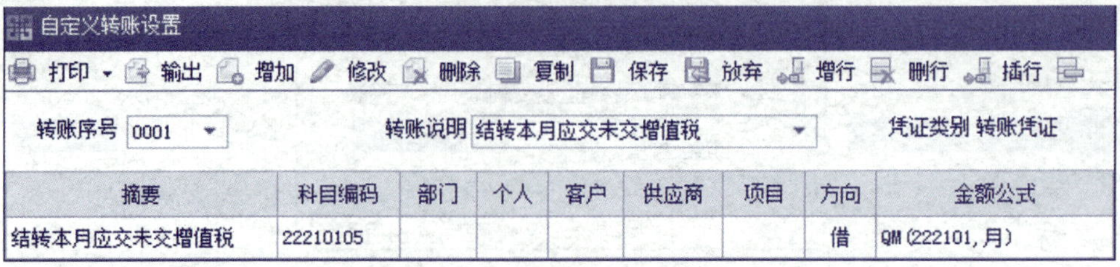

摘要	科目编码	部门	个人	客户	供应商	项目	方向	金额公式
结转本月应交未交增值税	22210105						借	QM (222101, 月)

转账序号 0001　　　转账说明 结转本月应交未交增值税　　　凭证类别 转账凭证

图8-33　自定义转账凭证借方设置结果

⑥单击工具栏的"增行"按钮，"科目编码"栏参照选择"222102"（应交税费/未交增值税），双击"方向"栏改为"贷"，双击"金额公式"栏，按F2键进入"公式向导"窗口，选择"JG()"（取对方科目计算结果）。

⑦单击"下一步"按钮，再单击"完成"按钮，结果如图8-34所示。

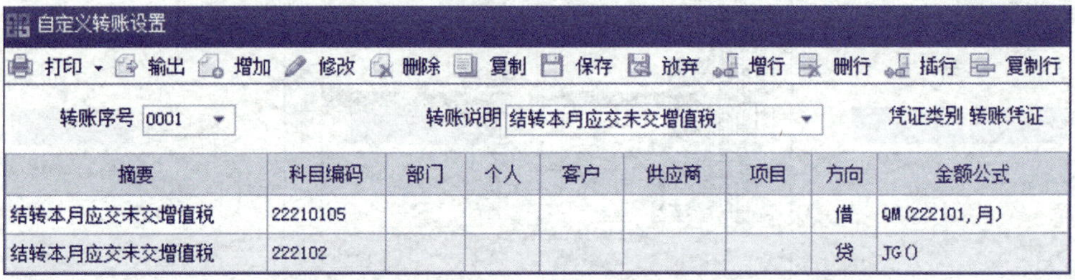

转账序号 0001　　　转账说明 结转本月应交未交增值税　　　凭证类别 转账凭证

摘要	科目编码	部门	个人	客户	供应商	项目	方向	金额公式
结转本月应交未交增值税	22210105						借	QM (222101, 月)
结转本月应交未交增值税	222102						贷	JG ()

图8-34　自定义转账设置——结转本月应交未交增值税

（2）参照上述方法，完成"计提应交城建税、教育费附加和地方教育附加"的自定义结转设置，结果如图8-35所示。

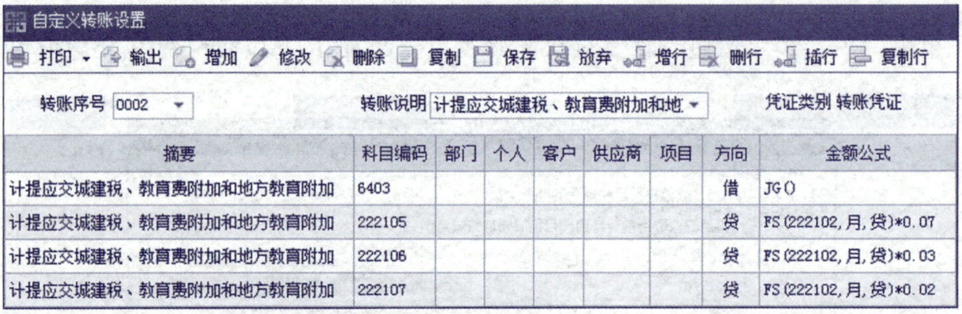

转账序号 0002　　　转账说明 计提应交城建税、教育费附加和地　　　凭证类别 转账凭证

摘要	科目编码	部门	个人	客户	供应商	项目	方向	金额公式
计提应交城建税、教育费附加和地方教育附加	6403						借	JG ()
计提应交城建税、教育费附加和地方教育附加	222105						贷	FS (222102, 月, 贷)*0.07
计提应交城建税、教育费附加和地方教育附加	222106						贷	FS (222102, 月, 贷)*0.03
计提应交城建税、教育费附加和地方教育附加	222107						贷	FS (222102, 月, 贷)*0.02

图8-35　自定义转账设置——计提应交城建税、教育费附加和地方教育附加

（3）参照上述方法，完成"计提本月企业所得税"的自定义结转设置，结果如图8-36所示。

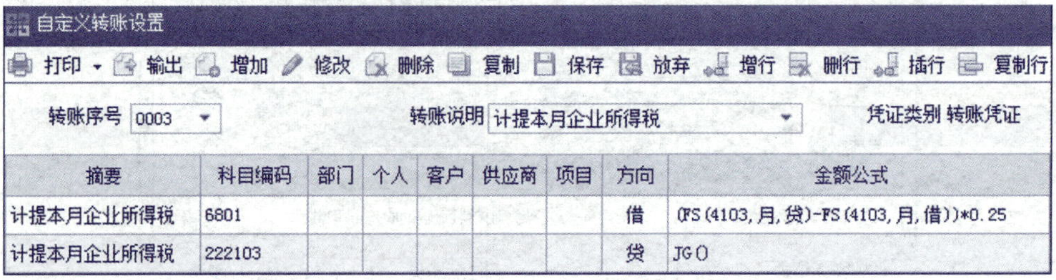

转账序号 0003　　　转账说明 计提本月企业所得税　　　凭证类别 转账凭证

摘要	科目编码	部门	个人	客户	供应商	项目	方向	金额公式
计提本月企业所得税	6801						借	(FS (4103, 月, 贷)-FS (4103, 月, 借))*0.25
计提本月企业所得税	222103						贷	JG ()

图8-36　自定义转账设置——计提本月企业所得税

　　根据企业所得税法律制度的规定，企业所得税按年计征，分月或者分季预缴，年终汇算清缴，多退少补。根据我国企业会计准则的规定，所得税会计处理采用资产负债表债务法。

　　（4）参照上述方法，完成"提取法定盈余公积"的自定义结转设置，结果如图8-37所示。

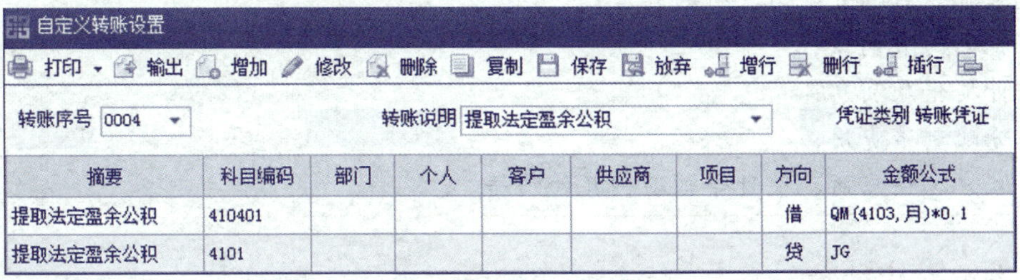

自定义转账设置

打印 ▼ 　输出 　增加 　修改 　删除 　复制 　保存 　放弃 　增行 　删行 　插行

转账序号 0004 ▼　　　　　转账说明 提取法定盈余公积　　　　　凭证类别 转账凭证

摘要	科目编码	部门	个人	客户	供应商	项目	方向	金额公式
提取法定盈余公积	410401						借	QM(4103,月)*0.1
提取法定盈余公积	4101						贷	JG

图8-37　自定义转账设置——提取法定盈余公积

　　（5）参照上述方法，完成"向投资者分配利润"的自定义结转设置，结果如图8-38所示。

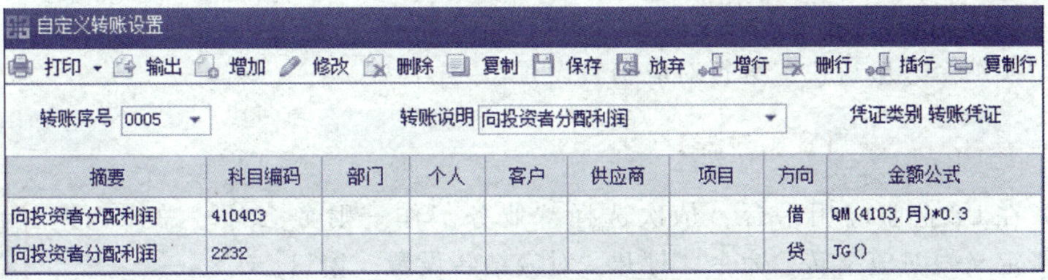

自定义转账设置

打印 ▼ 　输出 　增加 　修改 　删除 　复制 　保存 　放弃 　增行 　删行 　插行 　复制行

转账序号 0005 ▼　　　　　转账说明 向投资者分配利润　　　　　凭证类别 转账凭证

摘要	科目编码	部门	个人	客户	供应商	项目	方向	金额公式
向投资者分配利润	410403						借	QM(4103,月)*0.3
向投资者分配利润	2232						贷	JG()

图8-38　自定义转账设置——向投资者分配利润

　　（6）参照上述方法，完成"结转本年实现的净利润"的自定义结转设置，结果如图8-39所示。

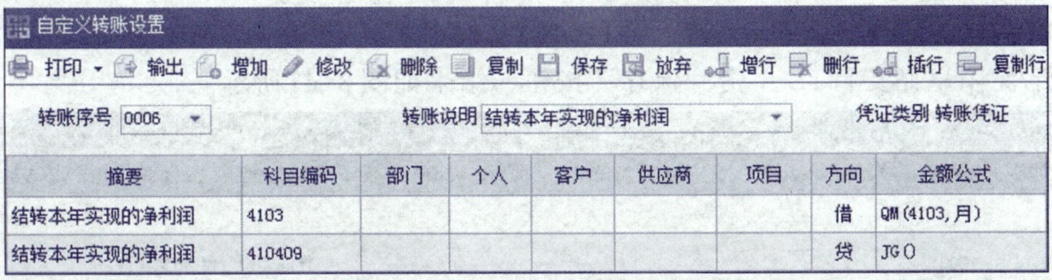

自定义转账设置

打印 ▼ 　输出 　增加 　修改 　删除 　复制 　保存 　放弃 　增行 　删行 　插行 　复制行

转账序号 0006 ▼　　　　　转账说明 结转本年实现的净利润　　　　　凭证类别 转账凭证

摘要	科目编码	部门	个人	客户	供应商	项目	方向	金额公式
结转本年实现的净利润	4103						借	QM(4103,月)
结转本年实现的净利润	410409						贷	JG()

图8-39　自定义转账设置——结转本年实现的净利润

　　（7）参照上述方法，完成"结转利润分配明细账户"的自定义结转设置，结果如图8-40所示。

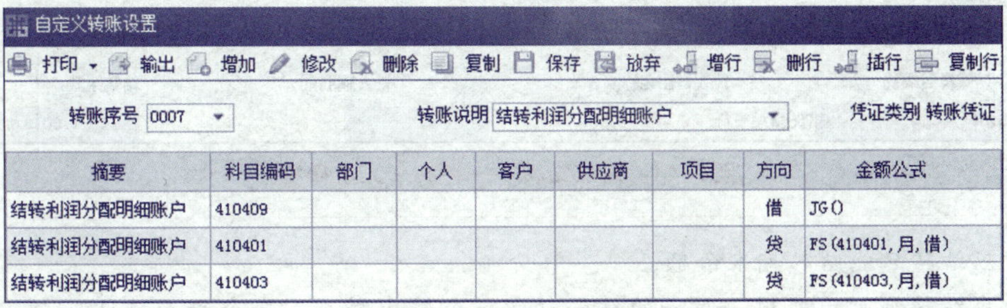

自定义转账设置

打印 ▼ 　输出 　增加 　修改 　删除 　复制 　保存 　放弃 　增行 　删行 　插行 　复制行

转账序号 0007 ▼　　　　　转账说明 结转利润分配明细账户　　　　　凭证类别 转账凭证

摘要	科目编码	部门	个人	客户	供应商	项目	方向	金额公式
结转利润分配明细账户	410409						借	JG()
结转利润分配明细账户	410401						贷	FS(410401,月,借)
结转利润分配明细账户	410403						贷	FS(410403,月,借)

图8-40　自定义转账设置——结转利润分配明细账户

　　系统提供以下八种转账定义功能：自定义转账、对应结转、销售成本结转、售价（计划价）销售成本结转、汇兑损益结转、期间损益、自定义比例转账、费用摊销和预提。

　　除本案例所述的自定义转账，以下情况也可考虑使用该功能：

　　①工资等薪酬分配与支付的处理；

　　②税金的缴纳等；

　　③计提借款利息；

　　④分配制造费用；

　　⑤客户、供应商、项目等辅助核算的结转。

8.3.3　设置对应结转

【实验资料】

　　对"缴纳个人所得税"进行对应结转设置。

【实验过程】

　　（1）在U8企业应用平台，依次选择"业务工作→财务会计→总账→期末→转账定义→对应结转"命令，打开"对应结转设置"窗口。

　　（2）在"编号"栏输入"0001"，"凭证类别"选择"付款凭证"，"摘要"栏输入"缴纳个人所得税"，"转出科目"栏参照选择"222104"（应交税费/应交个人所得税）。

设置对应结转

　　（3）单击"增行"按钮，"转入科目编码"栏参照选择"10020101"（银行存款/中国工商银行/沈阳皇姑支行），单击"保存"按钮，结果如图8-41所示。

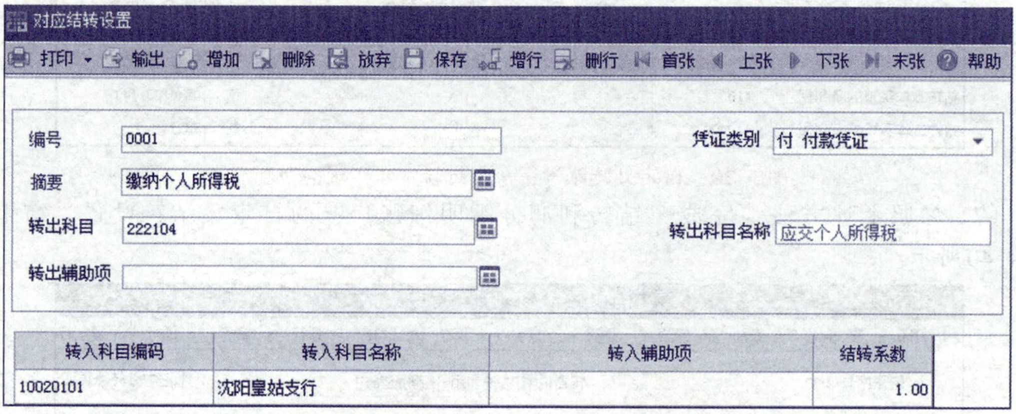

图8-41　对应结转——缴纳个人所得税

【提示】

　　对应结转只能结转期末余额。

　　对应结转既可以实现一对一的结转（即一个转出科目、一个转入科目），也可以实现一对多的结转（即一个转出科目、多个转入科目）。

对应结转的科目可以是上级科目，但其下级科目的科目结构必须一致（明细科目相同），如有辅助核算，则两个科目的辅助账类也必须一一对应。但转出科目辅助项与转入科目辅助项可不相同，转出科目及其辅助项必须一致，转入科目及其辅助项可不相同。

当两个或多个上级科目的下级科目及辅助账类有一一对应关系时，可将其余额按一定比例系数进行一对一或一对多结转。

转入科目金额=转出科目金额×结转系数。系数默认为1，可修改。在一对多结转的情况下，如果转入科目的结转系数之和为1，则最后一行结转金额为转出科目余额减去当前凭证已转出金额合计。

8.3.4 设置汇兑损益结转

━━━━━━━━━━━━ 【实验资料】

2023年1月31日的调整汇率为6.7465。

━━━━━━━━━━━━ 【实验过程】

（1）2023年1月31日，由李成喜（A01）登录企业应用平台。在U8企业应用平台，依次选择"基础设置→基础档案→财务→外币设置"命令，打开"外币设置"窗口。根据实验资料，在2023年1月31日的"调整汇率"栏输入"6.7465"，如图8-42所示。退出该窗口。

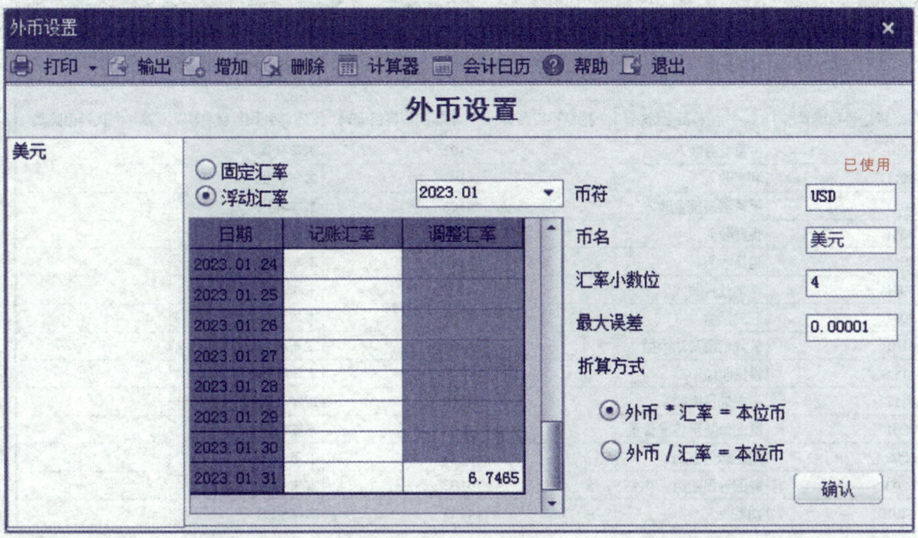

设置汇兑损益
结转

图8-42　外币设置

（2）2023年1月31日，由赵凯杰（W02）登录企业应用平台。在U8企业应用平台，依次选择"业务工作→财务会计→总账→期末→转账定义→汇兑损益"命令，打开"汇兑损益结转设置"窗口。

（3）在"凭证类别"下拉列表中选择"付款凭证"，"汇兑损益入账科目"选择"660302"（财务费用/汇兑损益），双击第一行的"是否计算汇兑损益"栏，如图8-43所示。单击"确定"按钮。

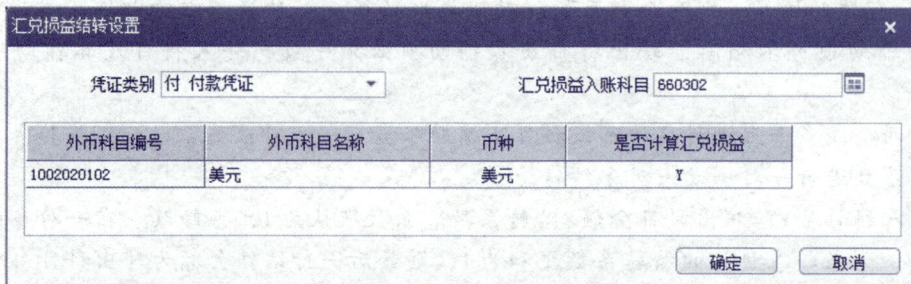

外币科目编号	外币科目名称	币种	是否计算汇兑损益
1002020102	美元	美元	Y

凭证类别 付 付款凭证　　　　汇兑损益入账科目 660302

图8-43　汇兑损益结转设置

8.3.5　设置期间损益结转

设置期间损益结转凭证的凭证类别为转账凭证，本年利润科目为"4103"。

（1）在U8企业应用平台，依次选择"业务工作→财务会计→总账→期末→转账定义→期间损益"命令，打开"期间损益结转设置"窗口。

（2）在"凭证类别"下拉框中选择"转账凭证"，"本年利润科目"参照选择"4103"，单击窗口中任意单元格，如图8-44所示。单击"确定"按钮。

设置期间损益结转

期间损益结转设置

凭证类别 转 转账凭证　　　　本年利润科目 4103

损益科目编号	损益科目名称	损益科目账类	本年利润科目编码	本年利润科目名称	本年利润科目账类
6001	主营业务收入		4103	本年利润	
6011	利息收入		4103	本年利润	
6021	手续费及佣金收入		4103	本年利润	
6031	保费收入		4103	本年利润	
6041	租赁收入		4103	本年利润	
6051	其他业务收入		4103	本年利润	
6061	汇兑损益		4103	本年利润	
6101	公允价值变动损益		4103	本年利润	
6111	投资收益		4103	本年利润	
6115	资产处置损益		4103	本年利润	
6201	摊回保险责任准备金		4103	本年利润	
6202	摊回赔付支出		4103	本年利润	
6203	摊回分保费用		4103	本年利润	
630101	罚款收入		4103	本年利润	

每个损益科目的期末余额将结转到与其同一行的本年利润科目中，若损益科目与之对应的本年利润科目都有辅助核算，那么两个科目的辅助账类必须相同。损益科目为空的期间损益结转将不参与

图8-44　期间损益结转设置

8.3.6　结转已销商品成本

─────────────── 【实验资料】 ───────────────

2023年1月31日，结转本月已销商品成本合计3 000 000元。

─────────────── 【实验过程】 ───────────────

（1）2023年1月31日，由赵凯杰（W02）登录企业应用平台。在U8企业应用平台，依次选择"业务工作→财务会计→总账→凭证→填制凭证"命令，打开"填制凭证"窗口。

（2）根据实验资料填制结转已销商品成本的记账凭证，结果如图8-45所示。

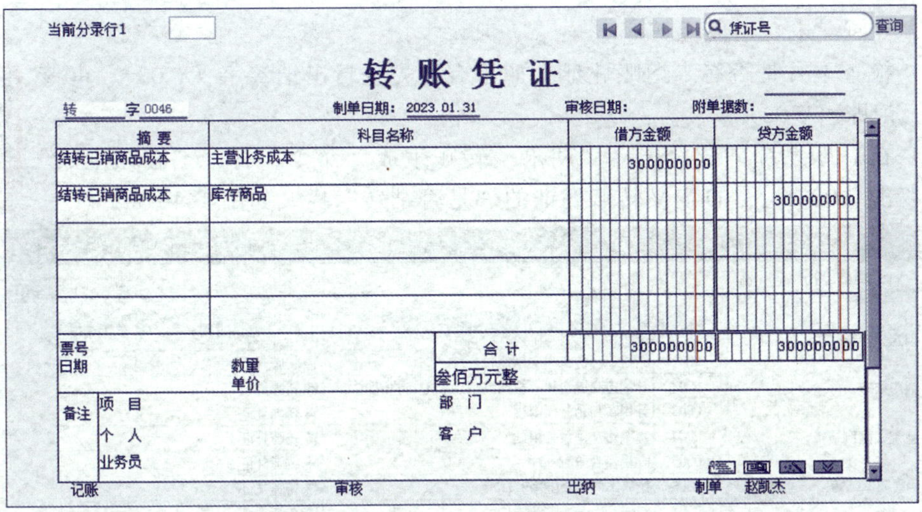

图8-45　记账凭证

【提示】

关于结转已销商品成本的处理，不同ERP系统的做法不同。同一ERP系统启用的模块不同，做法也不同。

（1）在启用供应链系统的情况下，结转已销商品成本的处理，根据不同的存货计价方法，在存货核算系统完成。

（2）若未启用供应链系统，可考虑以下处理方法：

①满足以下条件，可到总账系统"期末→转账定义→销售成本结转"进行设置，到"转账生成"中生成结转已销商品成本的记账凭证：

a.企业发出存货成本的计价方法为全月一次加权平均法；

b.库存商品、主营业务收入、主营业务成本这三个科目的明细科目结构相同，且一一对应；

c.这三个科目及其明细科目均设置了数量核算；

d.除数量核算外，这三个科目及其明细科目设置了相同的其他辅助账类（如项目核算）。

②如果不满足上述条件，且未启用供应链系统，可在 ERP 系统以外借助其他工具（如 Excel、Wps 等）完成销售成本的计算，根据计算结果直接在总账系统填制凭证即可。本例即属于这种情况。

8.3.7　生成期末结转凭证

──────── 【实验资料】

2023 年 1 月 31 日，生成期末结转的记账凭证。

──────── 【实验过程】

1.结转本月应交未交增值税

（1）检查本月是否有未记账凭证。如果有，先进行出纳签字（W03）、审核（W01）、记账（W02）。

（2）在总账系统，依次选择"期末→转账生成"命令，打开"转账生成"窗口，双击"0001"号自定义转账凭证的"是否结转"栏，如图 8-46 所示。

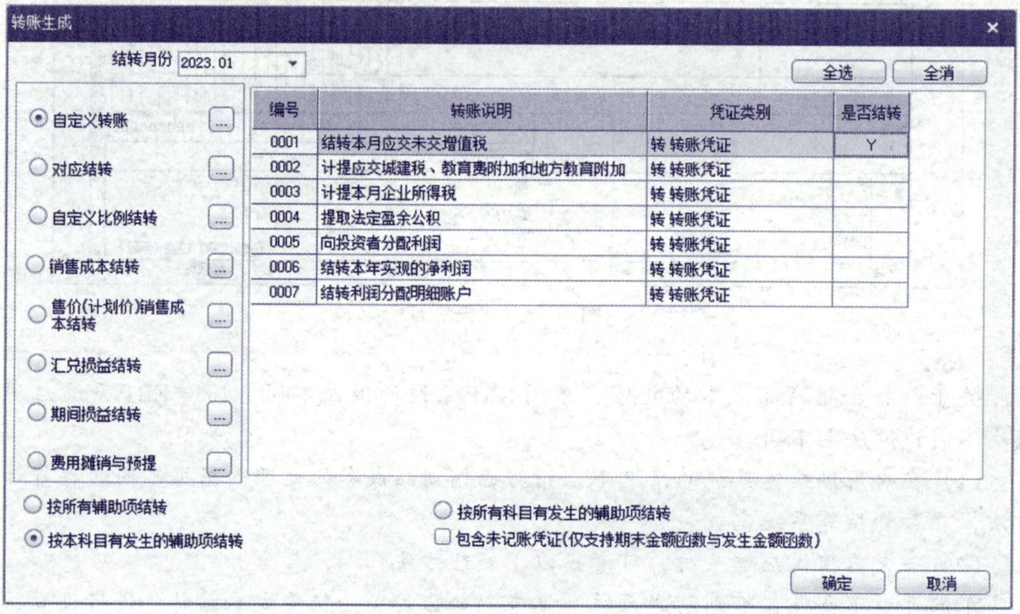

生成期末结转
凭证

结转月份 2023.01			全选	全消
	编号	转账说明	凭证类别	是否结转
○ 自定义转账	0001	结转本月应交未交增值税	转 转账凭证	Y
○ 对应结转	0002	计提应交城建税、教育费附加和地方教育附加	转 转账凭证	
○ 自定义比例结转	0003	计提本月企业所得税	转 转账凭证	
○ 销售成本结转	0004	提取法定盈余公积	转 转账凭证	
○ 售价(计划价)销售成本结转	0005	向投资者分配利润	转 转账凭证	
○ 汇兑损益结转	0006	结转本年实现的净利润	转 转账凭证	
○ 期间损益结转	0007	结转利润分配明细账户	转 转账凭证	
○ 费用摊销与预提				

○ 按所有辅助项结转　　　　　○ 按所有科目有发生的辅助项结转
◉ 按本科目有发生的辅助项结转　　□ 包含未记账凭证(仅支持期末金额函数与发生金额函数)

确定　　取消

图8-46　转账生成

【提示】
在进行月末转账前，应将所有未记账凭证记账，否则可能导致生成的转账凭证数据错误。

（3）单击"确定"按钮，弹出记账凭证窗口，单击"保存"按钮，结果如图 8-47 所示。

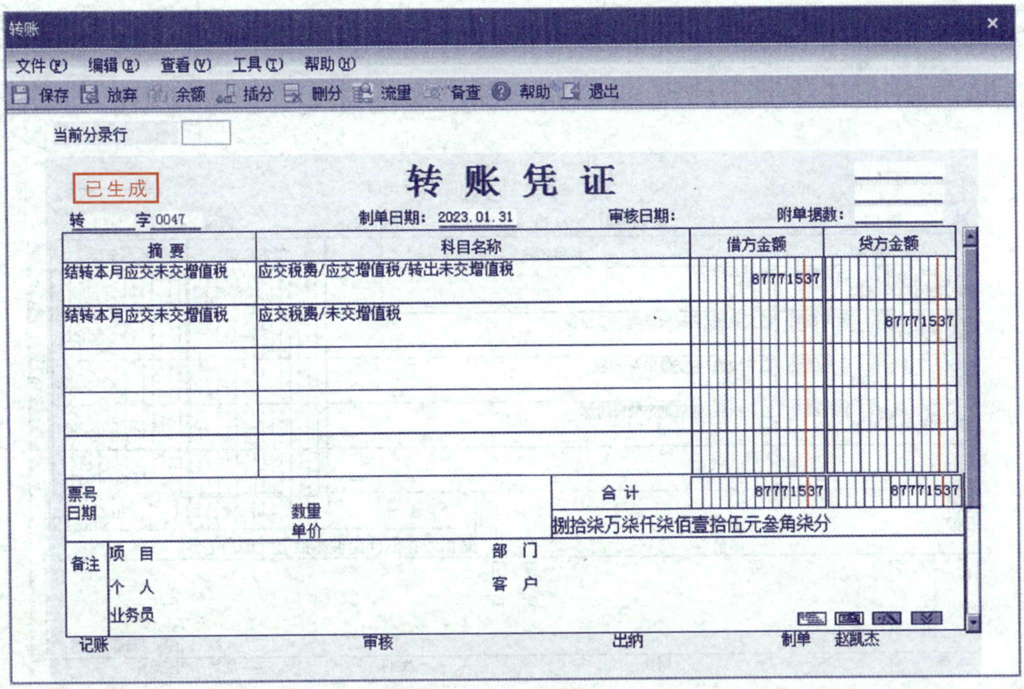

图8-47 记账凭证

2.计提应交城建税、教育费附加和地方教育附加

（1）对上一步所生成凭证进行审核（W01）、记账（W02）。

（2）在总账系统，依次选择"期末→转账生成"命令，打开"转账生成"窗口，双击"0002"号自定义转账凭证的"是否结转"栏，如图8-48所示。

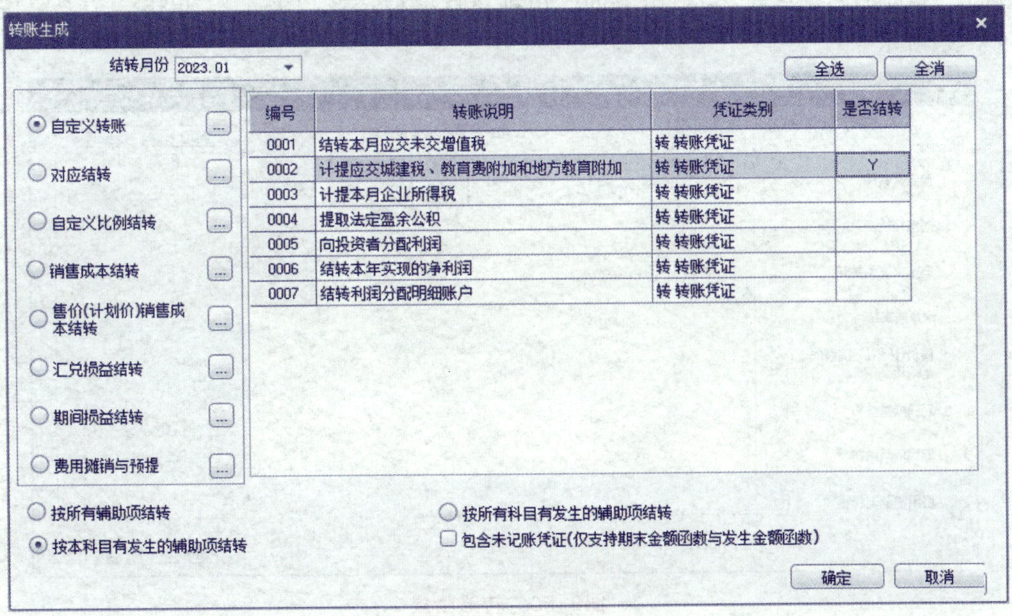

图8-48 转账生成

（3）单击"确定"按钮，弹出记账凭证窗口，单击"保存"按钮，结果如图8-49所示。

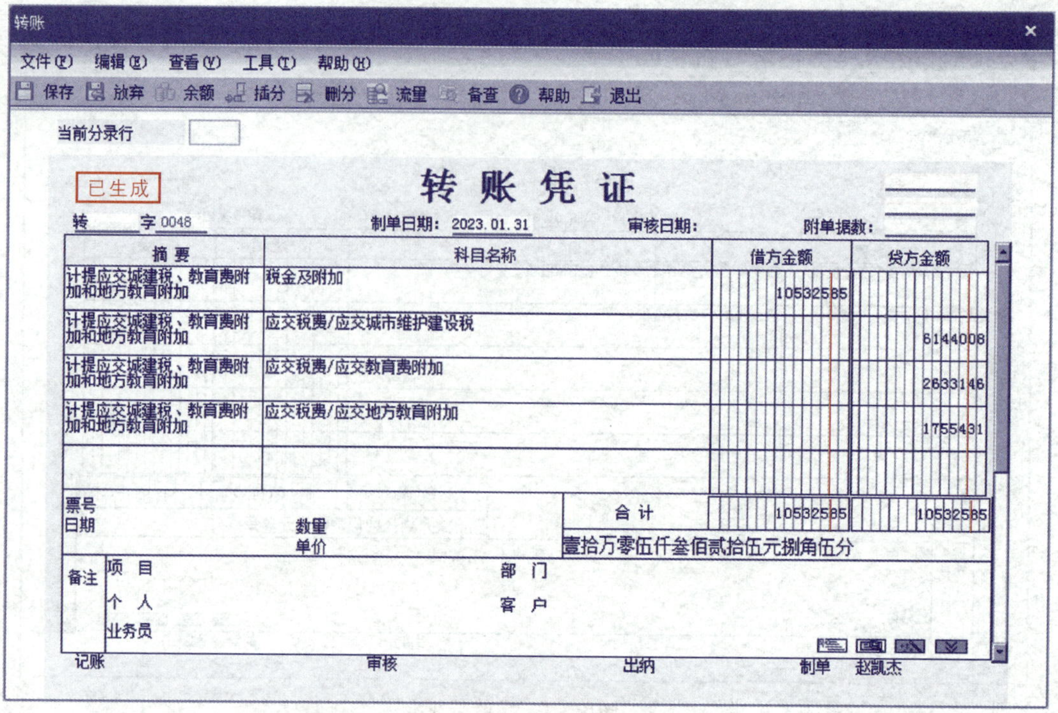

图8-49 记账凭证

3.确认本月外币账户的汇兑损益

（1）对上一步所生成凭证进行审核（W01）、记账（W02）。

（2）在总账系统，依次选择"期末→转账生成"命令，打开"转账生成"窗口。单击左侧的"汇兑损益结转"，窗口上方的"币种核算"栏选择"美元"，单击"全选"按钮，如图8-50所示。

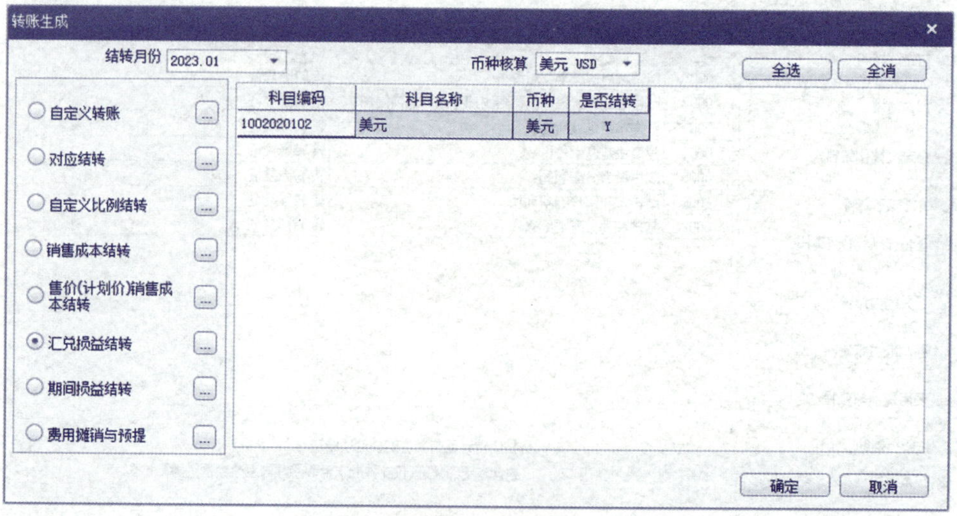

图8-50 转账生成

（3）单击"确定"按钮，打开"汇兑损益试算表"窗口，如图8-51所示。

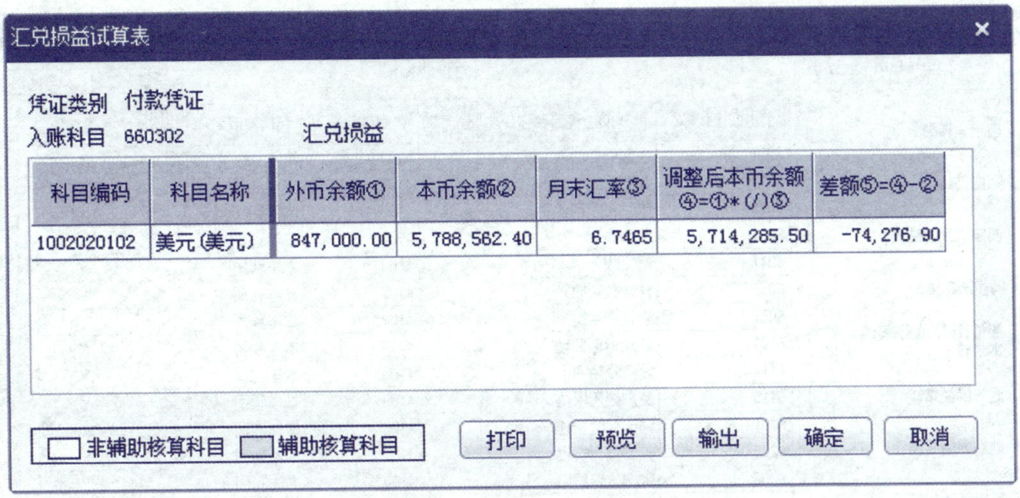

图8-51 汇兑损益试算表

（4）单击"确定"按钮，弹出记账凭证窗口，单击"保存"按钮，结果如图8-52所示。

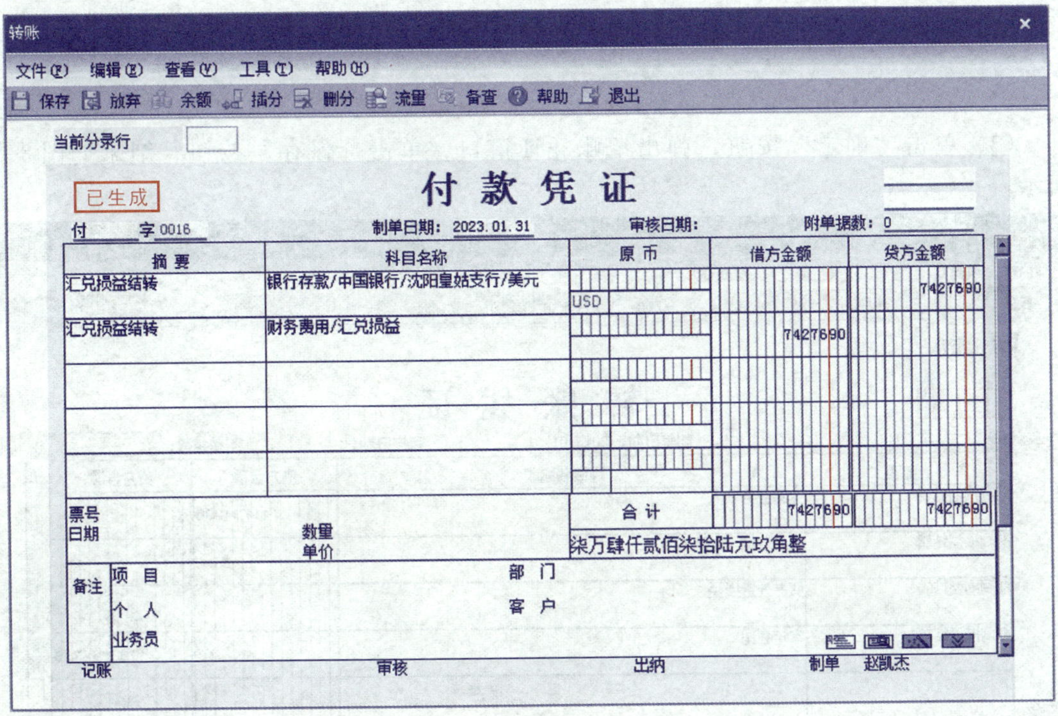

图8-52 记账凭证

4.将损益类科目期末余额结转至"本年利润"

（1）对上一步所生成凭证进行出纳签字（W03）、审核（W01）、记账（W02）。

（2）在总账系统，依次选择"期末→转账生成"命令，打开"转账生成"窗口。单击左侧的"期间损益结转"，窗口上方的"类型"栏选择"收入"，单击"全选"按钮，如图8-53所示。

图8-53 转账生成

（3）单击"确定"按钮，弹出记账凭证窗口，单击"保存"按钮，结果如图8-54所示。

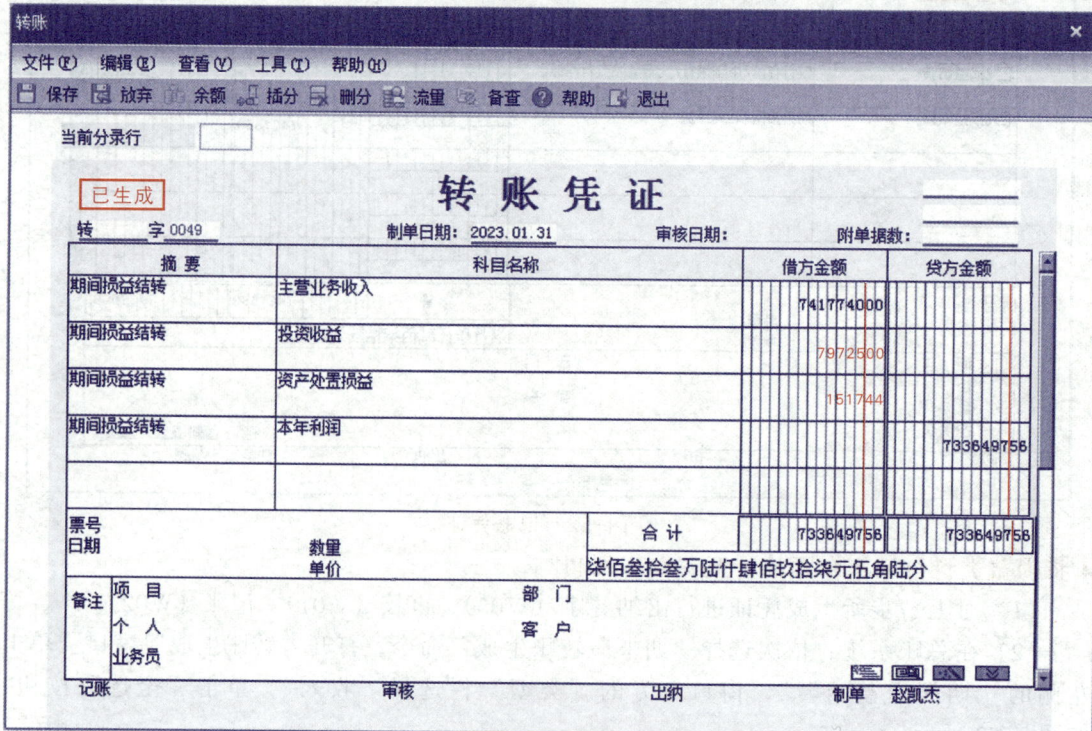

图8-54 记账凭证

（4）退出凭证窗口，返回"转账生成"窗口，将窗口上方的"类型"栏选择"支出"，单击"全选"按钮，如图8-55所示。

图8-55　转账生成

（5）单击"确定"按钮，弹出系统提示，如图8-56所示。

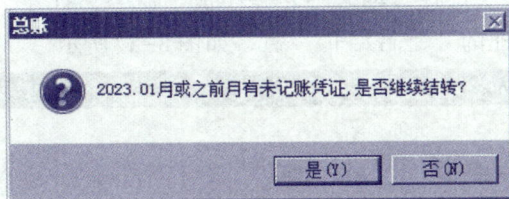

图8-56　系统提示

【提示】

出现上述提示是因为结转收入类账户至本年利润的凭证未记账。但是该凭证未记账并不影响支出类账户的结转，所以可以继续往下进行。

（6）单击"是"，弹出"记账凭证"窗口，单击"保存"按钮。记账凭证中的完整会计分录如下所示：

借：本年利润　　　　　　　　　　　　　　　　　3 702 077.61
　　贷：主营业务成本　　　　　　　　　　　　　　　3 000 000.00
　　　　税金及附加　　　　　　　　　　　　　　　　　333 325.85
　　　　销售费用/折旧费（销售部）　　　　　　　　　　14 184.83
　　　　销售费用/职工薪酬（销售部）　　　　　　　　　22 664.32
　　　　销售费用/广告宣传费（销售部）　　　　　　　　 2 000.00
　　　　管理费用/折旧费（行政部）　　　　　　　　　　19 080.83
　　　　管理费用/折旧费（财务部）　　　　　　　　　　19 080.83

贷：管理费用/折旧费（采购部）	14 184.83
管理费用/折旧费（仓储部）	35 094.53
管理费用/职工薪酬（行政部）	11 824.68
管理费用/职工薪酬（财务部）	31 301.73
管理费用/职工薪酬（采购部）	19 767.51
管理费用/职工薪酬（仓储部）	11 372.96
管理费用/办公费（行政部）	125.00
管理费用/办公费（财务部）	135.00
管理费用/办公费（采购部）	1 120.00
管理费用/办公费（仓储部）	130.00
管理费用/品牌管理费	20 337.60
财务费用/利息支出	321.11
财务费用/汇兑损益	74 276.90
财务费用/现金折扣	−640.00
财务费用/票据贴现	63 660.00
资产减值损失	1 000.00
信用减值损失	7 729.10

5. 计提本月企业所得税

（1）对上一步所生成凭证进行审核（W01）、记账（W02）。

（2）在总账系统，依次选择"期末→转账生成"命令，打开"转账生成"窗口，双击"0003"号自定义转账凭证的"是否结转"栏，如图8-57所示。

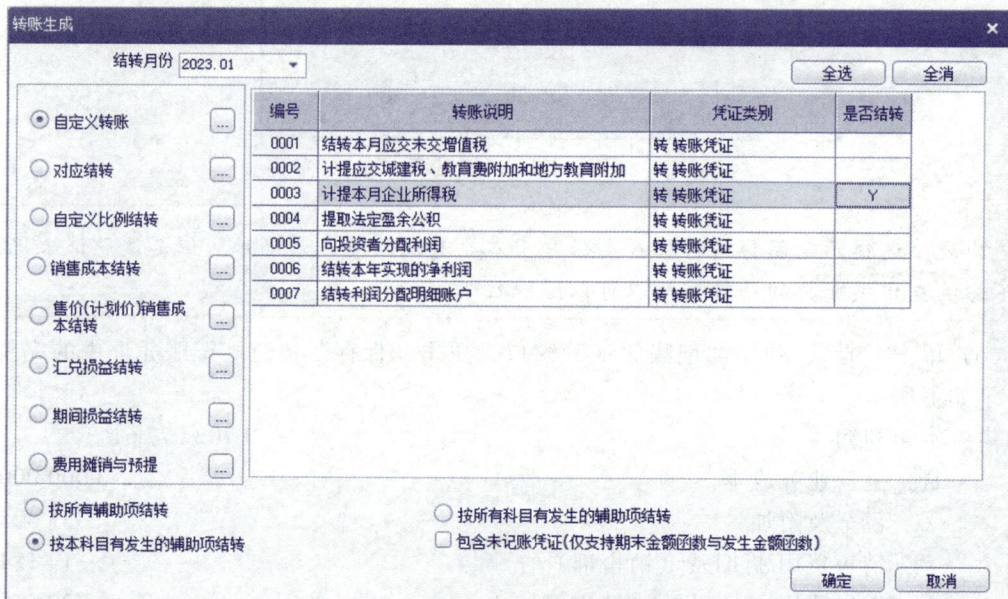

图8-57 转账生成

（3）单击"确定"按钮，弹出记账凭证窗口，单击"保存"按钮，结果如图8-58所示。

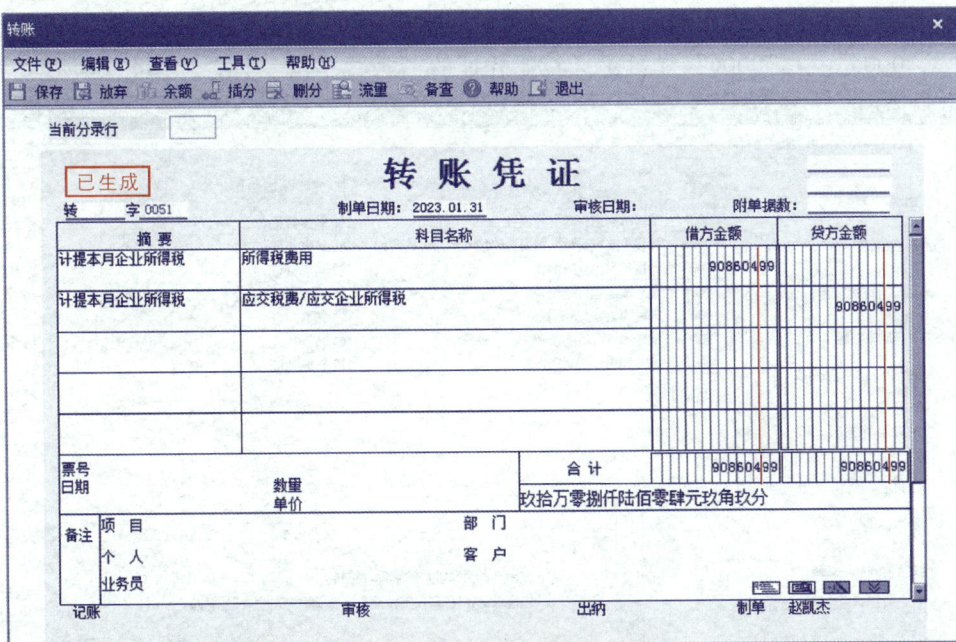

图8-58　记账凭证

6.将所得税费用结转至"本年利润"

（1）对上一步所生成凭证进行审核（W01）、记账（W02）。

（2）在总账系统，依次选择"期末→转账生成"命令，打开"转账生成"窗口。参照上述步骤"4"将所得税费用结转至"本年利润"，如图8-59所示。

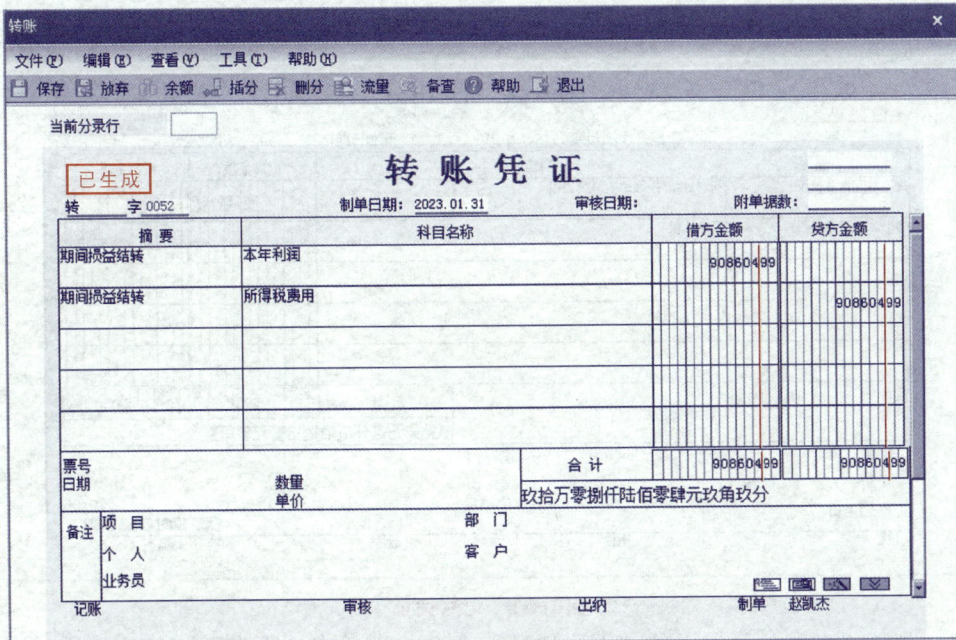

图8-59　记账凭证

7.提取法定盈余公积、向投资者分配利润、结转本年实现的净利润

（1）对上一步所生成凭证进行审核（W01）、记账（W02）。

（2）在总账系统，依次选择"期末→转账生成"命令，打开"转账生成"窗口，双击"0004"、"0005"和"0006"号自定义转账凭证的"是否结转"栏，如图8-60所示。

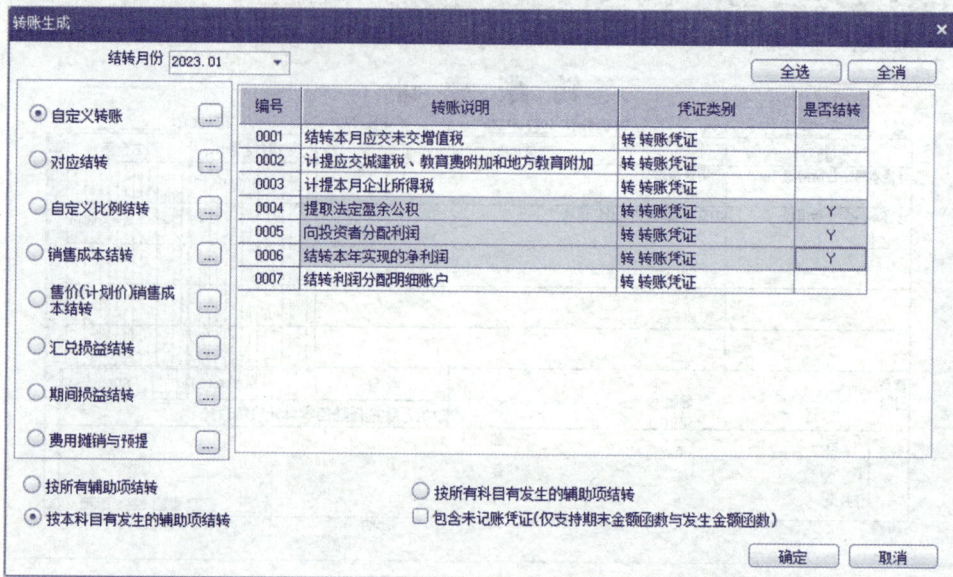

图8-60 转账生成

（3）单击"确定"按钮，弹出记账凭证窗口，单击"保存"按钮，结果如图8-61所示。

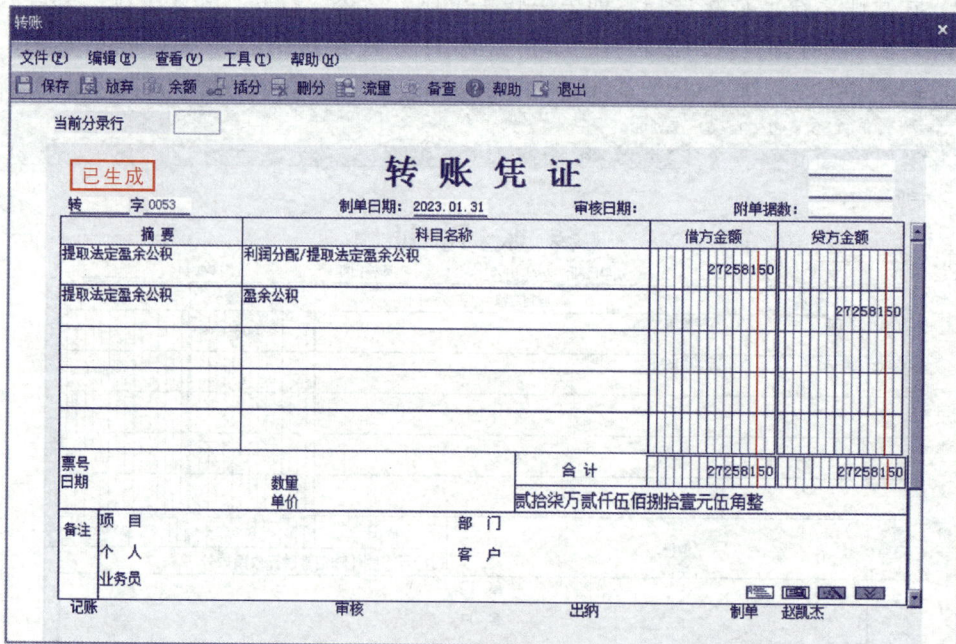

图8-61 记账凭证

（4）选择"查看"菜单下的"下张凭证"命令，再单击"保存"按钮，结果如图8-62所示。

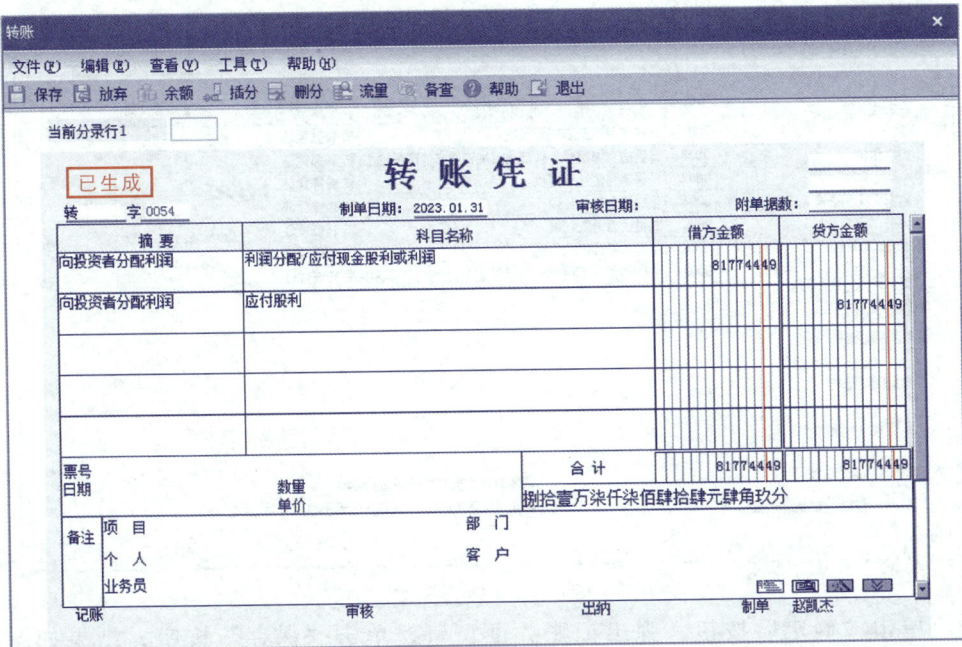

图8-62 记账凭证

（5）选择"查看"菜单下的"下张凭证"命令，再单击"保存"按钮，结果如图8-63所示。

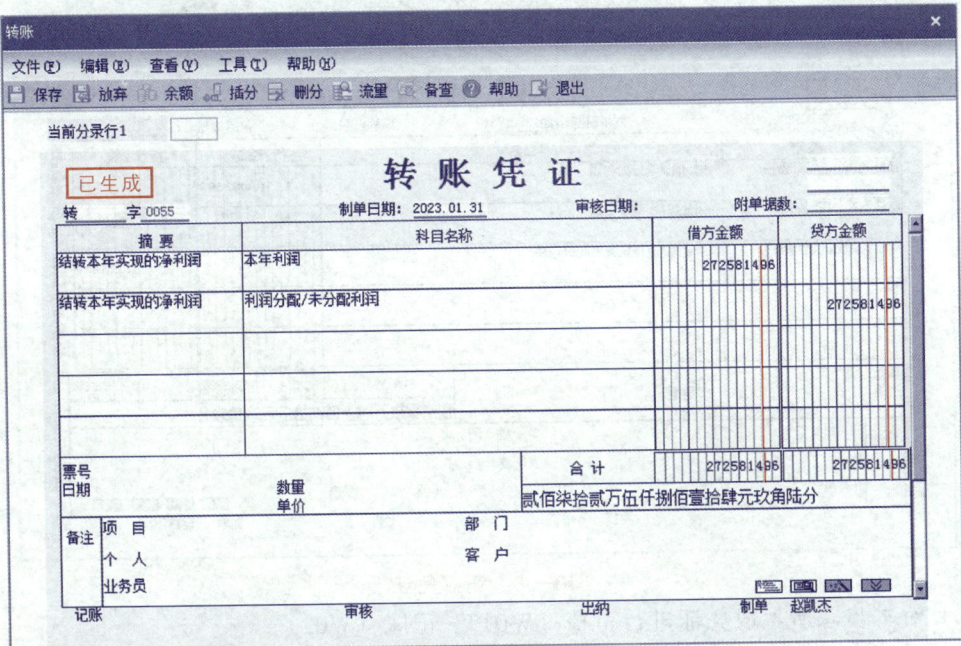

图8-63 记账凭证

8.结转利润分配明细账户

（1）对上一步所生成凭证进行审核（W01）、记账（W02）。

（2）在总账系统，依次选择"期末→转账生成"命令，打开"转账生成"窗口，双击"0007"号自定义转账凭证的"是否结转"栏，如图8-64所示。

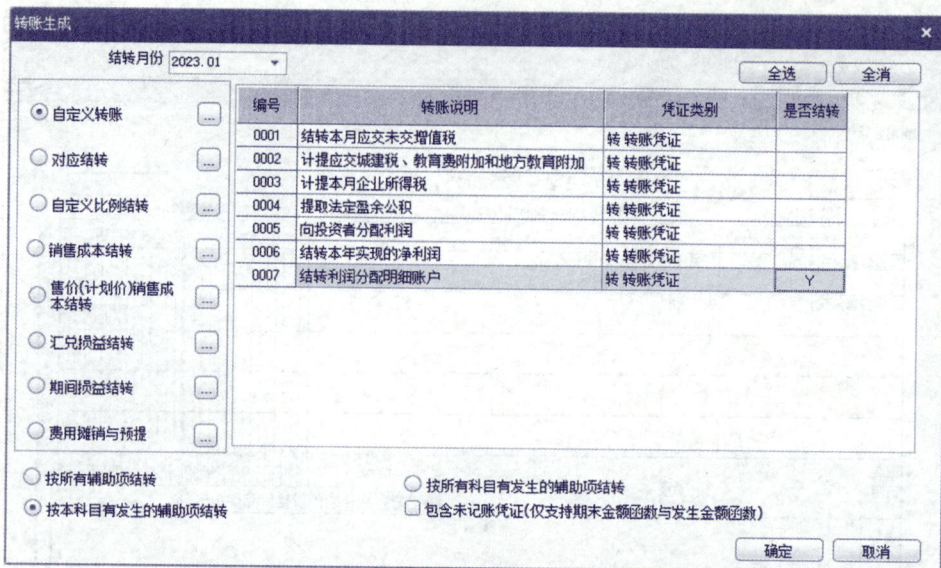

图8-64　转账生成

（3）单击"确定"按钮，弹出记账凭证窗口，单击"保存"按钮，结果如图 8-65 所示。

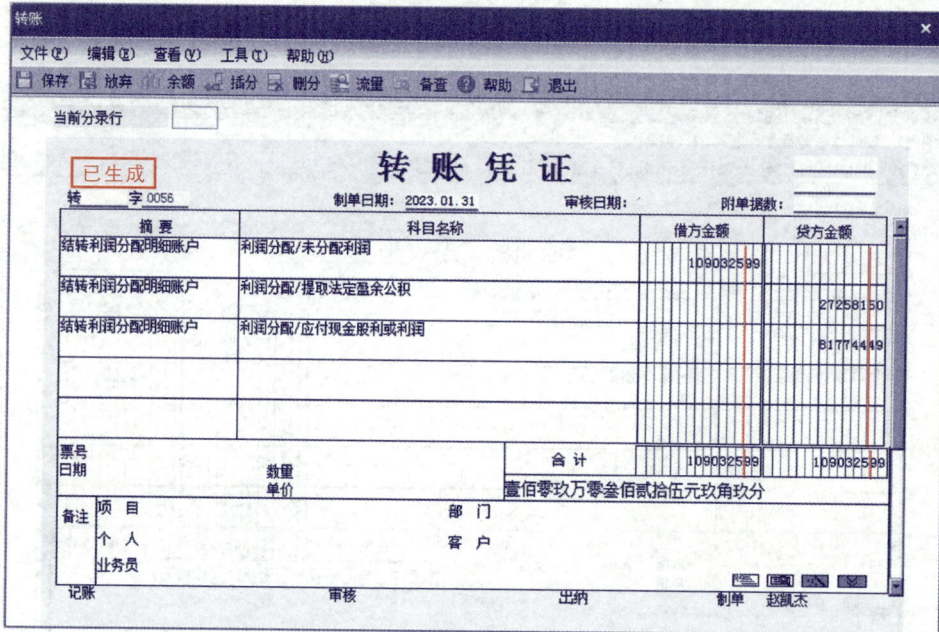

图8-65　记账凭证

（4）对本步骤所生成凭证进行审核（W01）、记账（W02）。

8.3.8　对账

───────── 【实验资料】

2023 年 1 月 31 日，进行月末对账。

（1）2023年1月31日，由王钰茹（W01）登录企业应用平台。在U8企业应用平台，依次选择"业务工作→财务会计→总账→期末→对账"命令，打开"对账"窗口。

（2）双击"2023.01"对应的"是否对账"栏，再单击"对账"按钮，系统进行自动对账，结果如图8-66所示。

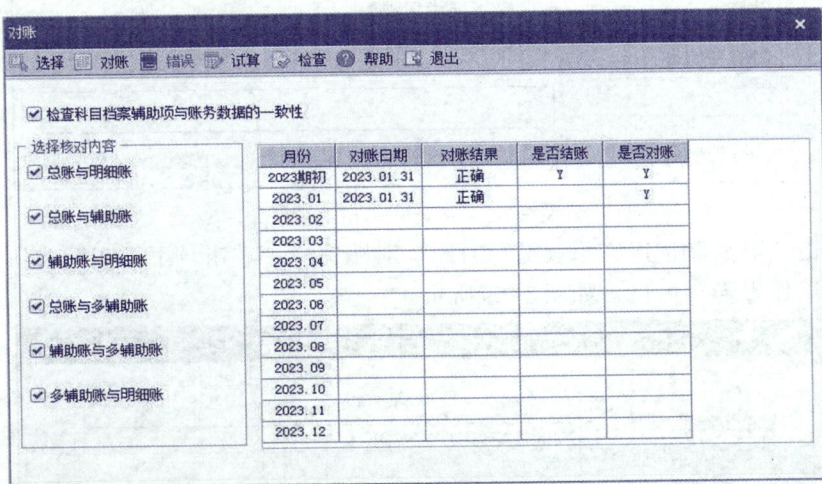

图8-66　"对账"窗口

8.3.9　结账

【实验资料】

2023年1月31日，进行月末结账。

【实验过程】

（1）2023年1月31日，由王钰茹（W01）登录企业应用平台。在U8企业应用平台，依次选择"业务工作→财务会计→总账→期末→结账"命令，打开"结账——开始结账"窗口，如图8-67所示。

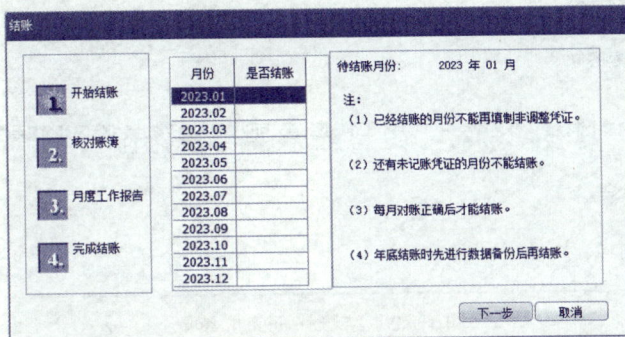

图8-67　结账——开始结账

（2）单击"下一步"按钮，打开"结账——核对账簿"窗口，如图8-68所示。

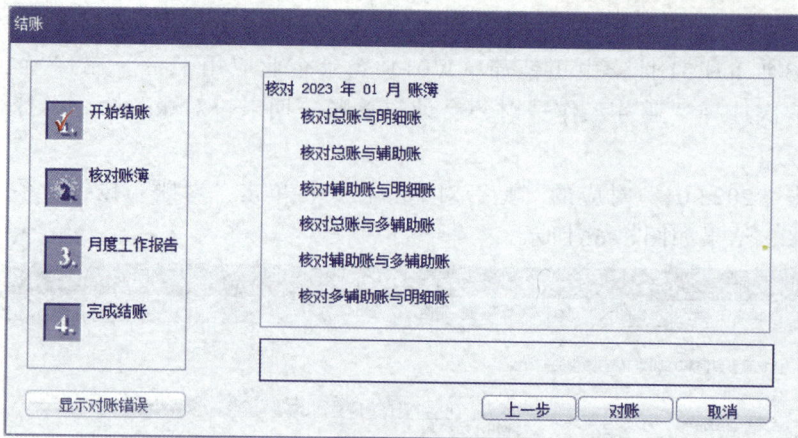

图8-68　结账——核对账簿

（3）单击"对账"按钮，系统进行对账。对账完毕，单击"下一步"按钮，打开"结账——月度工作报告"窗口，如图8-69所示。

图8-69　结账——月度工作报告

（4）单击"下一步"按钮，打开"结账——完成结账"窗口，如图8-70所示。

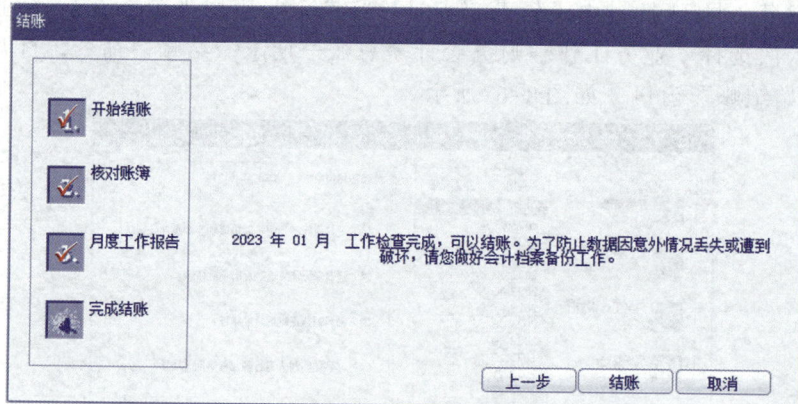

图8-70　结账——完成结账

（5）单击"结账"按钮，1月份结账完毕。

【提示】

已结账月份不能再填制凭证，但可以查询凭证、账表等。

以下情况不允许月末结账：

①上月未结账。但本月可以填制、审核凭证。

②本月还有未记账凭证。

③总账与明细账对账不符。

④总账系统与其他系统联合使用，其他系统未结账。

如何取消月结？在总账系统，执行"期末→结账"命令，打开"结账——开始结账"窗口，单击选择要取消结账的月份，按［Ctrl+Shift+F6］组合键即可。

8.4　本章常见数据表

本章常见数据表见表8-5。

表8-5　　　　　　　　　　　　　　　　　　本章常见数据表

序号	系统编码（SystemID）	系统名称（SystemName）	表名称（TableName）	表定义（TableDefine）	备注
1	GL	总账	RP_cheque	支票登记簿	表8-1
2	GL	总账	GL_modelpreplace	银行对账单预置字段表	
3	GL	总账	RP_bankrecp	银行对账单	表8-3
4	GL	总账	GL_bautotran	自定义转账设置	表8-4
5	GL	总账	GL_accsum	科目总账	
6	GL	总账	GL_accass	辅助总账	
7	GL	总账	GL_bmulti	总账多栏定义表	
8	GL	总账	GL_AccMultiAss	多栏辅助账	
9	GL	总账	GL_DigestDisp	总账摘要组合设置表	
10	AS	公共	GL_mend	各系统结账标志	

【复习思考题】

1.如何导入银行对账单？

2.总账系统提供了哪些转账定义功能？

3.如何通过自定义转账功能准确计提全年所得税费用？

4.简述汇兑损益结转的基本流程。

5.简述总账系统期末结转的基本流程。

9 第9章
UFO报表系统

9.1 概述

UFO报表系统是用友ERP-U8的报表管理系统，主要实现文件管理、格式管理、数据处理、图形处理、二次开发等功能。

UFO报表系统与其他系统的关系如下：

UFO报表系统可以从总账、应付款管理、应收款管理、薪资管理、固定资产等系统提取数据，生成各种报表。

本章的重点内容：调用报表模板生成报表、设计自定义报表。

本章的难点内容：定义报表公式，尤其是定义表间取数公式。

本章总体流程如图9-1所示。

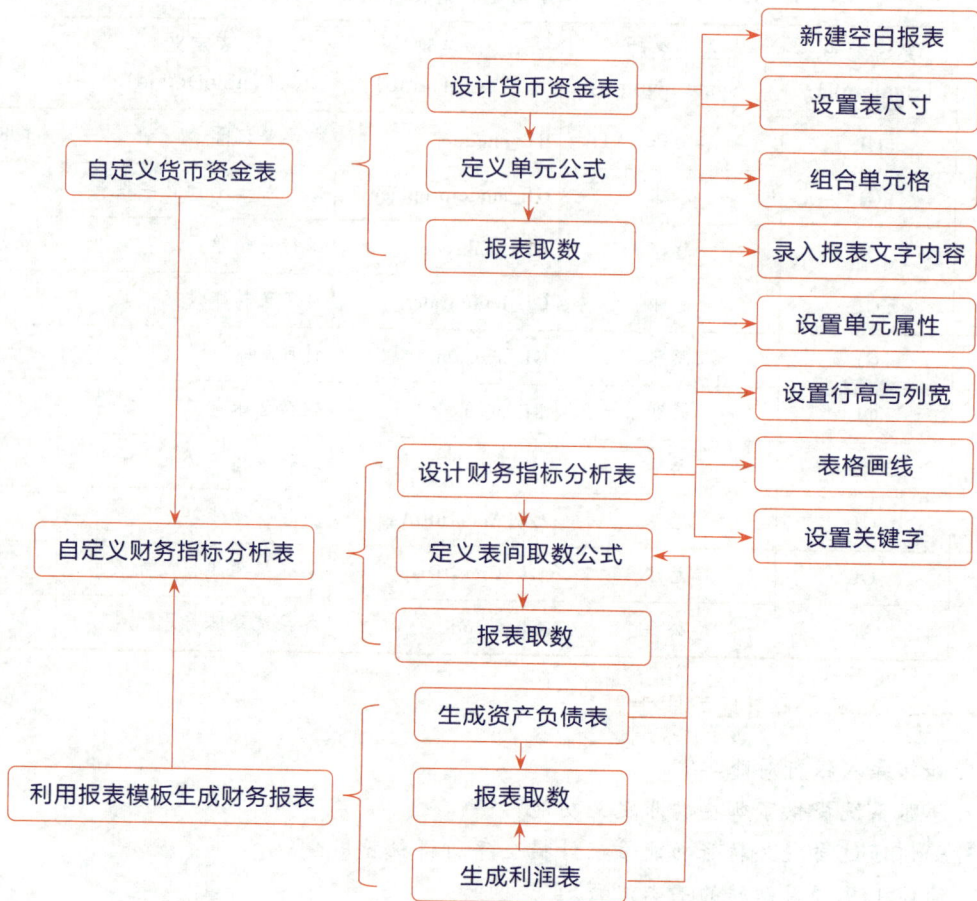

	设计货币资金表	新建空白报表
自定义货币资金表	定义单元公式	设置表尺寸
	报表取数	组合单元格
		录入报表文字内容
		设置单元属性
		设置行高与列宽
	设计财务指标分析表	表格画线
自定义财务指标分析表	定义表间取数公式	设置关键字
	报表取数	
	生成资产负债表	
利用报表模板生成财务报表	报表取数	
	生成利润表	

图9-1 本章总体流程

9.2.1 设计货币资金表

【实验资料】

设计如图9-2所示的货币资金表。基本要求：①第1行行高16毫米，第1列列宽36毫米；②表头字体为黑体，字号为18号；③前3行和第1列单元文字居中显示，第3行为粗体字型。

货币资金表

×××年××月××日

会计科目	月初余额	借方发生额	贷方发生额	月末余额
库存现金				
银行存款				
其他货币资金				
合计				

图9-2 货币资金表

【实验过程】

2023年1月31日，由王钰茹（W01）登录U8企业应用平台。

（1）新建一张空白报表。

①在U8企业应用平台，依次单击"业务工作→财务会计→UFO报表"菜单，打开"UFO报表"窗口，同时弹出如图9-3所示的"日积月累"提示框。

设计货币资金表

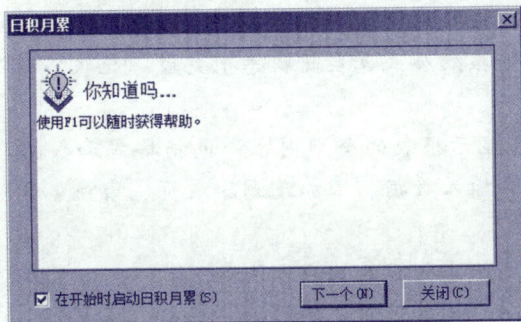

图9-3 "日积月累"提示框

②单击"关闭"按钮，返回"UFO报表"窗口，如图9-4所示。

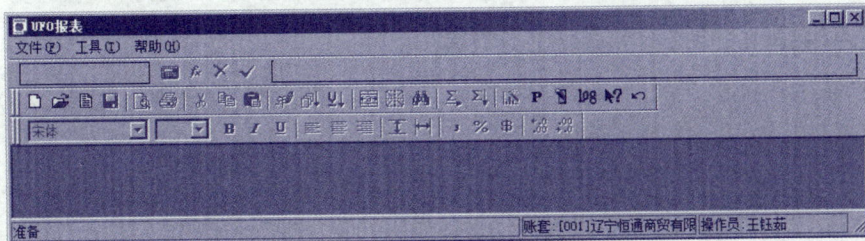

图9-4 "UFO报表"窗口

③单击工具栏的"□"按钮，新建一张空白报表，如图9-5所示。

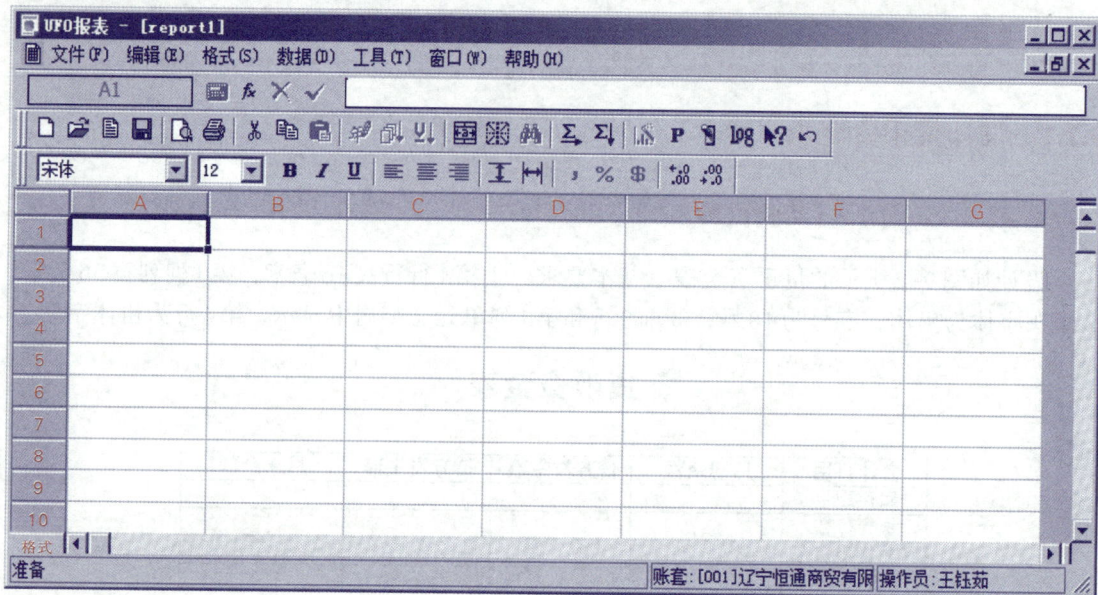

图9-5　空白UFO报表

【提示】

　　UFO报表的最大行数为9 999，最大列数为255。单元格是组成报表的最小单位，每个单元格用行号+列标组合表示。

　　"UFO报表"窗口有两种状态：格式状态和数据状态。

　　[格式状态] 此状态下显示报表的格式，报表数据全部被隐藏。新建的空白报表默认处于此状态，如图9-5所示，窗口左下角显示"格式"字样，表明此时报表处于格式状态。在此状态下可以完成报表的格式设计工作，如表尺寸、行高列宽、单元属性、组合单元、关键字等。定义报表公式也在此状态下完成。此状态的报表操作将对本报表的所有表页发生作用。

　　[数据状态] 此状态显示报表的全部内容，包括格式和数据。在此状态下可以完成报表数据的处理工作，如输入数据、增加或删除表页、审核、舍位平衡等。此状态下不能修改报表格式。

　　报表格式状态和数据状态之间的切换方法如下：

　　方法一，点击"编辑"菜单下的"格式/数据状态"命令。

　　方法二，点击窗口左下角的"格式"按钮，此时报表切换为数据状态，同时该按钮显示"数据"字样；同理，点击窗口左下角的"数据"按钮，切换为格式状态。

（2）设置表尺寸。

　　点击"格式"菜单下的"表尺寸"命令，弹出"表尺寸"对话框，行数设为7，列数设为5，如图9-6所示。单击"确认"按钮。

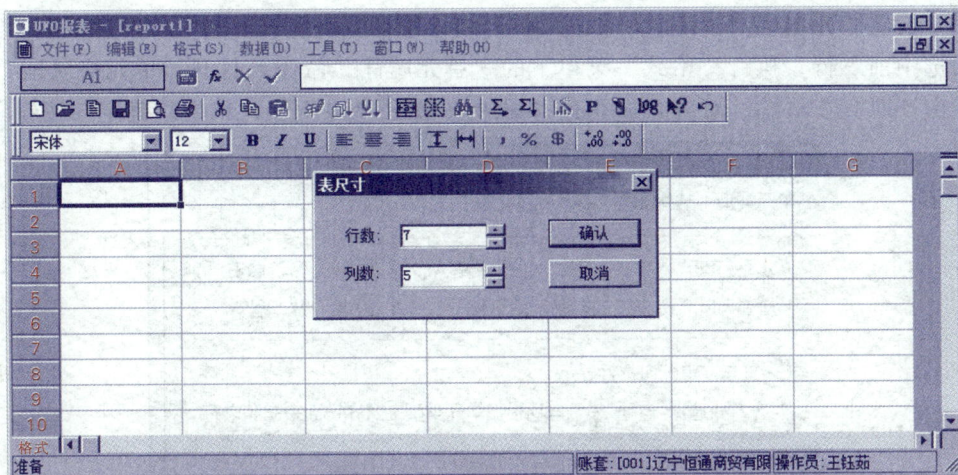

图9-6 "表尺寸"对话框

（3）组合单元格。

①选中A1:E1单元区域，点击"格式"菜单下的"组合单元"命令，弹出"组合单元"对话框，如图9-7所示。

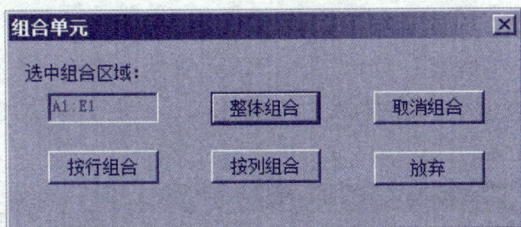

图9-7 "组合单元"对话框

②单击"整体组合"按钮，完成单元合并。

③参照上述方法，对A2:E2单元区域进行整体组合。

（4）录入报表文字内容。

根据实验资料，录入除第2行以外的文字内容，结果如图9-8所示。

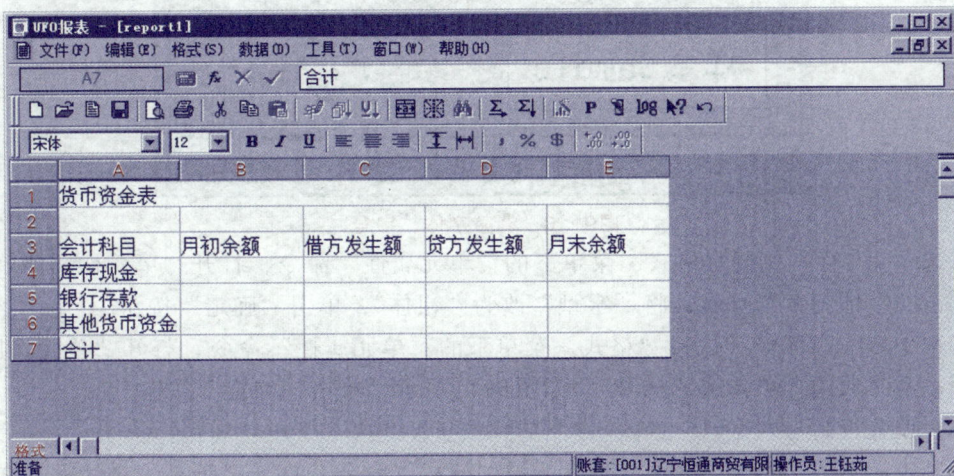

图9-8 输入报表文字内容

（5）设置单元属性。

①选中前三行，执行"格式"菜单下的"单元属性"命令，打开"单元格属性"对话框，点击"对齐"页签，对齐方式均选"居中"，如图9-9所示，单击"确定"按钮。

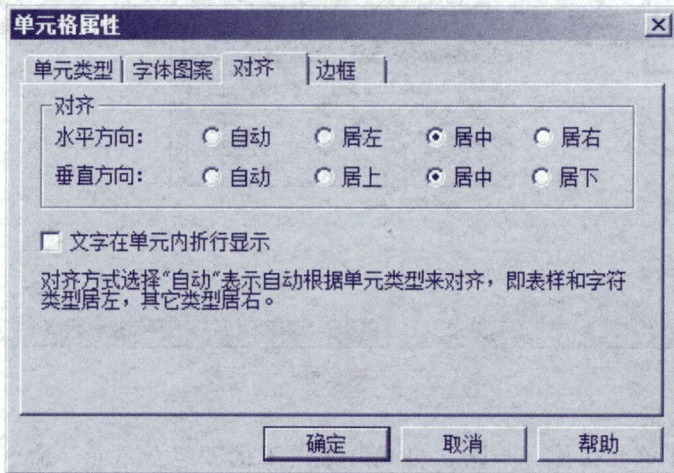

图9-9　设置对齐方式

②参照上述方法，将A列的对齐方式也设置为"居中"。

③选中第1行，执行"格式"菜单下的"单元属性"命令，打开"单元格属性"对话框，点击"字体图案"页签，将字体改为"黑体"，字号改为"18"，如图9-10所示，单击"确定"按钮。

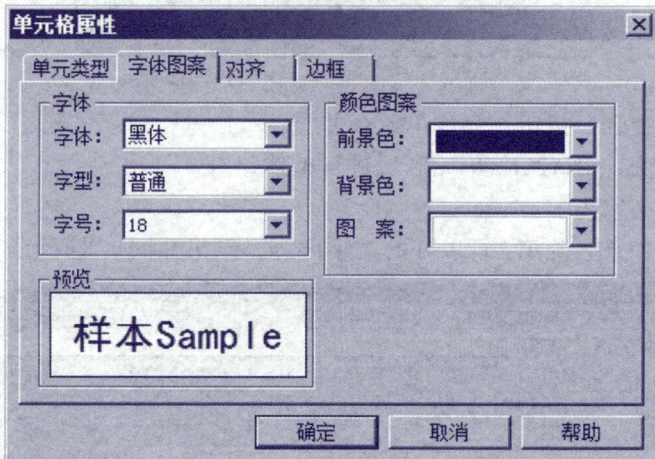

图9-10　调整字体、字号

④选中第3行，执行"格式"菜单下的"单元属性"命令，打开"单元格属性"对话框，点击"字体图案"页签，将"字型"改为"粗体"，单击"确定"按钮。

⑤选中B4:E7区域，执行"格式"菜单下的"单元属性"命令，打开"单元格属性"对话框，在"格式"项勾选"逗号"，如图9-11所示，单击"确定"按钮。

（6）设置行高与列宽。

①单击第1行，执行"格式"菜单下的"行高"命令，打开"行高"对话框，在"行高"栏输入"16"，如图9-12所示，单击"确定"按钮。

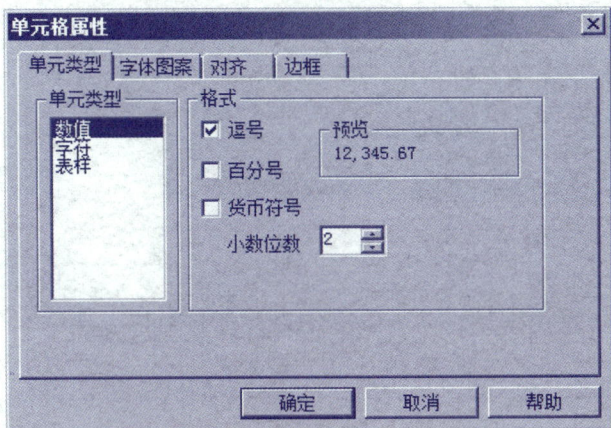

图9-11　设置单元格中数值的格式

图9-12　设置行高

②单击A列的列标，执行"格式"菜单下的"列宽"命令，打开"列宽"对话框，在"列宽"栏输入"36"，如图9-13所示，单击"确定"按钮。

图9-13　设置列宽

（7）表格画线。

选中A3:E7区域，执行"格式"菜单下的"区域画线"命令，打开"区域画线"对话框，如图9-14所示，单击"确定"按钮。

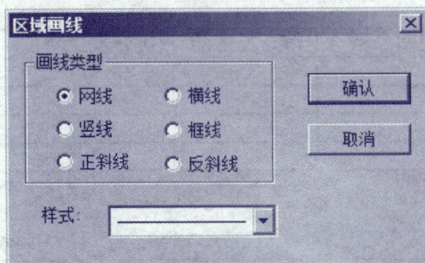

图9-14　表格画线

（8）设置关键字。

①单击第2行的单元格，执行"数据"菜单下的"关键字→设置"命令，打开"设置关键字"对话框，选择"年"，如图9-15所示，单击"确定"按钮。然后在该单元格设置关键字"月"和"日"。

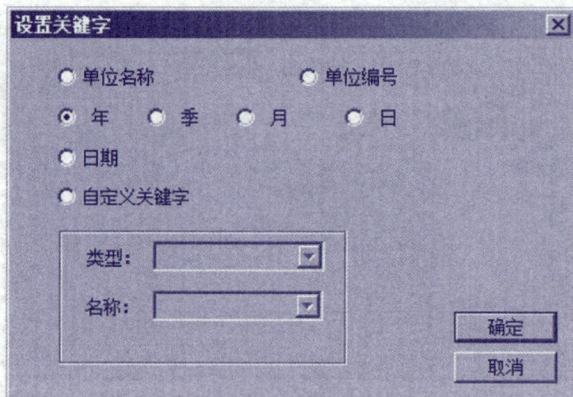

图9-15 设置"年"关键字

②执行"数据"菜单下的"关键字→偏移"命令，打开"定义关键字偏移"对话框，在"年"、"月"和"日"栏输入偏移量，如图9-16所示，单击"确定"按钮，结果如图9-17所示。

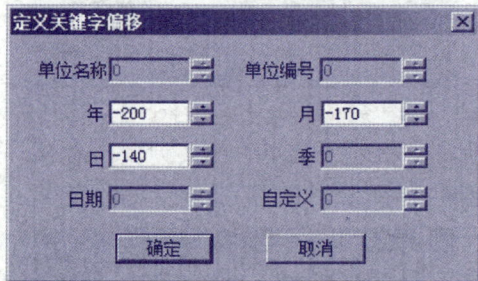

图9-16 关键字偏移

图9-17 设计完毕的货币资金表

【提示】

关键字是游离于单元之外的特殊数据单元，一般在窗口中为红色字体。

关键字偏移时，负数表示向左偏移，正数表示向右偏移。

9.2.2 定义单元公式

━━━━━━━━ 【实验资料】

设置 B4:E7 区域单元格的计算公式。

━━━━━━━━ 【实验过程】

（1）单击 B4 单元格，单击工具栏的"![fx]"按钮，或者执行"数据"菜单下的"编辑公式→单元公式"命令，打开"定义公式"对话框。

（2）单击"函数向导"按钮，打开"函数向导"对话框，在"函数分类"列表中选择"用友账务函数"，在"函数名"列表中选择"期初(QC)"，如图9–18所示。

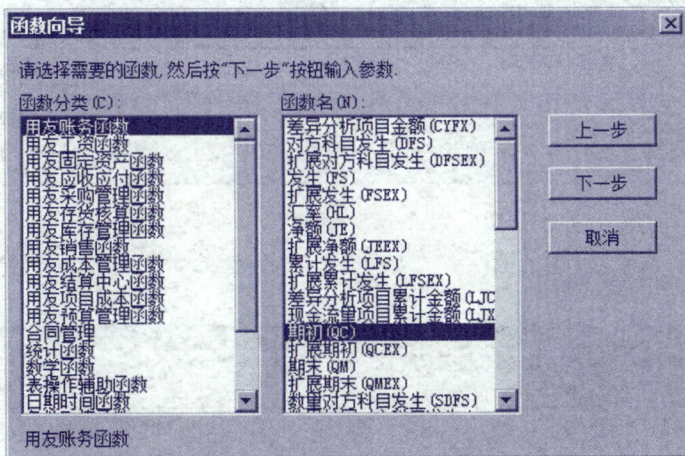

图9–18　"函数向导"对话框

（3）单击"下一步"按钮，打开"用友账务函数"对话框，单击"参照"按钮，打开"账务函数"对话框，如图9–19所示。

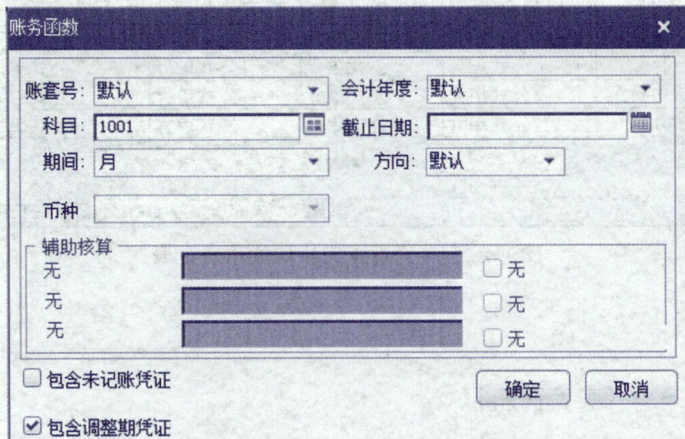

图9–19　"账务函数"对话框

（4）单击"确定"按钮，返回"用友账务函数"对话框，单击"确定"按钮，返回

"定义公式"对话框，结果如图9-20所示。

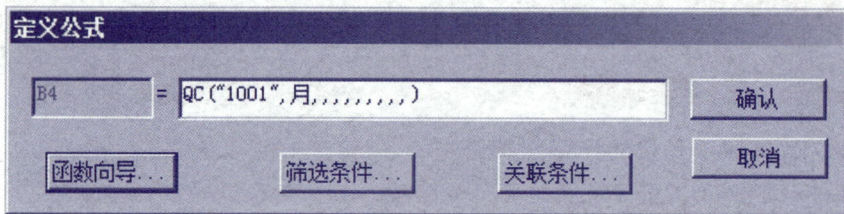

图9-20 "定义公式"对话框

（5）单击"确认"按钮，完成B4单元格的公式设置。

（6）参照上述方法设置B5、B6及C4:E6区域单元格的计算公式。

（7）单击B7单元格，单击工具栏的"*f*"按钮，在"定义公式"对话框手工输入"B4+B5+B6"，如图9-21所示。

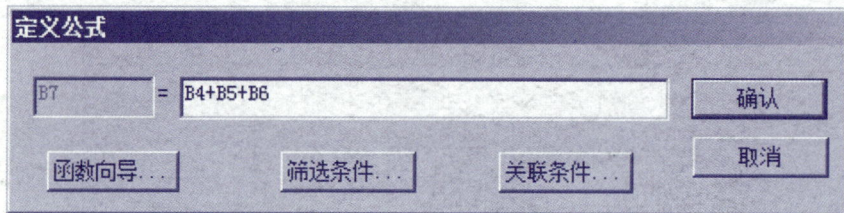

图9-21 "定义公式"对话框

（8）参照上述方法设置C7:E7区域单元格的计算公式。货币资金表设置完毕，结果如图9-22所示。

图9-22 公式设置完毕的货币资金表

9.2.3 报表取数

【实验资料】

2023年1月31日，将货币资金表数据重算后保存至C盘根目录下，文件名为"1月份货币资金表.rep"。

【实验过程】

报表取数

（1）将报表切换至数据状态。单击窗口左下角的“格式”按钮，此时报表切换为数据状态，如图9-23所示。

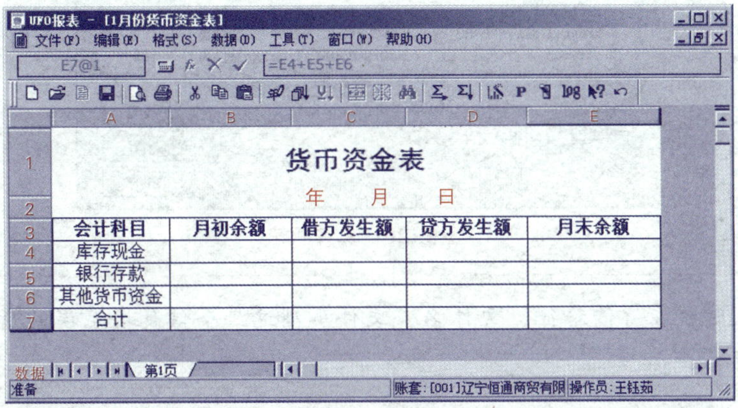

图9-23 数据状态的货币资金表

（2）录入关键字并计算报表数据。执行“数据”菜单下的“关键字→录入”命令，打开“录入关键字”对话框，录入关键字“2023年1月31日”，如图9-24所示。单击“确认”按钮，系统提示“是否重算第1页？”，单击“是”，结果如图9-25所示。

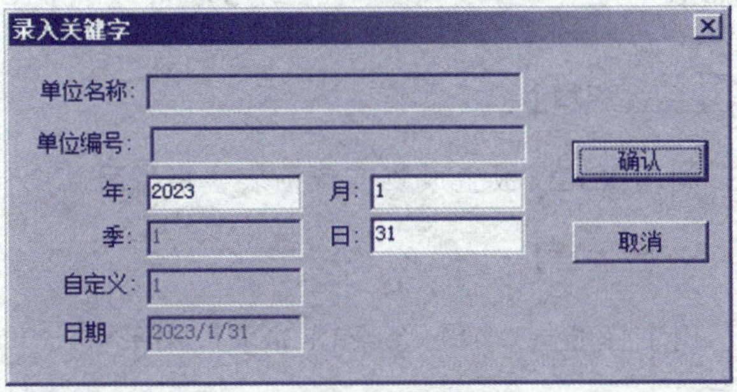

图9-24 录入关键字

货币资金表

2023年1月31日

会计科目	月初余额	借方发生额	贷方发生额	月末余额
库存现金	8,532.00	2,504.00	5,576.30	5,459.70
银行存款	93,502,746.00	6,717,424.60	1,767,102.54	98,453,068.06
其他货币资金	300,000.00		130,750.00	169,250.00
合计	93,811,278.00	6,719,928.60	1,903,428.84	98,627,777.76

图9-25 重算完毕的货币资金表

【提示】

如果单元格显示“############”字样，表明该单元格所在列的列宽不够，调整列宽后即可正常显示。

（3）保存报表。单击工具栏的“💾”按钮，打开“另存为”对话框，存储位置选择C盘根目录，“文件名”栏输入“1月份货币资金表”，如图9-26所示。单击“另存为”按钮，完成保存。

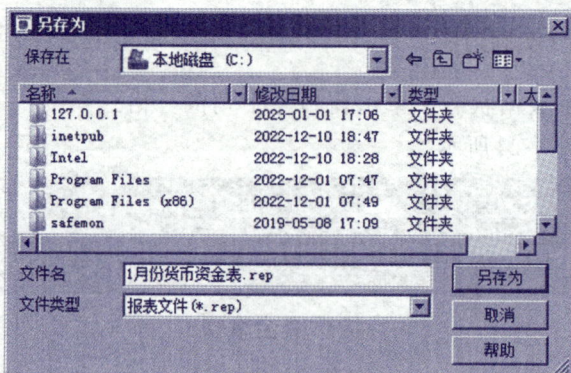

图9-26　保存报表

【提示】

　　保存报表时，在存储路径、文件名、文件类型这三个信息均无误的情况下，才表明报表保存正确。

9.3　利用报表模板生成财务报表

9.3.1　生成资产负债表

【实验资料】

2023年1月31日，利用报表模板生成资产负债表，根据最新会计准则调整报表项目。

【实验过程】

2023年1月31日，由王钰茹（W01）登录U8企业应用平台。

（1）新建空白报表。

在U8企业应用平台，依次选择"业务工作→财务会计→UFO报表"命令，打开"UFO报表"窗口。单击工具栏的"□"按钮，新建一张空白报表。

（2）调用模板生成资产负债表。

点击"格式"菜单下的"报表模板"命令，打开"报表模板"对话框，在"您所在的行业："下拉框中选择"2007年新会计制度科目"，"财务报表"下拉框中选择"资产负债表"，如图9-27所示。

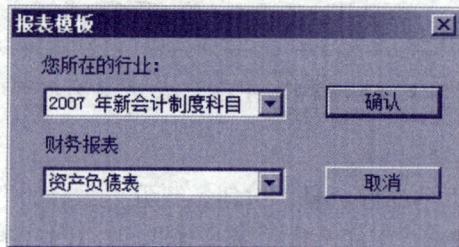

图9-27　选择报表模板

【提示】

这里所选的行业对应创建账套时选择的“行业性质”，如图 1-11 所示。

单击“确认”按钮，系统提示“模板格式将覆盖本表格式！是否继续？”，单击“确定”按钮，结果如图 9-28 所示。

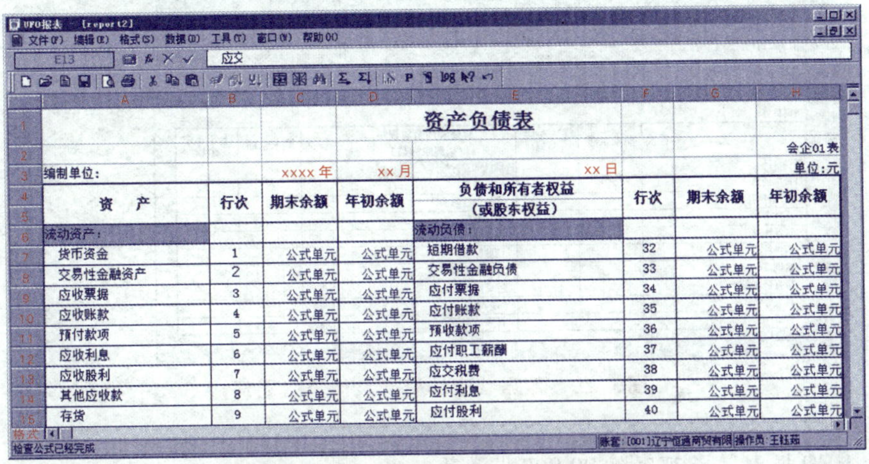

			资产负债表				
							会企01表
编制单位：		xxxx 年	xx 月	xx 日			单位：元
资　产	行次	期末余额	年初余额	负债和所有者权益（或股东权益）	行次	期末余额	年初余额
流动资产：				流动负债：			
货币资金	1	公式单元	公式单元	短期借款	32	公式单元	公式单元
交易性金融资产	2	公式单元	公式单元	交易性金融负债	33	公式单元	公式单元
应收票据	3	公式单元	公式单元	应付票据	34	公式单元	公式单元
应收账款	4	公式单元	公式单元	应付账款	35	公式单元	公式单元
预付款项	5	公式单元	公式单元	预收款项	36	公式单元	公式单元
应收利息	6	公式单元	公式单元	应付职工薪酬	37	公式单元	公式单元
应收股利	7	公式单元	公式单元	应交税费	38	公式单元	公式单元
其他应收款	8	公式单元	公式单元	应付利息	39	公式单元	公式单元
存货	9	公式单元	公式单元	应付股利	40	公式单元	公式单元

图9-28　格式状态的资产负债表（局部）

【提示】

窗口中的“公式单元”存储了计算公式，通过这些公式可从U8系统取数，进行表内、表间计算等。

（3）根据最新会计准则调整报表项目。

将A12单元格由“应收利息”改为“合同资产”；A13单元格由“应收股利”改为“持有待售资产”；将A20单元格由“可供出售金融资产”改为“债权投资”；A21单元格由“持有至到期投资”改为“其他债权投资”；将E14单元格由“应付利息”改为“合同负债”；E15单元格由“应付股利”改为“持有待售负债”；将D4和H4单元格由“年初余额”改为“上年年末余额”。

（4）调整报表计算公式。

删除C13单元格的计算公式，同时将C14单元格的计算公式修改为“QM("1221",月,,,年,,)+QM("1131",月,,,年,,)”。即“其他应收款”项目的期末金额等于“其他应收款”“应收股利”科目的期末余额合计。

删除G15单元格的计算公式，同时将G16单元格的计算公式修改为“QM("2241",月,,,年,,)+QM("2232",月,,,年,,)”。即“其他应付款”项目的期末金额等于“其他应付款”“应付股利”科目的期末余额合计。

9.3.2　报表取数

【实验资料】

2023年1月31日，将报表数据重算后保存至C盘根目录下，文件名为“1月份资产负债表.rep”。

【实验过程】

报表取数

（1）将报表切换至数据状态。单击窗口左下角的“格式”按钮，系统提示“是否确定全表重算？”，单击“否”，此时报表切换为数据状态，如图9-29所示。

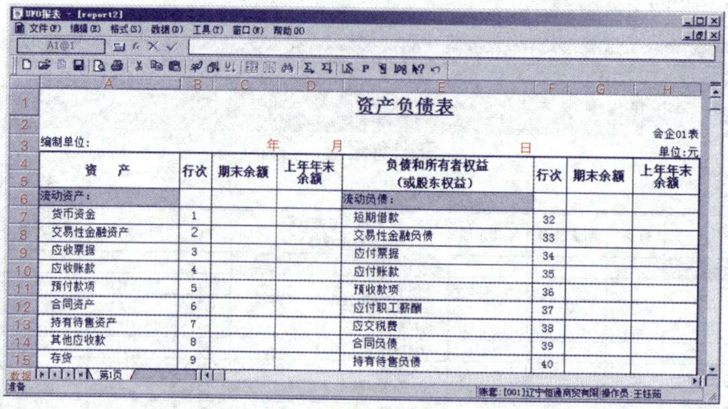

资产负债表

编制单位：　　　　年　　月　　日　　　　会企01表 单位：元

资　产	行次	期末余额	上年年末余额	负债和所有者权益（或股东权益）	行次	期末余额	上年年末余额
流动资产：				流动负债：			
货币资金	1			短期借款	32		
交易性金融资产	2			交易性金融负债	33		
应收票据	3			应付票据	34		
应收账款	4			应付账款	35		
预付款项	5			预收款项	36		
合同资产	6			应付职工薪酬	37		
持有待售资产	7			应交税费	38		
其他应收款	8			合同负债	39		
存货	9			持有待售负债	40		

图9-29　数据状态的资产负债表（局部）

【提示】

一个UFO报表最多可容纳99 999张表页。

（2）录入关键字并计算报表数据。执行“数据”菜单下的“关键字→录入”命令，打开“录入关键字”对话框，录入关键字“2023年1月31日”。单击“确认”按钮，系统提示“是否重算第1页？”，单击“是”，结果如图9-30所示。

资产负债表

编制单位：　　2023年　　11月　　31日　　会企01表 单位：元

资　产	行次	期末余额	上年年末余额	负债和所有者权益（或股东权益）	行次	期末余额	上年年末余额
流动资产：				流动负债：			
货币资金	1	98,627,777.76	93,811,278.00	短期借款	32	200,000.00	200,000.00
交易性金融资产	2	128,100.00		交易性金融负债	33		
应收票据	3		97,000.00	应付票据	34	596,151.91	25,740.00
应收账款	4	2,262,850.10	674,760.00	应付账款	35	4,898.50	584,775.00
预付款项	5	70,000.00	20,000.00	预收款项	36	80,000.00	30,000.00
合同资产	6			应付职工薪酬	37	97,328.50	46,489.68
持有待售资产	7			应交税费	38	2,120,062.54	880,148.75
其他应收款	8	2,618.71	1,000.00	合同负债	39		
存货	9	-236,721.50	2,091,500.00	持有待售负债	40	817,744.49	
一年内到期的非流动资产	10			其他应付款	41	11,032.56	4,309.20
其他流动资产	11			一年内到期的非流动负债	42		
流动资产合计	12	100,854,625.07	96,695,538.00	其他流动负债	43		
非流动资产：				流动负债合计	44	3,927,218.50	1,771,462.63
债权投资	13			非流动负债：			
其他债权投资	14			长期借款	45	50,000,000.00	50,000,000.00
长期应收款	15			应付债券	46		
长期股权投资	16			长期应付款	47		
投资性房地产	17			专项应付款	48		
固定资产	18	20,009,885.59	20,105,146.32	预计负债	49		
在建工程	19			递延所得税负债	50		
工程物资	20			其他非流动负债	51		
固定资产清理	21			非流动负债合计	52	50,000,000.00	50,000,000.00
生产性生物资产	22			负债合计	53	53,927,218.50	51,771,462.63
油气资产	23			所有者权益（或股东权益）：			
无形资产	24			实收资本（或股本）	54	15,000,000.00	15,000,000.00
开发支出	25			资本公积	55		
商誉	26			减：库存股	56		
长期待摊费用	27			盈余公积	57	2,401,986.50	2,129,405.00
递延所得税资产	28			未分配利润	58	49,535,305.66	47,899,816.69
其他非流动资产	29			所有者权益（或股东权益）合计	59	66,937,292.16	65,029,221.69
非流动资产合计	30	20,009,885.59	20,105,146.32				
资产总计	31	120,864,510.66	116,800,684.32	负债和所有者权益（或股东权益）总计	60	120,864,510.66	116,800,684.32

图9-30　重算后的资产负债表

　　（3）保存报表。单击工具栏的"🖫"按钮，打开"另存为"对话框，存储位置选择 C 盘根目录，"文件名"栏输入"1 月份资产负债表"。单击"另存为"按钮，完成保存。

9.3.3　生成利润表并取数

―――――――――【实验资料】―――――――――

　　2023 年 1 月 31 日，利用报表模板生成 1 月份利润表，根据最新会计准则调整报表项目。将利润表重算后保存至 C 盘根目录下，文件名为"1 月份利润表.rep"。

―――――――――【实验过程】―――――――――

　　（1）在"UFO 报表"窗口，单击"▯"按钮，新建一张空白报表。

　　（2）调用模板生成利润表。点击"格式"菜单下的"报表模板"命令，打开"报表模板"对话框，在"您所在的行业："下拉框中选择"2007 年新会计制度科目"，"财务报表"下拉框中选择"利润表"。

　　（3）根据最新会计准则调整报表项目。将 A7 单元格由"营业税金及附加"改为"税金及附加"。删除第 11 行。将"加：公允价值变动收益（损失以'-'号填列）"改为"加：其他收益"。在"二、营业利润（亏损以'-'号填列）"上面插入四行："公允价值变动收益（损失以'-'号填列）""信用减值损失（损失以'-'号填列）""资产减值损失（损失以'-'号填列）""资产处置收益（损失以'-'号填列）"。删除"营业外支出"下面的那一行。

　　（4）调整报表计算公式。清除 C11 单元格的计算公式。设置公允价值变动收益的本期金额公式为"fs(6101,月,"贷",,年)"，设置信用减值损失的本期金额公式为"-fs(6702,月,"借",,年)"，设置资产减值损失的本期金额公式为"-fs(6115,月,"借",,年)"，设置资产处置收益的本期金额公式为"fs(6115,月,"贷",,年)"。修改营业利润的计算公式为"?C5-?C6-?C7-?C8-?C9-?C10+?C11+?C12+?C14+?C15+?C16+?C17"。

　　（5）将报表切换至数据状态，录入关键字"2023 年 1 月"，并进行整表重算，结果如图 9-31 所示。

　　（6）保存报表。单击工具栏的"🖫"按钮，打开"另存为"对话框，存储位置选择 C 盘根目录，"文件名"栏输入"1 月份利润表"，单击"另存为"按钮，完成保存。

图9-31 重算后的利润表

The 利润表 (Income Statement):

利润表

会企02表

编制单位： 2023 年 1 月 单位：元

项 目	行数	本期金额	上期金额
一、营业收入	1	7,417,740.00	
减：营业成本	2	3,000,000.00	
税金及附加	3	333,325.85	
销售费用	4	38,849.15	
管理费用	5	183,555.50	
财务费用	6	137,618.01	
加：其他收益	7		
投资收益（损失以"-"号填列）	8	-79,725.00	
其中：对联营企业和合营企业的投资收益	9		
公允价值变动收益（损失以"-"号填列）	10		
信用减值损失（损失以"-"号填列）	11	-7,729.10	
资产减值损失（损失以"-"号填列）	12	-1,000.00	
资产处置收益（损失以"-"号填列）	13	-1,517.44	
二、营业利润（亏损以"-"号填列）	14	3,634,419.95	
加：营业外收入	15		
减：营业外支出	16		
三、利润总额（亏损总额以"-"号填列）	17	3,634,419.95	
减：所得税费用	18	908,604.99	
四、净利润（净亏损以"-"号填列）	19	2,725,814.96	

9.4 自定义财务指标分析表

9.4.1 设计财务指标分析表

【实验资料】

设计如图9-32所示的财务指标分析表。基本要求：①第1行行高16毫米，第2至6行行高8毫米，第1列列宽36毫米；②表头字体为黑体，字号为18号；③前3行和第1列单元文字居中显示。

财务指标分析表

xxxx 年 xx 月 xx 日

分析指标	计算结果	备注
流动比率		流动资产合计/流动负债合计
销售净利率		净利润/销售收入
总资产净利率		净利润/总资产

图9-32 财务指标分析表

【实验过程】

2023年1月31日，由王钰茹（W01）登录U8企业应用平台。在U8企业应用平台，依次选择"业务工作→财务会计→UFO报表"命令，打开"UFO报表"窗口。设计财务指标分析表的操作过程与知识点"9.2.1 设计货币资金表"相同，此处不再赘述。设计结果如图9-33所示。

设计财务指标分析表

图9-33 设计完毕的财务指标分析表

9.4.2 定义表间取数公式

【实验资料】

设置B4:B6区域单元格的计算公式。

【实验过程】

（1）单击B4单元格，单击工具栏的" f_x "按钮，或者执行"数据"菜单下的"编辑公式→单元公式"命令，打开"定义公式"对话框。在"定义公式"对话框手工输入""C:\1月份资产负债表"->C18@1/"C:\1月份资产负债表"->G19@1"，如图9-34所示。单击"确认"按钮。

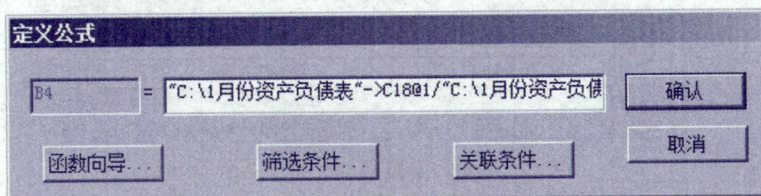

图9-34 "流动比率"的计算公式

【提示】

关于流动比率的计算公式说明：

B4="C:\1月份资产负债表"->C18@1/"C:\1月份资产负债表"->G19@1

""C:\1月份资产负债表"->C18@1"表示取C盘"1月份资产负债表.rep"第1个表页中C18单元格的数值，即取该表流动资产合计的期末数。

""C:\1月份资产负债表"->G19@1"表示取C盘"1月份资产负债表.rep"第1个表页中G19单元格的数值，即取该表流动负债合计的期末数。

整个公式的计算过程如下：

$$B4 = \frac{\text{"C:\1月份资产负债表" -> C18@1}}{\text{"C:\1月份资产负债表" -> G19@1}} = \frac{100\,854\,625.07}{3\,927\,218.50} \approx 25.68$$

（2）单击B5单元格，参照上述方法设置"销售净利率"的计算公式，其计算公式为

""C:\1月份利润表"->C23@1/"C:\1月份利润表"->C5@1"，如图9-35所示。

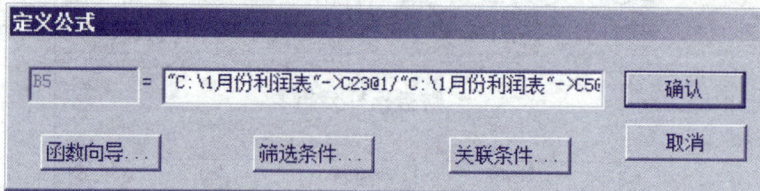

图9-35 "销售净利率"的计算公式

（3）单击B6单元格，参照上述方法设置"总资产净利率"的计算公式，其计算公式为""C:\1月份利润表"->C23@1/"C:\1月份资产负债表"->C38@1"，如图9-36所示。

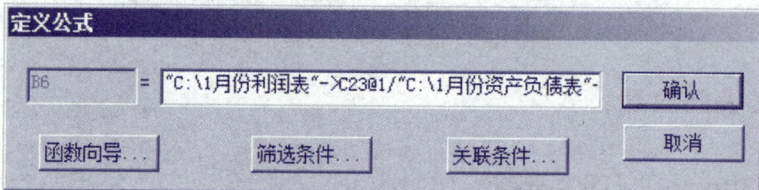

图9-36 "总资产净利率"的计算公式

（4）财务指标分析表设置完毕，结果如图9-37所示。

图9-37 公式设置完毕的财务指标分析表

9.4.3 报表取数

【实验资料】

2023年1月31日，将财务指标分析表数据重算后保存至C盘根目录下，文件名为"1月份财务指标分析表.rep"。

【实验过程】

（1）将报表切换至数据状态。单击窗口左下角的"格式"按钮，此时报表切换为数据状态。

（2）录入关键字并计算报表数据。执行"数据"菜单下的"关键字→录入"命令，打开"录入关键字"对话框，录入关键字"2023年1月31日"。单击"确认"按钮，系统提示"是否重算第1页？"，单击"是"。重算结果如图9-38所示。

报表取数

财务指标分析表

2023 年 1 月 31 日

分析指标	计算结果	备注
流动比率	25.68	流动资产合计/流动负债合计
销售净利率	36.75%	净利润/销售收入
总资产净利率	2.26%	净利润/总资产

图9-38　重算完毕的财务指标分析表

(3) 保存报表。单击工具栏的“ ”按钮，打开“另存为”对话框，存储位置选择C盘根目录，“文件名”栏输入“1月份财务指标分析表”。单击“另存为”按钮，完成保存。

【复习思考题】

1. 简述自定义报表的基本流程。
2. 简述利用报表模板生成资产负债表的基本流程。
3. 什么是关键字？如何设置关键字？
4. 以“权益净利率”为例，请解释如何定义表间取数公式。

参考文献

[1] 罗姆尼，施泰因巴特. 会计信息系统 [M]. 张瑞君，程玲莎，译. 12版. 北京：中国人民大学出版社，2013.

[2] 张瑞君，殷建红，蒋砚章. 会计信息系统 [M]. 9版. 北京：中国人民大学出版社，2021.

[3] 陈旭. 会计信息化 [M]. 北京：高等教育出版社，2018.

[4] 艾文国，孙洁，张华，等. 会计信息系统 [M]. 4版. 北京：人民邮电出版社，2020.

[5] 毛华扬，李帅，李圆蕊. 会计信息系统原理与应用——基于用友新道 U8+V15.0 版 [M]. 2版. 北京：中国人民大学出版社，2021.

[6] 宋红尔. 会计信息系统——业财融合篇（用友新道 U8+V15.0 版）[M]. 大连：东北财经大学出版社，2022.

[7] 宋红尔. 会计信息化——财务篇（用友 ERP-U8 V10.1 版）[M]. 3版. 大连：东北财经大学出版社，2022.

[8] 宋红尔，赵越，冉祥梅. 用友 ERP 供应链管理系统应用教程（版本 U8 V10.1）[M]. 3版. 大连：东北财经大学出版社，2022.

[9] 宋红尔. 会计信息化综合实训（用友 ERP-U8 V10.1 版）[M]. 2版. 大连：东北财经大学出版社，2022.

[10] 王海林. 财务管理信息化 [M]. 3版. 北京：电子工业出版社，2021.

[11] 李吉梅，杜美杰. 场景式企业财务业务综合实践教程（用友 ERP-U8 V10.1）[M]. 北京：清华大学出版社，2016.

[12] 甄阜铭，刘媛媛. 会计信息系统——ERP基础 [M]. 2版. 大连：东北财经大学出版社，2021.

[13] 黄辉. 会计信息系统理论与实践 [M]. 大连：东北财经大学出版社，2017.

[14] 袁凤林. 会计信息化教程 [M]. 北京：经济管理出版社，2017.

[15] 戴德明，林钢，赵西卜. 财务会计学 [M]. 13版. 北京：中国人民大学出版社，2021.

[16] 中国注册会计师协会. 税法 [M]. 北京：中国财政经济出版社，2022.

[17] 王红云. 税法 [M]. 9版. 北京：中国人民大学出版社，2020.

[18] 杨定泉，王进朝. 会计信息系统 [M]. 2版. 北京：清华大学出版社，2020.

[19] 沈清文，吕玉林，王欢. 会计电算化 [M]. 北京：清华大学出版社，2019.

[20] 浃建红. 会计电算化实务——用友 ERP-U8 V10.1（微课版）[M]. 2版. 北京：人民邮电出版社，2020.

[21] 王新玲. 用友 U8（V10.1）财务业务一体化应用 [M]. 3版. 北京：人民邮电出版社，2022.

[22] 宫兆辉，叶怡雄. 会计信息系统实验教程 [M]. 北京：经济科学出版社，2021.

[23] 崔红，袁建华. 会计信息系统 [M]. 北京：清华大学出版社，2019.